라마인덱스로 배우는
데이터 기반 AI 애플리케이션

Building Data-Driven Applications with LlamaIndex
Copyright ⓒ Packt Publishing 2024

First published in the English language under the title:
Building Data-Driven Applications with LlamaIndex - (9781835089507)

이 책의 한국어판 저작권은 에이전시 원을 통해 저작권자와의 독점 계약으로 제이펍 출판사에 있습니다.
저작권법에 의해 한국 내에서 보호를 받는 저작물이므로 무단 전재와 무단 복제를 금합니다.

라마인덱스로 배우는 데이터 기반 AI 애플리케이션

1판 1쇄 발행 2025년 10월 30일

지은이 안드레이 게오르기우
옮긴이 동동구
펴낸이 장성두
펴낸곳 주식회사 제이펍

출판신고 2009년 11월 10일 제406-2009-000087호
주소 경기도 파주시 회동길 159 3층 / **전화** 070-8201-9010 / **팩스** 02-6280-0405
홈페이지 www.jpub.kr / **투고** submit@jpub.kr / **독자문의** help@jpub.kr / **교재문의** textbook@jpub.kr

소통기획부 김정준, 이상복, 안수정, 박재인, 박새미, 송영화, 김은미, 나준섭, 권유라
소통지원부 민지환, 이승환, 김정미, 박예은 / **디자인부** 이민숙, 최병찬

진행 송영화 / **교정·교열** 이정화 / **내지 디자인** 이민숙
용지 에스에이치페이퍼 / **인쇄** 한승문화사 / **제본** 일진제책사

ISBN 979-11-94587-84-2 (93000)
책값은 뒤표지에 있습니다.

※ 이 책은 저작권법에 따라 보호를 받는 저작물이므로 무단 전재와 무단 복제를 금지하며,
  이 책 내용의 전부 또는 일부를 이용하려면 반드시 저작권자와 제이펍의 서면 동의를 받아야 합니다.
※ 잘못된 책은 구입하신 서점에서 바꾸어드립니다.

제이펍은 여러분의 아이디어와 원고를 기다리고 있습니다. 책으로 펴내고자 하는 아이디어나 원고가 있는 분께서는
책의 간단한 개요와 차례, 구성과 지은이/옮긴이 약력 등을 메일(submit@jpub.kr)로 보내주세요.

라마인덱스로 배우는
데이터 기반 AI 애플리케이션

안드레이 게오르기우 지음 / 동동구 옮김

※ 드리는 말씀

- 이 책에 기재된 내용을 기반으로 한 운용 결과에 대해 지은이/옮긴이, 소프트웨어 개발자 및 제공자, 제이펍 출판사는 일체의 책임을 지지 않으므로 양해 바랍니다.
- 이 책에 등장하는 회사명, 제품명은 일반적으로 각 회사의 등록상표 또는 상표입니다. 본문 중에는 ™, ⓒ, ⓡ 등의 기호를 생략했습니다.
- 이 책에서 소개한 URL 등은 시간이 지나면 변경될 수 있습니다.

차 례

옮긴이 머리말 ——————————————————————— xii
베타리더 후기 ——————————————————————— xiv
시작하며 —————————————————————————— xvi
이 책에 대하여 —————————————————————— xviii

PART I 생성형 AI와 LlamaIndex 소개

CHAPTER 1 대형 언어 모델 이해하기 3

1.1 생성형 AI와 LLM 소개하기 ————————————————— 4
   1.1.1 생성형 AI란 무엇인가? 4
   1.1.2 LLM이란 무엇인가? 4

1.2 현대 기술에서 LLM의 역할 이해하기 —————————————— 6

1.3 LLM이 직면한 도전 과제 탐구하기 ——————————————— 8

1.4 RAG로 LLM 증강하기 ———————————————————— 12

1.5 요약 ——————————————————————————— 14

CHAPTER 2 LlamaIndex: 숨겨진 보석 – LlamaIndex 생태계 소개 15

2.1 기술적 요구사항 ——————————————————————— 15

2.2 언어 모델 최적화 – 파인 튜닝, RAG, LlamaIndex의 상호작용 ———— 16
   2.2.1 RAG가 유일한 해결책인가? 16
   2.2.2 LlamaIndex의 기능 18

2.3 점진적으로 복잡성을 공개하는 방식의 장점 발견 ————————— 20
   2.3.1 고려해야 할 중요한 측면 21

2.4 LlamaIndex 실습 프로젝트 – PITS 소개 ———————————— 21
   2.4.1 작동 방식 21

2.5 코딩 환경 준비하기 ————————————————————— 23
   2.5.1 파이썬 설치하기 24
   2.5.2 Git 설치하기 24
   2.5.3 LlamaIndex 설치하기 25
   2.5.4 OpenAI API 키 등록하기 25
   2.5.5 Streamlit 탐구하기 – 빠른 구축과 배포를 위한 완벽한 도구 28

        2.5.6 Streamlit 설치하기 29
        2.5.7 마무리하기 29
        2.5.8 최종 확인 30
    2.6 LlamaIndex 코드 저장소 구조 파악하기 — 31
    2.7 요약 — 32

PART II 첫 LlamaIndex 프로젝트 시작하기

CHAPTER 3 LlamaIndex로 여정 시작하기 37

    3.1 기술적 요구사항 — 37
    3.2 LlamaIndex의 필수 구성 요소 파악하기 – 문서, 노드, 인덱스 — 38
        3.2.1 문서 38
        3.2.2 노드 41
        3.2.3 Node 객체를 수동으로 생성하기 43
        3.2.4 스플리터를 사용하여 Document에서 Node 자동 추출하기 43
        3.2.5 Node는 혼자 있는 것을 좋아하지 않습니다 – 관계를 갈망합니다 45
        3.2.6 왜 관계가 중요한가요? 46
        3.2.7 인덱스 47
        3.2.8 거의 다 왔나요? 49
        3.2.9 이것은 내부적으로 어떻게 작동하나요? 50
        3.2.10 핵심 개념의 빠른 정리 52
    3.3 첫 번째 대화형, 증강 LLM 애플리케이션 구축하기 — 52
        3.3.1 LlamaIndex의 로깅 기능을 사용하여 로직을 이해하고 애플리케이션 디버깅하기 54
        3.3.2 LlamaIndex에서 사용하는 LLM 사용자 정의하기 55
        3.3.3 1-2-3만큼 쉽습니다 55
        3.3.4 온도 매개변수 56
        3.3.5 사용자 정의를 위한 Settings 사용 방법 이해하기 58
    3.4 실습 – PITS 프로젝트 시작하기 — 59
        3.4.1 소스코드 살펴보기 61
    3.5 요약 — 64

CHAPTER 4 RAG 워크플로에 데이터 가져오기 65

    4.1 기술적 요구사항 — 65
    4.2 LlamaHub를 통한 데이터 수집 — 66
    4.3 LlamaHub 개요 — 67
    4.4 LlamaHub 데이터 로더를 사용하여 콘텐츠 수집하기 — 68
        4.4.1 웹 페이지에서 데이터 수집하기 68
        4.4.2 데이터베이스에서 데이터 수집하기 70
        4.4.3 다양한 파일 형식의 소스에서 대량 데이터 수집하기 71

4.5 문서를 노드로 파싱하기 — 76
- 4.5.1 간단한 텍스트 분할기 이해하기 76
- 4.5.2 더 고급 노드 파서 사용하기 78
- 4.5.3 관계형 파서 사용하기 82
- 4.5.4 노드 파서와 텍스트 분할기가 혼란스러운가요? 83
- 4.5.5 chunk_size와 chunk_overlap 이해하기 83
- 4.5.6 include_prev_next_rel을 사용한 관계 포함 85
- 4.5.7 이러한 노드 생성 모델을 사용하는 실용적인 방법 86

4.6 문맥을 개선하기 위해 메타데이터 활용하기 — 88
- 4.6.1 SummaryExtractor 90
- 4.6.2 QuestionsAnsweredExtractor 91
- 4.6.3 TitleExtractor 91
- 4.6.4 EntityExtractor 92
- 4.6.5 KeywordExtractor 93
- 4.6.6 PydanticProgramExtractor 94
- 4.6.7 MarvinMetadataExtractor 94
- 4.6.8 맞춤형 추출기 정의 95
- 4.6.9 메타데이터가 많으면 항상 좋은가요? 95

4.7 메타데이터 추출기를 사용할 때 발생할 수 있는 비용 추정 — 96
- 4.7.1 비용을 최소화하기 위한 간단한 모범 사례 97
- 4.7.2 실제 추출기를 실행하기 전에 최대 비용 추정해보기 97

4.8 메타데이터 추출기를 통한 프라이버시 보호, 그리고 그 이상 — 99
- 4.8.1 개인 데이터 및 기타 민감한 정보 삭제 101

4.9 데이터 수집 파이프라인을 사용하여 효율성 높이기 — 102

4.10 텍스트와 표 데이터가 혼합된 문서 처리하기 — 106

4.11 실습 — PITS에 학습 자료 업로드하기 — 107

4.12 요약 — 109

CHAPTER 5 LlamaIndex로 인덱싱하기 111

5.1 기술적 요구사항 — 111

5.2 데이터 인덱싱 — 전체적 관점 — 112
- 5.2.1 모든 인덱스 유형의 공통적 특징 113

5.3 VectorStoreIndex 이해하기 — 114
- 5.3.1 VectorStoreIndex의 간단한 사용 예시 114
- 5.3.2 임베딩 이해하기 116
- 5.3.3 유사도 검색 이해하기 118
- 5.3.4 LlamaIndex는 이러한 임베딩을 어떻게 생성하나요? 122
- 5.3.5 어떤 임베딩 모델을 사용해야 할까요? 124

5.4 인덱스 지속성 및 재사용 — 125
- 5.4.1 StorageContext 이해하기 127
- 5.4.2 벡터 저장소와 벡터 데이터베이스의 차이 129

5.5 LlamaIndex의 다른 인덱스 유형 ──────────────── 131
- 5.5.1 SummaryIndex 131
- 5.5.2 DocumentSummaryIndex 133
- 5.5.3 KeywordTableIndex 135
- 5.5.4 TreeIndex 137
- 5.5.5 KnowledgeGraphIndex 142

5.6 ComposableGraph를 사용하여 인덱스 위에 인덱스 구축하기 ──────────── 145
- 5.6.1 ComposableGraph 사용 방법 146
- 5.6.2 이 개념에 대한 더 자세한 설명 147

5.7 인덱스 구축 및 쿼리의 잠재적 비용 추정 ──────────── 148

5.8 실습 – PITS 학습 자료 인덱싱 ─────────────────── 152

5.9 요약 ───────────────────────────────── 153

PART III 인덱싱된 데이터의 검색 및 활용   155

CHAPTER 6 데이터 쿼리하기, 1단계 – 맥락 검색   157

6.1 기술적 요구사항 ────────────────────────── 157

6.2 쿼리 메커니즘 개요 ───────────────────────── 158

6.3 기본 검색기의 이해 ───────────────────────── 158
- 6.3.1 VectorStoreIndex 검색기 160
- 6.3.2 SummaryIndex 검색기 162
- 6.3.3 DocumentSummaryIndex 검색기 164
- 6.3.4 TreeIndex 검색기 167
- 6.3.5 KeywordTableIndex 검색기 170
- 6.3.6 KnowledgeGraphIndex 검색기 172
- 6.3.7 모든 검색기가 공유하는 공통 특성 176
- 6.3.8 검색 메커니즘의 효율적 사용 – 비동기 작업 177

6.4 고급 검색 메커니즘 구축 ───────────────────── 178
- 6.4.1 단순 검색 방법 178
- 6.4.2 메타데이터 필터 구현 179
- 6.4.3 더 고급 의사결정 논리를 위한 셀렉터 사용 182
- 6.4.4 도구 이해하기 184
- 6.4.5 질의 변환 및 재작성 186
- 6.4.6 더 구체적인 하위 질의 생성하기 188

6.5 밀집 검색과 희소 검색의 개념 이해 ─────────────── 191
- 6.5.1 밀집 검색 191
- 6.5.2 희소 검색 192
- 6.5.3 LlamaIndex에서 희소 검색 구현하기 195
- 6.5.4 다른 고급 검색 방법 탐색 198

6.6 요약 ───────────────────────────────── 199

CHAPTER 7 데이터 쿼리하기, 2단계 – 후처리 및 응답 합성 200

7.1 기술 요구사항 — 200

7.2 후처리기를 사용한 노드의 재정렬, 변환, 필터링 — 201
- 7.2.1 후처리기가 노드를 필터링, 변환, 재정렬하는 방법 탐구 202
- 7.2.2 SimilarityPostprocessor 204
- 7.2.3 KeywordNodePostprocessor 205
- 7.2.4 PrevNextNodePostprocessor 208
- 7.2.5 LongContextReorder 209
- 7.2.6 PIINodePostprocessor와 NERPIINodePostprocessor 209
- 7.2.7 MetadataReplacementPostprocessor 210
- 7.2.8 SentenceEmbeddingOptimizer 212
- 7.2.9 시간 기반 후처리기 213
- 7.2.10 후처리기 재정렬하기 215
- 7.2.11 노드 후처리기에 대한 최종 생각 220

7.3 응답 합성기 이해하기 — 220

7.4 출력 파싱 기법 구현하기 — 224
- 7.4.1 출력 파서를 사용하여 구조화된 출력 추출하기 225
- 7.4.2 Pydantic 프로그램을 사용하여 구조화된 출력 추출하기 229

7.5 쿼리 엔진 구축 및 사용하기 — 230
- 7.5.1 쿼리 엔진 구축의 다양한 방법 탐색 230
- 7.5.2 QueryEngine 인터페이스의 고급 활용 231

7.6 실습 – PITS에서 퀴즈 만들기 — 239

7.7 요약 — 242

CHAPTER 8 LlamaIndex로 챗봇과 에이전트 구축하기 243

8.1 기술 요구사항 — 243

8.2 챗봇과 에이전트 이해하기 — 244
- 8.2.1 ChatEngine 탐색하기 246
- 8.2.2 다양한 채팅 모드 이해하기 248

8.3 앱에 에이전트 전략 구현하기 — 258
- 8.3.1 에이전트를 위한 도구와 ToolSpec 클래스 구축하기 259
- 8.3.2 추론 루프 이해하기 262
- 8.3.3 OpenAIAgent 264
- 8.3.4 ReActAgent 269
- 8.3.5 에이전트와 어떻게 상호작용하나요? 271
- 8.3.6 유틸리티 도구를 사용하여 에이전트 향상하기 271
- 8.3.7 더 고급 시나리오를 위한 LLMCompiler 에이전트 사용하기 276
- 8.3.8 저수준 에이전트 프로토콜 API 사용하기 279

8.4 실습 – PITS를 위한 대화 추적 구현하기 — 282

8.5 요약 — 288

PART IV 사용자 정의, 프롬프트 엔지니어링, 그리고 결론

CHAPTER 9 LlamaIndex 프로젝트의 사용자 정의 및 배포 291

9.1 기술 요구사항 — 291

9.2 RAG 구성 요소 사용자 정의하기 — 292
- 9.2.1 LLaMA와 LLaMA 2가 오픈소스 환경에 미친 영향 292
- 9.2.2 LM Studio를 사용하여 로컬 LLM 실행하기 293
- 9.2.3 Neutrino나 OpenRouter와 같은 서비스를 사용하여 LLM 간 라우팅하기 300
- 9.2.4 임베딩 모델을 사용자 정의하는 것은 어떨까요? 303
- 9.2.5 Llama Packs의 플러그 앤 플레이 편리성 활용하기 303
- 9.2.6 Llama CLI 사용하기 306

9.3 고급 추적 및 평가 기술 사용하기 — 308
- 9.3.1 Phoenix를 사용하여 RAG 워크플로 추적하기 309
- 9.3.2 우리의 RAG 시스템 평가하기 312

9.4 Streamlit을 활용한 배포 소개 — 319

9.5 실습 – 단계별 배포 가이드 — 321
- 9.5.1 PITS 프로젝트를 Streamlit Community Cloud에 배포하기 323

9.6 요약 — 327

CHAPTER 10 프롬프트 엔지니어링의 가이드라인 및 모범 사례 328

10.1 기술 요구사항 — 328

10.2 프롬프트가 비밀 무기인 이유 — 329

10.3 LlamaIndex가 프롬프트를 사용하는 방법 이해하기 — 332

10.4 기본 프롬프트 커스터마이징 — 335
- 10.4.1 LlamaIndex에서 고급 프롬프트 기법 사용하기 339

10.5 프롬프트 엔지니어링의 황금률 — 340
- 10.5.1 표현의 정확성과 명확성 340
- 10.5.2 지시성 340
- 10.5.3 콘텍스트 품질 340
- 10.5.4 콘텍스트 양 341
- 10.5.5 필요한 출력 형식 342
- 10.5.6 추론 비용 342
- 10.5.7 전체 시스템 지연 시간 343
- 10.5.8 작업에 적합한 LLM 선택 343
- 10.5.9 효과적인 프롬프트를 만드는 데 사용하는 일반적인 방법 346

10.6 요약 — 349

CHAPTER 11 결론과 추가 리소스　351

11.1 다른 프로젝트와 추가 학습　351
　11.1.1 LlamaIndex 예제 모음　352
　11.1.2 앞으로 나아가기 — Replit 바운티　355
　11.1.3 다수의 힘 — LlamaIndex 커뮤니티　356

11.2 주요 시사점과 최종 격려의 말　357
　11.2.1 생성형 AI라는 더 큰 맥락에서 RAG의 미래　359
　11.2.2 고려할 만한 철학적 생각　362

11.3 요약　363

찾아보기　365

옮긴이 머리말

끊임없이 변화하는 생성형 AI의 역사적인 흐름 속에서, 이 책을 한국어로 번역하게 되어 매우 기쁩니다. 이 책은 단순한 기술 소개를 넘어, 대형 언어 모델의 무한한 가능성을 현실 세계의 문제 해결에 접목할 수 있도록 RAG(검색 증강 생성)와 LlamaIndex라는 강력한 도구를 중심으로 심도 있게 안내합니다.

1부에서는 LLM의 텍스트 생성 능력과 함께 지식 부족, 사실과 허위의 구별 어려움과 같은 내재적인 한계를 명확히 인식하고, 이를 극복하기 위한 RAG의 중요성을 강조합니다. 이어지는 내용에서는 LlamaIndex 생태계를 통해 LLM의 방대한 지식과 여러분의 특정 데이터를 효과적으로 연결하여 더욱 정확하고 맥락에 맞는 지능형 애플리케이션을 개발하는 방법을 구체적으로 제시합니다. 데이터 색인, 검색 전략, Streamlit을 활용한 배포, 프롬프트 엔지니어링 등 애플리케이션 개발의 전 과정을 체계적으로 학습할 수 있도록 구성되어 있습니다.

AI 기술은 매 순간 진화하고 있으며, 더 긴 문맥을 이해하는 LLM의 등장, 특화된 하드웨어의 발전, 텍스트뿐만 아니라 이미지, 음성 등 다양한 정보를 처리하는 멀티모달 AI로의 확장 등 새로운 도전과 기회가 끊임없이 나타나고 있습니다. 따라서 이 책에서 얻은 지식은 AI 여정의 중요한 토대가 될 것이며, 앞으로도 꾸준한 학습과 연구를 통해 변화에 능동적으로 대처해야 합니다.

LlamaIndex 커뮤니티와 적극적으로 소통하고, Replit과 같은 플랫폼을 활용하는 프로젝트에 직접 참여하면, 이론적 지식을 넘어 실질적인 경험을 쌓고 전문성을 심화시키는 데 큰 도움이 될 것입니다. 또한, 발전하는 AI 기술과 더불어 윤리적 고려사항에 대한 깊은 고민과 책임감 있는 개발 자세도 매우 중요합니다.

이 책이 여러분의 창의적인 아이디어를 혁신적인 데이터 기반 AI 애플리케이션으로 구현하고, 더 나아가 생성형 AI 시대를 이끄는 핵심 인재로 성장하는 데 필수 지침서가 되기를 진심으로 바랍니다. LlamaIndex의 무한한 가능성을 탐색하며, 꾸준한 배움과 연구를 통해 여러분만의 독창적인 AI 설루션 구축을 기대합니다.

동동구

베타리더 후기

 강찬석(LG전자)

시중에 LlamaIndex나 랭체인 같은 프레임워크 사용법을 소개한 책들이 많이 나와 있지만, 이 책은 예제를 중심으로 LlamaIndex 사용법을 실제로 익히도록 돕는다는 점에서 실용성이 돋보입니다. 특히 마지막에 Streamlit 기반 챗봇 시스템인 PITS를 직접 구현해보면서 학습 내용을 실제 결과물로 완성할 수 있다는 점이 큰 장점입니다. LlamaIndex를 제대로 배우고 싶은 분께 추천합니다.

김도현(KT DS)

저자의 RAG와 LlamaIndex에 대한 깊은 애정을 느낄 수 있는 책이었습니다. LlamaIndex의 사용법뿐만 아니라 RAG의 전 과정을 친절하게 설명해주며, 인덱스와 검색기에 대해 꽤 상세한 내용을 다루고 있음에도 불구하고 자연스럽게 읽을 수 있었습니다. 서비스의 핵심 기능을 빠르게 검증하고 싶은 분이라면 랭체인보다 효율적인 선택이 될 수 있겠다는 인상을 받았습니다.

김용현(Microsoft MVP)

LLM 기반 RAG로 실제 문제를 해결하고 싶은 분께 적극 추천합니다. LlamaIndex를 활용한 솔루션 개발을 친절히 안내하며, 데이터 수집부터 챗봇 제작, 실전 배포까지 한 권에 담겨 있습니다. 실습 위주의 구성 덕분에 이해가 빠르고, 보안, 비용, 프롬프트 설계 등 실무에 필요한 내용도 빠짐없이 담겨 있습니다. 책에서 제공하는 소스코드만으로도 충분한 가치가 있습니다.

 박조은(오늘코드, Microsoft MVP)

LlamaIndex의 작동 원리를 체계적으로 익힐 수 있는 실용적인 가이드입니다. 방대한 공식 문서를 접하고 막막했던 분들께 큰 도움이 될 것이며, 문서 청킹, RAG 기반 검색, 챗봇 구현 등 주요 기능을

> 제이펍은 책에 대한 애정과 기술에 대한 열정이 뜨거운 베타리더의 도움으로
> 출간되는 모든 IT 전문서에 사전 검증을 시행하고 있습니다.

예제를 통해 자연스럽게 익힐 수 있습니다. 실무에 곧바로 적용할 수 있는 팁과 예제도 포함되어 있어, LlamaIndex를 활용한 검색 시스템이나 AI 어시스턴트 구축을 고민하는 분들께 특히 추천합니다.

 이봉호(우아한형제들)

최근 AI의 활용에 있어 랭체인, LlamaIndex, MCP 등 다양한 도구가 등장하고 있지만, 이 책은 LlamaIndex를 실제 AI 프로덕트 개발 전반에 어떻게 적용할 수 있는지 친절하게 설명해주는 훌륭한 개론서입니다. 특히 개인화된 지능형 튜터링 시스템(PITS)을 활용해 독자의 학습 여정을 돕는 방식은 혼자 공부하는 분들에게도 매우 유익하다고 생각합니다.

 이석곤(아이알컴퍼니 부설연구소)

LlamaIndex의 실무 활용법을 단계적으로 설명해주어 바로 적용할 수 있는 유익한 책이었습니다. 초보자에게는 다소 어렵게 느껴질 수도 있지만, 실습 예제가 풍부해 따라 하면서 개념을 익히기에 좋습니다. 실무 중심으로 배우고자 하는 분들께 적합합니다.

 정태일(삼성SDS)

LlamaIndex 프레임워크를 활용해 RAG 기반 생성형 AI 애플리케이션을 만들기 위한 전반적인 내용을 포괄적으로 다루고 있습니다. 지속적으로 발전하고 있는 LlamaIndex를 도구로 삼아, 강력한 AI 애플리케이션을 개발하고자 하는 분들께 추천합니다.

시작하며

생성형 AI와 **대형 언어 모델**large language model, LLM의 급속한 발전이 처음에는 많은 기대를 불러일으켰지만, 우리는 이제 이 기술의 능력과 한계를 모두 확인할 수 있습니다. LLM은 다양한 분야에서 혁신을 이끄는 다재다능하고 강력한 도구로서 자연어 생성 기술의 기초를 제공합니다. 그러나 LLM은 실시간 데이터에 접근하지 못하며, 진실과 허위를 구분하는 데 어려움을 겪고, 긴 문서에 걸쳐 문맥을 유지하는 데 어려움을 겪으며, 추론과 사실 보유에서 예측 불가능한 오류를 보이기도 합니다. 이러한 한계 중 많은 부분을 해결하기 위해 **검색 증강 생성**retrieval-augmented generation, RAG 기법이 개발되었으며, LlamaIndex는 이 새로운 개발 패러다임을 시작하는 데 있어 아마도 가장 간단하고 사용자 친화적인 방법일 것입니다.

인기 커뮤니티가 주도하는 이 오픈소스 프레임워크는 다양한 RAG 시나리오에 대한 많은 도구를 제공합니다. 아마도 이것이 이 책이 필요한 이유일 것입니다. 저는 처음 LlamaIndex 프레임워크를 접했을 때, 그 포괄적인 공식 문서에 깊은 인상을 받았습니다. 그러나 곧 그 방대한 옵션들이 초보자들에게 부담감을 줄 수 있다는 것을 깨달았습니다. 따라서 제 목표는 프레임워크의 기능을 탐색하고 프로젝트에 활용할 수 있도록 돕는, 초보자 친화적인 가이드를 제공하는 것이었습니다. LlamaIndex의 내부 메커니즘을 더 깊이 탐구할수록 그 효과성을 더 잘 이해하게 될 것입니다. 이 책은 복잡한 개념을 해체하고 실용적인 예제를 제공함으로써 공식 문서와 독자의 이해 사이의 격차를 메우고, 흔히 발생하는 문제를 피하면서 자신 있게 RAG 애플리케이션을 구축할 수 있도록 돕는 것을 목표로 합니다.

이제부터 LlamaIndex 생태계를 탐험하는 여정을 함께 떠나봅시다. 기본적인 RAG 개념을 이해하는 것부터 고급 기술에 숙달하는 과정을 지나가면서, 다양한 소스로부터 데이터를 수집, 색인화,

쿼리하는 방법, 사용 사례에 맞춘 최적화된 색인을 생성하는 방법, 생성형 AI의 진정한 잠재력을 보여주는 챗봇 및 인터랙티브 웹 애플리케이션을 구축하는 방법을 배우게 될 것입니다. 이 책은 다수의 실용적인 코드 예제, 프롬프트 엔지니어링의 여러 모범 사례는 물론이고, 여러분의 데이터로 증간된 LLM 기반 애플리케이션을 구축할 때 직면할 수 있는 문제들을 해결하는 데 도움이 되는 기술을 포함하고 있습니다.

이 책을 다 읽고 나면 LlamaIndex와 파이썬Python을 사용하여 강력하고 인터액티브한 AI 기반 애플리케이션을 만들 수 있는 기술과 전문 지식을 갖추게 될 것입니다. 또한 비용을 예측하고, 잠재적인 개인정보 보호 문제를 다루며, 애플리케이션을 배포할 수 있게 되어 빠르게 성장하는 생성형 AI 분야에서 주목받는 전문가가 될 수 있을 것입니다.

안드레이 게오르기우

이 책에 대하여

이 책은 다양한 경력 단계에 있는 개발자들을 위해 특별히 설계되었으며, 특히 RAG 기법을 활용하여 생성형 AI의 역량을 이해하고 활용하려는 독자들을 대상으로 합니다. 이 책은 파이썬 개발에 대한 기본 지식과 생성형 AI 개념에 대한 일반적인 이해를 가진 이들을 위한 기초적인 안내서가 되고자 합니다.

특히 다음과 같은 독자층에게 유용합니다.

- **초급 개발자**: 파이썬에 대한 기본적인 이해를 가지고 있으며, 생성형 AI 분야에 입문하는 개발자들에게 이 책은 훌륭한 출발점이 될 것입니다. LlamaIndex 프레임워크를 사용하여 견고하고 혁신적인 애플리케이션을 만드는 초기 단계를 안내하며, 핵심 구성 요소, 기본 워크플로, RAG 애플리케이션 개발을 시작하는 데 필요한 모범 사례를 배울 수 있습니다.

- **경험 많은 개발자**: 생성형 AI 분야에 이미 익숙하고 자신의 전문성을 심화하고자 하는 개발자들에게 이 책은 LlamaIndex 프레임워크의 고급 주제에 대한 통찰을 제공할 것입니다. 기존의 기술을 활용하여 더 복잡한 RAG 애플리케이션을 개발하고 배포하는 방법을 익히며, 프로젝트의 역량을 강화하고, AI로 활용 가능한 범위의 한계를 확장할 수 있습니다.

- **LLM의 잠재력을 최대한 활용하고자 하는 전문가**: 데이터 기반 문제를 신속하게 해결할 수 있는 설루션을 구축하여 생산성을 높이려는 경우, 이 책은 기본 개념에 대한 이해를 도우며 강력한 역량을 제공할 것입니다. 본질적으로 학습을 즐기고 이 훌륭한 기술을 실험해보고 싶은 분들은 이 책을 통해 복잡한 문제를 더 효율적이고 창의적으로 해결할 수 있는 도구를 얻을 수 있습니다.

책의 구성

1장 '대형 언어 모델 이해하기' 는 생성형 AI와 대형 언어 모델에 대한 소개를 제공합니다. LLM이 무엇인지, 현대 기술에서의 역할, 그리고 이들의 강점과 약점에 대해 설명합니다. 이 장은 LlamaIndex가 기반으로 하는 LLM의 역량에 대한 기본적인 이해를 제공하는 것을 목표로 합니다.

2장 'LlamaIndex: 숨겨진 보석 — LlamaIndex 생태계 소개' 에서는 LlamaIndex 생태계를 소개하고 LLM을 어떻게 보강할 수 있는지 설명합니다. 이 장은 책의 전반적인 구조를 설명하며, 기본 개념에서 시작해 LlamaIndex 프레임워크의 더 복잡한 요소들을 점차 소개합니다. 또한 **개인화된 지능형 튜터링 시스템**personalized intelligent tutoring system, PITS 프로젝트를 소개하며, 책에서 다룰 개념을 적용하고 개발 환경 준비 방법을 설명합니다.

3장 'LlamaIndex로 여정 시작하기' 는 첫 번째 LlamaIndex 프로젝트를 시작하는 기본사항을 다룹니다. 이 장에서는 LlamaIndex에서 RAG 애플리케이션의 필수 구성 요소인 문서, 노드, 색인, 쿼리 엔진에 대해 설명합니다. 또한 독자들이 PITS 프로젝트를 시작할 수 있도록 전형적인 워크플로 모델과 간단한 실습 예제를 제공합니다.

4장 'RAG 워크플로에 데이터 가져오기' 는 LlamaIndex에 데이터를 가져오는 방법에 중점을 둡니다. LlamaHub 커넥터를 사용하여 독점 데이터를 가져오는 방법을 배우고, 문서를 논리적이고 색인화 가능한 정보 조각으로 분석하고 구성하는 방법을 설명합니다. 또한 데이터 수집 파이프라인, 중요한 데이터 개인정보 보호 고려사항, 메타데이터 추출 및 간단한 비용 추정 방법을 다룹니다.

5장 'LlamaIndex로 인덱싱하기' 는 데이터 색인화에 대한 주제를 탐구합니다. 색인화가 어떻게 작동하는지 개요를 제공하고, 독자가 자신에게 가장 적합한 색인화 기법을 선택할 수 있도록 다양한 색인화 기법을 비교합니다. 또한 계층적 색인화의 개념을 설명하고, 지속 가능한 색인 저장 및 검색, 비용 추정, 임베딩, 벡터 저장소, 유사성 검색, 저장소 콘텍스트 등을 다룹니다.

6장 '데이터 쿼리하기, 1단계 — 맥락 검색' 은 데이터 쿼리의 메커니즘과 LlamaIndex 내에서의 다양한 쿼리 전략과 아키텍처를 설명하며, 특히 검색기retriever에 중점을 둡니다. 또한 비동기 검색, 메타데이터 필터, 도구, 선택기, 검색기 라우터 및 쿼리 변환과 같은 고급 개념을 다루고, 밀집 검색dense retrieval 및 희소 검색sparse retrieval과 같은 기본적인 패러다임의 장단점에 대해 논의합니다.

7장 '데이터 쿼리하기, 2단계 – 후처리 및 응답 합성'은 쿼리 메커니즘에 대한 주제를 계속 다루며, RAG 워크플로에서 노드 후처리 및 응답 생성기의 역할을 설명합니다. 또한 전체 쿼리 엔진 구조와 그 사용법, 출력 파싱을 다루며, 이 장의 실습 부분에서는 LlamaIndex를 사용하여 PITS 애플리케이션에서 개인화된 콘텐츠를 생성하는 방법에 중점을 둡니다.

8장 'LlamaIndex로 챗봇과 에이전트 구축하기'는 LlamaIndex를 활용한 챗봇, 에이전트 및 대화 추적의 기본 요소를 소개하고, 이 지식을 실습 프로젝트에 적용합니다. LlamaIndex가 유연한 상호작용을 촉진하고, 문맥을 유지하며, 사용자 정의 검색/응답 전략을 관리하는 방법을 배우는데, 이는 효과적인 대화형 인터페이스를 구축하는 데 필수 요소들입니다.

9장 'LlamaIndex 프로젝트의 사용자 정의 및 배포'는 LlamaIndex 프로젝트를 개인화하고 배포하는 포괄적인 가이드를 제공합니다. RAG 파이프라인의 다양한 구성 요소를 맞춤화하는 방법, Streamlit을 사용한 배포에 대한 초보자 친화적인 튜토리얼, 디버깅을 위한 고급 추적 방법, LlamaIndex 애플리케이션을 평가하고 미세 조정하는 기술을 다룹니다.

10장 '프롬프트 엔지니어링의 가이드라인 및 모범 사례'는 RAG 파이프라인의 효과를 향상시키는 데 있어 프롬프트 엔지니어링의 중요한 역할을 설명하며, LlamaIndex 프레임워크의 '내부'에서 프롬프트가 어떻게 사용되는지를 강조합니다. 프롬프트를 맞춤화하고 최적화하여 LlamaIndex의 전체 역량을 활용하고 더 신뢰할 수 있도록, 맞춤화된 AI 출력을 얻을 수 있는 방법을 독자들에게 안내합니다.

11장 '결론과 추가 리소스'는 이 책의 핵심 통찰을 요약하고, 추가 학습을 위한 다른 프로젝트와 경로를 강조합니다. 프레임워크의 주요 기능을 개괄하고, 더 깊이 탐구할 수 있는 추가 자료 목록을 제공하며, 용어를 빠르게 참조할 수 있는 색인을 포함합니다.

이 책을 최대한 활용하기 위해

이 책의 내용을 따라가기 위해서는 파이썬 개발에 대한 기본적인 이해가 필요하며, 생성형 AI 모델 사용에 대한 일반적인 경험도 도움이 됩니다. 책에서 제공하는 모든 예제는 로컬 파이썬 환경에서 실행되도록 특별히 설계되었고, 여러 라이브러리를 사용해야 하므로 최소 20GB의 저장 공간이 필요합니다.

- **책에서 다루는 소프트웨어/하드웨어 요구사항**: Python >= 3.11, LlamaIndex >= 0.10
- **운영 체제 요구사항**: Windows 또는 Linux

책에 소개된 대부분의 예제가 OpenAI API를 사용하므로, OpenAI API 키를 얻어야 합니다.

디지털 버전의 책을 사용하는 경우, 코드를 직접 입력하거나 책의 GitHub 저장소에서 코드를 다운로드하기를 권장합니다(다음 절에서 링크를 제공합니다). 이렇게 하면 코드를 복사하여 붙여 넣는 과정에서 발생할 수 있는 잠재적인 오류를 피할 수 있습니다.

여러 코드 예제가 OpenAI API에 의존하고 있기 때문에 이 코드를 실행하는 데 비용이 발생할 수 있다는 점을 염두에 두어야 합니다. 모든 것이 최소 비용으로 최적화되었지만, 저자나 출판사는 이러한 비용에 대해 책임지지 않습니다. 또한 OpenAI와 같은 공용 API를 사용할 때의 보안 문제에 대해 유의해야 합니다. 자신의 독점 데이터를 사용하여 다양한 예제를 실험하려 한다면, 사전에 OpenAI의 개인정보 보호 정책을 반드시 확인하시기를 바랍니다.

예제 코드 다운로드

이 책의 예제 코드는 깃허브 저장소(https://github.com/PacktPublishing/Building-Data-Driven-Applications-with-LlamaIndex 단축URL https://bit.ly/bdda_llamaindex)에서 내려받을 수 있습니다.

이 저장소는 여러 폴더로 구성되어 있으며, 각 장에 해당하는 폴더는 **ch<x>**로 명명되어 있습니다. 여기서 **<x>**는 장 번호를 나타냅니다. **PITS_APP** 폴더에는 책 전반에서 소개된 주요 프로젝트의 소스코드가 포함되어 있습니다. 코드 수정은 해당 저장소에 지속적으로 반영됩니다.

PART I

생성형 AI와 LlamaIndex 소개

| CHAPTER 1 | 대형 언어 모델 이해하기 |
| CHAPTER 2 | LlamaIndex, 숨겨진 보석 — LlamaIndex 생태계 소개 |

1부에서는 생성형 AI와 대형 언어 모델을 소개하는 것으로 시작합니다. 소개 과정에서 인간과 유사한 텍스트를 생성하는 능력과 그 한계점을 설명하고, 검색 증강 생성이 정확성, 추론, 관련성을 어떻게 향상시켜 한계점을 극복할 수 있는지를 설명합니다.

이어지는 내용에서는 LlamaIndex가 RAG를 활용하여 LLM의 방대한 지식과 기업 고유(독점) 데이터 간의 간극을 어떻게 효과적으로 연결하는지, 이를 통해 상호작용형 AI 애플리케이션의 잠재력을 어떻게 극대화할 수 있는지를 다룹니다.

CHAPTER 1

대형 언어 모델 이해하기

이 책을 읽고 있다면, 아마도 **대형 언어 모델**large language model, LLM의 영역을 탐구해보았고, LLM의 잠재적 응용 분야와 한계를 이미 인식하고 있을 것입니다. 이 책은 LLM이 직면한 과제를 다루고, LlamaIndex를 활용하여 데이터 기반 LLM 애플리케이션을 구축하는 데 도움이 되는 실용적인 가이드를 제공합니다. 이를 통해 개발자들은 기본 개념에서 출발하여, 외부 데이터를 보강하고 고성능 상호작용 **인공지능**artificial intelligence, AI 시스템을 구축하는 **검색 증강 생성**retrieval-augmented generation, RAG의 구현을 위한 고급 기술까지 다룰 수 있게 됩니다.

이 장에서는 **생성형 AI**generative AI, GenAI와 LLM에 대해 소개합니다. LLM이 대규모 데이터셋을 학습한 후 어떻게 인간과 유사한 텍스트를 생성하는지 설명하고, LLM의 능력과 한계(예: 철 지난 지식, 허위 정보의 가능성, 추론 능력 부족 등)에 대해 개괄적으로 다룹니다. RAG를 잠재적 설루션으로 소개하고, 색인화된 데이터를 사용하는 검색 모델과 생성 모델을 결합하여 사실 정확성, 논리적 추론, 문맥 관련성을 높이는 방법을 설명합니다. 이번 장을 통해 LLM에 대해 기본적으로 이해하고, LLM의 일부 약점을 극복할 수 있는 RAG에 대해 배움으로써, LLM을 실용적으로 활용하기 위한 기반을 마련하게 될 것입니다.

이 장에서는 다음과 같은 주요 주제를 다룹니다.

- 생성형 AI와 LLM 소개하기
- 현대 기술에서 LLM의 역할 이해하기

- LLM이 직면한 도전 과제 탐구하기
- RAG로 LLM 증강하기

1.1 생성형 AI와 LLM 소개하기

소개 부분은 종종 지루할 수 있지만, 여기서는 LlamaIndex에 깊이 들어가기 전에 생성형 AI와 LLM의 배경을 이해하고 익숙해지는 것이 중요합니다. 가능한 한 간결하게 설명하려고 노력할 것이며, 여러분이 이미 이 정보를 알고 있다면 잠시 양해해주기 바랍니다.

1.1.1 생성형 AI란 무엇인가?

생성형 AI는 텍스트, 이미지, 오디오, 비디오와 같은 새로운 콘텐츠를 생성할 수 있는 시스템을 의미합니다. 이미지 분류나 음성 인식과 같은 특정 작업을 위해 설계된 전문화된 AI 시스템과 달리, 생성형 AI 모델은 종종 인간이 만든 콘텐츠와 구별하기 어려운 완전히 새로운 자산을 만들어낼 수 있습니다.

이러한 시스템은 **신경망**neural networks, NN과 같은 **머신러닝**machine learning, ML 기법을 사용하며, 방대한 양의 데이터를 학습합니다. 생성 모델은 학습 데이터 내의 패턴과 구조를 학습함으로써 데이터의 기저 확률 분포를 모델링하고, 이 분포에서 샘플링하여 새로운 예제를 생성할 수 있습니다. 다시 말해, 생성형 AI는 큰 예측 기계로 작동합니다.

이제 생성형 AI의 가장 인기 있는 분야인 LLM에 대해 논의하겠습니다.

1.1.2 LLM이란 무엇인가?

생성형 AI의 가장 두드러지고 빠르게 발전하는 분야 중 하나는 **LLM**을 통한 **자연어 생성**natural language generation, NLG입니다(그림 1.1 참조).

LLM은 인간의 언어를 이해하고 생성하도록 특별히 설계된 최적화된 신경망입니다. **대규모**라는 의미는 인터넷이나 기타 소스에서 수집한 수십억 또는 수조 개의 단어를 포함하는 방대한 텍스트로 학습한다는 의미를 담고 있습니다. 모델이 커질수록 벤치마크 성능이 향상되고, 일반화 능력이 증가하며, 새로운 능력이 나타납니다. 초기의 규칙 기반 생성 시스템과 달리, LLM의 주요 특징은 자연스럽게 읽히는 새로운 텍스트를 생성할 수 있다는 점입니다.

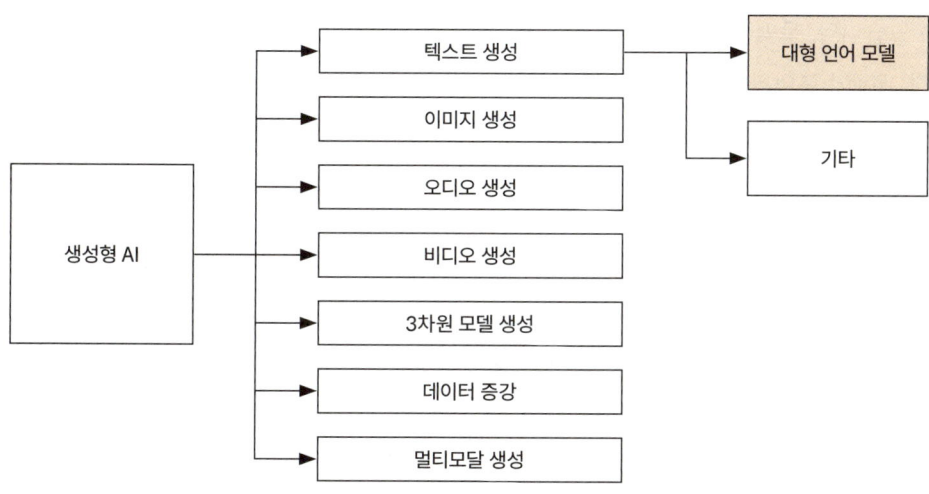

그림 1.1 LLM은 생성형 AI의 하위 분야입니다.

LLM은 다양한 소스에서 패턴을 학습하여, 훈련 데이터에 포함된 미묘한 문법부터 주제 지식, 기본적인 상식 추론에 이르기까지 다양한 언어 기술을 습득합니다. 이렇게 학습한 패턴을 통해 LLM은 인간이 작성한 텍스트를 문맥에 맞게 확장할 수 있습니다. LLM이 지속적으로 발전함에 따라 대규모 **자연어**natural language, NL 콘텐츠를 자동으로 생성하는 새로운 가능성이 열리고 있습니다.

훈련 과정에서 LLM은 방대한 훈련 데이터셋에서 단어 간의 확률적 관계와 언어 구조를 지배하는 규칙을 점진적으로 학습합니다. 훈련이 완료되면, 이전 단어들을 기반으로 다음 단어의 확률을 예측하여 놀라울 정도로 인간과 유사한 텍스트를 생성할 수 있습니다. 많은 경우, 이들이 생성하는 텍스트는 너무 자연스러워서 '우리 인간도 단지 더 정교한 예측 기계에 불과한 것은 아닐까?'라는 의문을 품게 만들기도 합니다. 그러나 이 주제는 또 다른 책에서 다룰 이야기입니다.

LLM의 주요 아키텍처 혁신 중 하나는 **트랜스포머**transformer 입니다(**GPT**의 **T**가 바로 이 트랜스포머를 의미합니다). 트랜스포머는 **어텐션**attention **메커니즘**을 사용하여 단어 간의 문맥적 관계를 학습합니다. 어텐션은 모델이 텍스트 내의 장거리 의존성을 학습할 수 있게 해줍니다. 이는 대화 중 맥락에 **주의**를 기울여 전체 의미를 이해하는 것과 비슷합니다. 즉, 서로 가까이 있는 단어뿐만 아니라 문장이나 단락에서 멀리 떨어져 있는 단어들이 서로 어떻게 연관되는지도 **이해할 수 있다**는 의미입니다.

어텐션은 모델이 예측할 때 입력 시퀀스의 관련 부분에 선택적으로 집중할 수 있게 하여 데이터 내의 복잡한 패턴과 의존성을 포착합니다. 이 기능 덕분에 많은 매개변수와 방대한 데이터셋으로 훈련한 대규모 트랜스포머 모델은 문맥 학습in-context learning과 같은 놀라운 새로운 능력을 보여줄 수 있습니다. 문맥 학습이란, 몇 가지 예제만으로도 주어진 작업을 수행할 수 있는 능력을 의미합니다. 트랜스포머와 **GPT**Generative Pre-trained Transformer에 대해 더 알고 싶다면, 알렉 래드포드Alec Radford, 카씩 나라심한Karthik Narasimhan, 팀 살리만스Tim Salimans, 일리아 수츠케버Ilya Sutskever의 〈비지도 학습을 통한 언어 이해 향상하기(Improving Language Understanding with Unsupervised Learning)〉[1]를 참조할 수 있습니다.

GPT-4, Claude 2.1, Llama 2와 같은 최고 성능의 LLM은 수조 개의 매개변수를 포함하며, 인터넷 규모의 데이터셋을 사용하여 고급 **딥러닝**deep learning, DL 기법으로 훈련했습니다. 그 결과 생성된 모델은 광범위한 어휘와 문법, 구문과 같은 언어 구조에 대한 방대한 지식과 세계에 대한 일반적인 지식까지 모두 갖추고 있습니다. LLM의 이러한 독특한 특성 덕분에 이들은 일관성 있고, 문법적으로 올바르며, 의미적으로 관련 있는 텍스트를 생성할 수 있습니다. 이들이 생성하는 출력이 항상 완전히 논리적이거나 사실적으로 정확하지는 않지만, 대개는 인간이 작성한 것처럼 설득력 있게 읽힙니다. 하지만 모델의 성능에서 크기만이 전부는 아닙니다. 데이터의 품질과 훈련 알고리즘 등도 특정 모델의 성능에 큰 영향을 미칠 수 있습니다.

많은 모델이 프롬프트를 통해 응답을 생성할 수 있는 사용자 인터페이스를 특징으로 합니다. 또한 일부 모델은 개발자가 프로그래밍 방식으로 모델에 접근할 수 있는 API도 제공합니다. 이 방법은 이 책의 다른 장들에서 주로 다룰 예정입니다.

다음으로, LLM이 기술 분야에서 어떻게 큰 변화를 이끌고 있는지에 대해 논의할 것입니다. LLM은 대기업뿐만 아니라 모든 사람에게 도움이 되고 있습니다. 어떻게 도움이 되는지 궁금하신가요? 계속 읽어보세요.

1.2 현대 기술에서 LLM의 역할 이해하기

우리는 참 좋은 시대를 살고 있습니다. 중소기업과 창업가들에게 이보다 더 유리한 시대는 없었습니다. 이 기술의 엄청난 잠재력을 고려할 때, 기술이 대기업이나 정부의 엄격한 통제 아래에만 머무는 대신, 거의 모든 사람이 접근할 수 있게 된 것은 정말 기적입니다. 이제는 기술적 지식이 없는 사람조차도 막대한 자원을 필요로 했던 문제들을 해결하고, 불가능해 보였던 아이디어를 실현하는 것이 정말로 가능해졌습니다.

---

[1] https://openai.com/research/language-unsupervised

LLM이 거의 모든 산업에서 가지는 혁신적 잠재력은 어마어마합니다.

물론, 이 기술이 우리를 대체할 수 있다는 우려도 있습니다. 그러나 기술의 역할은 우리의 삶을 더 쉽고 편안하게 만드는 것이며, 반복적인 작업을 대신하는 것입니다. 이전과 마찬가지로 우리는 여전히 같은 일을 하겠지만, LLM의 도움으로 훨씬 더 효율적으로 잘 해낼 수 있을 것입니다. 우리는 더 적은 자원으로 더 많은 일을 해낼 수 있게 될 것입니다.

LLM은 이제 자연어 생성 기술의 기초가 되었다고 감히 말할 수 있습니다. 이미 챗봇, 검색 엔진, 코딩 보조 도구, 텍스트 요약 도구, 기타 상호작용적이거나 자동으로 텍스트를 생성하는 애플리케이션 등에 힘을 실어주고 있습니다. 이들의 능력은 더 큰 데이터셋과 모델 덕분에 빠르게 발전하고 있습니다.

또한, **에이전트**agent도 있습니다. 이 자동화된 기술들은 디지털 환경에서 **자극**stimuli을 인지하고 해석하여(디지털 환경에만 국한되지 않음), 그에 따라 결정을 내리고 행동할 수 있습니다. LLM의 힘을 바탕으로 한 지능형 에이전트는 복잡한 문제를 해결하고, 우리가 기술과 상호작용하는 방식을 근본적으로 변화시킬 수 있습니다. 이 주제는 8장에서 더 자세히 다룰 것입니다.

비교적 짧은 역사에도 불구하고, LLM은 이미 매우 다재다능하고 강력하다는 것을 증명했습니다. 올바른 기술과 프롬프트를 사용하면, LLM의 출력은 대규모로 유용한 방향으로 조정할 수 있습니다. LLM은 계속해서 생성 능력이 진화함에 따라 수많은 분야에서 혁신을 이끌고 있습니다. 이들의 능력은 미묘한 대화부터 멀티모달 지능multimodal intelligence에 이르기까지 확장되고 있으며, 현재 LLM을 중심으로 한 산업과 기술 전반의 혁신 물결은 멈출 기미를 보이지 않고 있습니다.

가트너 하이프 사이클 Gartner Hype Cycle 모델은 기술 리더들이 새로운 기술을 평가할 때, 그 기술 자체의 가치뿐만 아니라 조직의 특정 요구와 목표에 맞춰 평가할 수 있도록 도와주는 전략적 가이드 역할을 합니다.[2]

현재 적용 수준을 보면, LLM은 현재 **계몽의 경사**Slope of Enlightenment 단계에 접어들었으며, 이제 **생산성의 고원**Plateau of Productivity 단계로 진입할 준비가 되어 있습니다. 이는 본격적인 주류 채택이 시작되는 단계입니다(그림 1.2). 기업들은 LLM의 활용에 대해 더 실용적인 접근을 취하고 있으며, 가장 큰 가치를 제공하는 특화된 사용 사례에 중점을 두고 있습니다.

---

[2] https://www.gartner.com/en/research/methodologies/gartner-hype-cycle

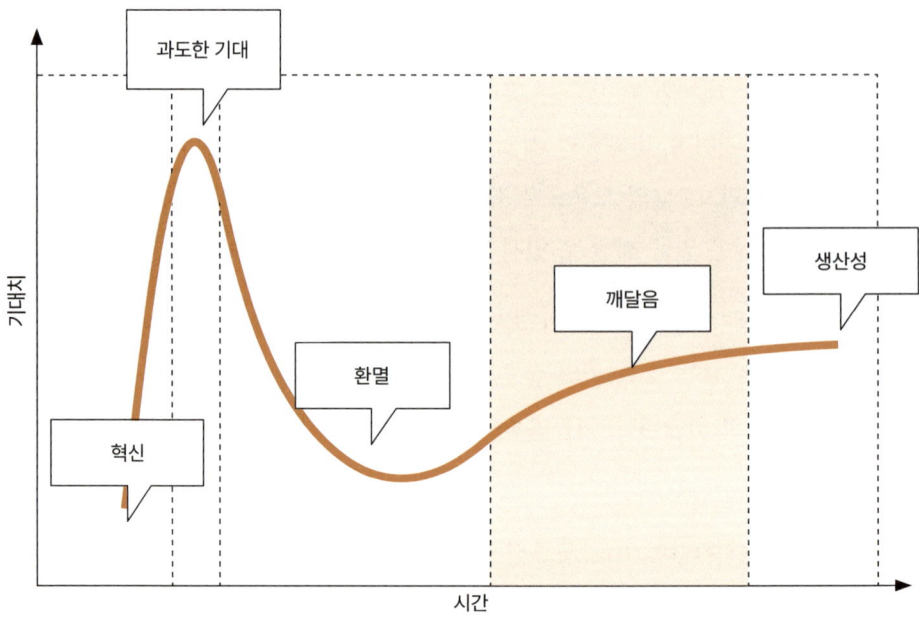

그림 1.2 **가트너 하이프 사이클**

하지만 다른 특정 기술들과 달리, LLM은 새로운 형태의 인프라로, 새로운 개념을 구현할 수 있는 일종의 생태계라고 할 수 있습니다. 이 생태계에서는 의심할 여지없이 혁신적인 애플리케이션이 탄생할 것입니다.

이것이 바로 LLM의 진정한 잠재력이자, LLM이 제공하는 기회를 활용하는 방법을 배울 수 있는 이상적인 시기입니다.

LLM의 역량을 최대한 활용할 수 있는 혁신적인 솔루션에 대해 논의하기 전에, 잠시 뒤로 물러서서 이 기술이 직면한 몇 가지 도전 과제와 한계에 대해 살펴보겠습니다.

1.3 LLM이 직면한 도전 과제 탐구하기

하지만 좋은 소식만 있는 것은 아닙니다. 지금부터는 LLM의 어두운 면에 대해서도 논의하겠습니다.

이 모델들은 중요한 한계와 몇 가지 부작용을 가지고 있습니다. 다음은 가장 중요한 한계들의 목록입니다만, 이 목록이 완전하지 않을 수 있다는 점에 유의하기 바랍니다. 여기에 포함되지 않은 다른 문제들도 있을 수 있으며, 순서는 임의로 정했습니다.

- 실시간 데이터에 대해 접근할 수 없습니다.
  - LLM은 정적인 데이터셋으로 훈련되므로, 이들이 보유한 정보는 훈련에 사용된 데이터만큼만 최신성을 유지합니다. 이는 최신 뉴스, 과학적 발견 또는 사회적 트렌드를 포함하지 않을 수 있습니다.
  - 이 한계는 사용자가 실시간 또는 최근 정보를 찾을 때 특히 중요할 수 있습니다. LLM은 구식이거나 관련성이 떨어지는 응답을 제공할 수 있으며, 심지어 데이터나 통계를 인용하더라도 그 수치는 이미 변경되었거나 발전했을 가능성이 있어, 잠재적으로 잘못된 정보를 제공할 위험이 있습니다.

    > **NOTE** 최근 OpenAI에서 도입한 기능들은 기본적인 LLM이 Bing과 연동하여 인터넷에서 최신 정보를 검색할 수 있도록 허용하지만, 이는 LLM 자체의 고유한 기능이 아니라 ChatGPT 인터페이스에서 제공하는 보강 기능입니다.

  - 이러한 실시간 업데이트 기능의 부재는 LLM이 실시간 고객 서비스 문의와 같은 작업에 적합하지 않다는 것을 의미하는데, 이러한 작업에서는 사용자 데이터, 재고 수준, 시스템 상태 등에 대한 실시간 접근을 필요로 하기 때문입니다.

- 사실과 허위를 구별하는 내재적 능력이 부족합니다.
  - 모니터링이 제대로 이루어지지 않으면, LLM은 매우 설득력 있는 잘못된 정보를 생성할 수 있습니다. 분명히 말하는데, LLM은 고의로 이런 행동을 하는 것이 아닙니다. 아주 단순하게 설명하자면, LLM은 단지 단어들이 서로 잘 맞아떨어지는 조합을 찾고 있을 뿐입니다.
  - 그림 1.3은 GPT-3.5 모델의 이전 버전 중 하나가 어떻게 잘못된 정보를 생성할 수 있는지를 보여주는 예시입니다.

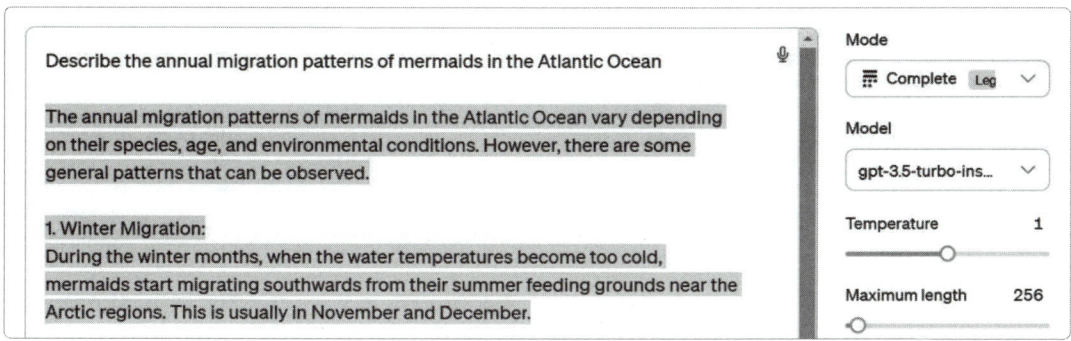

그림 1.3 GPT 3.5-turbo-instruct 플레이그라운드의 스크린샷

- 이 모델들은 확률적으로(무작위로) 텍스트를 생성하므로, 출력이 완전히 논리적이거나 사실적이거나 무해하다고 보장할 수 없습니다. 또한 훈련 데이터는 모델에 고유한 편향을 부여하며, LLM은 경고 없이 유해하거나 잘못되거나 말이 되지 않는 텍스트를 생성할 수 있습니다. 훈련 데이터에는 때때로 온라인 담론의 불쾌한 요소들이 포함되므로, LLM은 훈련 데이터에 포함된 유해한 편향과 잘못된 콘텐츠를 증폭시킬 위험이 있습니다.

  > **NOTE** 이러한 결과는 구형 AI 모델을 사용하는 플레이그라운드 환경에서 쉽게 발생할 수 있지만, OpenAI의 ChatGPT 인터페이스는 더 최신의 모델을 사용하고, 추가적인 안전 장치를 적용하여 이러한 응답이 발생할 가능성을 훨씬 줄였습니다.

- LLM은 긴 문서에서 문맥과 기억을 유지하지 못합니다.
  - 기본적인 상태의 일반 LLM과의 상호작용은 단순한 주제나 빠른 질문-답변 세션에서는 유용할 수 있습니다. 그러나 모델의 문맥 길이context window 한계를 넘어서면, LLM이 일관성을 유지하기 어려워지며, 대화나 문서의 초기 부분에서 중요한 세부사항을 잃어버릴 수 있습니다. 이는 장기간의 상호작용이나 심층 분석에서 복잡성을 완전히 해결하지 못하고, 단편적이거나 불완전한 응답을 초래할 수 있습니다. 이는 **단기 기억 상실**short-term memory loss을 겪는 인간과 비슷합니다.

    > **NOTE** Anthropic의 Claude 2.1 및 Google의 Gemini Pro 1.5와 같은 AI 모델은 문맥 길이의 한계를 크게 높였지만, 전체 책을 입력하고 이렇게 큰 문맥에서 추론을 실행하는 것은 비용 측면에서 부담이 될 수 있습니다.

- LLM은 추론과 사실 유지에서 예측할 수 없는 실패를 보입니다. 그림 1.4는 GPT-4와 같은 최신 모델에게도 어려운 전형적인 논리 추론 문제를 보여줍니다.

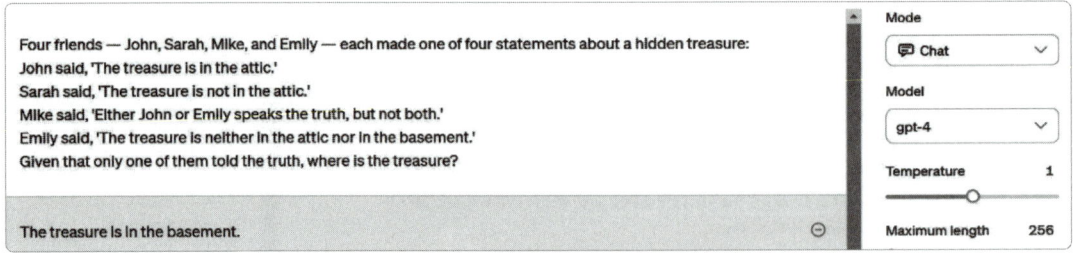

그림 1.4 GPT-4 플레이그라운드의 스크린샷

  - 이 예시에서 답이 틀린 이유는 에밀리만이 진실을 말하고 있는 경우에만 시나리오가 성립되기 때문입니다. 이 경우, 보물은 다락방에도 지하실에도 없습니다.

- LLM의 유창한 텍스트 생성 이외의 능력은 여전히 일관성이 없고 제한적입니다. LLM의 출력을 의심 없이 맹목적으로 신뢰하면 오류를 초래할 수 있습니다.

• 거대한 LLM의 복잡성은 그 기능에 대한 투명성을 감소시킵니다.
  - 해석 가능성이 부족하여 문제를 감사하거나, 언제 왜 실패했는지를 정확히 이해하기가 어렵습니다. 우리가 얻을 수 있는 것은 출력물뿐이며, 그 출력으로 이어진 실제 의사 결정 과정이나 특정 출력물을 기반으로 한 문서화된 사실을 쉽게 알 수 있는 방법은 없습니다. 따라서 여전히 LLM은 편향되거나 잘못되거나 위험한 출력으로 인한 위험을 완화하기 위해 신중한 관리가 필요합니다.

• 다른 많은 것들과 마찬가지로, LLM을 지속 가능하다고 부를 수는 없습니다. 적어도 아직은 그렇지 않습니다.
  - 거대한 규모로 인해 훈련 비용이 비싸고, 막대한 컴퓨팅 자원 요구로 인해 환경에도 큰 부담을 줍니다. 문제는 훈련 과정뿐만 아니라, 사용 과정에서도 발생합니다. Arthur D. Little, Greg Smith, Michael Bateman, Remy Gillet, Eystein Thanisch는 "ChatGPT의 물 소비량은 20~50개의 쿼리로 구성된 세션당 약 500밀리리터로 추정됩니다(the water consumption of ChatGPT has been estimated at 500 milliliters for a session of 20-50 queries)"라고 했습니다.[3] 이는 결코 무시할 수 없는 수치입니다. LLM에서 답을 얻기 위해 수없이 실패한 시도의 횟수와 매 순간 프롬프트 엔지니어링 기술을 연습하는 수많은 사용자들의 수를 곱해보세요.

• 또 다른 나쁜 소식은, 모델의 복잡성과 훈련 기술이 발전함에 따라 LLM이 급속히 기계 생성 텍스트의 거대한 원천이 되고 있다는 것입니다.
  - 실제로, 예측에 따르면 이는 결국 인간이 생성한 텍스트를 거의 완전히 대체하게 될 것입니다.[4]
  - 어느 면에서 이는 LLM이 자신의 성공의 희생자가 될 수 있음을 의미합니다. AI가 생성하는 데이터가 점점 더 많아짐에 따라, 새로운 모델의 훈련을 점차 오염시켜 그 능력이 저하될 수 있습니다.
  - 생물학에서와 같이, 유전자 풀의 건강한 다양성을 유지할 수 없는 생태계는 점차 쇠퇴하게 됩니다.

---

[3] https://www.cutter.com/article/environmental-impact-large-language-models
[4] Brown, Tom B. et al. (2020). "Language Models are Few-Shot Learners(언어 모델은 소수 샘플 학습자다)". arXiv:2005.14165 [cs.CL]. https://arxiv.org/abs/2005.14165

좋은 소식은 마지막에 남겨두었습니다.

만약 제가 이 모든 문제를 거의 해결할 수 있는 방법이 하나 있다고 말하면 어떨까요?

많은 면에서 언어 모델은 운영체제와 매우 유사합니다. 운영체제가 하드웨어 자원을 관리하고 컴퓨터 프로그램에 서비스를 제공하는 것처럼, LLM은 언어 자원을 관리하고 다양한 **자연어 처리**Natural Language Processing, NLP 작업에 서비스를 제공합니다. 프롬프트를 사용해 LLM과 상호작용하는 것은 마치 어셈블리 언어를 사용해 코드를 작성하는 것과 비슷합니다. 이는 저수준의 상호작용입니다. 그러나 곧 알게 되겠지만, LLM을 최대한 활용하기 위한 더 정교하고 실용적인 방법들이 있습니다.

이제 RAG에 대해 이야기하겠습니다.

1.4 RAG로 LLM 증강하기

2020년 Meta 연구원들이 발표한 논문[5]에서 처음으로 소개된 RAG는 정보 검색 방법과 생성 모델의 힘을 결합하여 사용자 질문에 답하는 기술입니다. RAG의 개념은 먼저 독점적 지식proprietary knowledge을 포함한 색인화된 데이터 소스에서 관련 정보를 검색한 다음, 그 정보를 활용해 생성 모델이 더 풍부한 문맥과 정보를 반영한 응답을 생성하는 것입니다(그림 1.5 참조).

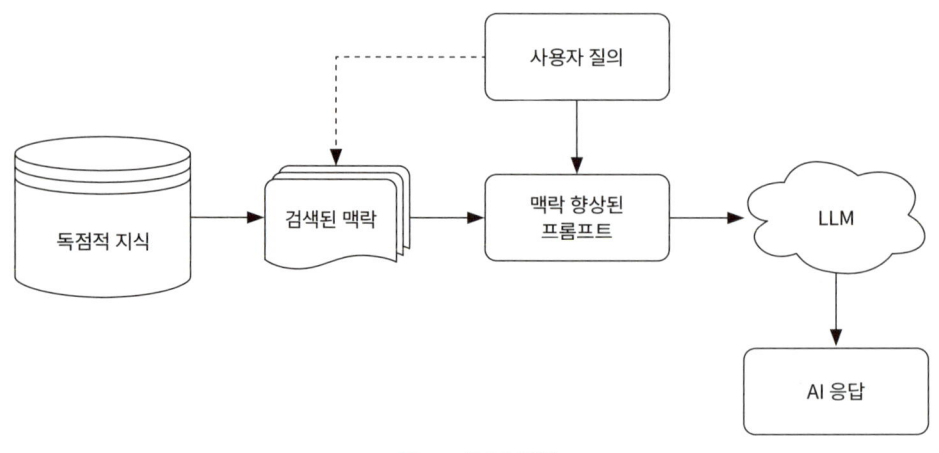

그림 1.5 **RAG 모델**

---

[5] Lewis, Patrick et al. (2005). "Retrieval-Augmented Generation for Knowledge-Intensive NLP Tasks(지식 집약적 NLP 작업을 위한 검색 증강 생성)". arXiv:2005.11401 [cs.CL] https://arxiv.org/abs/2005.11401

이것이 실제로 무엇을 의미하는지 살펴보겠습니다.

- **사실 유지 능력 향상**: RAG의 장점 중 하나는 특정 데이터 소스에서 정보를 끌어올 수 있는 능력으로, 이를 통해 사실 유지 능력을 개선할 수 있습니다. 생성 모델 자체의 지식에만 의존하는 대신, 외부 문서를 참조하여 답변을 구성함으로써 정보의 정확성을 높입니다.
- **추론 능력 향상**: 검색 단계는 RAG 모델이 질문과 관련된 정보를 끌어모으도록 하여, 일반적으로 더 논리적이고 일관된 추론을 가능하게 합니다. 이는 많은 LLM이 직면한 추론의 한계를 극복하는 데 도움이 될 수 있습니다.
- **문맥 관련성**: RAG는 쿼리에 따라 외부 소스에서 정보를 가져오기 때문에, 훈련 데이터에만 의존해야 하는 독립형 생성 모델보다 문맥적으로 더 정확할 수 있습니다. 그뿐만 아니라, 모델이 답변에 사용한 실제 지식의 출처에 대한 인용문을 제공받을 수도 있습니다.
- **신뢰 문제 감소**: 완벽하지는 않지만, 이러한 혼합 접근 방식은 원칙적으로 RAG가 완전히 잘못되거나 말이 안 되는 답변을 생성할 가능성을 줄일 수 있습니다. 이는 유효한 출력을 받을 확률을 높인다는 의미입니다.
- **검증**: RAG 설정에서는 응답을 생성하는 데 사용한 원본 정보에 대한 참조를 제공하는 메커니즘을 설정함으로써 검색된 문서의 신뢰성을 검증하기가 더 쉬울 수 있습니다. 이는 모델의 행동을 더 투명하고 신뢰할 수 있게 만드는 한 단계가 될 수 있습니다.

주의사항

RAG가 LLM을 더 개선하고 신뢰성을 높여주긴 하지만, 여전히 가끔씩 잘못되거나 혼란스러운 답변을 제공하는 문제를 완전히 해결하지는 못합니다. 앞서 언급한 모든 문제를 완전히 제거할 수 있는 만능 해결책은 없습니다. 따라서 여전히 출력 결과를 이중으로 확인하고 평가하는 것이 좋습니다. 이 책에서는 뒤에서 그러한 방법에 대해 논의할 것입니다. 이미 알고 있거나 짐작했을 수도 있겠지만, LlamaIndex는 RAG를 사용해 LLM 기반 애플리케이션을 보강하는 여러 방법 중 하나이며, 매우 효과적인 방법이라는 점을 추가로 언급하고 싶습니다.

일부 LLM 제공업체는 OpenAI의 **Assistants** 기능과 같은 RAG 구성 요소를 API에 도입하기 시작했지만, LlamaIndex와 같은 독립형 프레임워크를 사용하면 훨씬 더 다양한 맞춤화 옵션을 제공합니다. 또한 로컬 모델을 사용할 수 있어 자체 호스팅 솔루션을 구현하고, 호스팅 모델과 관련된 비용과 개인정보 문제를 크게 줄일 수 있습니다.

1.5 요약

이 장에서는 생성형 AI와 LLM에 대해 간단히 소개했습니다. GPT와 같은 LLM이 어떻게 작동하는지, 그리고 이들의 능력과 한계에 대해 배웠습니다. 중요한 결론은 LLM이 강력하지만, 잘못된 정보 생성 가능성과 추론 부족 등의 약점이 있어 이를 보완할 기술이 필요하다는 점입니다. 우리는 이러한 LLM의 한계를 극복할 수 있는 한 가지 방법으로 RAG를 논의했습니다.

여기서 살펴본 교훈들은 LLM의 위험성을 인식하면서도 실용적으로 접근하는 방법에 대한 유용한 배경을 제공합니다. 동시에, RAG와 같은 기술이 LLM의 잠재적인 단점을 해결하는 데 얼마나 중요한지 배웠습니다.

이제 이러한 기초적인 내용을 바탕으로 다음 장으로 넘어가 LlamaIndex 생태계를 탐구할 준비가 되었습니다. LlamaIndex는 LLM을 색인화된 데이터로 증강하여 더 정확하고 논리적인 출력을 생성하는 데 효과적인 RAG 프레임워크를 제공합니다. LlamaIndex 도구를 활용하는 방법을 배우는 것은 LLM의 힘을 능숙하게 활용할 수 있도록 도와주는 자연스러운 다음 단계가 될 것입니다.

CHAPTER 2

LlamaIndex: 숨겨진 보석 – LlamaIndex 생태계 소개

이제 대형 언어 모델LLM이 무엇이고 무엇을 할 수 있는지(그리고 할 수 없는지)에 대해 확실히 이해 했으니, **LlamaIndex**가 어떻게 여러분의 대화형 AI 애플리케이션을 한 단계 높은 수준으로 끌어올 릴 수 있는지 알아보겠습니다. LlamaIndex를 사용한 검색 증강 생성RAG이 어떻게 LLM의 방대한 지식과 여러분의 독점(고유) 데이터proprietary data 사이의 연결고리를 제공할 수 있는지도 함께 살펴 보겠습니다.

이 장에서는 다음과 같은 주요 주제를 다룰 것입니다.

- 언어 모델 최적화 – 파인 튜닝, RAG, LlamaIndex의 상호작용
- 점진적으로 복잡성을 공개하는 방식의 장점 발견
- 개인화된 지능형 튜터링 시스템personalized intelligent tutoring system, PITS 소개 – 실습용 LlamaIndex 프로젝트
- 코딩 환경 준비
- LlamaIndex 코드 저장소의 구조 파악

2.1 기술적 요구사항

이 장에서는 다음 요소들이 필요합니다.

- **Python 3.11**(https://www.python.org/)

- Git(https://git-scm.com/)
- LlamaIndex(https://github.com/run-llama/llama_index)
- OpenAI 계정 및 API 키
- Streamlit(https://github.com/streamlit/streamlit)
- PyPDF(https://pypi.org/project/pypdf/)
- DOC2Txt(https://github.com/ankushshah89/python-docx2txt/blob/master/docx2txt/docx2txt.py)

이 책에 제시된 모든 샘플 코드 스니펫과 전체 프로젝트 코드베이스는 다음 GitHub 저장소에서 찾을 수 있습니다.

https://github.com/PacktPublishing/Building-Data-Driven-Applications-with-LlamaIndex

단축URL https://bit.ly/bdda_llamaindex

2.2 언어 모델 최적화 – 파인 튜닝, RAG, LlamaIndex의 상호작용

이전 장에서 우리는 기본 LLM이 초기 상태에서 몇 가지 한계를 가지고 있음을 살펴보았습니다. 특히 LLM의 지식은 정적이며 때때로 무의미한 내용을 출력하는데, RAG가 이러한 문제를 완화할 수 있는 잠재적인 방법이라는 것도 살펴보았습니다. **프롬프트 엔지니어링**prompt engineering 기법과 프로그래밍 방식을 결합한 RAG는 LLM의 많은 단점을 효율적으로 해결할 수 있습니다.

프롬프트 엔지니어링이란?
프롬프트 엔지니어링은 생성형 AI 모델이 효과적으로 처리할 수 있도록 설계된 텍스트 입력을 만드는 과정입니다. 자연어로 작성된 이 프롬프트는 AI가 수행해야 할 특정 작업을 설명합니다. 이 주제에 대해서는 10장에서 더 깊이 있게 논의할 것입니다.

2.2.1 RAG가 유일한 해결책인가?

물론 RAG가 유일한 해결책은 아닙니다. 다른 접근 방식으로는 AI 모델을 파인 튜닝하는 방법이 있습니다. 이는 독점 데이터에 추가 학습을 수행하여 LLM을 적응시키고 새로운 데이터를 내장하는 과정입니다. 일반적인 데이터 집합에 대해 사전 학습된 모델을 가져와 더 특화된 데이터셋으로 학습을 계속하는 것입니다. 이 특화된 데이터셋은 특정 도메인, 언어, 관심 있는 작업 집합에 맞출 수 있습니다.

결과적으로 모델은 광범위한 지식 기반을 유지하면서 특정 분야에 대한 전문성을 갖게 됩니다.

이 과정에 대한 그래픽 설명을 그림 2.1에 나타냈습니다.

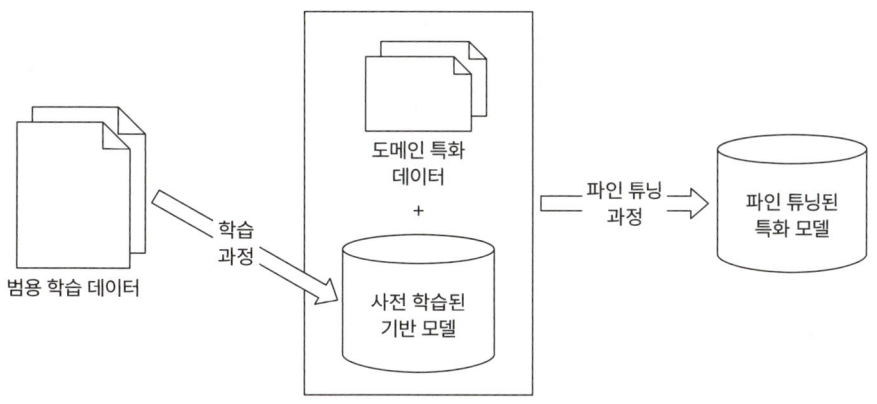

그림 2.1 LLM 파인 튜닝 과정의 묘사

파인 튜닝은 성능을 향상시킬 수 있지만, 비용이 많이 들며, 대규모 데이터셋을 요구하고, 최신 정보로 업데이트하기 어렵다는 단점이 있습니다. 또한 원본 AI 모델을 영구적으로 변경한다는 단점이 있어 개인화 목적으로는 적합하지 않습니다. 원본 AI 모델을 사랑받는 요리의 전통 레시피라고 생각해보세요. 이 모델을 파인 튜닝하는 것은 특정 취향이나 요구사항에 맞춰 전통 레시피를 수정하는 것과 비슷합니다. 이러한 변경으로 일부 사람들에게 더 적합한 요리가 될 수 있지만, 동시에 원래의 레시피를 근본적으로 바꾸게 될 수 있습니다.

NOTE 모든 파인 튜닝 방법이 기본 AI 모델을 영구적으로 변경하는 것은 아닙니다. 예를 들어 **LoRA**(Low-Rank Adaptation)는 전통적인 **전체 파인 튜닝**에 비해 더 효율적인 접근 방식을 제공합니다. 전체 파인 튜닝에서는 신경망의 모든 층을 최적화하는데, 이는 효과적이지만 자원 집약적이고 시간이 많이 소요됩니다. 반면 LoRA는 사전 훈련된 LLM의 더 큰 가중치 행렬을 근사하는 두 개의 작은 행렬만을 파인 튜닝합니다. LoRA 방식에서는 모델의 원래 가중치가 **고정**되어 파인 튜닝 과정에서 직접 업데이트되지 않습니다. 모델 작동의 변화는 이러한 저차원 행렬의 추가로 이루어집니다. 이 방식은 원본 모델을 유지하면서도 새로운 작업에 적응하거나 성능을 향상시킬 수 있게 해줍니다. 이 방법에 대한 자세한 정보는 다음 링크를 참조하세요.

https://ar5iv.labs.arxiv.org/html/2106.09685

LoRA가 전체 파인 튜닝에 비해 메모리 사용 면에서 더 효율적이지만, 여전히 효과적으로 구현하고 최적화하려면 계산 자원과 전문 지식이 필요하며, 이는 일부 사용자에게는 장벽이 될 수 있습니다. 또한 다수의 다양한 사용자에게 개인화된 경험을 제공하기 위해 파인 튜닝을 사용하려면 모든 사용자마다 튜닝 과정을 반복해야 하므로 비용 효율성이 떨어집니다.

RAG가 LLM 파인 튜닝보다 더 나은 대안이라고 말하려는 것은 아닙니다. 실제로 RAG와 파인 튜닝은 상호보완적인 기술로 종종 함께 사용됩니다. 그러나 빠르게 변화하는 데이터를 통합하고 개인화하려면 RAG가 더 적합합니다.

2.2.2 LlamaIndex의 기능

LlamaIndex를 사용하면 특정 사용 사례에 맞게 적응할 수 있는 **스마트 LLM**을 신속하게 만들 수 있으며, 일반적인 사전 훈련GPT 지식에만 의존하지 않고 목표 정보를 주입하여 정확하고 관련성 있는 답변을 얻을 수 있습니다. 또한 GPT-4, Claude, Llama와 같은 LLM에 외부 데이터셋을 쉽게 연결할 수 있는 방법을 제공합니다. 즉 LlamaIndex는 사용자의 맞춤 지식과 LLM의 광범위한 기능을 연결합니다.

> **NOTE** 2022년 프린스턴 대학교 졸업생이자 기업가인 제리 류(Jerry Liu)가 만든 **LlamaIndex 프레임워크**는 개발자 커뮤니티에서 빠르게 인기를 얻었습니다. LlamaIndex를 사용하면 LLM의 계산 능력과 언어 이해 능력을 활용하면서 특정적이고 신뢰할 수 있는 데이터에 초점을 맞춘 응답을 얻을 수 있습니다. 이러한 독특한 조합 덕분에 기업과 개인은 AI 투자를 최대한 활용할 수 있으며, 동일한 기본 기술을 다양한 특수 애플리케이션에 적용할 수 있습니다.

예를 들어 회사의 문서 모음을 색인화할 수 있습니다. 그러면 비즈니스와 관련된 질문을 할 때 LlamaIndex로 보강된 LLM이 모호한 답변을 만들어내는 대신, 실제 데이터를 바탕으로 응답을 제공합니다.

결과적으로 LLM의 모든 표현력을 유지하면서 부정확하거나 관련 없는 정보의 양을 크게 줄일 수 있습니다. LlamaIndex는 LLM이 신뢰할 수 있는 소스에서 정보를 가져오도록 안내하며, 이러한 소스에는 **구조화된**structured 데이터와 **비구조화된**unstructured 데이터를 모두 포함할 수 있습니다. 실제로 다음 장에서 살펴보겠지만, 이 프레임워크는 사실상 모든 가용한 데이터 소스에서 데이터를 가져올 수 있습니다. 꽤 멋지지 않나요?

이 프레임워크의 다양한 가능 용도에 대해 아직 생각하지 않았다면, 몇 가지 아이디어를 빠르게 제시해보겠습니다. LlamaIndex를 사용하여 다음과 같은 작업을 수행할 수 있습니다.

- **문서 모음을 위한 검색 엔진 구축**: 가장 강력한 응용 프로그램 중 하나는 모든 문서를 색인화하는 기능입니다. PDF, Word 파일, Notion 문서, GitHub 저장소, 기타 형식의 문서들을 색인화한 후, LLM을 통해 특정 정보를 검색할 수 있습니다. 이를 통해 사용자의 리소스에 맞춤화한 강력한 검색 엔진이 됩니다.

- **맞춤형 지식을 갖춘 기업 챗봇 생성**: 비즈니스에 특화된 전문 용어, 정책, 전문 지식이 있는 경우, LLM이 이러한 뉘앙스를 이해할 수 있게 만듭니다. 그 결과, 챗봇은 기본적인 고객 서비스 질문부터 일반적으로 전문 지식이 필요한 더 복잡한 상호작용까지 다양한 쿼리를 처리할 수 있습니다.
- **큰 보고서나 논문의 요약 생성**: 조직에서 긴 문서나 보고서를 다룰 때, LlamaIndex를 사용하여 LLM에 해당 내용을 제공할 수 있습니다. 이후 LLM에게 문서의 핵심 내용을 간결하게 요약해 달라고 요청할 수도 있습니다.
- **복잡한 워크플로를 위한 스마트 어시스턴트 개발**: 여러 단계로 이루어진 작업이나 절차에 대해 LLM을 훈련시켜, 중요한 통찰력과 지침을 제공하는 스마트 어시스턴트 데이터 에이전트로 변환할 수 있습니다.

그리고 이는 빙산의 일각에 불과합니다.

그림 2.2는 스마트 RAG 전략을 구현하면 특정 도메인에서 모델을 파인 튜닝하는 데 드는 비용 중 일부를 절감할 수 있음을 보여줍니다.

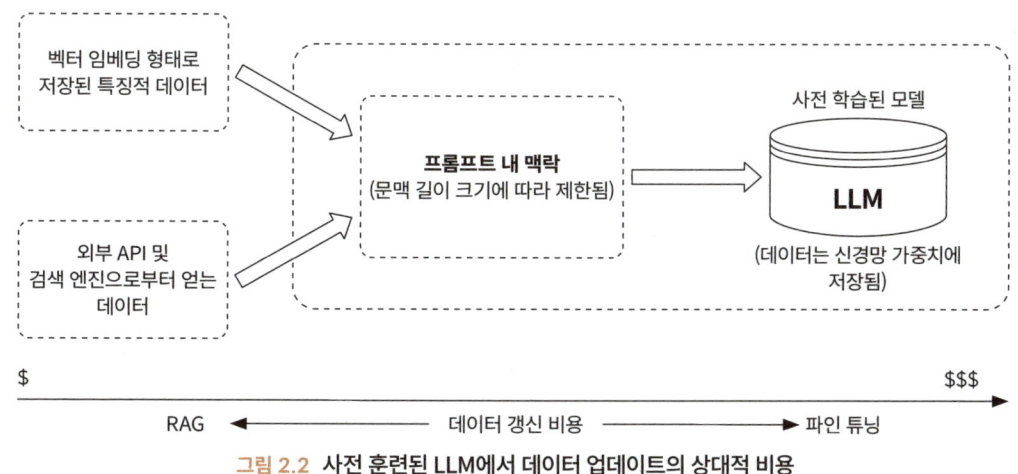

그림 2.2 사전 훈련된 LLM에서 데이터 업데이트의 상대적 비용

LlamaIndex 프레임워크의 응용 프로그램과 사용 사례에 대해 더 깊이 알아보기 전에, 그 뒤에 있는 아키텍처와 설계 원칙에 대해 잠시 이야기해보겠습니다.

2.3 점진적으로 복잡성을 공개하는 방식의 장점 발견

LlamaIndex의 창시자는 LLM을 처음 접하는 초보자부터 복잡한 시스템을 구축하는 전문 개발자까지 모든 사람이 쉽게 접근할 수 있도록 만들고자 했습니다. 그래서 LlamaIndex는 **점진적 복잡성 공개**progressive disclosure of complexity라는 설계 원칙을 사용합니다. 어려운 용어처럼 들릴 수 있지만, 이는 프레임워크가 간단하게 시작하고 필요할 때 더 고급 기능을 점진적으로 공개한다는 뜻입니다.

LlamaIndex를 처음 사용할 때는 마치 마법처럼 느껴집니다. 단 몇 줄의 코드로 데이터를 연결하고 LLM에 쿼리를 보낼 수 있습니다. LlamaIndex는 내부적으로 데이터를 LLM이 사용할 수 있는 효율적인 인덱스로 변환합니다.

로컬 디렉터리에서 텍스트 문서 세트를 로드한 다음, 해당 문서에 대한 인덱스를 구축하고, 자연어 쿼리를 사용하여 문서의 요약된 뷰를 얻는 매우 간단한 예제를 살펴보겠습니다.

```
from llama_index.core import VectorStoreIndex, SimpleDirectoryReader
documents = SimpleDirectoryReader('files').load_data()
index = VectorStoreIndex.from_documents(documents)
query_engine = index.as_query_engine()
response = query_engine.query(
    "summarize each document in a few sentences"
)
print(response)
```

정말 간단하죠. 여섯 줄의 코드만으로 가능합니다.

> **NOTE** 아직 이 코드를 실행하지 마세요. 이 코드는 설명을 위한 예시일 뿐입니다. 실행 전에 환경 설정이 필요합니다. 걱정하지 마세요. 이 장의 후반부에서 환경 설정을 다루고 나면 시작할 준비가 완료될 것입니다.

LlamaIndex를 더 많이 사용할수록 점점 더 강력한 기능들을 발견하게 될 것입니다. 조정 가능한 매개변수들이 많이 있으며, 다양한 용도에 최적화된 인덱스 구조를 선택하거나, 프롬프트 전략에 대한 상세한 비용 분석을 수행하거나, 쿼리 알고리즘을 사용자 정의하는 등 다양한 작업이 가능합니다.

하지만 LlamaIndex는 항상 복잡한 작업을 다루기 전에 기본적인 것부터 시작합니다. 간단한 프로젝트에서는 그 이상 깊이 들어갈 필요가 없습니다. 덕분에 초보자와 전문가 모두 그 다재다능함과 기능을 충분히 활용할 수 있습니다.

이제 실습 프로젝트를 간단히 살펴본 후, 본격적인 코드 작성을 위한 준비를 시작해봅시다.

2.3.1 고려해야 할 중요한 측면

책을 계속 읽다 보면 예제를 바탕으로 실험해보고 싶어질 것입니다. 이때 중요한 점 한 가지를 명심해야 합니다. 기본적으로 LlamaIndex 프레임워크는 OpenAI에서 제공하는 AI 모델을 사용하도록 설정되어 있습니다. 이 모델들은 매우 강력하고 다재다능하지만, 사용 시 비용이 발생합니다. 이 책에서 소개하는 LlamaIndex의 기능들, 예를 들어 메타데이터 추출, 인덱싱, 검색, 응답 생성 등은 대부분 LLM이나 임베딩 모델을 기반으로 하고 있습니다. 저는 이 비용을 줄이기 위해 간단한 예제와 작은 샘플 데이터셋을 사용하려고 노력했습니다.

> **NOTE** OpenAI API 사용량을 주의 깊게 모니터링할 것을 권장합니다. 사용량을 확인할 수 있는 링크는 다음과 같습니다.
> https://platform.openai.com/usage

또한, 개인정보 보호 문제에도 주의하기 바랍니다. 이러한 문제들은 4장과 5장에서 더 자세히 다룰 예정입니다. 다른 대안으로, 외부 LLM 사용에 따른 비용과 잠재적인 개인정보 보호 위험을 모두 피하고 싶다면, 9장에서 설명하는 방법을 적용할 수 있습니다. 그러나 이 책의 모든 예제는 OpenAI에서 제공하는 기본 모델을 사용하여 작성되고 테스트되었다는 점을 유의해야 합니다. 일부 예제는 로컬 호스팅되는 대안 모델에서 제대로 작동하지 않거나 전혀 작동하지 않을 가능성도 있습니다.

2.4 LlamaIndex 실습 프로젝트 – PITS 소개

실습만큼 좋은 학습 방법은 없습니다.

따라서 LlamaIndex를 시작하기 위한 재미있고 유용한 프로젝트를 준비했습니다.

여기서 우리는 **개인화된 지능형 튜터링 시스템**personalized intellignet tutoring system, PITS을 소개하겠습니다. 새로운 개념을 대화형으로 배우는 데 도움을 주는 AI 튜터가 있다면 멋지지 않을까요? 자, 우리가 함께 만들어보겠습니다.

2.4.1 작동 방식

먼저, PITS에 자신을 소개합니다. 배우고 싶은 주제를 설명하고 개인적인 학습 선호도를 지정할 수 있습니다.

그다음, 해당 주제와 관련하여 가지고 있는 기존 학습 자료를 업로드할 수 있습니다. PITS는 PDF, Word 문서, 텍스트 파일 등 제공하는 모든 형식의 자료를 받아들이고 처리합니다.

제공된 문서를 기반으로 튜터는 먼저 퀴즈를 만들고, 이 퀴즈를 풀어볼 수 있는 옵션이 주어집니다.

이를 통해 튜터는 해당 주제에 대한 현재 지식 수준을 평가하고 학습 경험을 조정할 수 있습니다.

우리의 스마트 튜터는 그다음 학습 자료를 만들어냅니다. 이는 슬라이드와 각 슬라이드에 대한 해설로 구성되며, 학습 자료는 여러 장으로 나뉩니다.

이제 학습 여정이 시작됩니다. 각 학습 세션 동안 PITS는 여러분의 선호 스타일에 맞춰 각 주제를 제시하고, 지식 수준에 맞게 적응하면서 장을 진행합니다.

각 개념에 대한 설명을 확인한 후, 해당 주제에 대해 더 자세한 설명이나 예시를 요청할 수 있습니다. PITS는 질문에 답변하고, 퀴즈를 만들고, 개념을 설명하며, 여러분의 필요에 따라 응답을 조정합니다.

가장 좋은 점은 에이전트와의 전체 대화가 기록된다는 것입니다. 여러분의 질문과 자신의 답변을 모두 기억하므로 반복하거나 대화 맥락을 잃지 않습니다.

한 세션에서 계속하는 것이 너무 피곤한가요? 문제없습니다. 다음 수업을 시작할 준비가 되면, 마지막으로 중단한 부분부터 다시 시작하며, 이전 토론의 요약을 제공합니다.

하지만 말보다 그림이 낫다고 하죠? 그림 2.3에서 전체 개요를 확인할 수 있습니다.

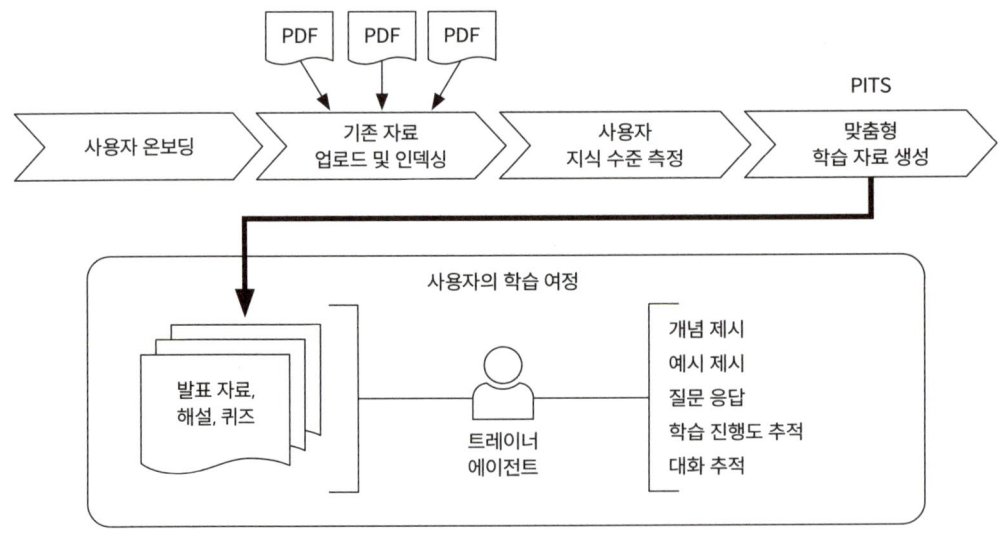

그림 2.3 PITS 워크플로 개요

이보다 더 맞춤화된 학습 경험은 없을 것입니다. 이것이 바로 최고의 학습 경험입니다.

여러분도 상상할 수 있듯이, PITS는 여러 방면에서 똑똑하게 작동해야 하므로 다음과 같은 기능이 요구됩니다.

- 제공된 학습 자료를 이해하고 인덱싱하기
- 사용자와 유창하게 대화하며 맥락을 유지하기
- 인덱싱된 지식을 바탕으로 효과적으로 가르치기

LlamaIndex는 학습 자료를 처리하는 첫 번째 단계를 도와줄 것입니다. 사용자는 매뉴얼, 슬라이드, 학생 노트, 샘플 문제 등 다양한 훈련 자료를 업로드할 수 있습니다.

두 번째 단계에서는 주로 GPT-4의 기능을 활용하여 실제 교육 상호작용을 구현할 것입니다.

그러나 기반이 되는 것은 LlamaIndex의 지식 증강 기능입니다. 꽤 멋지지 않나요? 우리만의 맞춤형 튜터를 갖게 될 것입니다.

> **NOTE** 이 책의 저자 소개를 읽어보았는지 모르겠지만, 저는 강사로 일하고 있습니다. 생성형 AI의 힘을 처음 알게 되고 GPT-3를 발견했을 때, 몇 년 내에 PITS와 같은 시스템이 나타날 것이라고 확신했습니다. 이러한 시스템이 전 세계 사람들에게 위치, 배경, 재정 상태와 관계없이 무료로 양질의 교육을 제공할 수 있을 것이라는 잠재력을 상상하며 매우 흥분했습니다. 이후 RAG와 LlamaIndex 같은 도구를 발견한 후, 이러한 시스템들이 생각보다 더 빨리 등장할 것이라고 확신하게 되었습니다.

좋습니다, 이제 공상은 그만하고 준비를 시작해봅시다.

2.5 코딩 환경 준비하기

LlamaIndex 코딩 여정을 시작하기 전에 개발 환경을 적절히 설정하는 것이 중요합니다. 이 설정은 여러분을 위해 준비한 예제와 연습을 원활하게 실행할 수 있도록 하는 첫 단계입니다.

> **NOTE** 단순함을 유지하고 모든 예제에서 일관성을 보장하기 위해 샘플 코드는 로컬 파이썬 환경에서 실행되도록 설계했습니다. 많은 분들이 Google Colab이나 Jupyter Notebook과 같은 웹 기반 코딩 환경을 선호한다는 것을 알고 있습니다. 이 예제들이 이러한 플랫폼에서 바로 변환되거나 실행되지 않을 수 있다는 점에 대해 양해를 부탁드립니다. 제 목표는 설정을 간단하게 유지하여 호환성 문제없이 학습 경험에 집중할 수 있도록 하는 것이었습니다. 양해에 감사드리며, 즐겁게 코딩하세요.

자, 이제 LlamaIndex 코딩을 위한 컴퓨터 설정을 빠르게 진행해봅시다.

2.5.1 파이썬 설치하기

파이썬 3.7 이상의 환경이 필요합니다. 가능하다면 파이썬 3.11을 추천합니다.

파이썬이 없다면 https://www.python.org에서 설치하세요. 이미 구 버전을 사용 중이라면 업그레이드하거나 새 파이썬 버전을 함께 설치할 수 있습니다.

코딩 환경으로는 개인적으로 **NotePad++**(https://notepad-plus-plus.org/)를 선호합니다. 완전한 IDE는 아니지만 매우 빠릅니다. 그러나 Microsoft의 **VSCode**(https://code.visualstudio.com/), **PyCharm**(https://www.jetbrains.com/pycharm/)이나 여러분이 선호하는 다른 도구를 사용해도 좋습니다.

2.5.2 Git 설치하기

진행하기 전에 Git을 설치해야 합니다. Git은 코드 변경사항을 관리하고 다른 사람들과 협업할 수 있게 해주는 버전 관리 시스템version control system입니다. 또한 이 책에서 사용할 코드 저장소를 복제하는 데 꼭 필요합니다.

Git 공식 웹사이트에 가서 운영체제에 맞는 설치 프로그램을 다운로드하세요.

https://git-scm.com/book/en/v2/Getting-Started-Installing-Git

설치 단계를 따르면 곧 Git을 사용할 수 있습니다.

이 책에 제시된 모든 샘플 코드 스니펫과 전체 프로젝트 코드 베이스는 다음 GitHub 저장소에서 찾을 수 있습니다.

https://bit.ly/bdda_llamaindex

프로젝트 파일을 로컬에 다운로드하려면, Git 설치를 완료한 후 다음 단계를 따르세요.

1. **원하는 디렉터리로 이동**: 새 명령 프롬프트나 터미널 창을 열고, `cd` 명령을 사용하여 프로젝트를 저장할 디렉터리로 이동합니다.

   ```
   cd path/to/your/directory
   ```

2. **저장소 복제**: 다음 명령을 실행하여 GitHub 저장소를 복제합니다.

   ```
   git clone https://github.com/PacktPublishing/Building-Data-Driven-Applications-with-LlamaIndex
   ```

이렇게 하면 프로젝트의 복사본이 로컬 컴퓨터에 다운로드됩니다.

3. **프로젝트 디렉터리로 이동**: 새로 생성된 프로젝트 폴더로 이동합니다.

```
cd Building-Data-Driven-Applications-with-LlamaIndex
```

프로젝트를 진행하면 두 가지 옵션이 있습니다.

- 직접 코드를 작성한 다음 저장소의 코드와 비교할 수 있습니다.
- 또는 저장소의 코드 파일을 직접 탐색하여 코드 구조를 더 잘 이해할 수 있습니다.

이 모든 단계를 올바르게 수행했다면, 현재 폴더의 내용을 나열했을 때 `chX`(X는 장 번호)라는 여러 하위 폴더와 `PITS_APP`이라는 별도의 하위 폴더가 표시됩니다. 장 폴더에는 각 장에 해당하는 모든 샘플 소스 파일이 포함되어 있고, `PITS_APP` 폴더에는 주요 프로젝트의 소스코드가 들어 있습니다.

2.5.3 LlamaIndex 설치하기

LlamaIndex 라이브러리를 설치해보겠습니다. 명령 프롬프트에서 다음 명령어를 실행하세요.

```
pip install llama-index
```

이 명령은 LlamaIndex의 핵심 구성 요소와 유용한 통합 기능들을 포함한 LlamaIndex 패키지를 설치합니다. 가장 효율적인 배포를 위해 최소한의 핵심 구성 요소와 필요한 통합만 설치하는 옵션도 있지만, 이 책에서 제시한 옵션만으로 충분합니다.

> **NOTE** 만약 이미 v0.10보다 오래된 버전을 사용하고 있다면, 기존 버전과의 충돌을 피하기 위해 가상 환경에서 새로 설치하는 것이 좋습니다. 자세한 지침은 공식 문서 또는 마이그레이션 블로그 포스트에서 확인할 수 있습니다.
>
> https://docs.llamaindex.ai/en/stable/
> https://www.llamaindex.ai/blog/llamaindex-v0-10-838e735948f8

이제 LlamaIndex를 가져와 사용할 준비가 되었습니다.

2.5.4 OpenAI API 키 등록하기

LlamaIndex를 통해 OpenAI의 GPT 모델을 사용할 것이므로 인증을 위한 API 키가 필요합니다. https://platform.openai.com에 가입하고 로그인한 후 새로운 secret API 키를 생성하세요. 이 키를 반드시 안전하게 보관하세요.

LlamaIndex는 OpenAI 모델과 상호작용할 때마다 이 키를 사용합니다. 보안을 위해 이 키는 로컬 컴퓨터의 환경 변수에 저장하는 것이 좋습니다.

❶ Windows 사용자를 위한 간단 가이드

Windows에서는 다음 단계를 따라 환경 변수를 설정할 수 있습니다.

1. **환경 변수 열기**: 시작 메뉴에서 환경 변수를 검색하거나 PC 혹은 내 컴퓨터를 오른쪽 클릭한 후 속성을 선택합니다.
2. 그런 다음, 고급 시스템 설정을 클릭한 후 고급 탭에서 [Environment Variables(환경 변수)] 버튼을 클릭합니다.[1] 그림 2.4를 참조하세요.

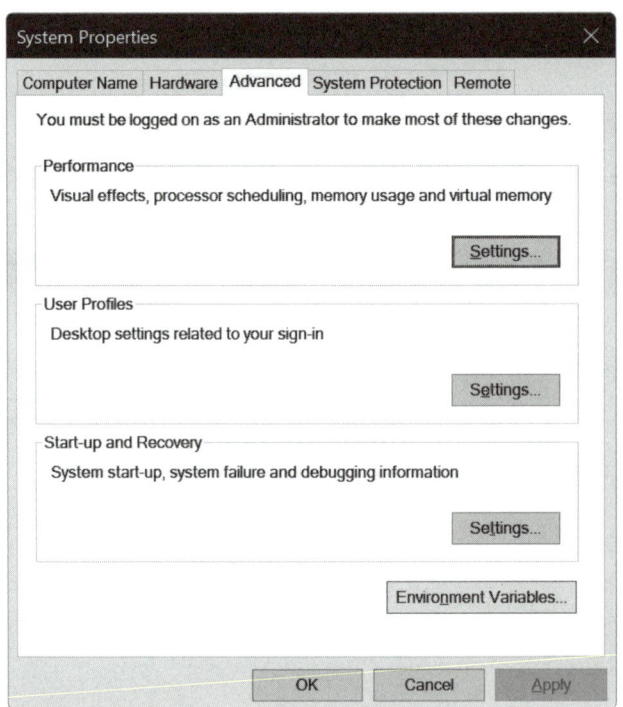

그림 2.4 Windows 환경 변수 편집

3. **새 환경 변수 생성**: 환경 변수 창의 사용자 변수 섹션에서 [New(새로 만들기)] 버튼을 클릭합니다.
4. **변수 세부 정보 입력**: 변수 이름에 `OPENAI_API_KEY`를 입력하고, 변숫값에는 OpenAI에서 받은 secret API 키를 붙여 넣습니다. 그림 2.5를 참조하세요.

---

1 〔옮긴이〕 실행(윈도우키 + R) 창에서 SystemPropertiesAdvanced.exe를 실행하여 시스템 속성 다이얼로그를 바로 열 수도 있습니다.

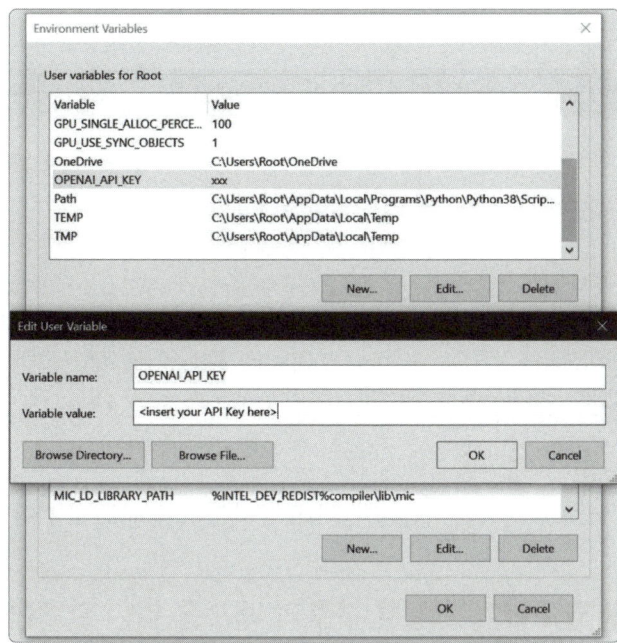

그림 2.5 **OPENAI_API_KEY 환경 변수 생성**

5. **확인 및 적용**: 모든 대화 상자를 닫으려면 [OK(확인)] 버튼을 클릭합니다. 변경사항을 적용하려면 컴퓨터를 다시 시작해야 합니다.

6. **환경 변수 확인**: 변수가 올바르게 설정되었는지 확인하려면 새 명령 프롬프트를 열고 다음 명령어를 실행하세요.

```
echo %OPENAI_API_KEY%
```

이렇게 하면, 방금 저장한 API 키가 표시되어야 합니다.

❷ Linux/Mac 사용자를 위한 간단 가이드

Linux/Mac에서는 다음 단계를 따라 OpenAI API 키를 설정할 수 있습니다.

1. 터미널에서 다음 명령어를 실행합니다. `<yourkey>`를 실제 API 키로 교체하세요.

```
echo "export OPENAI_API_KEY='yourkey'" >> ~/.zshrc
```

2. 셸에 새 변수를 적용합니다

```
source ~/.zshrc
```

3. 다음 명령어로 환경 변수가 올바르게 설정되었는지 확인합니다.

```
echo $OPENAI_API_KEY
```

이제 OpenAI API 키가 환경 변수에 안전하게 저장되었으며, 코드나 시스템에 노출하지 않고도 LlamaIndex에서 필요할 때 쉽게 접근할 수 있습니다.

> **NOTE** OpenAI는 API를 통해 GPT 모델의 무료 평가판 옵션을 제공하지만, 제한된 수의 무료 크레딧만 받게 됩니다. 현재 무료 크레딧은 $5로 제한되며 3개월 후 만료됩니다. 이는 우리 프로젝트와 이 책의 실험 목적에는 충분할 것입니다.[2] 그러나 LLM 기반 애플리케이션을 본격적으로 구축하려면 OpenAI 플랫폼에서 유료 계정에 가입해야 합니다. 아니면 LlamaIndex에 다른 AI 모델을 사용하도록 선택할 수도 있습니다. AI 모델 사용자 정의에 대해서는 10장에서 더 자세히 다룰 것입니다.

좋습니다. 백엔드 설정이 모두 완료되었습니다. 이제 나머지 스택에 대해 이야기해봅시다.

2.5.5 Streamlit 탐구하기 – 빠른 구축과 배포를 위한 완벽한 도구

PITS와 같은 멋진 앱을 만들기 전에, 우리는 이를 구축하고 실행할 곳이 필요합니다. 바로 여기서 Streamlit이 등장합니다. Streamlit은 웹 앱과 대시보드를 쉽게 만들고 배포할 수 있게 해주는 훌륭한 오픈소스 파이썬 라이브러리입니다.

단 몇 줄의 파이썬 코드만으로 완전한 웹 인터페이스를 구축하고 즉시 결과를 확인할 수 있습니다. 특히 좋은 점은 Streamlit 앱을 거의 어디에서나(서버나 Heroku와 같은 플랫폼, 심지어 GitHub에서 직접) 배포할 수 있다는 것입니다.

저는 Streamlit을 좋아합니다. 복잡한 웹 개발에 시간을 낭비하지 않고 LlamaIndex로 PITS를 만드는 것과 같은 재미있는 작업에 집중할 수 있기 때문입니다. AI 실험에 딱 맞는 도구입니다.

우리는 주로 Streamlit을 사용하여 학습 자료를 업로드하고 PITS 튜터와 상호작용하는 인터페이스를 만들 것입니다. 이후에 살펴볼 장들에서는 Streamlit을 사용하여 앱을 로컬 환경에서 실행하고 테스트할 것입니다. 다만 9장에서는 **Streamlit Share**나 다른 선호하는 호스팅 서비스를 사용하여 앱을 쉽게 배포하는 방법도 알아볼 것입니다.

---

2 [옮긴이] 2025년 기준 OpenAI는 API를 무료로 제공하지 않아, 유료로 요금을 지불해야 합니다. OpenAI는 과거(베타 초창기)에는 일부 무료 크레딧을 제공하기도 했습니다. 하지만 번역하는 시점에서 신규 가입자에게 무료 크레딧 제공은 거의 종료되었고, 일반적으로 신용카드 등록 후 사용량만큼 요금이 청구됩니다. 예를 들어 GPT-4 Turbo API 요금은 1K tokens(약 750단어)당 몇 센트(예: 0.003달러)로 계산합니다. 모델별 가격이 다르며, 토큰 사용량 기준으로 과금됩니다.

Streamlit에는 데이터 프레임, 차트, 위젯 등 많은 멋진 기능이 있지만, 지금 모든 것을 배울 필요는 없습니다. 기능을 구축해나가면서 관련 부분을 설명할 테니, 그 과정에서 Streamlit 기술을 습득할 수 있을 것입니다.

2.5.6 Streamlit 설치하기

마지막으로 Streamlit 라이브러리를 설치해야 합니다.

```
pip install streamlit
```

좋습니다. 이제 백엔드 도구(LlamaIndex), 프론트엔드 레이어(Streamlit), 우리의 목표(PITS)가 준비되었습니다. 마지막 손질을 할 시간입니다.

2.5.7 마무리하기

우리 프로젝트에서 PDF와 DOCX 문서를 처리할 수 있어야 하므로, 두 가지 추가 라이브러리를 설치해야 합니다.

```
pip install pypdf
pip install docx2txt
```

이제 LlamaIndex를 사용할 모든 준비가 완료되었습니다.

우리가 준비한 것들을 정리해봅시다.

- Python 3.11
- Git
- LlamaIndex 패키지
- OpenAI 계정 및 API 키
- 앱 구축을 위한 Streamlit 라이브러리
- PyPDF 및 docx2txt 라이브러리

2.5.8 최종 확인

모든 것이 올바르게 설치되었는지 확인하기 위해 새 명령 프롬프트나 터미널 창을 열고 다음 명령어를 실행하세요.

```
python --version
git --version
pip show llama-index
echo %OPENAI_API_KEY%
pip show streamlit
pip show pypdf
pip show docx2txt
```

환경이 준비되었는지 확인하는 간단한 방법은 로컬 `git` 폴더의 `ch2` 하위 폴더로 이동하여 `sample1.py` 파일을 실행해보는 것입니다.

```
python sample1.py
```

모든 것이 제대로 설치되었다면 `ch2/files` 하위 폴더에 제공된 두 개의 샘플 문서에 대한 요약을 확인할 수 있을 것입니다.

누락된 부분이 있다면, 다음 단계로 진행하기 전에 필요한 단계를 다시 수행해주세요. 장담하지만, 이렇게 하면 이후에 발생할 수 있는 많은 문제와 좌절을 피할 수 있습니다.

이제 LlamaIndex로 데이터를 수집하고 인덱스를 구축하여 PITS 튜터 앱을 만들 준비가 모두 완료되었습니다. 저는 이제 실험을 시작한다는 것이 마치 사탕 가게에 온 아이처럼 신이 납니다. 여러분은 어떤가요?

다음 장에서는 우리의 첫 LlamaIndex 프로그램을 직접 다뤄볼 것입니다. 여기서부터 진짜 재미가 시작됩니다. 데이터 수집, 인덱스 구축, 쿼리 실행 등을 탐험할 것입니다.

진행 과정에서 각 개념과 코드 라인을 쉽게 설명하겠습니다. 곧 여러분도 LlamaIndex 전문가처럼 기본 기능을 구현할 수 있게 될 것입니다. 이러한 기초를 마스터하면 우리의 튜터 앱 기능을 확장하기 시작할 수 있습니다.

하지만 먼저, LlamaIndex 프레임워크의 GitHub 저장소의 전반적인 코드 구조를 명확히 해봅시다.

그런 다음 실습 프로젝트인 PITS의 개요를 제시했습니다. 파이썬, Git, Streamlit과 같은 필요한 도구를 설치하고, OpenAI API 키를 취득하는 방법에 대해 다루었습니다. 마지막으로, LlamaIndex 앱 구축을 위한 환경이 준비되었는지 확인하며 이 장을 마무리했습니다.

이제 우리는 여정을 계속하며, LlamaIndex 프레임워크의 내부 작동에 대해 더 기술적으로 이해할 준비가 되었습니다. 다음 장에서 만나요.

PART II

첫 LlamaIndex 프로젝트 시작하기

CHAPTER 3 **LlamaIndex로 여정 시작하기**
CHAPTER 4 **RAG 워크플로에 데이터 가져오기**
CHAPTER 5 **LlamaIndex로 인덱싱하기**

2부에서는 LlamaIndex의 핵심 기능과 세부 요소를 심도 있게 탐구합니다. 먼저 LlamaHub 커넥터를 활용한 데이터 수집, 텍스트 청킹 도구, 메타데이터 주입, 데이터 프라이버시 관리, 효율적인 데이터 수집 파이프라인 구축 방법을 다룹니다.

이후에는 LlamaIndex의 인덱싱 기능, 다양한 인덱스 유형, 커스터마이징 방법, 확장 가능한 RAG 시스템을 구축하기 위한 전략에 대한 포괄적인 가이드를 제공합니다.

CHAPTER 3

LlamaIndex로 여정 시작하기

이제 LlamaIndex가 내부적으로 어떻게 작동하는지 기술적으로 더 깊이 있게 이해해야 할 때입니다. 이 장에서는 LlamaIndex 아키텍처를 구성하는 주요 개념과 요소를 살펴보겠습니다. 프레임워크가 데이터를 수집하고, 구조화하고, 쿼리하는 데 사용하는 핵심 구성 요소에 대해 배울 것입니다. 이러한 기본사항을 이해하면 실제 적용을 시작하기 전에 탄탄한 기반을 마련할 수 있습니다. 각 개념의 이론적 측면을 살펴본 다음, 이론과 실제 적용 사이의 연결고리를 만들어볼 것입니다.

이 장에서 다룰 주요 주제는 다음과 같습니다.

- LlamaIndex의 필수 구성 요소 파악하기 – 문서, 노드, 인덱스
- 우리의 첫 번째 대화형, 증강된 대형 언어 모델 애플리케이션 구축하기
- PITS 프로젝트 시작하기 – 실습 프로젝트

3.1 기술적 요구사항

이 장에 포함된 예제를 실행하려면 환경에 다음 파이썬 라이브러리를 설치해야 합니다.

- **PyYAML**(https://pyyaml.org/wiki/PyYAMLDocumentation)
- **Wikipedia**(https://wikipedia.readthedocs.io/en/latest/)

LlamaIndex 통합 패키지도 두 개 필요합니다.

- **Wikipedia 리더**(https://pypi.org/project/llama-index-readers-wikipedia/)
- **OpenAI LLM 패키지**(https://pypi.org/project/llama-index-llms-openai/)

이 장의 모든 코드 샘플은 책의 GitHub 저장소의 `ch3` 폴더에서 확인할 수 있습니다.

https://bit.ly/bdda_llamaindex

3.2 LlamaIndex의 필수 구성 요소 파악하기 – 문서, 노드, 인덱스

LlamaIndex를 시작하면서, 그 아키텍처를 구성하는 주요 개념과 요소들을 이해해야 할 시점입니다. 이 장은 LlamaIndex를 사용한 전형적인 RAG 아키텍처에 대한 간단한 소개와 이 프레임워크가 제공하는 가장 중요한 도구들의 개요로 볼 수 있습니다. 이를 통해 간단한 RAG 애플리케이션을 구축하는 방법에 대한 기본적인 이해를 얻을 수 있을 것입니다. 이후의 장들에서는 여기서 소개된 각 구성 요소를 단계별로 자세히 살펴볼 것입니다.

고수준에서 보면, LlamaIndex는 외부 데이터 소스를 LLM에 연결하는 데 도움을 줍니다. 이를 효과적으로 수행하기 위해, 데이터를 효율적으로 검색하고 쿼리할 수 있는 방식으로 수집하고, 구조화하며, 조직화해야 합니다. 이 장의 첫 부분에서는 LlamaIndex가 LLM을 증강시키는 데 사용하는 핵심 요소인 문서, 노드, 인덱스를 살펴볼 것입니다.

3.2.1 문서

모든 것은 데이터에서 시작됩니다.

원시 데이터를 직접 다루는 것은 맨손으로 물을 잡으려는 것만큼이나 까다로울 수 있습니다. 데이터는 종종 정해진 구조 없이 산재해 있습니다. 이때 우리가 개입하여 데이터에 형태를 부여해야 합니다. LlamaIndex에서는 이를 **문서**document라는 객체로 처리합니다. 문서는 수동으로 입력하든 외부 소스에서 로드하든 모든 종류의 데이터를 캡처하고 포함하는 방법입니다. 이는 마치 데이터를 다루기 쉽게 깔끔한 병에 담는 것과 같습니다.

회사에서 업무를 위한 다양한 절차가 PDF로 저장되어 있고, 이를 GPT-4와 같은 강력한 언어 모델을 사용하여 이해하고 싶다고 상상해보세요. LlamaIndex에서는 이러한 각 절차가 고유한 `Document`

객체로 변환됩니다. 그런데 이는 파일에만 국한되지 않습니다. 데이터베이스에 있거나 API를 통해 들어오는 데이터도 문서가 될 수 있습니다. 그림 3.1에서 시각적 개요를 확인해보세요.

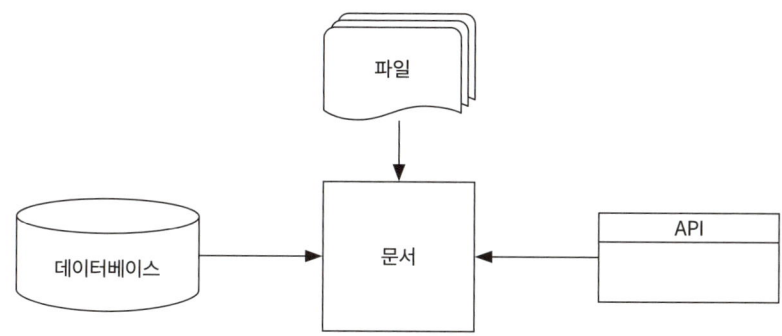

그림 3.1 문서는 여러 소스에서 올 수 있습니다.

Document 클래스를 컨테이너로 생각해보세요. 이는 원본 텍스트나 정보뿐만 아니라 추가로 태그된 정보도 함께 담고 있습니다. 이 추가 정보, 즉 **메타데이터**metadata는 문서를 검색할 때 게임 체인저가 됩니다. 메타데이터 덕분에 쿼리를 매우 구체적으로 만들 수 있습니다.

다음은 Document를 수동으로 생성하는 기본 예시입니다.

```
from llama_index.core import Document
text = "The quick brown fox jumps over the lazy dog."
doc = Document(
    text=text,
    metadata={'author': 'John Doe','category': 'others'},
    id_='1'
)
print(doc)
```

이 예시에서는 Document 클래스를 가져온 후 doc이라는 Document 객체를 생성합니다. 이 객체는 실제 텍스트, 문서 ID, 그리고 우리가 선택한 추가 메타데이터(딕셔너리 형태로 제공)를 포함합니다.

Document 객체의 가장 중요한 속성은 다음과 같습니다

- text: 문서의 텍스트 내용을 저장합니다.
- metadata: 문서에 대한 추가 정보, 예를 들어 파일 이름이나 카테고리 등을 담을 수 있는 딕셔너리입니다. 메타데이터 딕셔너리의 키는 문자열이어야 하며, 값은 문자열, 실수, 정수가 될 수 있습니다.

- `id_`: 각 `Document`의 고유 ID입니다. 원하는 경우 수동으로 설정할 수 있지만, ID를 지정하지 않으면 LlamaIndex가 자동으로 생성합니다.

LlamaIndex의 GitHub 저장소를 참조하면 다른 속성들도 찾을 수 있습니다. 하지만 간단하게 유지하기 위해 지금은 이 세 가지에만 집중하겠습니다. 이러한 속성들은 LlamaIndex에서 `Document` 클래스의 기능을 사용자 정의하고 향상시키는 다양한 방법을 제공합니다.

그림 3.2는 LlamaIndex `Document`의 기본 구조를 보여줍니다.

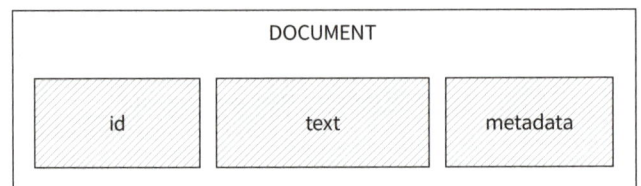

그림 3.2 Document의 기본 구조

LlamaIndex의 `Document`는 가공되지 않은 **원시 데이터**raw data를 담고 있습니다. 예시에서는 수동으로 생성하는 방법을 보여주지만, 실제 응용에서는 보통 다양한 데이터 소스에서 대량으로 생성됩니다. 이러한 대량 데이터 수집에는 **LlamaHub**[1]라는 광범위한 라이브러리에서 제공하는 사전 정의된 **데이터 로더**data loader(때로는 **커넥터**connector 또는 단순히 **리더**reader라고도 함)를 사용합니다.

NOTE 이렇게 끼워서 바로 사용할 수 있는 패키지들은 주로 LlamaIndex 커뮤니티에서 개발되었는데, 프레임워크의 핵심 구성 요소의 기능들을 확장합니다. 또한 다양한 LLM, 에이전트 도구, 임베딩 모델, 벡터 저장소, 데이터 로더를 제공합니다. 이러한 데이터 수집 도구는 광범위한 데이터 파일 형식, 데이터베이스, API 엔드포인트와의 호환성을 제공합니다. LlamaHub에는 이미 130개 이상의 다양한 데이터 리더가 있고, 그 목록은 계속해서 확장되고 있습니다. LlamaHub에 대해서는 다음 장에서 더 자세히 다룰 것입니다. 지금은 데이터 로더에 집중하겠습니다.

다음은 사전 정의된 LlamaHub 데이터 로더를 사용한 자동화된 데이터 수집의 기본 예시입니다. 예제를 실행하기 전에 '기술적 요구사항' 절에서 언급한 라이브러리를 설치하고 2장에서 언급한 모든 필요한 환경 준비를 완료했는지 확인하세요.

```
pip install wikipedia
pip install llama-index-readers-wikipedia
```

---

[1] https://llamahub.ai/

첫 번째 라이브러리는 위키피디아 데이터에 쉽게 접근하고 이를 파싱할 수 있게 해주며, 두 번째는 위키피디아 데이터 로더를 위한 LlamaIndex 통합입니다.

두 라이브러리를 설치한 후, 다음 예제를 실행할 수 있습니다.

```python
from llama_index.readers.wikipedia import WikipediaReader
loader = WikipediaReader()
documents = loader.load_data(
    pages=['Pythagorean theorem','General relativity']
)
print(f"loaded {len(documents)} documents")
```

`WikipediaReader` 로더는 Wikipedia Python 패키지를 사용해 위키피디아 기사에서 텍스트를 추출합니다. `WikipediaReader` 외에도 LlamaHub에는 더 많은 특화된 데이터 커넥터가 있습니다.

이처럼 `Document`의 생성은 매우 간단한 과정입니다. 그렇다면 원시 `Document` 객체는 어떻게 LLM이 효율적으로 처리하고 추론할 수 있는 형식으로 변환될까요? 여기서 `Node`가 등장합니다.

3.2.2 노드

`Document`가 원시 데이터를 나타내고 그대로 사용될 수 있는 반면, `Node`는 `Document`에서 추출된 더 작은 내용 조각입니다. `Node`의 목적은 `Document`를 더 작고 관리하기 쉬운 텍스트 조각으로 나누는 것입니다. 이는 몇 가지 목적을 수행합니다.

- **우리의 독점 지식을 모델의 프롬프트 제한 내에 맞게 조정합니다**: 50페이지 길이의 내부 절차가 있다고 상상해보세요. 이를 프롬프트의 맥락에서 공급하려고 하면 크기 제한 문제에 직면할 것입니다. 그러나 실제로는 전체 절차를 하나의 프롬프트에 공급할 필요가 없을 것입니다. 따라서 관련 `Node`만 선택하면 이 문제를 해결할 수 있습니다.
- **특정 정보를 중심으로 한 의미론적 데이터 단위를 생성합니다**: 이는 데이터를 더 작고 집중된 단위로 구성하여 작업하고 분석하기 쉽게 만듭니다.
- **Node 간의 관계를 생성할 수 있게 합니다**: 이는 `Node`가 관계에 기반하여 서로 연결될 수 있어 상호 연결된 데이터 네트워크를 만들 수 있음을 의미합니다. 즉 `Document` 내의 다른 정보 조각 간의 연결과 의존성을 이해하는 데 유용할 수 있습니다.

이 개념의 시각적 표현은 그림 3.3을 참조하세요.

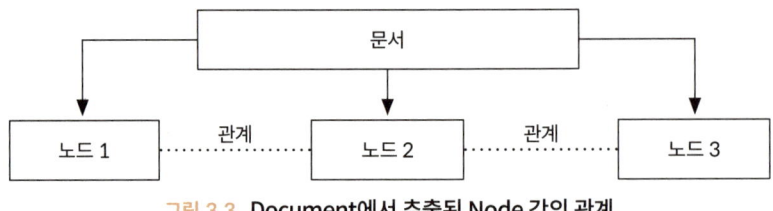

그림 3.3 Document에서 추출된 Node 간의 관계

LlamaIndex에서 `Node`는 이미지도 저장할 수 있지만 이 책에서는 그 기능에 집중하지 않을 것입니다. 이제부터 우리의 주인공은 `TextNode` 클래스가 될 것입니다.

다음은 `TextNode` 클래스의 중요한 속성들입니다.

- `text`: 원본 `Document`에서 파생된 텍스트 조각입니다.
- `start_char_idx`와 `end_char_idx`: `Document` 내 텍스트의 시작과 끝 문자 위치를 저장할 수 있는 선택적 정숫값입니다. 텍스트가 상당히 큰 `Document`의 일부일 때 정확한 위치를 지정하는 데 도움이 될 수 있습니다.
- `text_template`과 `metadata_template`: 텍스트와 메타데이터의 형식을 정의하는 템플릿 필드입니다. 이들은 `TextNode`의 더 구조화되고 읽기 쉬운 표현을 생성하는 데 도움을 줍니다.
- `metadata_seperator`: 이는 메타데이터 필드 간의 구분자를 정의하는 문자열 필드입니다. 여러 메타데이터 항목이 포함될 때 이 구분자는 가독성과 구조를 유지하는 데 사용됩니다.
- 부모 `Document ID`, 다른 노드와의 관계, 선택적 태그와 같은 유용한 메타데이터: 이 메타데이터는 필요할 때 추가 콘텍스트를 저장하는 데 사용할 수 있습니다. 이에 대해서는 4장에서 더 자세히 다룰 것입니다.

`Document`의 경우와 마찬가지로, `TextNode` 속성의 전체 목록을 보고 싶다면 LlamaIndex GitHub 저장소에서 확인할 수 있습니다.

https://github.com/run-llama/llama_index/blob/main/llama-index-core/llama_index/core/schema.py

`Node`는 `Document` 수준에 이미 존재하는 메타데이터를 자동으로 상속받지만 개별적으로 사용자 지정할 수도 있다는 점을 알아야 합니다.

LlamaIndex에서 `Node`를 생성하는 방법은 여러 가지가 있으며, 이에 대해서는 다음 절에서 논의할 것입니다. 먼저 `Node`를 수동으로 생성하는 방법을 살펴보겠습니다.

3.2.3 Node 객체를 수동으로 생성하기

다음은 Node 객체를 수동으로 생성하는 간단한 예시입니다.

```
from llama_index.core import Document
from llama_index.core.schema import TextNode
doc = Document(text="This is a sample document text")
n1 = TextNode(text=doc.text[0:16], doc_id=doc.id_)
n2 = TextNode(text=doc.text[17:30], doc_id=doc.id_)
print(n1)
print(n2)
```

이 예시에서는 파이썬의 텍스트 슬라이싱 기능을 사용하여 두 Node의 텍스트를 수동으로 추출합니다. 이 수동 접근 방식은 Node의 텍스트와 관련 메타데이터를 완전히 제어하고 싶을 때 매우 유용합니다.

내부적으로 어떤 일이 일어나는지 이해하기 위해 이 코드의 출력을 살펴보겠습니다.

```
Node ID: 102b570f-5b22-48b5-b9b6-6378597e920d
Text: This is a sample
Node ID: 0ad81b09-bf12-4063-bfe4-6c5fd3c36cd4
Text: document text
```

NOTE 보다시피, 두 Node는 무작위로 생성된 ID와 원본 Document에서 슬라이스한 텍스트 세그먼트를 포함하고 있습니다. TextNode 생성자는 파이썬 UUID 모듈을 사용하여 각 노드에 대한 ID를 자동으로 생성했습니다. 하지만 다른 식별 체계를 사용하고 싶다면 Node 생성 후에 이 식별자를 사용자 정의할 수 있습니다.

3.2.4 스플리터를 사용하여 Document에서 Node 자동 추출하기

RAG 워크플로에서 **Document 청크화**chunking가 매우 중요하기 때문에 LlamaIndex는 이를 위한 내장 도구를 제공합니다. 그중 하나가 TokenTextSplitter입니다.

Node를 자동으로 생성하는 예시로, TokenTextSplitter는 Document 텍스트를 전체 문장을 포함하는 청크로 분할하려고 시도합니다. 각 청크는 하나 이상의 문장을 포함하며, 더 많은 맥락을 유지하기 위해 청크 간에 기본적으로 겹치는 부분도 있습니다.

내부적으로 SimpleNodeParser에는 chunk_size와 chunk_overlap과 같이 사용자 정의할 수 있는 여러 매개변수가 있지만, 이에 대해서는 다음 장에서 더 자세히 다루면서 이 텍스트 스플리터가 어떻게 작동하는지 설명하겠습니다. 지금은 `Document` 객체에 기본 설정을 하고 `TokenTextSplitter`를 사용하는 간단한 예시를 살펴보겠습니다.

```python
from llama_index.core import Document
from llama_index.core.node_parser import TokenTextSplitter
doc = Document(
    text=(
    "This is sentence 1. This is sentence 2. "
    "Sentence 3 here."
    ),
    metadata={"author": "John Smith"}
)
splitter = TokenTextSplitter(
    chunk_size=12,
    chunk_overlap=0,
    separator=" "
)
nodes = splitter.get_nodes_from_documents([doc])
for node in nodes:
    print(node.text)
    print(node.metadata)
```

이번에는 코드 출력이 다음과 같습니다.

```
Metadata length (6) is close to chunk size (12). Resulting chunks are less than 50 tokens.
Consider increasing the chunk size or decreasing the size of your metadata to avoid this.
This is sentence 1.
{'author': 'John Smith'}
This is sentence 2.
{'author': 'John Smith'}
Sentence 3 here.
{'author': 'John Smith'}
```

> **NOTE** 청크 크기는 한 번에 처리할 수 있는 내용의 양을 나타내므로, 메타데이터가 너무 크면 각 청크의 대부분의 공간을 차지하여 실제 내용 텍스트를 위한 공간이 줄어듭니다. 이로 인해 대부분이 메타데이터이고 실제 내용은 거의 없는 청크가 생길 수 있습니다. 우리 예시에서는 유효 청크 크기(청크 크기에서 메타데이터가 차지하는 공간을 뺀 것)가 50 토큰 미만의 청크를 생성하기 때문에 경고가 트리거됩니다. 이는 너무 작아 효율적인 처리 방식이 아닙니다.

이는 데이터를 분리된 `Node`로 청크화하는 자동화된 방법을 설명하기 위한 기본적인 예시입니다. 각 노드의 메타데이터를 확인해보면, 원본 `Document`로부터 자동으로 상속되었음을 알 수 있습니다.

Node를 생성하는 다른 방법이 있나요?

네, 몇 가지 다른 방법이 있습니다. 다음 장에서는 LlamaIndex에서 사용 가능한 텍스트 분할 및 노드 파싱 기술에 대해 더 자세히 알아볼 것입니다. 또한 이들이 내부적으로 어떻게 작동하는지, 어떤 종류의 사용자 정의 옵션을 제공하는지 다음 장을 통해 이해할 수 있을 것입니다.

하지만 Node에 대해 더 알아야 할 것이 있습니다.

3.2.5 Node는 혼자 있는 것을 좋아하지 않습니다 – 관계를 갈망합니다

간단한 Node를 생성하는 기본적인 예시를 다뤘으니, 이제 Node 간에 관계를 추가해보는 것은 어떨까요?

다음은 두 Node 사이에 간단한 관계를 수동으로 생성하는 예시입니다.

```python
from llama_index.core import Document
from llama_index.core.schema import (
    TextNode,
    NodeRelationship,
    RelatedNodeInfo
)
doc = Document(text="First sentence. Second Sentence")
n1 = TextNode(text="First sentence", node_id=doc.doc_id)
n2 = TextNode(text="Second sentence", node_id=doc.doc_id)
n1.relationships[NodeRelationship.NEXT] = n2.node_id
n2.relationships[NodeRelationship.PREVIOUS] = n1.node_id
print(n1.relationships)
print(n2.relationships)
```

이 예시에서는 두 개의 Node를 수동으로 생성하고 그들 사이에 **이전** 또는 **다음** 관계를 정의했습니다. 이 관계는 원본 Document 내에서 Node의 순서를 추적합니다. 이 코드는 LlamaIndex에게 두 Node가 초기 Document에 속하며 특정 순서로 나타난다고 알려줍니다.

그림 3.4는 코드를 실행한 후 LlamaIndex가 이해하는 정확한 내용을 보여줍니다.

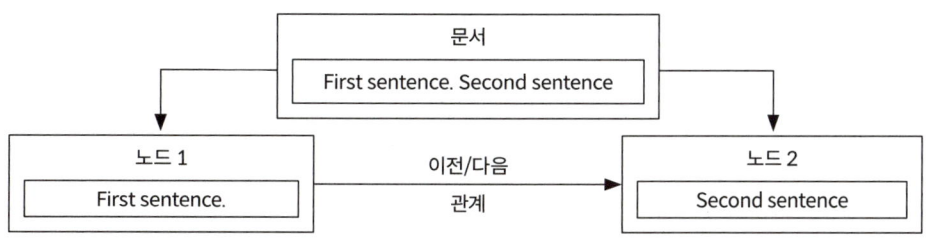

그림 3.4 두 Node 사이의 이전 또는 다음 관계

> **NOTE** LlamaIndex에는 Node 간의 관계를 **자동**으로 생성하는 데 필요한 도구가 포함되어 있다는 점을 알아야 합니다. 예를 들어 이전에 논의한 자동화된 노드 파서를 기본 설정으로 사용할 때, LlamaIndex는 생성한 Node 사이에 자동으로 이전 또는 다음 관계를 생성합니다.

우리가 정의할 수 있는 다른 유형의 관계들이 있습니다. 이전 또는 다음과 같은 간단한 관계 외에도, Node는 다음과 같이 연결될 수 있습니다.

- SOURCE: **소스 관계**는 Node가 추출되거나 파싱된 원본 Document를 나타냅니다. Document를 여러 Node로 파싱할 때, 소스 관계를 사용하여 각 Node가 어떤 Document에서 유래되었는지 파악할 수 있습니다.
- PARENT: **부모 관계**는 이 관계를 가진 Node가 연관된 Node보다 한 단계 상위인 계층 구조를 나타냅니다. 트리 구조에서 부모 Node는 하나 이상의 자식을 가질 수 있습니다. 이 관계는 메인 Node와 그 하위 섹션이나 단락, 또는 기타 하위 분할을 나타내는 하위 Node가 있는 중첩된 데이터 구조를 탐색하거나 관리하는 데 사용됩니다.
- CHILD: 이는 PARENT의 반대입니다. **자식 관계**를 가진 Node는 다른 Node(부모)의 하위입니다. 자식 Node는 부모 Node에서 뻗어나오는 트리 구조의 잎이나 가지로 볼 수 있습니다.

하지만 왜 관계가 중요할까요? 그 유용성에 대해 논의해봅시다.

3.2.6 왜 관계가 중요한가요?

LlamaIndex에서 Node 간의 관계를 생성하는 것은 여러 가지 이유로 유용할 수 있습니다.

- **더 맥락적인 쿼리 가능**: Node를 서로 연결함으로써 쿼리 중에 관계를 활용하여 추가적인 관련 맥락을 검색할 수 있습니다. 예를 들어 Node를 쿼리할 때 더 많은 맥락을 제공하기 위해 이전 또는 다음 Node도 반환할 수 있습니다.
- **출처 추적 가능**: 관계는 출처를 인코딩합니다. 즉 소스 Node가 어디서 유래되었고 어떻게 연결되는지를 나타냅니다. 예를 들어 Node의 원본 소스를 식별해야 할 때 유용합니다.
- **Node 간 탐색 가능**: 관계를 통해 Node를 탐색하면 새로운 유형의 쿼리가 가능해집니다. 예를 들어 특정 키워드를 포함하는 다음 Node를 찾는 것입니다. 관계를 따라 탐색하는 것은 검색에 또 다른 차원을 제공합니다.
- **지식 그래프 구축 지원**: Node와 관계는 지식 그래프의 구성 요소입니다. Node를 그래프 구조로 연결하면 LlamaIndex를 사용하여 텍스트에서 지식 그래프를 구축할 수 있습니다. 지식 그래프에 대해서는 5장에서 더 자세히 다룰 것입니다.

- **인덱스 구조 개선**: 트리와 그래프 같은 일부 LlamaIndex 인덱스는 내부 구조를 구축하기 위해 노드 관계를 활용합니다. 관계를 통해 더 복잡하고 표현력 있는 인덱스 토폴로지를 구축할 수 있습니다. 이에 대해서는 5장에서 더 자세히 논의할 것입니다.

요약하면, 관계는 `Node`에 추가적인 맥락적 연결을 제공합니다. 이는 더 표현력 있는 쿼리, 출처 추적, 지식 그래프 구축, 복잡한 인덱스 구조를 지원합니다.

원시 데이터를 `Document`로 수집하고 쿼리할 수 있는 `Node`로 구조화한 후, 마지막 단계는 `Node`를 효율적인 인덱스로 구성하는 것입니다.

3.2.7 인덱스

우리의 세 번째 중요 개념인 인덱스는 최적화된 저장 및 검색을 위해 노드 컬렉션을 구성하는 데 사용되는 특정 데이터 구조를 의미합니다.

간단한 비유

RAG를 위해 데이터를 정리하는 것은 마치 긴 여행을 위해 옷을 준비하는 것과 비슷합니다. 즉 모든 것이 정리되고 접근 가능하도록 해야 합니다. 중요한 출장을 위해 짐을 꾸린다고 가정해봅시다. 모든 것을 그냥 가방에 던져 넣을 수도 있지만, 그러면 셔츠, 양말, 바지 등이 뒤섞여버릴 것입니다. 문제는 필요한 것을 빨리 꺼내려고 할 때, 잘못된 물건을 꺼내 전혀 새로운 드레스 코드를 만들어낼 수도 있다는 것입니다.

이것이 바로 LLM 증강을 준비할 때 데이터 인덱싱이 매우 중요한 이유입니다. 인덱싱이 없다면 데이터는 정리되지 않은 사실과 파일이 뒤섞인 엉망진창 더미가 되어, 마치 터질 듯한 가방에서 짝이 맞는 양말을 찾는 것과 같습니다.

적절한 인덱싱은 정보를 의미 있는 카테고리로 깔끔하게 분류합니다. 예를 들어 판매 기록은 하나의 인덱스에, 지원 티켓은 다른 인덱스에 넣는 식입니다. 이는 관련 항목을 함께 패킹하는 것과 같습니다. 즉 엉망진창인 데이터를 AI가 활용할 수 있도록 깔끔하게 정리된 지식으로 변환합니다. 가방에서 무작위로 물건을 찾는 대신 맞춤형 포켓에서 정확히 필요한 것을 꺼낼 수 있게 되는 것입니다.

따라서 기억하세요. 나중의 좌절과 시간 낭비를 피하려면 초기에 데이터를 인덱싱하고 구조화하는 작업을 수행하세요. 이는 나중에 여러분의 일을 훨씬 수월하게 만들어줄 것입니다.

LlamaIndex는 각각의 강점과 절충안을 가진 다양한 유형의 인덱스를 지원합니다. 사용 가능한 인덱스 유형 중 일부는 다음과 같습니다.

- `SummaryIndex`: 이는 레시피 상자와 매우 유사합니다. 즉 노드를 순서대로 보관하여 하나씩 접근할 수 있게 합니다. 문서 세트를 받아 노드로 분할한 다음, 목록으로 연결합니다. 큰 문서를 읽는 데 적합합니다.
- `DocumentSummaryIndex`: 각 문서에 대한 간결한 요약을 구성하고, 이 요약을 각 노드에 매핑합니다. 이 요약을 사용하여 관련 문서를 빠르게 식별함으로써 효율적인 정보 검색을 용이하게 합니다.
- `VectorStoreIndex`: 이는 더 정교한 유형의 인덱스 중 하나이며 대부분의 RAG 애플리케이션에서 주력으로 사용합니다. 텍스트를 벡터 임베딩으로 변환하고 수학을 사용하여 유사한 노드를 그룹화하여 비슷한 노드를 찾는 데 도움을 줍니다.
- `TreeIndex`: 질서를 좋아하는 사람들을 위한 완벽한 솔루션입니다. 이 인덱스는 작은 상자를 큰 상자 안에 넣는 것과 유사하게 작동하여 트리와 같은 구조의 레벨별로 노드를 구성합니다. 내부적으로 각 부모 노드는 자식 노드의 요약을 저장합니다. 이는 LLM이 일반적인 요약 프롬프트를 사용하여 생성합니다. 이 특정 인덱스는 요약에 매우 유용할 수 있습니다.
- `KeywordTableIndex`: 가지고 있는 재료로 요리를 찾아야 한다고 상상해보세요. 키워드 인덱스는 중요한 단어를 그 단어가 포함된 노드와 연결합니다. 키워드를 검색하여 쉽게 노드를 찾을 수 있습니다.
- `KnowledgeGraphIndex`: 지식 그래프로 저장된 대량의 연결된 정보에서 사실을 연결해야 할 때 유용합니다. 이는 많은 정보가 연결되어 있을 때 까다로운 질문에 답하는 데 좋습니다.
- `ComposableGraph`: 문서 수준 인덱스가 더 높은 수준의 컬렉션에 인덱싱되는 복잡한 인덱스 구조를 생성할 수 있습니다. 즉 더 큰 문서 컬렉션에서 여러 문서의 데이터에 접근하려면 인덱스의 인덱스를 구축할 수도 있습니다.

이러한 인덱스의 내부 작동 방식과 다른 변형에 대해서는 5장에서 더 자세히 다룰 것입니다. 이는 주제에 대한 개요일 뿐입니다.

LlamaIndex의 모든 인덱스 유형은 몇 가지 공통적인 핵심 기능을 공유합니다.

- **인덱스 구축**: 각 인덱스 유형은 초기화 중에 노드 세트를 전달하여 구축할 수 있습니다. 이렇게 하면 기본 인덱스 구조가 형성됩니다.

- **새 노드 삽입**: 인덱스가 구축된 후 새 노드를 수동으로 삽입할 수 있습니다. 이는 기존 인덱스 구조에 추가됩니다.
- **인덱스 쿼리**: 인덱스는 구축되면 특정 쿼리를 기반으로 관련 노드를 검색하기 위한 쿼리 인터페이스를 제공합니다. 검색 로직은 인덱스 유형에 따라 다릅니다.

인덱스 구조와 쿼리의 세부사항은 인덱스 유형에 따라 다릅니다. 그러나 이 구축, 삽입, 쿼리 패턴은 일관됩니다. 각 인덱스 유형의 특정 기능을 이해하는 것은 그 인덱스의 잠재력을 최대한 활용하려면 매우 중요합니다. 5장에서 이 주제를 더 자세히 다루고, 각 인덱스 유형에 대한 구체적인 예시를 제공할 것입니다.

지금은 `SummaryIndex` 생성을 설명하는 간단한 예를 살펴보겠습니다.

```python
from llama_index.core import SummaryIndex, Document
from llama_index.core.schema import TextNode
nodes = [
    TextNode(
        text="Lionel Messi is a football player from Argentina."
    ),
    TextNode(
        text="He has won the Ballon d'Or trophy 7 times."
    ),
    TextNode(text="Lionel Messi's hometown is Rosario."),
    TextNode(text="He was born on June 24, 1987.")
]
index = SummaryIndex(nodes)
```

이는 따라하기 매우 쉽습니다. 먼저 데이터를 포함하는 노드 세트를 정의한 다음, 이 노드들을 기반으로 `SummaryIndex`를 생성했습니다. 이 인덱스는 간단한 리스트 기반 데이터 구조입니다.

`SummaryIndex`를 다양한 이야기 중에서 요점을 적는 작은 메모장이라고 생각해보세요. 생성될 때, 많은 이야기를 가져와 작은 조각으로 나누고 목록으로 정렬합니다. 가장 좋은 점은 LlamaIndex가 이런 유형의 인덱스를 구축할 때 LLM을 사용할 필요가 없다는 것입니다.

3.2.8 거의 다 왔나요?

거의 다 왔습니다. 인덱스는 데이터를 체계화하는 데 탁월하지만, 그로부터 어떻게 답변을 얻을 수 있을까요? 바로 이때 **추출기**retriever와 **응답 합성기**response synthesizer가 등장합니다.

방금 생성한 리오넬 메시 인덱스를 예로 들어보겠습니다. '메시의 고향은 어디인가요?'라고 질문한다고 가정해봅시다.

```
query_engine = index.as_query_engine()
response = query_engine.query("What is Messi's hometown?")
print(response)
```

출력은 다음과 같습니다.

```
Messi's hometown is Rosario.
```

`SummaryIndex`는 모든 `Node`를 순차적으로 목록으로 구성합니다.

쿼리가 실행되면 모든 노드를 검색하여 전체 맥락을 사용해 응답을 합성합니다.

3.2.9 이것은 내부적으로 어떻게 작동하나요?

`QueryEngine`은 추출기를 포함하고 있으며, 이는 인덱스에서 쿼리와 관련된 노드를 검색하는 역할을 합니다. 추출기는 해당 쿼리에 대해 인덱스에서 관련 노드를 가져오고 순위를 매기기 위해 조회를 수행합니다. 즉 메시의 고향에 대한 정보를 포함할 가능성이 높은 노드를 인덱스에서 가져옵니다.

하지만 단순히 노드 목록을 받는 것만으로는 유용하지 않습니다. 이때 `QueryEngine`의 다른 구성 요소인 **노드 후처리기**node postprocessor가 등장합니다. 이 부분은 노드가 검색된 후, 최종 응답이 만들어지기 전에 노드를 변환, 재순위화, 필터링할 수 있게 합니다. 사용 가능한 많은 유형의 후처리기가 있으며, 각각은 사용 사례에 따라 구성 및 사용자 정의될 수 있습니다.

`QueryEngine` 객체는 또한 응답 합성기를 포함하고 있으며, 이는 검색된 노드를 가져와 다음 단계를 수행하여, LLM을 사용해 최종 응답을 만듭니다.

1. 응답 합성기는 추출기가 선택하고 노드 후처리기가 처리한 노드를 가져와 LLM의 프롬프트로 구성합니다.
2. 프롬프트는 노드의 맥락과 함께 쿼리를 포함합니다.
3. 이 프롬프트는 LLM에 제공되어 응답을 생성합니다.

4. 필요한 경우 LLM을 사용하여 원시 응답을 후처리하고 최종적인 자연어 답변을 반환합니다.

따라서 `index.as_query_engine()`은 추출기, 노드 후처리기, 응답 합성기, 이렇게 세 요소의 기본 버전을 포함하는 완전한 쿼리 엔진을 생성합니다.

이 세 가지 요소는 6장과 7장에서 더 자세히 다룰 것입니다.

이 엔진을 실행하면 `메시의 고향은 로사리오입니다`와 같은 자연어 답변을 얻을 수 있습니다.

기억하세요
이는 `SummaryIndex`라는 특정 유형의 인덱스를 사용한 기본 예시일 뿐입니다. 5장에서 논의할 것처럼 각 인덱스 유형은 다르게 작동합니다. 예를 들어 `TreeIndex`는 노드를 계층 구조로 배열하여 요약을 가능하게 하고, `KeywordIndex`는 빠른 조회를 위해 키워드를 매핑합니다. 인덱스 구조는 성능에 영향을 미치며 최적의 사용 사례를 결정합니다. 인덱스 구조 자체는 데이터 관리 로직을 정의합니다. 살펴본 것처럼, 인덱스는 완전한 쿼리 파이프라인을 형성하기 위해 추출기, 후처리기, 응답 합성기와 결합되어야 하며, 이를 통해 애플리케이션이 인덱싱된 데이터를 활용할 수 있습니다.

더 자세한 내용은 다음 장에서 살펴볼 것입니다. 하지만 이 시점에서 여러분은 인덱스와 그 역할에 대한 전체적인 아이디어를 떠올릴 수 있게 되었을 것입니다.

전체 흐름의 개요를 위해 그림 3.5를 살펴보겠습니다.

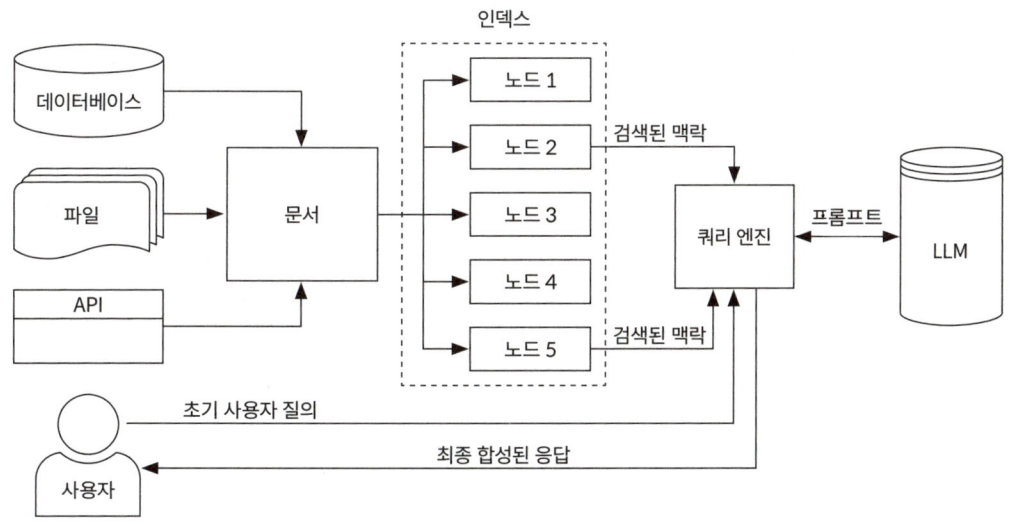

그림 3.5 **LlamaIndex를 사용한 완전한 RAG 워크플로**

그림 3.5에서 볼 수 있듯이 이 과정은 다음 단계를 포함합니다.

1. 데이터를 Document로 로딩
2. Document를 연관성 있는 Node로 파싱
3. Node로부터 최적화된 인덱스 구축
4. 관련 Node를 검색하기 위해 인덱스에 쿼리 실행
5. 최종 응답 합성

기억할 게 너무 많나요? LlamaIndex의 구성 요소를 다시 정리해봅시다.

3.2.10 핵심 개념의 빠른 정리

지금까지 다룬 내용을 간단히 요약하면 다음과 같습니다.

- **Document**: 수집된 원시 데이터
- **Node**: Document에서 추출된 논리적 청크
- **인덱스**: 사용 사례에 따라 Node를 구성하는 데이터 구조
- **QueryEngine**: 추출기, 노드 후처리기, 응답 합성기를 포함

이러한 구성 요소를 이해하는 것은 LlamaIndex 작업에서 매우 중요합니다. 이를 통해 외부 데이터를 LLM에 효과적으로 구조화하고 연결할 수 있습니다.

이제 개념적 기반을 갖추었습니다. 다음으로, 간소화된 워크플로 모델을 살펴보고 실제 애플리케이션을 구축하여 이 지식을 확고히 해봅시다.

3.3 첫 번째 대화형, 증강 LLM 애플리케이션 구축하기

이제 모든 지식을 연결하고 실제로 활용할 때입니다. 이전 코드를 모두 합치면 첫 LlamaIndex 애플리케이션을 구축할 수 있습니다.

다음 단계를 위해 이 장 초반에 언급한 기술적 요구사항을 이미 처리했는지 확인하세요. 다음 코드 예제에서는 특정 위키피디아 기사를 파싱하고 샘플 데이터를 추출하기 위해 Wikipedia 패키지가 필요합니다.

Wikipedia 패키지가 성공적으로 설치되면 샘플 앱이 문제없이 실행될 것입니다. 다음은 코드입니다.

```python
from llama_index.core import Document, SummaryIndex
from llama_index.core.node_parser import SimpleNodeParser
from llama_index.readers.wikipedia import WikipediaReader
loader = WikipediaReader()
documents = loader.load_data(pages=["Messi Lionel"])
parser = SimpleNodeParser.from_defaults()
nodes = parser.get_nodes_from_documents(documents)
index = SummaryIndex(nodes)
query_engine = index.as_query_engine()
print("Ask me anything about Lionel Messi!")
while True:
    question = input("Your question: ")
    if question.lower() == "exit":
        break
    response = query_engine.query(question)
    print(response)
```

이것은 진정한 채팅 시스템이 아님을 유의해야 합니다. 대화의 맥락을 유지하지 않기 때문입니다. 이는 단순한 Q&A 시스템으로 설명하는 것이 더 정확합니다.

코드에 대한 간단한 설명은 다음과 같습니다.

1. `WikipediaReader` 데이터 로더를 사용하여 리오넬 메시에 대한 위키피디아 페이지를 `Document`로 로드하여 시작합니다. 이는 원시 텍스트 데이터를 가져옵니다.
2. 다음으로, `SimpleNodeParser`를 사용하여 `Document`를 더 작은 `Node` 청크로 파싱합니다. 이는 텍스트를 논리적 세그먼트로 분할합니다.
3. 그다음, `Node`로부터 `SummaryIndex`를 구축합니다. 이는 전체 맥락 검색을 위해 `Node`를 순차적으로 구성합니다.
4. `QueryEngine`을 정의하여 완전한 쿼리 파이프라인을 형성합니다.
5. 마지막으로, 인덱스에 쿼리하는 루프를 만들어 우리의 질문을 `QueryEngine`에 전달합니다. 이는 관련 `Node` 검색, LLM 프롬프팅, 최종 응답 반환을 처리합니다.

다시 한번 그림 3.5를 참조하여 전체적인 워크플로(데이터 수집, `Node`로 파싱, 인덱스 구축, 쿼리하여 최종 답변 검색 및 합성)를 시각화할 수 있습니다.

그러나 내부적으로 정확히 무슨 일이 일어나는지 알고 싶다면 어떻게 해야 할까요?

3.3.1 LlamaIndex의 로깅 기능을 사용하여 로직을 이해하고 애플리케이션 디버깅하기

이전 예제와 같은 코드를 실행할 때, 내부에서 마법 같은 일이 일어나는 것처럼 느껴질 수 있습니다. 텍스트를 입력하고 간단한 인덱싱 메서드를 호출하면, 갑자기 자신의 데이터로 구동되는 AI 어시스턴트에 쿼리를 시작할 수 있습니다.

하지만 애플리케이션이 더 복잡해지면, LlamaIndex가 내부적으로 정확히 어떻게 작동하는지 이해하고 싶어질 것입니다. 이때 **로깅**logging이 중요합니다. LlamaIndex는 인덱싱과 쿼리 과정 중 단계별로 무슨 일이 일어나는지 보여주는 많은 유용한 로그 메시지를 제공합니다. 마치 각 작동을 설명하는 작은 디버거가 있는 것과 같습니다.

기본 로깅을 활성화하는 것은 다음 코드를 추가하는 것만큼 간단합니다.

```python
import logging
logging.basicConfig(level=logging.DEBUG)
```

디버그 로깅이 활성화되면, LlamaIndex가 다음과 같은 작업을 어떻게 수행하는지 볼 수 있습니다.

- `Document`를 `Node`로 파싱
- 사용할 인덱싱 구조 결정
- LLM을 위한 프롬프트 포맷
- 쿼리에 기반하여 관련 `Node` 검색
- `Node`로부터 응답 합성

로깅은 다음과 같은 유용한 데이터도 보여줍니다. 이와 관련한 자세한 내용은 다음 장에서 살펴볼 것입니다.

- API 호출에 사용된 토큰 수
- 지연 시간 정보
- 경고나 오류

> **NOTE** 예상대로 작동하지 않는다고 해서 당황하지 말고 로그를 확인하세요. 로그는 문제를 식별하는 데 중요한 단서를 제공합니다. 지금은 기본 로깅 기능을 사용하는 것으로 충분할 것입니다. 이 기능을 활성화하면 대부분의 백그라운드 활동이 런타임 중에 표시되므로 앱의 흐름을 단계별로 모니터링할 수 있습니다. 고급 디버깅에 대해서는 9장에서 더 자세히 다룰 것입니다.

이제, 약간의 변형을 해보면 어떨까요?

3.3.2 LlamaIndex에서 사용하는 LLM 사용자 정의하기

프레임워크가 다른 LLM을 사용하도록 구성하고 싶다고 가정해봅시다. 기본적으로 LlamaIndex는 **GPT-3.5-Turbo** 모델과 함께 OpenAI API를 사용합니다. GPT-3.5-Turbo의 주요 특징은 다음과 같습니다:

- **GPT-4**에 비해 실행 속도가 빠르고 비용이 저렴합니다.
- GPT-4와 같은 다른 모델만큼 고급은 아니지만, 여전히 매우 유능한 생성 및 대화 모델입니다.
- 분류, 요약, 번역과 같은 다양한 자연어 처리$_{NLP}$ 작업에서 매우 우수한 성능을 발휘할 수 있습니다.

LlamaIndex 제작자들이 이 모델을 선택한 이유를 알 수 있습니다. 모든 것을 고려할 때, 대부분의 사용 사례에 대해 성능과 비용의 좋은 균형을 제공합니다. 대부분의 애플리케이션에서는 아마도 충분할 것입니다. 이미 애플리케이션을 테스트해봤다면 알겠지만, 리오넬 메시에 대한 질문을 꽤 잘 처리합니다.

하지만 더 특정한 경우에 맞게 사용자 정의해야 한다면 어떨까요? GPT-4의 최상의 성능이 필요하거나, **Claude-2**가 제공하는 더 큰 콘텍스트가 필요하거나, 혹은 우리 목적에 맞는 오픈소스 AI를 사용하고 싶을 수도 있습니다.

3.3.3 1-2-3만큼 쉽습니다

앱 시작 부분에 세 줄의 코드만 추가하면 됩니다.

```
from llama_index.llms.openai import OpenAI
from llama_index.core.settings import Settings
Settings.llm = OpenAI(temperature=0.8, model="gpt-4")
```

`Settings.llm` 줄을 임포트 문 바로 다음에 추가하여 다른 모든 작업에 적용되도록 해야 합니다. 각 단계에 대한 설명은 다음과 같습니다.

1. 첫 번째 줄은 `llama_index.llms.openai`에서 OpenAI 클래스를 가져와 OpenAI LLM을 초기화할 수 있게 합니다.

2. 두 번째 임포트는 `Settings` 클래스를 담당합니다. LLM을 사용자 정의하는 데 사용할 것입니다.
3. 다음으로, GPT-4 모델을 사용하는 OpenAI LLM 인스턴스로 `Settings`를 구성하고 `temperature`를 `0.8`로 설정하여 기본 LLM을 재정의합니다.

우리는 방금 LlamaIndex가 모든 작업에 기본 GPT-3.5-Turbo 모델 대신 GPT-4를 사용하도록 구성했습니다. 코드의 다음 부분은 새로 구성된 LLM을 사용하여 인덱스를 구축하고 간단한 쿼리를 실행할 것입니다.

```
from llama_index.core.schema import TextNode
from llama_index.core import SummaryIndex
nodes = [
    TextNode(text="Lionel Messi's hometown is Rosario."),
    TextNode(text="He was born on June 24, 1987.")
]
index = SummaryIndex(nodes)
query_engine = index.as_query_engine()
response = query_engine.query(
    "What is Messi's hometown?"
)
print(response)
```

다음으로, `temperature` 매개변수에 대해 이야기해야 합니다.

3.3.4 온도 매개변수

GPT-3.5와 GPT-4와 같은 OpenAI 모델에서 이 매개변수는 AI 응답의 무작위성과 창의성을 제어합니다. 그림 3.6에서 개요를 확인하세요.

OpenAI 모델의 `temperature` 값 범위는 0에서 2까지입니다. 높은 값은 더 무작위하고 창의적인 출력을 생성합니다. 낮은 값은 더 집중적이고 결정론적인 출력을 생성합니다.

`temperature` 값이 `0`이면 동일한 입력 프롬프트에 대해 거의 매번 동일한 출력을 생성합니다. '거의'라는 단어를 사용했다는 점에 주목합시다. 이는 설정을 0으로 해도 대부분의 모델이 같은 프롬프트에 대해 여전히 답변에 약간의 변화된 결과를 생성할 수 있기 때문입니다. 이는 모델 초기화 시 내재된 무작위성이나 부동소수점 정밀도 제한 또는 신경망 내 특정 계산의 확률적 특성과 같은 요인으로 인해 발생할 수 있는 모델의 내부 상태의 미묘한 변화 때문입니다. 무작위성을 최소화

하려는 `temperature` 값 `0`에서도 이러한 작은 변화로 인해 동일한 입력에 약간 다른 출력이 생성될 수 있습니다.

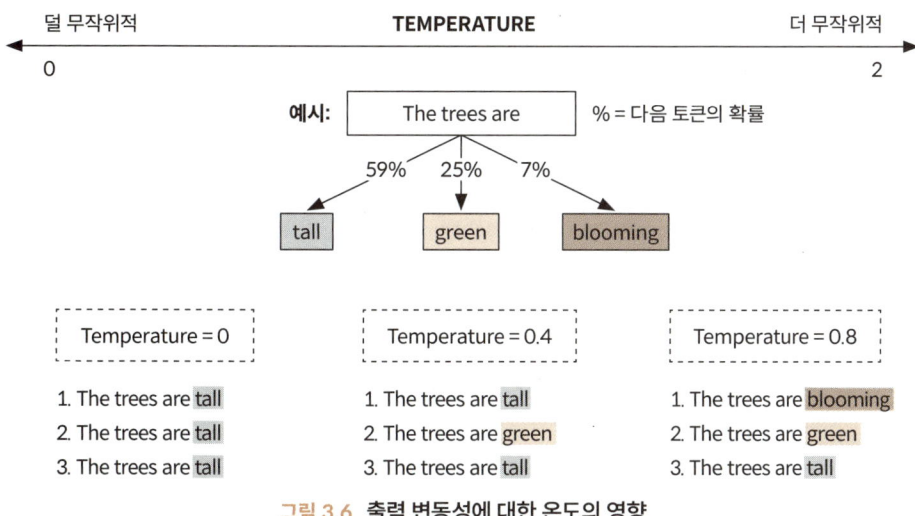

그림 3.6 출력 변동성에 대한 온도의 영향

적절한 `temperature` 설정은 사용 사례에 따라 다릅니다. 즉 사실적 데이터에 강하게 기반한 응답을 원하는지 아니면 더 상상력이 풍부한 응답을 원하는지에 따라 다릅니다. 코드 생성이나 데이터 분석 작업의 경우 `0.2`의 `temperature` 값이 적절할 것이며, 글쓰기나 챗봇 응답과 같은 더 창의성이 필요한 작업에는 `0.5` 이상의 설정이 유리할 것입니다.

> NOTE 동일한 프롬프트를 사용하여 여러 번 반복해도 일관된 응답이 정말 필요한 사용 사례가 있다면, 다음과 같은 실용적인 조언을 드립니다. 저의 실험적 연구에서 GPT-3.5-Turbo-1106 모델을 `temperature` 값 `0`으로 사용했을 때 가장 일관된 결과를 얻었습니다.

`temperature` 외에도 `additional_kwargs` 인수에 딕셔너리로 전달하여 조정할 수 있는 여러 매개변수가 있습니다. RAG 워크플로에서 OpenAI 모델을 사용할 계획이라면 RAG 시나리오에서 매우 중요할 수도 있기 때문에 이러한 LLM 설정에 익숙해지는 것이 좋습니다. `temperature` 외에도 `top_p`와 `seed` 매개변수가 특히 유용한데, 이들은 출력의 무작위성을 제어하는 데 활용할 수 있습니다. 자세한 목록은 다음 공식 OpenAI 문서에서 확인할 수 있습니다.

https://platform.openai.com/docs/models

다음은 다양한 LLM 설정을 실험해볼 수 있는 간단한 실험 공간입니다.

```
from llama_index.llms.openai import OpenAI
llm = OpenAI(
    model="gpt-3.5-turbo-1106",
    temperature=0.2,
    max_tokens=50,
    additional_kwargs={
        "seed": 12345678,
        "top_p": 0.5
    }
)
response = llm.complete(
    "Explain the concept of gravity in one sentence"
)
print(response)
```

위 코드를 사용하여 다양한 설정을 실험해보고, 출력 결과를 검토하여 특정 사용 사례에 가장 적합한 구성을 찾을 수 있습니다.

현재 사용 가능한 다양한 LLM이 RAG 목적으로 무엇을 할 수 있는지 궁금하다면, LlamaIndex 문서에서 추출한 다음 비교표를 참조하세요. 이 목록은 LlamaIndex 커뮤니티가 다양한 LLM을 테스트하여 작성했습니다.

https://developers.llamaindex.ai/python/framework/module_guides/models/llms

3.3.5 사용자 정의를 위한 Settings 사용 방법 이해하기

이전 절에서 AI 모델을 사용자 정의하기 위해 `Settings`라는 것을 사용했습니다. 이와 관련하여 간단한 설명이 필요할 것 같습니다.

`Settings`는 LlamaIndex의 핵심 구성 요소로, 인덱싱과 쿼리 과정에서 사용되는 **요소들**을 사용자 정의하고 구성할 수 있게 해줍니다. 여기에는 LlamaIndex 전반에 걸쳐 필요한 일반적인 객체들이 포함됩니다.

- `LLM`: 이전 예제에서 봤듯이 기본 LLM을 사용자 정의 모델로 재정의할 수 있습니다.
- `Embedding model`: 의미론적 검색을 가능하게 하기 위해 텍스트의 벡터를 생성하는 데 사용됩니다. 이 벡터들을 **임베딩**embedding이라고 하며, 5장에서 자세히 다룰 것입니다.
- `NodeParser`: 기본 노드 파서를 설정하는 데 사용됩니다.

- `CallbackManager`: LlamaIndex 내의 이벤트에 대한 콜백을 처리합니다. 나중에 살펴보겠지만, 이는 앱의 디버깅과 추적에 사용됩니다.

`Settings`에서 조정할 수 있는 다른 매개변수들도 있습니다. 9장에서 다양한 사용자 정의 옵션에 대해 더 깊이 다룰 것입니다. 무엇을 변경하고 싶든, 사용자 정의는 이전 예제와 같이 수행될 것입니다. 사용자 정의 `Settings`를 정의하면, 이후의 모든 작업에서 이 구성을 사용하게 됩니다.

좋습니다. 이제까지 충분한 개념을 다루었습니다. 이제 코딩을 좀 해볼까요?

3.4 실습 – PITS 프로젝트 시작하기

실습을 할 준비가 되셨나요? 이제 PITS 프로젝트를 구축하기 시작할 때입니다. 충분한 이론적 기반을 마련했고, 이 장에서는 앞으로 다룰 더 고급 요소들을 위한 준비를 시작할 것입니다.

프로젝트를 모듈식 구조로 구축하려고 노력했습니다. 이는 코드의 명확성에 많은 도움이 되며, LlamaIndex의 중요한 개념들을 하나씩 살펴볼 수 있게 해줄 것입니다. 이전 장에서 언급했듯이, 책을 읽으면서 코드를 직접 작성하거나 제가 제공한 GitHub 저장소에서 전체 코드를 다운로드하여 공부할 수 있습니다.

면책 조항

기존 코드베이스에서 개선해야 할 측면이 많으며, PITS를 상용화 준비된 애플리케이션으로 간주하기 위한 몇 가지 기능이 누락되어 있습니다. 예를 들어 제 구현에는 인증이 없고 애플리케이션은 단일 사용자용입니다. 또한 코드를 간결하게 유지하기 위해 오류 처리를 많이 다루지 않았습니다. 하지만 물론 이것들은 버그가 아니라 기능입니다. 이렇게 하면 PITS의 이야기를 계속 이어갈 수 있고, 누락된 요소들을 추가하여 상업용 애플리케이션으로 변환할 수 있습니다. 정말로 가능합니다.

시작하기 전에 우리 애플리케이션의 기반이 될 코드 구조를 간단히 설명하겠습니다. 다음은 PITS에서 사용하는 파이썬 소스코드 파일 목록과 각각에 대한 간단한 설명입니다.

- `app.py`: Streamlit 앱의 주 진입점입니다. 애플리케이션 초기화를 처리하고 애플리케이션 로직에 따라 다른 화면 간 탐색을 관리합니다.
- `document_uploader.py`: LlamaIndex와 인터페이스하여 업로드된 문서를 수집하고 인덱싱합니다.

- `training_material_builder.py`: 사용자의 현재 지식을 기반으로 학습 자료(슬라이드와 설명)를 구성합니다. 업로드 및 인덱싱된 자료를 활용하여 학습 콘텐츠를 생성합니다.
- `training_interface.py`: 실제 교육이 이루어지는 곳입니다. 사용자 상호작용을 위한 대화형 사이드 패널과 함께 슬라이드와 튜터 설명을 표시합니다.
- `quiz_builder.py`: 수집된 자료와 사용자의 현재 지식을 기반으로 퀴즈를 생성합니다.
- `quiz_interface.py`: 퀴즈를 관리하고 결과에 따라 사용자의 지식 수준을 평가합니다. 고등학교 때 모두가 싫어했던 것입니다.
- `conversation_engine.py`: 대화형 사이드 패널을 관리하여 사용자 쿼리에 응답하고 설명을 제공합니다. 또한 튜터와의 대화 맥락을 추적하여 반복을 피하고 관련 지원을 보장합니다. 이전 토론의 요약을 검색하고 튜터가 중단된 부분부터 계속할 수 있도록 합니다.
- `storage_manager.py`: 세션 상태 저장 및 로드, 사용자 업로드 등과 같은 모든 파일 작업을 처리합니다. 로컬 파일 저장소를 관리하며 나중에 클라우드 저장소 솔루션으로 적용할 수 있습니다.
- `session_functions.py`: 세션 정보를 로컬에 저장하고 불러오는 기능을 처리합니다. 향후 클라우드에서도 작동하도록 설계되었습니다.
- `logging_functions.py`: 앱과 모든 사용자의 상호작용을 로깅합니다. 앱 전체에서 사용자의 행동을 추적하기 위해 타임스탬프가 있는 설명적인 로그 문을 작성합니다. 애플리케이션 로그를 로컬에 저장하고 불러옵니다. 향후 클라우드에서도 가능하도록 설계되었습니다.
- `global_settings.py`: 애플리케이션 설정 및 구성, 그리고 결과적으로 배포를 위한 Streamlit의 secret 값들을 포함합니다. 쉬운 관리와 업데이트를 위해 매개변수를 중앙 집중화합니다.
- `user_onboarding.py`: 이 모듈은 사용자 온보딩 단계를 처리합니다.
- `index_builder.py`: 이 모듈은 애플리케이션 전체에서 사용되는 인덱스를 구축합니다.

현재 애플리케이션은 로컬에서 실행되도록 설계되어 있음을 명심하세요. Streamlit 앱에서 사용할 수 있는 배포 옵션에 대해서는 9장에서 더 자세히 논의할 것입니다. 계속하기 전에 이번 장 초반에 언급한 두 번째 패키지인 파이썬용 YAML 패키지를 설치했는지 확인하세요.

이것은 PITS의 `session_functions` 모듈에 필요할 것입니다. 잠시 후에 설명하겠습니다.

설치하려면 다음 코드를 사용하세요.

```
pip install pyyaml
```

지금은 PITS의 세 모듈에 집중할 것입니다.

- `global_settings.py`
- `session_functions.py`
- `logging_functions.py`

3.4.1 소스코드 살펴보기

먼저 `global_settings.py`의 전역 설정부터 시작하겠습니다.

```
LOG_FILE = "session_data/user_actions.log"
SESSION_FILE = "session_data/user_session_state.yaml"
CACHE_FILE = "cache/pipeline_cache.json"
CONVERSATION_FILE = "cache/chat_history.json"
QUIZ_FILE = "cache/quiz.csv"
SLIDES_FILE = "cache/slides.json"
STORAGE_PATH = "ingestion_storage/"
INDEX_STORAGE = "index_storage"
QUIZ_SIZE = 5
ITEMS_ON_SLIDE = 4
```

여기에 전역 설정을 저장할 것입니다. 여기 있는 다양한 매개변수를 사용하여 PITS의 사용자 경험을 맞춤화하고 일부 내부 설정을 조정할 것입니다.

지금은 `LOG_FILE`과 `SESSION_FILE` 두 매개변수만 강조하고 싶습니다. 이들은 '로그 파일'과 세션 관련 데이터를 저장할 위치를 정의하는 데 사용됩니다. `log` 파일은 모든 사용자 상호작용을 기록하고 대화의 맥락을 유지하는 데 사용됩니다. `session` 파일은 세션 상태를 유지하여 기존 세션을 재개할 수 있게 해줍니다.

이제 `session_functions.py`로 넘어가겠습니다.

`session_functions.py` 모듈은 사용자의 세션 상태를 저장, 로드, 삭제하는 함수를 포함하고 있습니다.

```python
from global_settings import SESSION_FILE
import yaml
import os
def save_session(state):
    state_to_save = {key: value for key, value in state.items()}
    with open(SESSION_FILE, 'w') as file:
        yaml.dump(state_to_save, file)
```

`save_session` 함수는 사용자의 세션에 대한 모든 필요한 정보를 포함하는 현재 상태를 인수로 받아 `SESSION_FILE`이라는 파일에 기록합니다. 상태는 저장 전에 YAML 형식으로 변환되어 나중에 쉽게 다시 로드할 수 있습니다.

```python
def load_session(state):
    if os.path.exists(SESSION_FILE):
        with open(SESSION_FILE, 'r') as file:
            try:
                loaded_state = yaml.safe_load(file) or {}
                for key, value in loaded_state.items():
                    state[key] = value
                return True
            except yaml.YAMLError:
                return False
    return False
```

이 함수는 `SESSION_FILE`이 존재하면 이를 읽으려고 시도하고, 저장된 세션 데이터를 제공된 `state` 객체에 로드합니다. 파일을 성공적으로 읽고 YAML 내용이 올바르게 파싱되면 `True`를 반환하여 세션 상태가 복원되었음을 나타냅니다. 그렇지 않으면 `False`를 반환합니다.

```python
def delete_session(state):
    if os.path.exists(SESSION_FILE):
        os.remove(SESSION_FILE)
    for key in list(state.keys()):
        del state[key]
```

세션을 초기화해야 할 때 이 함수는 `SESSION_FILE`을 삭제하고 전달된 `state` 객체에서 모든 키를 제거하여 세션을 효과적으로 재설정합니다.

왜 YAML인가?

저는 Streamlit의 자체 지속적(persistence) 포맷 대신 YAML을 직렬화 포맷으로 사용했습니다. 이는 YAML이 사람이 읽을 수 있고 플랫폼에 독립적이기 때문입니다. YAML은 계층적 데이터 구조와 잘 작동하여 필요한 경우 애플리케이션 외부에서도 쉽게 읽고 편집할 수 있습니다. 이를 통해 세션 상태를 구조화된 표준 포맷으로 저장할 수 있어 필요에 따라 쉽게 전송하거나 수정할 수 있습니다. YAML은 주로 구성 파일에 사용되지만, 우리의 경우처럼 세션 상태와 같은 간단한 데이터 구조를 저장하는 데도 적합합니다.

또한 `logging_functions.py`도 생성해야 합니다. 다음은 그 코드입니다.

```python
from datetime import datetime
from global_settings import LOG_FILE
import os
def log_action(action, action_type):
    timestamp = datetime.now().strftime('%Y-%m-%d %H:%M:%S')
    log_entry = f"{timestamp}: {action_type} : {action}\n"
    with open(LOG_FILE, 'a') as file:
        file.write(log_entry)
def reset_log():
    with open(LOG_FILE, 'w') as file:
        file.truncate(0)
```

`logging_functions.py` 모듈은 애플리케이션 실행 중 발생하는 이벤트, 사용자 행동, 기타 중요한 사건을 로그 파일에 기록하는 역할을 합니다. 이 모듈은 주로 PITS 에이전트가 사용자와 상호작용하는 동안 맥락을 제공하기 위해 사용자 행동과 시스템 이벤트를 추적하도록 설계되었으며, 모니터링과 디버깅 목적에도 사용됩니다.

모듈의 함수들은 다음과 같은 역할을 합니다.

- `log_action(action, action_type)`: 이 함수는 행동이나 이벤트를 기록합니다. 두 개의 인수를 받습니다. 발생한 일을 설명하는 문자열인 `action`과 행동을 분류하는 `action_type`입니다. 함수는 현재 타임스탬프를 가져와 행동 및 유형과 함께 형식화하고, 이 항목을 `LOG_FILE`에 추가합니다. 이는 행동과 이벤트를 시간순으로 기록하여 유지하는 데 도움이 됩니다.

- `reset_log()`: 현재 구현에서 사용자가 기존 세션으로 돌아올 때 새 세션을 시작할 수 있는 옵션이 있습니다. 이 경우 너무 많은 데이터를 수집하지 않도록 로그 파일을 지웁니다. 이 함수는 `LOG_FILE`을 열고 그 내용을 잘라내어 모든 로그 항목을 효과적으로 삭제합니다. 프로덕션 환경에서는 로그가 역사적 데이터 분석에 가치가 있기 때문에 일반적으로는 이렇게 하지 않지만, 우리의 경우에는 흐름을 단순화하기 위해 사용합니다.

PITS 코드 작성이 재미있을 거라고 약속했지만, 로깅은 '덜 흥미롭고 더 지루해 보인다'라는 것을 잘 알고 있습니다. 하지만 믿어주세요, 앱을 디버그할 수 있어야 재미가 있습니다. 여기서 기초를 다졌으니, 다음 장에서 나머지 모듈들을 계속 다룰 것입니다.

3.5 요약

이 장에서는 LlamaIndex의 핵심 구성 요소인 `Document`, `Node`, 인덱스와 같은 기본 개념을 다뤘습니다. 데이터를 `Document`로 로드하고, 파서를 사용하여 연관된 `Node`로 파싱하고, `Node`로부터 최적화된 인덱스를 구축한 다음, 인덱스를 쿼리하여 관련 `Node`를 검색하고 응답을 합성하는 간단한 워크플로를 보여주었습니다.

기본 로직을 이해하고 애플리케이션을 디버깅하는 중요한 도구로 LlamaIndex의 로깅 기능을 소개했습니다. 로그는 LlamaIndex가 어떻게 파싱하고, 인덱싱하고, LLM에 프롬프트를 제공하고, `Node`를 검색하고, 응답을 합성하는지 보여줍니다. `Settings` 클래스를 사용하여 LlamaIndex가 사용하는 LLM 및 기타 서비스를 사용자 정의하는 방법을 보여주었습니다.

또한 PITS 튜터링 애플리케이션 구축을 시작하여 세션 관리와 로깅 기능으로 기반을 마련했습니다. 이 모듈식 구조는 앱을 구축하면서 LlamaIndex의 기능을 점진적으로 탐색할 수 있게 해줄 것입니다.

기본 지식을 확립했으니 이제 더 고급 LlamaIndex 기능으로 넘어갈 때입니다. 여정은 계속됩니다.

CHAPTER 4

RAG 워크플로에 데이터 가져오기

LlamaIndex의 전체 구조를 다소 멀리 떨어져서 살펴보았습니다. 이제 이 프레임워크의 세부사항을 더 자세히 이해해볼 시간입니다. 더 기술적이지만 동시에 더 흥미로워질 것입니다.

토끼굴 속으로 더 깊이 들어갈 준비가 되셨나요? 따라오세요.

이 장에서는 다음 내용을 학습합니다.

- LlamaHub 커넥터를 사용하여 데이터 수집하기
- LlamaIndex의 다양한 텍스트 분할 도구 활용하기
- 노드에 메타데이터와 관계 정보 주입하기
- 데이터 프라이버시 유지와 예산 보호하기
- 효율성 향상과 비용 절감을 위한 수집 파이프라인 만들기

4.1 기술적 요구사항

이 장의 예제를 실행하려면 다음 파이썬 라이브러리를 설치해야 합니다.

- **LangChain**: https://www.langchain.com/
- **Py-Tree-Sitter**: https://pypi.org/project/tree-sitter/

또한 여러 LlamaIndex 통합 패키지가 필요합니다.

- **개체 추출기**: https://pypi.org/project/llama-index-extractors-entity/
- **허깅 페이스 LLM 모음**: https://pypi.org/project/llama-index-llms-huggingface/
- **데이터베이스 리더**: https://pypi.org/project/llama-index-readers-database/
- **웹 리더**: https://pypi.org/project/llama-index-readers-web/

이 장의 모든 코드 샘플은 이 책의 GitHub 저장소 `ch4` 하위 폴더에서 찾을 수 있습니다.

https://bit.ly/bdda_llamaindex

4.2 LlamaHub를 통한 데이터 수집

3장에서 살펴보았듯이, RAG 워크플로의 첫 단계 중 하나는 독점 데이터를 수집하고 처리하는 것입니다. 우리는 이미 데이터를 구성하고 인덱싱을 준비하는 데 사용하는 문서와 노드의 개념을 배웠습니다. 또한 LlamaHub 데이터 로더를 사용하여 LlamaIndex로 데이터를 쉽게 수집하는 방법을 간단히 소개했습니다. 이제 이러한 단계를 더 자세히 살펴보고 LLM 애플리케이션에 우리만의 독점 지식을 점진적으로 주입하는 방법을 배울 차례입니다. 하지만 계속하기 전에, 이 단계에서 여러 번 마주칠 몇 가지 문제를 살펴보겠습니다.

1. RAG 파이프라인이 아무리 효과적이어도 결국 최종 결과의 품질은 초기 데이터의 품질에 크게 좌우됩니다. 이 과제를 극복하려면 먼저 데이터를 정리하는 것부터 시작하세요. 잠재적 중복과 오류를 제거하세요. 완전한 중복은 아니더라도, 불필요한 중복 정보는 지식 베이스를 어지럽히고 RAG 시스템을 혼란스럽게 할 수 있습니다. 모호하거나 편향되거나 불완전하거나 오래된 정보를 주의하세요. 구조가 부실하고 유지 관리가 불충분한 지식 저장소는 빠르고 정확한 답변을 찾는 사용자에게 완전히 쓸모없는 경우가 많습니다. 스스로에게 이런 질문을 해보세요. '이 데이터를 수동으로 검색한다면 필요한 정보를 얼마나 쉽게 찾을 수 있을까?' 파이프라인 구축을 진행하기 전에 이 질문에 대한 답변에 만족할 때까지 데이터를 철저히 준비하세요.

2. 우리의 데이터는 동적입니다. 조직의 지식 저장소는 대부분 정적이거나 영구적인 데이터 소스가 아닙니다. 비즈니스와 함께 진화하며 새로운 통찰력, 발견, 외부 환경의 변화를 반영합니다. 이러한 유동적 특성을 인식하는 것이 관련성 있고 효과적인 시스템을 유지하는 데 핵심입니다. 이 문제를 극복하기 위해 프로덕션 RAG 애플리케이션에서는 콘텐츠를 주기적으로 검토하고

업데이트하는 체계적인 방법을 구현해야 합니다. 이를 통해 새로운 정보가 통합되고 오래되거나 부정확한 데이터가 제거되도록 해야 합니다.

3. 데이터는 다양한 형태와 크기로 존재합니다. 때로는 구조화되어 있고, 때로는 그렇지 않습니다. 잘 구축된 RAG 시스템은 모든 종류의 형식과 문서 유형을 적절히 수집할 수 있어야 합니다. LlamaIndex는 다양한 API, 데이터베이스, 문서 유형에 대해 많은 데이터 로더를 제공하지만, 자동화된 수집 시스템을 구축하는 것은 여전히 어려울 수 있습니다. 이 특별한 문제를 극복하기 위해 이번 장 후반부에서 **LlamaParse**를 다룰 것입니다. 이는 다양한 데이터 소스에서 자동으로 데이터를 수집하고 처리하도록 설계된 혁신적인 호스팅 서비스입니다.

이제 어떤 문제들이 기다리고 있는지 알았으니, 사용 가능한 LlamaHub 데이터 로더를 사용하여 RAG 파이프라인으로 데이터를 수집하는 가장 간단한 방법부터 논의하며 여정을 시작해보겠습니다.

4.3 LlamaHub 개요

LlamaHub는 핵심 프레임워크의 기능을 보강하는 통합 기능들을 포함하는 확장형 라이브러리입니다. LlamaHub는 다양한 유형의 통합 기능 중에서도 외부 데이터를 LlamaIndex와 원활하게 통합할 수 있도록 특별히 설계된 수많은 **커넥터**connector(**데이터 리더**data reader 또는 **데이터 로더**data loader라고도 함)를 포함하고 있습니다. 180개 이상의 즉시 사용 가능한 데이터 리더가 광범위한 데이터 소스와 형식을 지원하며, 그 목록은 계속 증가하고 있습니다.

이러한 커넥터들은 데이터베이스, API, 파일, 웹사이트 등의 소스에서 데이터를 추출하고 이를 LlamaIndex `Document` 객체로 변환하는 표준화된 데이터 수집 방법을 제공합니다. 이를 통해 새로운 데이터 소스마다 맞춤형 파서와 커넥터를 작성해야 하는 부담을 덜 수 있습니다. 물론, 기존 커넥터가 만족스럽지 않다면 언제든 직접 만들어 라이브러리에 기여할 수 있습니다.

LlamaHub를 사용하면 몇 줄의 코드만으로 다양한 데이터 소스에 접근할 수 있습니다. 생성된 `Document` 객체는 애플리케이션의 요구에 따라 노드로 파싱되고 인덱싱될 수 있습니다. LlamaIndex `Document` 객체로 출력이 통일되었다는 점은 핵심 비즈니스 로직에서 다양한 데이터 타입을 복잡하게 처리하지 않아도 된다는 것을 의미합니다. 이러한 복잡성은 프레임워크에 의해 추상화됩니다.

왜 이렇게 많은 통합이 필요할까요?

2장의 2.6절에서 프레임워크의 모듈식 아키텍처의 배경에 대해 설명했습니다. 이러한 모듈식 아키텍처로 인해 LlamaIndex가 제공하는 많은 RAG 컴포넌트는 프레임워크의 핵심 요소와 함께 설치되지 않습니다. 즉, 데이터 로더를 처음 사용하기 전에 해당 통합 패키지를 설치해야 합니다. 패키지가 설치되면 리더를 코드로 가져와 기능을 사용할 수 있습니다. 일부 리더는 각 데이터 타입에 맞춤화된 특수 라이브러리와 도구를 활용합니다. 예를 들어 `PDFReader`는 PDF 콘텐츠 파싱을 위해 Camelot과 Tika를 활용하고, `AirbyteSalesforceReader`는 Salesforce API 클라이언트를 사용합니다. 이를 통해 각 소스의 형식과 인터페이스에 효율적으로 적응할 수 있지만, 개발 환경에 추가 패키지를 설치해야 할 수도 있습니다.

모든 사용 가능한 리더는 LlamaHub 웹사이트에 나열되어 있으며, 보통 상세한 문서와 사용 예제가 함께 제공됩니다. 따라서 애플리케이션에서 어떻게 사용할 수 있는지에 대한 일반적인 아이디어를 제공하기 위해 몇 가지 예제만 간단히 다루겠습니다.

LlamaIndex 앱을 구축할 때 처음부터 직접 만드는 데 귀중한 시간을 소비하기보다는 시간을 들여 전체 데이터 리더 목록을 살펴보기를 강력히 권장합니다. 그렇지 않으면 이미 있는 것을 다시 만드는 꼴이 될 수 있습니다.

리더의 소스코드를 참조하고 싶다면, Llama-index GitHub 저장소의 `llama-index-integrations/readers` 하위 폴더에서 모두 찾을 수 있습니다.

https://github.com/run-llama/llama_index/tree/main/llama-index-integrations/readers

LlamaHub 문서는 각 데이터 리더에 대한 설치 요구사항과 사용 지침을 나열하고 있으므로, 사용하기 전에 특정 커넥터에 필요한 추가 종속성도 설치해야 합니다.

4.4 LlamaHub 데이터 로더를 사용하여 콘텐츠 수집하기

이전 장에서 다룬 Wikipedia 리더 외에도, 데이터 리더의 작동 방식을 더 잘 이해하기 위해 LlamaHub에서 제공하는 몇 가지 추가 리더 예시를 살펴보겠습니다.

4.4.1 웹 페이지에서 데이터 수집하기

`SimpleWebPageReader`는 웹 페이지에서 텍스트 내용을 추출할 수 있습니다.

사용하려면 먼저 관련 통합 패키지를 설치해야 합니다.

```
pip install llama-index-readers-web
```

설치 후에는 사용이 매우 간단합니다.

```
from llama_index.readers.web import SimpleWebPageReader
urls = ["https://docs.llamaindex.ai"]
documents = SimpleWebPageReader().load_data(urls)
for doc in documents:
    print(doc.text)
```

이 코드는 지정된 웹 페이지의 텍스트 내용을 로드하여 문서 형태로 표시합니다.

`SimpleWebPageReader`의 핵심 기능은 인터넷의 방대하고 구조화되지 않은 세계와 LlamaIndex RAG 파이프라인의 구조화된 환경 사이를 연결하는 것입니다. 웹 페이지에서 텍스트 내용을 추출할 때 내부적으로 어떤 일이 일어나는지 자세히 살펴보겠습니다.

데이터를 로드할 때, `SimpleWebPageReader`는 사용자가 제공한 URL 목록을 순회합니다. 각 URL에 대해 웹 요청을 수행하여 페이지 내용을 가져옵니다. 초기에 HTML 형식인 응답은 `html_to_text` 플래그가 `True`로 설정된 경우 일반 텍스트로 변환할 수 있습니다. 이 변환 과정에서 HTML 태그를 제거하고 웹 페이지 내용을 더 이해하기 쉬운 텍스트 형식으로 바꿉니다. 하지만 이러한 리더의 외부 종속성에 대해 언급했던 것을 기억하세요. 이 경우, HTML을 텍스트로 변환하는 기능을 사용하려면 `html2text` 패키지를 먼저 설치해야 합니다.

이 리더의 또 다른 중요한 특징은 스크랩한 문서에 메타데이터를 첨부할 수 있다는 점입니다. `metadata_fn` 매개변수를 통해 URL을 입력으로 받아 메타데이터 사전을 반환하는 사용자 정의 함수를 전달할 수 있습니다. 이러한 유연성을 통해 문서에 추가 정보나 관련 태그를 풍부하게 추가할 수 있어, 데이터의 분류와 맥락을 이해하는 데 유용합니다. 사용자가 `metadata_fn` 매개변수를 제공하면, 리더는 이 함수를 현재 URL에 적용하여 메타데이터를 추출하고, 최종 `Document` 객체에 이 추가 정보 계층을 더합니다.

metadata_fn 함수의 실용적인 사용 사례

예를 들어 현재 날짜와 시간을 반환하는 간단한 함수를 사용할 수 있습니다. 이를 통해 같은 URL을 다른 시점에 수집하여 해당 페이지의 다양한 버전을 시간순으로 나타내는 연대기를 만들 수 있습니다. 이는 코드 저장소를 탐색하거나 진행 중인 뉴스 기사에 대한 질문에 답변할 때 유용합니다.

마지막으로, 각 웹 페이지의 내용은 URL이나 선택적으로 추가된 메타데이터와 함께 `Document` 객체로 캡슐화됩니다. 이러한 객체들은 리스트로 수집되어 각 웹 페이지에서 추출한 텍스트 내용과 메타데이터의 구조화된 표현을 제공합니다.

주의사항

이름에서 알 수 있듯이 이 리더는 간단한 도구입니다. 단순한 웹 페이지를 읽는 데는 효과적이지만, 로그인 과정을 거치거나 자바스크립트(JavaScript)로 렌더링된 콘텐츠를 처리하는 등 더 복잡한 경우에는 `SimpleWebPageReader`로 충분하지 않을 수 있습니다. 사용자 상호작용에 따라 동적으로 콘텐츠를 생성하거나 클라이언트 측 스크립팅에 크게 의존하는 웹사이트의 경우, 이 기본 스크래퍼로 처리하기 어렵습니다.

`SimpleWebPageReader`를 통해 기본적인 웹 콘텐츠를 수집하고 구조화하는 작업이 간소화됩니다. 이러한 리더의 장점은 지식 기반의 각 데이터 유형에 호환되는 수집 도구를 만드는 데 귀중한 시간을 쓰는 대신, RAG 애플리케이션의 로직을 구축하고 개선하는 데 집중할 수 있게 해준다는 점입니다.

4.4.2 데이터베이스에서 데이터 수집하기

데이터베이스 사용은 일반적인 관행일 뿐만 아니라 구조화된 정보를 관리하고 검색하는 데 매우 효율적인 방법입니다. 데이터베이스는 단순한 텍스트부터 엔티티 간의 복잡한 관계까지 다양한 데이터 유형을 저장할 수 있는 강력한 플랫폼을 제공하므로 데이터 관리에 없어서는 안 될 자산입니다.

`DatabaseReader` 커넥터를 사용하면 다양한 데이터베이스 시스템을 쿼리할 수 있습니다. 먼저 필요한 통합 패키지를 설치해야 합니다.

```
pip install llama-index-readers-database
```

다음은 SQLite 데이터베이스의 내용을 쉽게 가져오는 방법의 예시입니다.

```python
from llama_index.readers.database import DatabaseReader
reader = DatabaseReader(
    uri="sqlite:///files/db/example.db"
)
query = "SELECT * FROM products"
documents = reader.load_data(query=query)
for doc in documents:
    print(doc.text)
```

내부적으로 `DatabaseReader`는 다양한 데이터베이스에 연결하여 데이터를 가져오고 RAG 파이프라인에서 사용할 수 있는 형식으로 변환합니다. SQLDatabase 인스턴스, **SQLAlchemy Engine**, 연결 URI 또는 데이터베이스 자격 증명 세트(`scheme`, `host`, `port`, `user`, `password`, `dbname` 인수를 통해 제공)를 통한 연결을 지원합니다. 설정이 완료되면 제공된 SQL 쿼리를 실행하여 데이터를 검색합니다. 데이터베이스에 연결한 후 리더는 제공된 `query`를 실행합니다. 쿼리 결과의 각 행은 `Document` 객체로 변환되며, 각 열-값 쌍을 문자열로 연결하여 문서의 텍스트로 할당합니다.

제공한 예시는 `ch4/files/db` 폴더에 저장된 SQLite 데이터베이스에 대해 SQL 쿼리를 실행하고, 반환된 각 행을 `Document`로 로드한 다음, 결과를 표시합니다. 공식 프로젝트 문서 웹사이트에서 더 일반적인 예시를 찾아볼 수 있습니다.

https://developers.llamaindex.ai/python/framework/module_guides/loading/connector/

자, 이제 여러분은 작업 흐름을 이해했을 것입니다. 눈치챘겠지만, LlamaHub 리더를 사용하는 방식은 매우 직관적입니다. 모든 예시에서 먼저 LlamaHub에 설명된 대로 필요한 통합 패키지를 설치한 다음, 이를 사용하여 리더에서 데이터를 가져오고 로드합니다. 제가 제공한 예시 외에도 LlamaHub에서 사용할 수 있는 엄청난 수의 데이터 리더를 찾을 수 있습니다. Office 문서, Gmail 계정, 동영상 및 이미지, YouTube 동영상, RSS 피드에서 GitHub 저장소와 Discord 채팅에 이르기까지 거의 모든 인기 있는 데이터 형식이 지원됩니다.

하지만 전용 데이터 리더를 사용하여 개별 파일을 읽는 것 외에도, 여러 문서를 한 번에 수집하는 데 사용할 수 있는 더 효율적인 방법도 있으니 다음 절에서 살펴보겠습니다.

4.4.3 다양한 파일 형식의 소스에서 대량 데이터 수집하기

LlamaIndex에 데이터를 로드하는 것은 중요한 첫 단계입니다. 하지만 LlamaHub의 다양한 데이터 로더를 살펴보고 각각을 구성하는 방법을 파악하는 것은 초기에는 부담스러울 수 있습니다. 따라서 RAG 시스템의 데이터 수집 부담을 크게 줄이고 단순화할 수 있는 두 가지 방법을 소개하겠습니다.

먼저 간단한 방법부터 시작하겠습니다.

❶ SimpleDirectoryReader를 사용하여 여러 데이터 형식 수집하기

빠르게 시작하거나 간단한 사용 사례가 있을 때 `SimpleDirectoryReader`가 도움이 됩니다. 이 리더는 대량 데이터 수집을 위한 믿음직한 만능 도구라고 생각하면 됩니다. 사용하기 쉽고, 최소한의 설정만 필요하며, 다양한 파일 유형에 자동으로 적응합니다. 데이터를 로드하려면 리더에 폴더나 파일 목록을 지정하기만 하면 됩니다. PDF, Word 문서, 일반 텍스트 파일, CSV 등이 포함된 폴더를 로드하는 것은 매우 간단합니다. 다음은 사용 예시입니다.

```python
from llama_index.core import SimpleDirectoryReader
reader = SimpleDirectoryReader(
    input_dir="files",
    recursive=True
)
documents = reader.load_data()
for doc in documents:
    print(doc.metadata)
```

내부 작동 방식

`SimpleDirectoryReader`는 각 파일 유형에 가장 적합한 리더를 결정하는 내장 메서드를 가지고 있습니다. 이러한 세부사항에 대해 걱정할 필요가 없습니다. PDF, DOCX, CSV, 일반 텍스트 등의 형식을 파일 확장자를 기반으로 자동으로 감지합니다. 그런 다음 내용을 `Document` 객체로 추출하는 데 가장 적합한 도구를 선택합니다. 일반 텍스트 파일의 경우 단순히 텍스트 내용을 읽습니다. PDF나 Office 문서와 같은 바이너리 파일의 경우 PyPDF와 Pillow 같은 라이브러리를 사용하여 텍스트를 추출합니다.

`SimpleDirectoryReader`는 다양한 파일을 쉽게 처리하고 파싱된 내용을 문서로 반환합니다. 기본적으로 디렉터리의 최상위 수준 파일만 처리합니다. 하위 디렉터리를 포함하려면 `recursive` 매개변수를 `True`로 설정할 수 있습니다.

특정 파일 목록을 로드하려면 다음과 같이 할 수 있습니다.

```python
files = ["file1.pdf", "file2.docx", "file3.txt"]
reader = SimpleDirectoryReader(files)
documents = reader.load_data()
```

결과적으로 몇 줄의 코드만으로 인덱싱 준비가 된 `Document` 객체 배치가 생성됩니다. 각 파일 유형에 대해 별도의 데이터 리더를 설정하는 번거로움이 없습니다. 복잡성 없이 빠르고 쉬운 데이터 수집이 필요할 때 `SimpleDirectoryReader`가 어려운 작업을 처리하도록 해야 합니다. `SimpleDirectoryReader`는 다재다능하고 자동화되어 있습니다.

❷ LlamaParse를 활용한 전문적인 파싱

`SimpleDirectoryReader`는 빠르고 쉬운 데이터 수집에 적합하지만, 때로는 복잡한 파일 형식에 더 고급 파싱 기능이 필요할 수 있습니다. 대부분의 경우 우리는 다양한 데이터가 혼합된 복잡한 파일 구조를 다뤄야 합니다. 예를 들어 PDF 파일에는 텍스트 내용과 함께 이미지, 차트, 코드 스니펫, 수학 공식 및 기타 요소가 포함될 수 있습니다. LlamaHub 통합 라이브러리에 포함된 단순한 리더들은 이러한 경우에 압도당할 수 있습니다. 전체 내용을 추출하지 못하거나 심지어 추출된 데이터를 손상시켜 추가 처리를 복잡하게 만들 가능성이 높습니다.

이런 상황에서 LlamaParse가 빛을 발합니다. LlamaCloud 엔터프라이즈 플랫폼[1]을 통해 제공되는 이 리더는 최첨단 호스팅 서비스를 통해 구현되어 프레임워크의 다른 구성 요소와 원활하게 통합됩니다. 멀티모달 기능과 LLM 지능을 내부적으로 활용하여 업계 최고 수준의 문서 파싱을 제공하며 표, 그림, 방정식이 포함된 PDF와 같은 까다로운 형식에 대한 탁월한 지원을 포함합니다.

`LlamaParse`의 주요 특징 중 하나는 `parsing_instruction` 매개변수를 사용하여 자연어 지시를 제공하고 파싱을 안내할 수 있다는 것입니다. 문서에 대해 가장 잘 알고 있는 사용자가 `LlamaParse`에 정확히 어떤 종류의 출력이 필요하고, 파일에서 해당 정보를 어떻게 추출해야 하는지 알려줄 수 있습니다.

예시

기술 백서를 파싱할 때 모든 섹션 제목을 추출하고, 각주를 무시하며, 코드 스니펫을 마크다운 형식으로 출력하도록 지시할 수 있습니다. `LlamaParse`는 이러한 지시에 따라 문서를 정확하게 파싱합니다.

지시 기반 파싱 모드 외에도 `LlamaParse`는 파싱된 문서에 대한 풍부하고 구조화된 데이터를 제공하는 JSON 출력 모드를 제공합니다. 이는 표 마킹, 제목, 이미지 추출 등을 포함합니다. 또한 전체 폴더를 한 번에 대량 수집하기 위해 `LlamaParse`를 `SimpleDirectoryReader`와 함께 사용할 수 있습니다. 이를 통해 문서들의 복합적인 모음에 대한 맞춤형 RAG 애플리케이션을 구축하여, 완전한 유연성을 얻을 수 있으며, 데이터 모음의 각 파일 형식에 특수화된 데이터 리더를 사용하여 수동으로 이를 수행할 수도 있습니다. `LlamaParse`를 사용하면 이 과정을 크게 단순화하고, 전반적인 품질을 향상시키며, 많은 시간을 절약할 수 있습니다.

---

[1] https://cloud.llamaindex.ai/parse

LlamaParse는 PDF뿐만 아니라 Word 문서, 파워포인트, RTF, ePub 등 다양한 파일 유형을 지원합니다. 시작하기에 충분한 무료 사용량도 제공합니다.

필요한 LlamaParse 통합 패키지는 LlamaIndex 구성 요소와 함께 이미 설치되어 있어야 하므로 이 절의 코드 예제를 실행하기 위해 추가 설치가 필요하지 않습니다.

다음 단계는 https://cloud.llamaindex.ai에서 무료 계정을 만들고 API 키를 얻는 것입니다. 키를 얻은 후에는 코드에서 직접 사용할 수 있지만, 더 안전한 방법을 위해 2장에서 따랐던 단계를 따라 로컬 환경에 LLAMA_CLOUD_API_KEY라는 이름으로 변수를 추가하는 것을 강력히 권장합니다. 이 도구의 기능을 보여주기 위해 더 복잡한 구조의 샘플 PDF를 설계했습니다(그림 4.1).

그림 4.1 여러 기사, 이미지, 표를 포함한 샘플 PDF

다음은 LlamaParse를 사용하여 이 PDF를 수집하는 기본 코드 예제입니다.

```
from llama_parse import LlamaParse
from llama_index.core import SimpleDirectoryReader
from llama_index.core import VectorStoreIndex
```

코드의 첫 번째 부분에서는 필요한 모듈을 가져옵니다. 다음으로, LlamaParse를 구성하고 이를 SimpleDirectoryReader에 file_extractor 인수로 전달합니다.

```
parser = LlamaParse(result_type="text")
file_extractor = {".pdf": parser}
reader = SimpleDirectoryReader(
    "./files/pdf",
    file_extractor=file_extractor
)
docs = reader.load_data()
```

PDF 콘텐츠가 새 `Document` 객체로 수집되면, 인덱스를 생성하고 데이터를 기반으로 쿼리를 실행합니다.

```
index = VectorStoreIndex.from_documents(docs)
qe = index.as_query_engine()
response = qe.query(
    "List all large dog breeds mentioned in Table 2 "
)
print(response)
```

이 스크립트의 출력은 다음과 유사해야 합니다.

```
Started parsing the file under job_id <…>
German Shepherd, Golden Retriever, Labrador Retriever
```

주의사항

`LlamaParse`와 같은 호스팅 서비스를 사용할 때 중요한 고려사항 중 하나는 데이터 프라이버시입니다. API를 통해 독점 데이터를 제출하기 전에 개인정보 보호 정책을 주의 깊게 검토하여 데이터 보호 요구사항에 부합하는지 확인하세요. 이 서비스는 강력한 파싱 기능을 제공하지만, 민감한 정보를 보호하는 것이 중요합니다.

이것은 유료 서비스임을 명심하세요. 하지만 좋은 소식은 **무료 사용량**free tier을 활용할 수 있다는 것입니다. 대용량 요구사항에 대한 현재 가격은 웹사이트에서 확인할 수 있습니다. 고급 문서 검색 시스템을 만들거나, 최대한의 데이터 보안과 개인 클라우드에 배포하기 위해 `LlamaParse`의 전체 잠재력을 활용하고 싶다면 그 옵션도 사용할 수 있습니다.

전문적인 프로덕션 준비 애플리케이션의 경우, `LlamaParse`는 데이터 파싱을 완전히 제어하여 지식 베이스와 RAG 애플리케이션의 품질을 극대화할 수 있는 강력한 도구입니다.

이제 데이터를 얻었으니 더 작은 조각으로 나누어 처리하기 쉽게 만들어봅시다.

4.5 문서를 노드로 파싱하기

3장에서 살펴보았듯이, 다음 단계는 문서를 노드로 분할하는 것입니다. 대부분의 경우 문서는 매우 크기 때문에 노드라고 불리는 더 작은 단위로 나눌 필요가 있습니다. 이렇게 세분화된 수준에서 작업하면 내용의 구조를 정확하게 유지하면서도 더 효율적으로 관리할 수 있습니다. 이는 LlamaIndex가 우리의 독점 데이터 내용을 더 쉽게 관리하기 위해 사용하는 기본 메커니즘입니다.

이제 LlamaIndex에서 노드를 생성하는 방법과 그 과정에서 우리가 가진 사용자 정의 기회에 대해 이해해볼 차례입니다. 이전 장에서는 노드를 수동으로 만드는 방법에 대해 이야기했습니다. 하지만 그것은 단지 설명을 단순화하고 노드의 작동 원리를 더 잘 이해하도록 돕기 위한 것이었습니다. 실제 애플리케이션에서는 대부분 수집된 문서에서 자동으로 노드를 생성하는 방법을 사용하고자 할 것입니다. 따라서 앞으로 이에 초점을 맞추겠습니다.

이 절에서는 문서를 여러 청크로 나누는 다양한 방법을 살펴보겠습니다. 먼저 원시 텍스트를 다루는 간단한 텍스트 분할기를 이해한 다음, 더 복잡한 형식을 해석하고 노드를 추출할 때 문서 구조를 따를 수 있는 고급 **노드 파서**node parser에 대해 다루겠습니다.

4.5.1 간단한 텍스트 분할기 이해하기

텍스트 분할기text splitter는 원시 텍스트 수준에서 작동하여 문서를 **더 작은 조각으로 나눕니다**. 이는 내용이 **평면**flat 구조를 가지고 있고 특정 형식으로 되어 있지 않을 때 유용합니다.

다음 예제를 실행하려면 모든 예제에 대해 코드 시작 부분에 필요한 임포트들과 `FlatReader`를 사용한 문서 읽기 로직을 추가해야 합니다.

```
from llama_index.core.node_parser import <Splitter_Module>
from llama_index.readers.file import FlatReader
from pathlib import Path

reader = FlatReader()
document = reader.load_data(Path(<file_name>))
```

또한 코드로 생성된 실제 노드를 보고 싶다면 파서를 실행한 후 다음과 같은 내용을 추가할 수 있습니다.

```
for node in nodes:
    print(f"Metadata {node.metadata} \nText: {node.text}")
```

자, 이제 텍스트 분할기에 어떤 종류가 있는지 살펴보겠습니다.

❶ SentenceSplitter
이 분할기는 문장 경계를 유지한 채 텍스트를 분할하여 문장 그룹을 포함한 노드를 생성합니다. 3장 3.2.4절에서 이 파서를 사용하는 예를 살펴보았습니다.

❷ TokenTextSplitter
이 분할기는 문장 경계를 존중하면서 텍스트를 분할하여 추가적인 자연어 처리에 적합한 노드를 생성합니다. 토큰 수준에서 작동합니다.

코드에서 일반적인 사용은 다음과 같습니다.

```
splitter = TokenTextSplitter(
    chunk_size = 70,
    chunk_overlap = 2,
    separator = " ",
    backup_separators = [".", "!", "?"]
)
nodes = splitter.get_nodes_from_documents(document)
```

이 분할기의 매개변수에 대한 몇 가지 참고사항입니다.

- `chunk_size`: 각 청크의 최대 토큰 수를 설정합니다.
- `chunk_overlap`: 청크와 청크 사이 오버랩되는 길이를 설정합니다.
- `separator`: 주요 토큰 경계를 결정하는 데 사용합니다.
- `backup_separators`: 주 구분자가 텍스트를 충분히 분할하지 못할 경우 추가 분할 지점으로 사용할 수 있습니다.

❸ CodeSplitter
이 스마트한 분할기는 소스코드를 해석하는 방법을 알고 있습니다. 프로그래밍 언어를 기반으로 텍스트를 분할하며, 기술 문서나 소스코드를 관리하는 데 이상적입니다. 예제를 실행하기 전에 필요한 라이브러리를 설치해야 합니다.

```
pip install tree_sitter
pip install tree_sitter_languages
```

코드에서 이 분할기를 사용하는 예를 살펴보겠습니다.

```
code_splitter = CodeSplitter.from_defaults(
    language = 'python',
    chunk_lines = 5,
    chunk_lines_overlap = 2,
    max_chars = 150
)
nodes = code_splitter.get_nodes_from_documents(document)
```

보다시피 이 분할기에는 조정할 수 있는 여러 매개변수가 있습니다.

- `language`: 코드의 언어를 지정합니다.
- `chunk_lines`: 청크당 줄 수를 설정합니다.
- `chunk_lines_overlap`: 청크 사이의 줄 중복을 정의합니다.
- `max_chars`: 청크당 최대 문자 수를 설정합니다.

CodeSplitter에 대한 간단한 참고사항
이 분할기는 **추상 구문 트리**(abstract syntax tree, AST)라는 개념을 기반으로 정교하게 설계되었습니다. AST는 컴퓨터 과학에서 핵심적인 개념으로, 주로 코드를 번역하거나 해석하는 프로그램을 만드는 데 사용됩니다. 프로그래밍 언어로 작성된 코드의 기본 구조를 보여주는 분기 다이어그램과 같으며, 다이어그램의 각 지점은 코드의 다른 부분이나 조각을 나타냅니다. 이 분할기가 AST 구조를 인식하여 코드를 분할할 때 관련된 구문을 가능한 한 함께 유지할 수 있는데, 이는 나중에 코드의 논리적 흐름을 이해하거나 처리할 때 매우 중요합니다.

4.5.2 더 고급 노드 파서 사용하기

텍스트 분할기는 주로 간단한 규칙을 사용하여 텍스트를 분해하는 기본적인 로직만 제공합니다. 우리는 텍스트를 노드로 청크화하는 더 고급 도구도 가지고 있습니다. 이들은 다양한 표준 파일 형식을 처리하거나 더 특정한 유형의 콘텐츠에서 사용할 수 있도록 설계되었습니다.

계속하기 전에 여기서 논의할 모든 노드 파서가 `NodeParser`라는 일반 클래스에서 파생되었다는 점을 기억하세요. 각 파서에는 사용 사례에 따라 구성할 수 있는 다양한 매개변수가 있지만, 기본적으로 모든 파서에 대해 사용자 정의할 수 있는 세 가지 공통 요소가 있습니다.

- `include_metadata`: 파서가 메타데이터를 고려해야 하는지 여부를 결정합니다. 기본적으로 `True`로 설정됩니다.
- `include_prev_next_rel`: 파서가 노드 간에 **이전/다음** 유형의 관계를 자동으로 포함해야 하는지 결정합니다. 역시 기본값은 `True`입니다.
- `callback_manager`: 특정 **콜백 함수**callback function를 정의하는 데 사용할 수 있습니다. 이러한 함수는 디버깅, 추적, 비용 분석 등 다양한 목적으로 사용할 수 있습니다. 이에 대해서는 10장에서 더 자세히 다루겠습니다.

이 세 가지 공통 옵션 외에도 각 파서는 사용자 정의할 수 있는 특정 매개변수를 제공합니다. 각 파서에 대한 구성 가능한 매개변수의 전체 목록은 공식 문서를 참조하면 됩니다.

LlamaIndex에서 사용 가능한 노드 파서를 살펴보겠습니다.

❶ SentenceWindowNodeParser

간단한 `SentenceSplitter`를 기반으로 한 이 파서는 텍스트를 개별 문장으로 분할하고, 각 노드의 메타데이터에 주변 문장의 **윈도**도 포함합니다. 이는 각 문장 주변에 더 많은 맥락을 구축하는 데 유용합니다. 쿼리 과정에서 이 맥락은 LLM에 제공되어 더 나은 응답을 가능하게 합니다. 다음과 같이 사용할 수 있습니다.

```
parser = SentenceWindowNodeParser.from_defaults(
    window_size=2,
    window_metadata_key="text_window",
    original_text_metadata_key="original_sentence"
)
nodes = parser.get_nodes_from_documents(document)
```

이 파서에 대해 세 가지 특정 매개변수를 사용자 정의할 수 있습니다.

- `window_size`: 윈도에 포함할 각 측면의 문장 수를 정의합니다.
- `window_metadata_key`: 윈도 문장에 대한 메타데이터 키를 정의합니다.
- `original_text_metadata_key`: 원본 문장에 대한 메타데이터 키를 정의합니다.

❷ LangchainNodeParser

LangChain의 분할기를 선호한다면, 이 파서를 사용하여 Langchain 컬렉션의 모든 텍스트 분할기를 사용할 수 있으며, 이는 LlamaIndex가 제공하는 파싱 옵션을 확장합니다.

다음 예제의 전제 조건으로 `LangChain` 라이브러리를 설치해야 합니다.

```
pip install langchain
```

이 파서를 사용하는 간단한 예시는 다음과 같습니다.

```python
from langchain.text_splitter import CharacterTextSplitter
from llama_index.core.node_parser import LangchainNodeParser

parser = LangchainNodeParser(CharacterTextSplitter())
nodes = parser.get_nodes_from_documents(document)
```

LangChain에 대한 간단한 설명

LangChain 프레임워크는 LlamaIndex와 목적이 유사하며, 고급 자연어 처리 기능에 특화된 다목적 도구 모음을 제공합니다. 텍스트 분할, 요약, 언어 이해 모델 컬렉션을 통해 텍스트 데이터를 일관된 청크로 분할하고 처리하여 LlamaIndex와 유사한 방식으로 인덱싱할 수 있도록 지원합니다. 정교한 언어 분석이 필요한 대규모 데이터 소스를 처리할 때, LangChain은 사용자가 텍스트의 분해와 수집을 세밀하게 제어할 수 있도록 도와주므로, 후속 검색 및 쿼리에서 맥락과 명확성을 유지할 수 있습니다. 이를 통해 두 프레임워크가 RAG 시나리오에서 서로 보완할 수 있음을 알 수 있습니다. 더 자세한 내용은 https://www.langchain.com에서 확인할 수 있습니다.

이제 다른 사용 가능한 파서들을 살펴보겠습니다.

❸ SimpleFileNodeParser

이 파서는 파일 유형에 따라 다음 세 가지 노드 파서 중 어떤 것을 사용할지 자동으로 결정합니다. 이러한 파일 형식을 자동으로 처리하고 노드로 변환하여 다양한 유형의 콘텐츠와 상호작용하는 과정을 단순화합니다.

```python
parser = SimpleFileNodeParser()
nodes = parser.get_nodes_from_documents(documents)
```

`FlatReader`를 사용하여 파일을 `Document` 객체로 로드하면 됩니다. 그 이후는 `SimpleFileNodeParser`가 알아서 처리합니다.

❹ HTMLNodeParser

이 파서는 **Beautiful Soup**를 사용하여 HTML 파일을 파싱하고 선택한 HTML 태그를 기반으로 노드로 변환합니다. 이 파서는 표준 텍스트 요소에서 텍스트를 추출하고 같은 유형의 인접 노드를 병합하여 HTML 파일을 단순화합니다. 파서는 다음과 같이 사용할 수 있습니다.

```python
my_tags = ["p", "span"]
html_parser = HTMLNodeParser(tags=my_tags)
nodes = html_parser.get_nodes_from_documents(document)
print('<span> elements:')
for node in nodes:
    if node.metadata['tag']=='span':
        print(node.text)
print('<p> elements:')
for node in nodes:
    if node.metadata['tag']=='p':
        print(node.text)
```

보다시피, 콘텐츠를 검색하고 싶은 HTML 태그를 사용자 정의할 수 있는 옵션이 있습니다.

❺ MarkdownNodeParser

이 파서는 원시 **마크다운**markdown 텍스트를 처리하고 그 구조와 내용을 반영하는 노드를 생성합니다. 마크다운 노드 파서는 파일에서 발견한 각 헤더에 대해 콘텐츠를 노드로 나누고 헤더 계층 구조를 메타데이터에 포함시킵니다. `MarkdownNodeParser` 사용 방법은 다음과 같습니다.

```python
parser = MarkdownNodeParser.from_defaults()
nodes = parser.get_nodes_from_documents(document)
```

❻ JSONNodeParser

이 파서는 JSON 형식의 구조화된 데이터를 처리하고 쿼리하는 데 특화되어 있습니다. 마크다운 파서와 유사한 방식으로 JSON 파서를 사용할 수 있습니다.

```python
json_parser = JSONNodeParser.from_defaults()
nodes = json_parser.get_nodes_from_documents(document)
```

4.5.3 관계형 파서 사용하기

관계형 파서relational parser는 정보를 서로 연결된 노드 형태로 파싱합니다. 이렇게 형성된 관계는 데이터에 새로운 차원을 부여하며, RAG 워크플로에서 더 고급 검색 기술을 사용할 수 있게 합니다.

1 HierarchicalNodeParser

이 파서는 노드를 여러 수준의 계층 구조로 조직화합니다. 큰 섹션 크기를 가진 최상위 노드에서 시작하여 작은 섹션 크기를 가진 하위 노드로 내려가는 노드 계층 구조를 생성합니다. 각 하위 노드는 더 큰 섹션 크기를 가진 부모 노드를 갖습니다(그림 4.1). 기본적으로 파서는 `SentenceSplitter`를 사용하여 텍스트를 청크화합니다. 노드 계층 구조는 다음과 같습니다.

- **레벨 1**: 섹션 크기 2048
- **레벨 2**: 섹션 크기 512
- **레벨 3**: 섹션 크기 128

최상위 노드는 더 큰 섹션으로 고수준 요약을 제공할 수 있고, 하위 노드는 텍스트 섹션의 더 상세한 분석을 가능하게 합니다. 이 개념의 시각적 표현은 그림 4.2에서 확인할 수 있습니다.

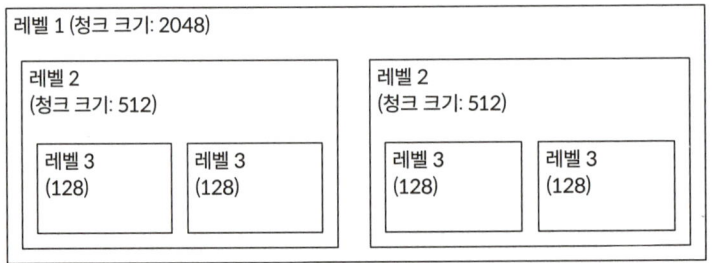

그림 4.2 2048, 512, 128 청크 크기의 계층적 노드

이처럼 다양한 노드 수준을 통해 검색 결과의 정확도와 깊이를 조정할 수 있으며, 사용자가 다양한 세분화 수준에서 정보를 찾을 수 있도록 합니다. 코드에서 이 파서를 사용하는 예시는 다음과 같습니다.

```
hierarchical_parser = HierarchicalNodeParser.from_defaults(
    chunk_sizes=[128, 64, 32],
    chunk_overlap=0,
)
nodes = hierarchical_parser.get_nodes_from_documents(document)
```

이 파서에 대해 사용자 정의할 수 있는 두 가지 주요 매개변수가 있습니다.

- `chunk_sizes`: 이 리스트의 값들은 콘텐츠 크기를 기반으로 계층 수준을 정의합니다.
- `chunk_overlap`: 청크 간의 중복 크기를 정의합니다.

❷ UnstructuredElementNodeParser

이 파서는 특수한 상황에서 사용되기 때문에 마지막으로 남겼습니다. 때때로 우리의 문서에는 텍스트와 데이터 테이블이 혼합되어 있어 기존 방식으로 파싱하기 어려울 수 있습니다.

이 파서는 이러한 문서를 처리하여 해석 가능한 노드로 분할할 수 있으며, 텍스트 섹션과 테이블 같은 다른 내장 구조를 구분합니다. 이에 대해서는 이 장의 끝 부분에서 더 자세히 다루겠습니다.

4.5.4 노드 파서와 텍스트 분할기가 혼란스러운가요?

제가 이 두 용어를 꽤 느슨하게 사용한다는 것을 눈치챘을 수도 있습니다. 파싱 모듈을 이 두 그룹으로 분류하면 처음에는 약간의 혼란을 겪을 수 있습니다. 간단히 말해, 노드 파서는 단순한 분할기보다 더 정교한 메커니즘입니다. 둘 다 같은 기본 기능을 수행하고 다른 복잡성 수준에서 작동하지만 구현 방식에서 차이가 있습니다.

`SentenceSplitter`와 같은 텍스트 분할기는 `chunk_size`나 `chunk_overlap`과 같은 특정 규칙이나 제한에 기반하여 긴 평문 텍스트를 노드로 나눌 수 있습니다. 노드는 줄, 단락, 문장을 나타낼 수 있으며 추가 메타데이터나 원본 문서에 대한 링크도 포함할 수 있습니다.

노드 파서는 더 정교하며, 추가적인 데이터 처리 로직을 포함할 수 있습니다. 단순히 텍스트를 노드로 나누는 것을 넘어, HTML이나 JSON 파일의 구조를 분석하고 맥락 정보가 풍부한 노드를 생성하는 등의 추가 작업을 수행할 수 있습니다.

4.5.5 chunk_size와 chunk_overlap 이해하기

지금쯤 이해했겠지만, 텍스트 분할기는 기본적이지만 중요한 구성 요소입니다. 이들은 파싱 과정에서 문서의 텍스트가 어떻게 노드로 분할되는지를 제어합니다. LlamaIndex는 각 텍스트 분할기 유형에 대한 텍스트 분할 작동을 사용자 정의할 수 있는 여러 매개변수를 제공합니다.

텍스트 분할기에서 가장 중요한 두 매개변수는 아마도 chunk_size와 chunk_overlap일 것입니다. SentenceSplitter, TokenTextSplitter, TextSplitter 등의 텍스트 분할기는 노드 생성 중 텍스트를 더 작은 청크로 나누는 방식을 제어하기 위해 chunk_size와 chunk_overlap 인수를 사용합니다. chunk_size는 노드의 텍스트 청크 최대 길이를 제어합니다. 이는 노드가 LLM에서 처리하는 데 오래 걸리지 않도록 하는 데 유용합니다. LlamaIndex에서 기본 chunk_size는 1024이고 기본 chunk_overlap은 20임을 참고하세요.

chunk_size는 RAG 시스템을 구축할 때 중요한 설정입니다. 청크가 너무 작으면 중요한 맥락이 손실되어 LLM 응답의 품질이 낮아질 수 있습니다. 반면에 큰 청크는 프롬프트의 크기를 증가시켜 계산 비용과 응답 생성 시간을 모두 증가시킵니다. LlamaIndex의 기본값 선택에는 실험적 접근 방식이 사용되었습니다. 다음 링크를 참조하세요.

https://blog.llamaindex.ai/evaluating-the-ideal-chunk-size-for-a-rag-system-using-llamaindex-6207e5d3fec5

chunk_overlap은 이전 노드의 일부 토큰을 재포함하여 중첩되는 노드를 생성합니다. 이는 LLM이 인접한 노드를 처리할 때 아이디어의 연속성을 이해할 수 있도록 맥락을 제공하는 데 도움이 됩니다.

그림 4.3은 이 개념의 시각적 표현을 제공합니다.

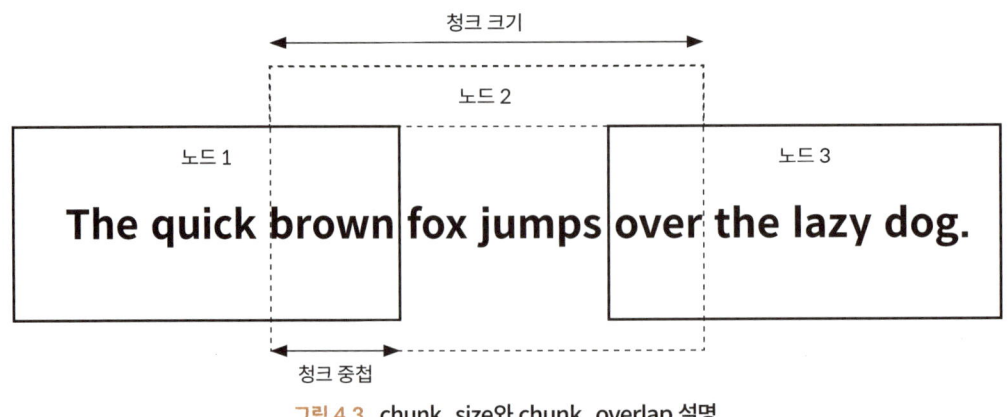

그림 4.3 chunk_size와 chunk_overlap 설명

이 개념은 SentenceWindowNodeParser의 작동 방식과 유사합니다. 즉, 각 문장에 대한 문맥 길이를 추출합니다. 예를 들어 chunk_size=100이고 chunk_overlap=10인 경우, 다음과 같은 텍스트가 있다고 가정해봅시다.

Gardening is not only a relaxing hobby but also an art form. Cultivating plants, designing landscapes, and nurturing nature bring a sense of accomplishment. Many find it therapeutic and rewarding, especially when they see their garden flourish.

이 텍스트는 다음과 같이 분할됩니다.

- **노드 1 (처음 100자)**: "Gardening is not only a relaxing hobby but also an art form. Cultivating plants, designing landscapes, an(정원 가꾸기는 편안한 취미일 뿐만 아니라 예술의 한 형태입니다. 식물을 재배하고, 조경을 디자인하고,)"
- **노드 2 (75번째 문자부터 다음 100자)**: "designing landscapes, and nurturing nature bring a sense of accomplishment. Many find it therapeutic and re(조경을 디자인하고, 자연을 돌보는 것은 성취감을 줍니다. 많은 사람들은 특히 자신의 정원이 번창)"
- **노드 3 (150번째 문자부터 텍스트 끝까지)**: "Many find it therapeutic and rewarding, especially when they see their garden flourish(많은 사람들은 특히 자신의 정원이 번창하는 모습을 볼 때 이를 치유적이고 보람 있다고 느낍니다.)"

이 설정에서 노드 1과 노드 2 사이의 중복은 "조경을 디자인하고,"이며, 노드 2와 노드 3 사이의 중복은 "많은 사람들은 특히 자신의 정원이 번창"입니다.

이러한 중복은 한 노드가 이전 노드의 일부를 재포함한다는 것을 의미합니다. 이 메커니즘은 청크 간의 연속성과 문맥을 보장하여 순차적으로 읽을 때 각 부분을 더 의미 있게 만듭니다. 이 두 매개변수의 적절한 값을 선택하는 것이 매우 중요합니다. 가장 큰 영향은 벡터 인덱스를 생성할 때 나타날 것입니다. 이에 대해서는 5장에서 자세히 다루겠습니다.

다음으로, 노드 관계에 대해 간단히 살펴보겠습니다.

4.5.6 include_prev_next_rel을 사용한 관계 포함

파서의 작동을 결정하는 또 다른 중요한 매개변수인 `include_prev_next_rel` 옵션에 대해 이야기해봅시다. `True`로 설정하면 이 옵션은 파서가 연속된 노드 사이에 자동으로 `NEXT`와 `PREVIOUS` 관계를 추가합니다. 다음은 예시입니다.

```
node_parser = SentenceWindowNodeParser.from_defaults(
    include_prev_next_rel=True
)
```

이는 노드 간의 순서를 캡처하는 데 도움이 됩니다. 그러면 나중에 쿼리할 때 `PrevNextNodePostprocessor`와 같은 기능을 사용하여 선택적으로 이전 또는 다음 노드를 검색하여 더 많은 문맥을 얻을 수 있습니다. 이에 대해서는 6장에서 더 자세히 다루겠습니다.

관계는 각 노드의 `.relationships` 사전에 추가됩니다.

따라서 노드 1은 다음과 같습니다.

```
node1.relationships[PREVIOUS] = RelatedNodeInfo(node_id=node0.node_id)
```

노드 2는 다음과 같습니다.

```
node2.relationships[NEXT] = RelatedNodeInfo(node_id=node3.node_id)
```

이러한 순서를 캡처하면 긴 문서에서 문맥의 연속성을 제공하고, 이전 장에서 자세히 설명한 다른 많은 이점을 가져옵니다.

다른 장점 중에서도 이전/다음 관계를 설정하는 것은 **클러스터 검색**cluster retrieval을 가능하게 합니다. 관계를 따라 근처의 연결된 노드를 가져와 관련 노드 클러스터를 얻을 수 있습니다. 이는 무작위로 흩어진 노드 대신 더 집중된 문맥을 제공합니다. 스토리나 대화를 따라갈 때 내용을 통해 일관된 내러티브 흐름을 유지하는 것도 노드 간에 이러한 관계를 설정하는 또 다른 좋은 이유입니다.

다음으로, 이러한 파서와 분할기를 워크플로에서는 어떻게 사용하는지 살펴보겠습니다.

4.5.7 이러한 노드 생성 모델을 사용하는 실용적인 방법

코드에서 노드 파서나 텍스트 분할기를 어떻게 구현하는지는 프로세스를 얼마나 사용자 정의하고 싶은지에 따라 다르지만, 세 가지 주요 방법으로 요약할 수 있습니다.

1. `get_nodes_from_documents()`를 호출하여 독립적으로 사용하는 방법은 다음과 같습니다.

```
from llama_index.core import Document
from llama_index.core.node_parser import SentenceWindowNodeParser
doc = Document(
    text="Sentence 1. Sentence 2. Sentence 3."
)
```

```
parser = SentenceWindowNodeParser.from_defaults(
    window_size=2 ,
    window_metadata_key="ContextWindow",
    original_text_metadata_key="node_text"
)
nodes = parser.get_nodes_from_documents([doc])
```

이 코드는 세 개의 노드를 생성합니다. 예를 들어 두 번째 노드를 `print(nodes[1])`로 출력하면 다음과 같은 결과가 나옵니다.

```
Node ID: 0715876a-61e6-4e77-95ba-b93e10de1c67
Text: Sentence 2.
```

보다시피 파서는 두 번째 문장을 추출하고 노드에 무작위로 ID를 할당했습니다. 하지만 `print(nodes[1].metadata)`로 노드의 메타데이터를 살펴보면, 우리가 지정한 키를 사용하여 수집한 문맥도 볼 수 있습니다.

```
{'ContextWindow': 'Sentence 1.  Sentence 2.  Sentence 3.', 'node_text': 'Sentence 2. '}
```

이 메타데이터는 나중에 쿼리를 작성할 때 각 문장에 대한 더 많은 문맥을 제공하고 LLM 응답을 개선하는 데 사용할 수 있습니다. 이에 대해서는 6장에서 더 자세히 살펴보겠습니다.

2. `Settings`에서 구성하기

   두 번째 옵션은 앱에서 여러 목적으로 동일한 파서를 자동으로 사용해야 할 때 더 일반적이고 편리한 방법입니다.

   ```
   from llama_index.core import Settings, Document,
       VectorStoreIndex
   from llama_index.core.node_parser import
       SentenceWindowNodeParser
   doc = Document(
       text="Sentence 1. Sentence 2. Sentence 3."
   )
   text_splitter = SentenceWindowNodeParser.from_defaults(
       window_size=2 ,
       window_metadata_key="ContextWindow",
       original_text_metadata_key="node_text"
   )
   Settings.text_splitter = text_splitter
   index = VectorStoreIndex.from_documents([doc])
   ```

이번에는 사용자 정의 `text_splitter`를 정의하고 구성한 후 `Settings`에 미리 로드합니다. 이제부터 텍스트 분할에 의존하는 함수를 호출할 때마다 기본적으로 사용자 정의 `text_splitter`가 사용됩니다

물론 이 실제 예제는 약간 과도합니다. 아마도 단순한 텍스트 분할기 대신 노드 파서를 사용했다는 것을 눈치채셨을 것입니다. 노드로 구축하는 인덱스는 파서가 생성한 추가 문맥 메타데이터의 혜택을 전혀 받지 못합니다. 저는 단지 파서와 분할기에 대한 이전 설명을 강조하고 싶었을 뿐입니다.

3. 파서를 수집 파이프라인의 변환 단계로서 정의하기

    수집 파이프라인ingestion pipeline은 데이터를 수집하기 위한 자동화되고 구조화된 프로세스입니다. 이는 데이터를 일련의 단계(이를 **변환**transformation이라고 부릅니다)를 통해 하나씩 처리합니다.

    이것이 어떻게 작동하고 무엇에 사용될 수 있는지는 이 장의 4.9절에서 설명하겠습니다. 또한 파이프라인에서 변환으로 파서를 구현하는 코드도 볼 수 있을 것입니다.

다음으로, 메타데이터와 메타데이터를 사용하여 RAG 애플리케이션을 개선하는 방법에 대해 이야기해보겠습니다.

4.6 문맥을 개선하기 위해 메타데이터 활용하기

메타데이터란 무엇일까요? 간단히 말해 문서와 노드에 추가할 수 있는 정보입니다. 이 추가 정보는 LlamaIndex가 데이터를 더 잘 이해하도록 돕습니다. 데이터에 대한 추가 문맥을 제공하며, 가시성과 형식 측면에서 사용자 정의할 수 있습니다.

예를 들어 PDF 보고서를 문서로 수집했다고 가정해봅시다. 그러면 다음과 같이 간단히 메타데이터를 추가할 수 있습니다.

```
document.metadata = {
    "report_name": "Sales Report April 2022",
    "department": "Sales",
    "author": "Jane Doe"
}
```

이 메타데이터는 나중에 데이터를 쿼리할 때 중요한 단서를 제공합니다. 이 예시에서는 부서나 작성자별로 보고서를 찾는 데 사용할 수 있습니다. 카테고리, 타임스탬프, 위치 등 유용한 모든 것을

메타데이터로 저장할 수 있습니다.

게다가 유용한 트릭이 하나 있습니다. 문서에 설정된 모든 메타데이터가 자식 노드로 자동 전파됩니다. 예를 들어 문서에 `author` 필드를 설정하면, 그 문서에서 파생된 모든 노드는 `author` 메타데이터를 상속받게 됩니다. 이러한 전파는 시간을 절약하고 노드 간에 메타데이터를 중복 설정할 필요가 없어집니다.

메타데이터를 정의하는 방법은 여러 가지가 있습니다.

1. 다음과 같이 `Document` 생성자에서 메타데이터값을 직접 설정할 수 있습니다.

   ```
   document = Document(
       text="...",
       metadata={"author": "John Doe"}
   )
   ```

2. 문서 생성 후 메타데이터를 추가할 수 있습니다.

   ```
   document.metadata = {"category": "finance"}
   ```

3. `SimpleDirectoryReader`와 같은 데이터 커넥터를 사용할 때, 수집 과정에서 메타데이터를 자동으로 설정할 수 있습니다.

   ```
   def set_metadata(filename):
       return {"file_name": filename}
   documents = SimpleDirectoryReader(
       "./data",
       file_metadata=set_metadata("file1.txt")
   ).load_data()
   ```

4. LlamaIndex에서 제공하는 독립형 전용 추출기를 사용하는 방법이 있습니다. **메타데이터 추출기** metadata extractor는 LLM의 강력한 기능을 사용하여 텍스트에서 관련 메타데이터를 생성하는 데 유용합니다. 추출한 메타데이터는 문서와 노드에 추가되어 추가적인 콘텍스트를 제공합니다.

5. 추출기를 수집 파이프라인의 변환 단계로 정의할 수 있습니다. 노드 파서와 마찬가지로, 추출기도 파이프라인의 일부가 될 수 있습니다. 이 접근법은 이 장의 후반부인 4.9절에서 다룰 것입니다.

하지만 먼저, 이러한 전용 메타데이터 추출기에 대해 자세히 살펴보겠습니다.

다음 코드 예제를 실행하고 싶다면, 코드의 시작 부분에 다음 줄을 추가하여 필요한 임포트, 문서 수집, 노드 파싱 로직을 포함하세요.

```
From llama_index.core import SimpleDirectoryReader
from llama_index.core.node_parser import SentenceSplitter
reader = SimpleDirectoryReader('files')
documents = reader.load_data()
parser = SentenceSplitter(include_prev_next_rel=True)
nodes = parser.get_nodes_from_documents(documents)
```

이 기본 코드 템플릿은 `files` 하위 폴더에서 수집된 데이터를 준비하고 필요한 모든 것을 `Node`에 저장합니다. 우리는 메타데이터를 `metadata_list`라는 변수에 저장할 것입니다. 각 예제의 끝에 `print(metadata_list)`를 추가하여 추출된 메타데이터의 출력을 확인할 수 있습니다. 각 추출기의 로직을 설명하면서 실용적인 사용 사례도 함께 강조했습니다.

4.6.1 SummaryExtractor

이 추출기는 노드에 포함된 텍스트의 요약을 생성합니다. 선택적으로, 이전 및 다음 인접 노드에 대한 요약도 생성할 수 있습니다. 다음은 예제입니다.

```
from llama_index.core.extractors import SummaryExtractor
summary_extractor = SummaryExtractor(summaries=["prev", "self",
    "next"])
metadata_list = summary_extractor.extract(nodes)
print(metadata_list)
```

이 추출기는 각 노드나 인접 노드에 대한 간결한 요약을 생성합니다. 이는 RAG 아키텍처의 검색 단계에서 필수입니다. 이를 통해 검색 단계에서 문서의 전체 내용을 처리할 필요 없이 요약만 참고할 수 있습니다.

실용적인 사용 사례

고객 지원 지식 베이스를 상상해봅시다. `SummaryExtractor`는 고객 문제와 해결책에 대한 요약을 생성할 수 있습니다. 그런 다음 새로운 지원 요청이 들어오면, 앱은 가장 관련성 높은 과거 사례를 검색하여 상세하고 콘텍스트에 맞는 설루션을 생성할 수 있습니다.

`summaries` 리스트의 값을 설정하고 실제 LLM에서 사용할 프롬프트는 `prompt_template` 매개변수에서 정의하여, 생성할 요약들의 유형을 사용자 정의할 수 있습니다.

4.6.2 QuestionsAnsweredExtractor

이 추출기는 노드 텍스트가 답할 수 있는 질문을 특정 개수만큼 생성합니다.

다음 예제를 통해 사용 방법을 확인할 수 있습니다.

```
from llama_index.core.extractors import QuestionsAnsweredExtractor
qa_extractor = QuestionsAnsweredExtractor(questions=5)
metadata_list = qa_extractor.extract(nodes)
print(metadata_list)
```

이 추출기는 텍스트가 고유하게 답할 수 있는 질문을 식별하여, 검색 과정에서 특정 질문을 명확하게 다루는 노드에 초점을 맞추도록 합니다.

실용적인 사용 사례 FAQ 시스템에서 `QuestionsAnsweredExtractor`는 문서에서 답할 수 있는 고유한 질문들을 식별할 수 있어, 사용자 쿼리에 대한 정확한 답변을 찾는 데 도움이 될 수 있습니다.

생성되는 질문의 수를 사용자 정의할 수 있으며, `prompt_template` 매개변수를 설정하여 LLM에서 사용할 실제 프롬프트를 변경할 수도 있습니다. 또한 `embedding_only`라는 `Boolean` 매개변수를 사용하여 메타데이터를 임베딩에서만 사용할 수 있도록 설정할 수도 있습니다. 이에 대한 자세한 내용은 5장에서 다룰 예정입니다.

4.6.3 TitleExtractor

이 추출기는 텍스트의 제목을 추출합니다. 다음은 예제입니다.

```
from llama_index.core.extractors import TitleExtractor
title_extractor = TitleExtractor ()
metadata_list = title_extractor.extract(nodes)
print(metadata_list)
```

`TitleExtractor`는 긴 텍스트에서 의미 있는 제목을 추출해 문서의 신속한 식별과 검색을 돕습니다. 예를 들어 디지털 라이브러리에서 제목이 없는 텍스트에서 제목을 추출해 문서를 카테고리화 하고, 제목을 검색 키워드로 사용하면 검색 효율성을 높일 수 있습니다. `TitleExtractor`에는 조정할 수 있는 여러 매개변수가 있습니다.

- `nodes`: 제목 추출에 사용할 노드의 수를 설정합니다.

- `node_template`: 제목을 추출하는 데 사용하는 기본 프롬프트 템플릿을 변경합니다.
- `combine_template`: 노드 수준의 여러 제목을 문서 전체 제목으로 결합하는 프롬프트 템플릿을 변경합니다.

이제 `EntityExtractor`에 대해 살펴보겠습니다.

4.6.4 EntityExtractor

이 추출기는 `span-marker` 패키지를 사용하여 노드 텍스트에서 인물, 장소, 조직 등과 같은 엔티티를 추출합니다. 이 패키지는 `EntityExtractor` 통합과 함께 자동으로 설치되므로 추가 설치를 하지 않아도 됩니다. 이 추출기는 **이름 있는 엔티티 인식**named entity recognition, NER을 수행할 수 있으며, **Natural Language Toolkit**NLTK 패키지에서 제공하는 토크나이저를 사용합니다.[2]

NER에 대한 간단한 설명

NER은 컴퓨터가 텍스트에서 사람 이름, 회사 이름, 장소, 날짜와 같은 특정 엔티티를 식별하고 레이블을 붙이는 데 사용하는 기술로, 컴퓨터가 콘텐츠를 더 잘 이해할 수 있도록 하며, RAG 시나리오에서 유용한 콘텍스트를 제공합니다.

다음은 `EntityExtractor`를 사용하는 코드 예제입니다.

```
from llama_index.extractors.entity import EntityExtractor
entity_extractor = EntityExtractor (
    label_entities = True,
    device = "cpu"
)
metadata_list = entity_extractor.extract(nodes)
print(metadata_list)
```

`EntityExtractor`는 텍스트에서 이름이 있는 엔티티를 식별하고, 레이블을 붙이고, 메타데이터에 추가하여, 특정 참조를 포함하는 노드들에 중점을 둔 검색 시스템을 구현할 수 있도록 해줍니다.

실용적인 사용 사례

법률 문서 아카이브의 각 노드에 이 메타데이터가 첨부된다고 상상해보세요. `EntityExtractor`는 특정 인물, 장소, 조직을 언급하는 문서의 검색을 용이하게 하여, 쿼리에 최적의 콘텍스트를 제공할 수 있습니다.

`EntityExtractor`를 조정할 수 있는 매개변수 목록은 다음과 같습니다.

---

[2] https://www.nltk.org/

- `model_name`: `SpanMarker`에서 사용할 모델의 이름을 설정합니다.
- `prediction_threshold`: 이름이 지정된 엔티티들에 대한 최소 예측 임곗값의 기본값인 0.5를 변경합니다. 예상하는 바와 같이, 엔티티 인식은 100% 정확하지 않을 수 있습니다. 최적의 값을 찾기 위해 여러 가지 값으로 실험해볼 수 있습니다.
- `span_joiner`: 범위를 연결하는 데 사용되는 기본 문자열을 변경합니다.
- `label_entities`: `True`로 설정하면, 추출기는 모든 엔티티 이름을 하나의 엔티티 유형으로 레이블합니다. 이는 나중에 검색 및 쿼리 단계에서 유용할 수 있습니다. 기본값은 `False`입니다.
- `device`: 모델이 실행되는 장치를 제어합니다. 기본값은 `cpu`이지만, 시스템이 허용하는 경우 `cuda`로 설정할 수 있습니다.
- `entity_map`: 각 엔티티 유형에 대한 레이블을 사용자 정의할 수 있습니다. 추출기에는 사람, 조직, 장소, 이벤트 등 다양한 레이블을 포함하는 미리 정의된 엔티티 맵이 포함되어 있습니다.
- `Tokenizer`: 기본 토크나이저 함수를 변경할 수 있습니다. 기본값은 NLTK 토크나이저입니다.

이제 `KeywordExtractor`를 사용해 키워드를 추출하는 방법에 대해 논의해보겠습니다.

4.6.5 KeywordExtractor

이 추출기는 텍스트에서 중요한 키워드를 추출합니다. 예제를 살펴보겠습니다.

```
from llama_index.core.extractors import KeywordExtractor
key_extractor = KeywordExtractor (keywords=3)
metadata_list = key_extractor.extract(nodes)
print(metadata_list)
```

`KeywordExtractor`는 중요한 단어나 어구를 식별하여, 사용자 쿼리에 따라 가장 관련성 높은 노드를 검색하는 데 매우 유용한 도구입니다.

실용적인 사용 사례

`KeywordExtractor`를 콘텐츠 추천 엔진에 통합하면 그 효과를 크게 향상시킬 수 있습니다. 콘텐츠 노드에서 추출한 키워드를 사용자 검색어와 일치시킴으로써 사용자가 관심을 갖는 콘텐츠를 더 정확하게 추천할 수 있습니다. 이러한 키워드 기반 매칭은 단순히 관련성 있는 것뿐만 아니라, 사용자가 탐색하는 특정 문의나 주제에 맞춤화하여 추천할 수 있도록 보장합니다.

추출되는 키워드의 수는 `keywords` 매개변수를 변경하여 사용자 정의할 수 있습니다.

4.6.6 PydanticProgramExtractor

이 추출기는 **Pydantic** 구조를 사용하여 메타데이터를 추출합니다. 이 추출기를 사용하는 전체 예제는 다음에서 확인할 수 있습니다.

https://developers.llamaindex.ai/python/framework/module_guides/querying/structured_outputs/pydantic_program/

이 다재다능한 도구는 Pydantic 모델을 사용하여 복잡하고 구조화된 메타데이터 스키마를 단일 LLM 호출로 생성할 수 있도록 합니다. 다른 추출기에 비해 주요 장점은 단일 LLM 호출로 여러 필드의 데이터를 가져올 수 있다는 점으로, 메타데이터를 추출하는 매우 효율적인 방법입니다. 이 데이터는 우리가 설계한 모델에 깔끔하게 조직됩니다.

Pydantic 모델에 대한 간단한 소개
Pydantic 모델은 파이썬 프로그램에서 클래스로 정의한 일련의 규칙이나 청사진과 같습니다. 이는 데이터가 특정 규칙을 따르고 올바른 형식인지 확인하는 데 도움을 줍니다. 이를 통해 데이터가 올바른 구조를 따르도록 강제할 수 있습니다.

예를 들어 이름, 나이, 이메일 주소와 같은 사용자 데이터를 다루는 프로그램이 있다고 가정해봅시다. Pydantic 모델을 사용하여 사용자의 이름은 문자열이어야 하고, 나이는 숫자여야 하며, 이메일 주소는 유효한 이메일 형식이어야 한다고 지정할 수 있습니다. 입력 데이터가 이러한 규칙을 따르지 않으면 Pydantic이 오류를 발생시켜 데이터가 올바르지 않음을 알려줍니다. LlamaIndex는 복잡한 구조와 상호 관련된 데이터를 자주 다루기 때문에 데이터의 일관성과 정확성을 보장해야 할 때는 이 메커니즘을 활용합니다.

4.6.7 MarvinMetadataExtractor

이 추출기는 **Marvin AI 엔지니어링 프레임워크**(https://www.askmarvin.ai/)를 사용하여 메타데이터를 추출합니다. 이 추출기는 Marvin AI 엔지니어링 프레임워크를 통해 신뢰할 수 있고 확장 가능한 메타데이터를 추출하고 확장할 수 있습니다. 이 추출기의 강점은 Pydantic 모델과 유사하게 텍스트에 대해 타입 안전한 type-safe 스키마를 제공하는 것뿐만 아니라 비즈니스 로직 변환도 지원한다는 점입니다. 자세한 예제는 다음 링크에서 확인할 수 있습니다.

https://developers.llamaindex.ai/python/framework-api-reference/extractors/marvin/

4.6.8 맞춤형 추출기 정의

이러한 기존 추출기들이 여러분의 필요를 충족시키지 못한다면, 맞춤형 추출기 함수를 정의할 수도 있습니다. 다음은 맞춤형 추출기를 정의하는 간단한 예제입니다.

```python
from llama_index.core.extractors import BaseExtractor
from typing import List, Dict
class CustomExtractor(BaseExtractor):
    async def aextract(self, nodes) -> List[Dict]:
        metadata_list = [
            {
                "node_length": str(len(node.text))
            }
            for node in nodes
        ]
        return metadata_list
```

이 기본 추출기는 각 노드의 길이를 문자 단위로 측정하고, 이 값을 메타데이터로 저장합니다. 물론, 이를 여러분의 앱에서 필요한 논리로 대체할 수 있습니다.

이처럼 다양한 도구와 방법을 사용할 수 있다는 것은 매우 유익한 일입니다. 하지만 한 가지 새로운 질문이 떠오릅니다. '이렇게 많은 메타데이터가 정말 필요한가요?' 그 답을 알아봅시다.

4.6.9 메타데이터가 많으면 항상 좋은가요?

꼭 그렇지는 않습니다. 중요한 점은 메타데이터가 LLM과 임베딩 모델에 전송되는 텍스트에 주입된다는 것입니다. 이는 모델에 일부 편향을 유발할 수 있습니다. 따라서 때로는 모든 메타데이터를 노출하지 않는 것이 좋습니다. 예를 들어 파일 이름은 임베딩에서는 도움이 될 수 있지만, LLM에서는 이를 파일 이름이 아닌 다른 엔티티로 인식할 수도 있어 혼란을 초래할 수 있으며, 프롬프트의 맥락에서 관련이 없을 수도 있습니다. 다음 명령어로 메타데이터를 선택적으로 숨길 수 있습니다.

```python
document.excluded_llm_metadata_keys = ["file_name"]
```

이렇게 하면 LLM에서 `file_name`이 숨겨집니다. 임베딩에서도 메타데이터를 숨기고 싶다면 다음과 같이 할 수 있습니다.

```python
document.excluded_embed_metadata_keys = ["file_name"]
```

또한, 메타데이터 형식을 다음과 같이 사용자 정의할 수 있습니다.

```
document.metadata_template = "{key}::{value}"
```

LlamaIndex에는 메타데이터 모드를 다룰 때 유용한 팁으로, 메타데이터 가시성을 제어하는 `MetadataMode`라는 `enum`이 있습니다.

- `MetadataMode.ALL`: 모든 메타데이터를 표시
- `MetadataMode.LLM`: LLM에만 보이는 메타데이터
- `MetadataMode.EMBED`: 임베딩에만 보이는 메타데이터

다음 명령어로 메타데이터의 가시성을 테스트할 수 있습니다.

```
print(document.get_content(metadata_mode=MetadataMode.LLM))
```

따라서 요약하자면, 메타데이터는 데이터에 필요한 콘텍스트를 제공합니다. 여러분은 그 형식과 다양한 모델에 대한 가시성을 완전히 제어할 수 있습니다. 이러한 사용자 정의는 여러분의 사용 사례에 맞게 메타데이터를 조정할 수 있게 합니다.

이 주제를 다 다루었으므로, 이제 비용에 대해 이야기해보겠습니다.

4.7 메타데이터 추출기를 사용할 때 발생할 수 있는 비용 추정

LlamaIndex에서 다양한 메타데이터 추출기를 사용할 때 가장 중요하게 고려해야 할 점 중 하나는 LLM 계산 비용입니다. 앞서 설명한 바와 같이, 대부분의 추출기는 텍스트를 분석하고 설명적인 메타데이터를 생성하기 위해 내부적으로 LLM을 활용합니다.

대량의 텍스트를 반복적으로 처리하기 위해 LLM을 자주 호출하면 비용이 빠르게 증가할 수 있습니다. 예를 들어 `SummaryExtractor`와 `KeywordExtractor`를 사용해 수천 개의 문서 노드에서 요약 및 키워드를 추출하는 것과 같은 지속적인 LLM 호출은 상당한 비용을 초래할 수 있습니다.

4.7.1 비용을 최소화하기 위한 간단한 모범 사례

LLM 비용을 최소화하기 위한 일반적인 모범 사례를 살펴보겠습니다.

- 개별 노드마다 호출하는 대신, 콘텐츠를 묶어서 적은 수의 LLM 호출로 처리하세요. 이렇게 하면 여러 번의 개별 호출에 비해 토큰 소비가 줄어들어 오버헤드를 줄일 수 있습니다. Pydantic 추출기를 사용하면 단일 LLM 호출로 여러 필드를 생성할 수 있어 매우 유용합니다.
- 완전한 정확도가 필요하지 않은 경우, 요구하는 계산량이 낮은 저렴한 LLM 모델을 사용하세요. 그러나 이 경우 데이터에 오류가 발생할 수 있으며, 이러한 오류는 이후 단계에서 확산되고 증폭될 수 있습니다.
- 이전에 추출한 데이터를 캐시하여 매번 LLM을 재호출하지 않고 재사용하세요. 4.9절에서 수집 파이프라인을 활용하여 이를 달성하는 방법을 보여줄 것입니다.
- 메타데이터 추출을 전체 노드가 아닌 중요한 노드의 일부 하위 집합으로 제한하세요. 이는 자동화된 시나리오에서 구현하기 어려울 수 있습니다.
- 클라우드 비용을 없애기 위해 오프라인 LLM을 고려하세요. 이 방법이 해결책이 될 수도 있지만, 하드웨어에 따라 안 될 수도 있습니다.

이 가이드라인을 따르면 추출 비용을 크게 줄일 수 있지만, 대규모 데이터셋을 처리하기 전에 비용을 추정하는 것은 여전히 중요합니다.

4.7.2 실제 추출기를 실행하기 전에 최대 비용 추정해보기

다음은 실제 LLM 추출기를 실행하기 전에 **MockLLM**을 사용해 LLM 비용을 추정하는 기본적인 예시입니다.

```
from llama_index.core import 
ettings
from llama_index.core.extractors import QuestionsAnsweredExtractor
from llama_index.core.llms.mock import MockLLM
from llama_index.core.schema import TextNode
from llama_index.core.callbacks import (
    CallbackManager,
    TokenCountingHandler
)
llm = MockLLM(max_tokens=256)
counter = TokenCountingHandler(verbose=False)
callback_manager = CallbackManager([counter])
```

```
Settings.llm = llm
Settings.callback_manager = CallbackManager([counter])
sample_text = (
    "LlamaIndex is a powerful tool used "
    "to create efficient indices from data."
)
nodes= [TextNode(text=sample_text)]
extractor = QuestionsAnsweredExtractor(
    show_progress=False
)
Questions_metadata = extractor.extract(nodes)
print(f"Prompt Tokens: {counter.prompt_llm_token_count}")
print(f"Completion Tokens: {counter.completion_llm_token_count}")
print(f"Total Token Count: {counter.total_llm_token_count}")
```

우리는 실제 비용을 추정하기 위해 몇 가지 특수 도구를 사용하고 있음을 알 수 있습니다. 코드를 간단히 살펴보겠습니다. 이름에서 알 수 있듯이, `MockLLM`은 실제 API 호출 없이 LLM의 작동을 시뮬레이션하는 대체 LLM입니다.

`MockLLM` 인스턴스를 생성할 때, `max_tokens` 매개변수를 설정할 수 있습니다. 이 매개변수는 주어진 프롬프트에 대해 모의 모델이 생성해야 하는 최대 토큰 수를 나타내며, 실제 언어 모델의 작동을 반영하지만 실제로 의미 있는 콘텐츠를 생성하지는 않습니다.

max_token 매개변수는 어떻게 작동하나요?

여기서 목표는 '최악의 시나리오'를 예측하는 것이지만, 실제 비용은 LLM 응답 크기에 따라 달라지며 일반적인 상황에서는 `max_tokens` 값보다 낮아야 합니다. 이 도구는 다양한 데이터셋에 적용된 다양한 메타데이터 추출 전략이 총 비용에 미치는 영향을 이해하는 데 매우 유용합니다. 메타데이터 추출의 경우, 총 비용은 프롬프트와 응답 크기에 추출기가 수행하는 호출 수를 곱한 값에 따라 달라집니다.

`CallbackManager`는 LlamaIndex에 구현된 디버깅 메커니즘으로, 10장에서 더 자세히 다룰 예정입니다. 우리의 예시에서는 `CallbackManager`가 `TokenCountingHandler` 모듈과 결합되어 사용되며, 이는 LLM과 관련된 다양한 작업에서 사용하는 토큰 수를 계산하는 데 특화되어 있습니다. `TokenCountingHandler`를 정의할 때 `tokenizer` 매개변수를 지정할 수도 있습니다.

토크나이저는 무엇이며 왜 필요한가요?

토크나이저(tokenizer)는 텍스트를 토큰으로 변환하는 작업을 담당합니다. LLM은 토큰을 사용해 작업을 수행하고 그 사용량을 측정하기 때문에, 특정 프롬프트에 대한 비용 예측을 수행할 때 해당 LLM과 호환되는 토크나이저를 사용하는 것이 중요합니다. 각 LLM은 특정 토크나이저로 학습하며, 이는 텍스트가 토큰으로 분할되는 방식을 결정합니다. 정확한 비용 예측을 위해서는 올바른 토크나이저를 사용하는 것이 중요합니다. 기본적으로 LlamaIndex는 GPT-4에 특화된

`CL100K` 토크나이저를 사용합니다. 따라서 다른 LLM을 사용할 계획이 있다면 토크나이저를 맞춰 설정하는 것이 좋습니다. 이 주제와 RAG 애플리케이션의 비용을 최적화하는 방법에 대해서는 10장에서 더 자세히 다룰 것입니다.

예시로 돌아가 보면 추출기를 실행할 때 `MockLLM`이 사용되며, 모든 것이 로컬에서 처리됩니다. 그런 다음 `TokenCountingHandler`가 이 `MockLLM`에서 프롬프트와 응답을 가로채 실제 사용된 토큰 수를 계산합니다.

비슷한 메커니즘을 사용하여 특정 유형의 인덱스를 생성하거나 쿼리를 실행할 때 발생하는 비용도 추정할 수 있으며, 이는 5장과 6장에서 다룰 예정입니다.

이 예시에서는 하나의 추출기, 즉 `QuestionsAnsweredExtractor`에 대해서만 비용을 추정하는 방법을 보여드렸습니다. 동일한 실행에서 여러 추출기의 개별 비용을 추정해야 하는 경우, `token_counter.reset_counts()` 메서드를 사용해 다음 추출 라운드를 실행하기 전에 카운터를 0으로 재설정할 수 있습니다.

이번 절의 주요 교훈
풍부한 메타데이터는 많은 기능을 제공하지만, 최적화를 고려하지 않은 과도한 사용은 운영 비용에 부정적인 영향을 미칠 수 있습니다. 이러한 점을 반드시 고려하고, 비용을 최소화하기 위한 모범 사례를 적용하여 대규모 데이터셋에서 추출기를 실행하기 전에 항상 비용을 추정하세요.

다음으로, 또 다른 중요한 측면인 데이터 프라이버시에 대해 논의하겠습니다.

4.8 메타데이터 추출기를 통한 프라이버시 보호, 그리고 그 이상

LLM을 독점 데이터로 강화하는 것은, 특히 이 데이터가 고객의 것일 경우 **데이터 프라이버시**data privacy 측면에서 도전적인 과제가 될 수 있습니다. 클라우드 기반 LLM 솔루션은 독점 데이터를 풍부하게 만들고 다양한 이점을 제공할 수 있지만, 외부 파티와의 통제되지 않은 데이터 공유는 법적, 보안적, 규제적 악몽을 빠르게 불러올 수 있습니다.

데이터 프라이버시 문제는 주로 인덱싱과 쿼리에서 더 시급하게 다뤄지고 있지만, 메타데이터 추출기를 사용하는 경우에도 잠재적인 프라이버시 문제가 발생할 수 있습니다. 따라서 이와 관련된 주의가 필요하다고 생각합니다.

대부분의 추출기가 메타데이터를 생성하기 위해 LLM으로 콘텐츠를 처리하므로, 실제 데이터가 외부 클라우드 서비스로 전송되고 분석됩니다.

이 과정에서 개인정보나 기밀정보가 포함된 데이터가 노출되거나 잘못 처리될 위험이 있습니다. 이는 보안 허점, LLM 공급업체 내부자의 위험 또는 악의적인 활동으로 인해 발생할 수 있습니다.

우리의 프라이버시만이 문제가 아닙니다

프라이버시 문제를 논의할 때, 앞서 논의한 LlamaHub 커넥터 예시를 기억하나요? `DiscordReader`를 통해 메시지를 수집하는 것은 Discord 서버에서 데이터를 전송하는 것입니다. Discord 메시지에 개인 대화가 포함될 수 있으므로, Discord의 서비스 약관과 메시지 전송자의 기대치를 고려하지 않으면 프라이버시 문제로 이어질 수 있습니다. 따라서 데이터에 개인 식별정보, 의료정보, 금융정보 등이 포함된 경우 무제한 추출 워크플로를 허용하는 것은 문제가 될 수 있습니다.

프라이버시 위험을 완화하기 위한 몇 가지 방법은 다음과 같습니다.

- 예를 들어 로컬 LLM과 함께 `PIINodePostprocessor`를 사용하여 LlamaIndex로 데이터 수집 전에 개인 데이터를 삭제합니다. 이 옵션에 대한 간단한 구현 가이드는 다음 절에서 확인할 수 있습니다.
- 메타데이터 추출을 민감하지 않은 노드의 하위 집합으로 제한합니다. 물론, 이것은 각 노드의 민감도를 수동으로 분류해야 하며, 자동화된 처리 파이프라인에는 비실용적일 수 있습니다.
- 가능한 경우 클라우드 대신 로컬에서 LLM을 실행하여 외부 노출을 제한합니다. 이는 사용 가능한 하드웨어와 선택한 모델에 따라 달라집니다.
- 특정 LLM 공급업체에서 제공하는 경우 암호화 메커니즘을 활성화합니다. 프라이버시가 크게 우려된다면 **완전 동형 암호화** fully homomorphic encryption, FHE에 대해 고려하고 더 깊이 알아보는 것이 좋습니다.[3]

이러한 우려와 모범 사례는 LLM과의 모든 상호작용에 적용됩니다. 이 주제는 많은 강의와 기사에서 논의되고 분석되었으므로 여기서 더 자세히 다루지 않겠습니다. 그러나 이것이 중요하지 않다는 뜻은 아닙니다.

핵심 메시지

이해해야 할 것은 LLM을 사용하는 것만으로도 데이터 프라이버시 위험이 있다는 것입니다. LlamaIndex와 같은 추가 프레임워크로 LLM을 확장하면 관련된 프라이버시 위험도 증가합니다.

본질적으로, 편리함이 보안 요구사항을 능가하지 않도록 주의해야 하며, 특히 민감한 데이터를 다룰 때 추가적인 주의가 필요합니다.

---

[3] https://huggingface.co/blog/encrypted-llm

4.8.1 개인 데이터 및 기타 민감한 정보 삭제

데이터 규칙이 엄격한 세상에서는, 마치 공원에서 도토리를 지키는 다람쥐처럼 데이터를 신중하게 다루는 것이 중요합니다. 좋은 소식은 프라이버시를 보장할 수 있는 솔루션이 있다는 것입니다. LlamaIndex 프레임워크에서 이미 제공하는 편리한 도구가 있습니다.

노드 후처리기 Node post-processor는 이러한 문제를 해결할 수 있습니다.

이전 장에서, 노드 후처리기가 쿼리 엔진에서 어떻게 사용되는지 알아보았습니다. 이는 응답 생성 단계 전에 반환된 노드에 적용되어 노드나 노드 데이터 자체에 다양한 변환을 적용합니다. 이것이 가장 일반적인 사용 사례입니다.

그러나 다른 이유로도 사용할 수도 있습니다

노드 프로세서를 쿼리 엔진 외부에서도 사용할 수 있습니다. 예를 들어 메타데이터를 추출하기 전에 민감한 데이터를 정리하는 데 사용할 수 있습니다.

노드 후처리기를 사용할 수 있는 두 가지 방법이 있습니다. `PIINodePostprocessor`와 `NERPIINodePostprocessor`입니다. 첫 번째는 사용자가 소유한 로컬 LLM과 함께 작동하도록 설계되었고, 두 번째는 특화된 NER 모델을 사용하기 위해 맞춤화되었습니다. 참고로, **PII**는 Personally Identifiable Information(개인 식별 정보)의 약자입니다.

다음은 `NERPIINodePostprocessor`를 사용하여 데이터를 정리하는 간단한 예시입니다. 이 방법은 허깅 페이스Hugging Face의 NER 모델을 사용하여 작업을 수행합니다. 간단하게 유지하기 위해 특정 모델을 지정하지 않았으므로, 경고 메시지가 표시되고 HuggingFaceLLM은 기본적으로 `dbmdz/bert-large-cased-finetuned-conll03-english` 모델을 사용할 가능성이 높습니다. 자세한 내용은 다음에서 확인할 수 있습니다.

https://huggingface.co/dbmdz/bert-large-cased-finetuned-conll03-english

먼저 해당 통합 패키지를 설치해야 합니다.

```
pip install llama-index-llms-huggingface
```

또한, 첫 실행 시 모델이 허깅 페이스에서 다운로드되며, 최소 1.5GB의 여유 공간이 필요합니다.

코드는 다음과 같습니다.

```python
from llama_index.core.postprocessor import NERPIINodePostprocessor
from llama_index.llms.huggingface import HuggingFaceLLM
from llama_index.core.schema import NodeWithScore, TextNode
original = (
    "Dear Jane Doe. Your address has been recorded in "
    "our database. Please confirm it is valid: 8804 Vista "
    "Serro Dr. Cabo Robles, California(CA)."
)
node = TextNode(text=original)
processor = NERPIINodePostprocessor()
clean_nodes = processor.postprocess_nodes(
    [NodeWithScore(node=node)]
)
print(clean_nodes[0].node.get_text())
```

출력은 다음과 유사할 것입니다.

```
Dear [PER_5]. Your address has been recorded in our database. Please confirm it is valid:
8804 [LOC_95] Dr. [LOC_111], [LOC_124]([LOC_135]).
```

결과를 보면, 이름이 플레이스홀더로 대체되어 이제 데이터를 안전하게 외부 LLM에 전달할 수 있게 되었습니다. 이 방법의 장점은, 답변이 반환될 때 다시 처리되어 플레이스홀더가 원본 데이터로 대체될 수 있어 원활한 사용자 경험을 제공한다는 점입니다.

실제 플레이스홀더와 실제 데이터 간의 매핑은 `clean_nodes[0].node.metadata`에 저장됩니다. 이 메타데이터는 LLM에 전송되지 않으며, 응답 생성 시 원래 이름을 생성하는 데 사용할 수 있습니다.

다음으로, 데이터 수집 파이프라인의 효율성을 향상시키는 방법에 대해 논의하겠습니다.

4.9 데이터 수집 파이프라인을 사용하여 효율성 높이기

LlamaIndex 프레임워크는 `version 0.9`부터 데이터 **수집 파이프라인**이라는 멋진 개념을 도입했습니다.

간단한 비유

데이터 수집 파이프라인은 마치 공장의 컨베이어 벨트와 같습니다. LlamaIndex의 맥락에서 이는 원시 데이터를 가져와 RAG 워크플로에 통합할 수 있도록 준비하는 설정을 의미합니다. 이 파이프라인은 데이터를 일련의 단계, 즉 변환을 통해 하나씩 처리합니다. 주요 아이디어는 수집 과정을 일련의 재사용 가능한 변환으로 나누어 입력 데이터를 처리하는 것입니다. 이는 다양한 사용 사례에 맞게 수집 흐름을 표준화하고 맞춤화하는 데 도움을 줍니다. 변환을 컨베이어 벨트의 작업 스테이션이라고 생각해보세요. 원시 데이터가 이동하면서, 각 스테이션에서 특정 작업을 수행합니다. 예를 들어 한 스테이션에서는 데이터가 문장 단위로 분할되고(`SentenceSplitter` 사용), 다른 스테이션에서는 제목이 추출됩니다(`TitleExtractor` 사용).

만약 공장의 기본 작업 스테이션이 여러분에게 맞지 않는다면, 문제가 되지 않습니다. 예를 들어 원시 데이터에 특별한 도구를 사용하고 싶다면, LlamaIndex는 맞춤형 도구(사용자 정의 변환)를 쉽게 파이프라인에 추가할 수 있게 해줍니다. 또 다른 예로 약어를 전체 이름으로 대체하는 사전을 사용하여 변환을 정의하면, LlamaIndex는 이를 파이프라인에 기꺼이 추가해줄 것입니다. 그림 4.4는 데이터 수집 파이프라인의 개요를 제공합니다.

그림 4.4 데이터 수집 파이프라인의 작동 모습

데이터 수집 파이프라인에서 가장 중요한 점은 '이미 처리된 데이터를 기억한다'라는 것입니다. 즉, 각 노드 데이터와 각 변환 실행의 조합에 대한 해싱 함수가 실행됩니다. 동일한 노드에서 동일한 변환을 다시 실행할 때, 해시값이 동일하므로 캐시되고, 이미 처리된 데이터를 재사용하여 변환을 다시 실행하지 않습니다.

이것이 의미하는 바는 무엇인가요?

동일한 문서를 파이프라인에 다시 보내면, 이미 처리된 문서는 신속하게 처리 라인을 건너뛰는 '빠른 트랙'을 타는 것과 같습니다. 이는 동일한 데이터를 반복해서 처리하지 않아 시간과 비용을 절약할 수 있으므로 매우 유용합니다.

기본적으로 캐시는 로컬에 저장되지만, 원하는 외부 데이터베이스 제공자를 사용하여 저장 옵션을 사용자 정의할 수 있습니다. 이제 파이프라인을 어떻게 구현할 수 있는지 예제를 통해 살펴보겠습니다. 코드를 따라가기 쉽도록 부분별로 설명하겠습니다.

첫 번째 코드 섹션부터 확인하겠습니다.

```
from llama_index.core import SimpleDirectoryReader
from llama_index.core.extractors import SummaryExtractor,QuestionsAnsweredExtractor
from llama_index.core.node_parser import TokenTextSplitter
from llama_index.core.ingestion import IngestionPipeline, IngestionCache
from llama_index.core.schema import TransformComponent
class CustomTransformation(TransformComponent):
    def __call__(self, nodes, **kwargs):
        # run any node transformation logic here
        return nodes
```

필요한 라이브러리를 임포트한 후, 파이프라인을 사용자 정의하는 방법을 보여주기 위해 `CustomTransformation`이라는 클래스를 정의했습니다. 이 클래스는 나중에 파이프라인에 입력될 것입니다. 예제에서는 실제 처리를 수행하지 않으므로, 노드가 변경되지 않은 상태로 반환됩니다.

두 번째 코드 섹션을 살펴보겠습니다.

```
reader = SimpleDirectoryReader('files')
documents = reader.load_data()
try:
    cached_hashes = IngestionCache.from_persist_path(
"./ingestion_cache.json"
)
    print("Cache file found. Running using cache...")
except:
    cached_hashes = ""
    print("No cache file found. Running without cache...")
```

이 코드는 `files` 하위 폴더의 모든 콘텐츠를 `documents`로 가져오는 역할을 합니다. 다음으로 캐시 파일이 이미 존재하는지 확인하고 이를 메모리에 로드하려고 시도합니다. 캐시 파일에는 이전 실행에서 생성된 해시값과 결과가 포함되어 있습니다. 처음 코드를 실행할 때는 파일이 없으므로, 캐시된 값을 로드하지 않습니다.

세 번째 코드 섹션입니다.

```
pipeline = IngestionPipeline(
    transformations = [
        CustomTransformation(),
        TokenTextSplitter(
            separator=" ",
            chunk_size=512,
            chunk_overlap=128),
        SummaryExtractor(),
        QuestionsAnsweredExtractor(
            questions=3
        )
    ],
    cache=cached_hashes
)
```

이 부분에서는 데이터 수집 파이프라인을 정의합니다. 보다시피, 이 파이프라인은 네 가지 변환을 포함합니다. 첫 번째는 `CustomTransformation`이며, 두 번째는 각 문서를 더 작은 청크로 나누고 노드를 생성하는 `TokenTextSplitter`입니다. 세 번째 변환은 요약 메타데이터를 추출하고, 마지막으로 각 노드에서 답변할 수 있는 질문 세트를 추출합니다.

결과를 확인하고 싶다면, 전체 스크립트의 끝에 `print(nodes[0])`을 추가할 수 있습니다. `cache` 매개변수에서 파이프라인의 캐시 소스를 지정하는 것에 유의하세요. 캐시가 비어 있으면 무시하고, 그렇지 않으면 캐시된 값을 사용하여 불필요한 처리를 방지합니다.

이제 마지막 부분입니다.

```
nodes = pipeline.run(
    documents=documents,
    show_progress=True,
)
pipeline.cache.persist("./ingestion_cache.json")
print("All documents loaded")
```

파이프라인을 실행할 때, `show_progress` 옵션을 `True`로 설정합니다. 이 옵션은 파이프라인의 진행 상황을 시각적으로 보여주어 백그라운드에서 어떤 일이 진행되는지 더 잘 이해할 수 있도록 도와줍니다. 마지막으로, 다음 실행에서 재처리를 피하기 위해 캐시 파일에 결과를 저장합니다.

참고사항

캐시 파일을 저장했더라도 파이프라인 논리에 변경을 가하면 다음 실행 시 해당 변경사항이 캐시되지 않으며, 다시 처리해야 합니다.

또한, 데이터를 더 많이 수집할 때마다 파이프라인을 수동으로 정의하고 실행하는 대신, `Settings` 내에서 변환을 정의할 수 있는 대안도 있습니다.

```python
from llama_index.core import Settings
Settings.transformations = [
    CustomTransformation(),
    TokenTextSplitter(
        separator=" ",
        chunk_size=512,
        chunk_overlap=128
    ),
    SummaryExtractor(),
    QuestionsAnsweredExtractor(
        questions=3
    )
]
```

결론적으로, 데이터 수집 파이프라인은 데이터를 자동으로 준비하고 다듬어 애플리케이션이나 데이터베이스에 적합하게 만드는 매우 효율적인 방법입니다.

PITS 튜터링 앱을 구축할 때 데이터 수집 파이프라인을 활용할 것이며, 이 개념을 더 많이 실험할 기회를 얻게 될 것입니다.

다음으로 더 복잡한 시나리오에 대해 논의하겠습니다.

4.10 텍스트와 표 데이터가 혼합된 문서 처리하기

데이터는 항상 단순하지 않습니다. 연구 논문, 금융 보고서 등 많은 실제 문서에는 비정형 텍스트와 구조화된 표 데이터가 혼합되어 있습니다. 이러한 이질적인 문서를 수집하는 것은 추가적인 과제를 제기합니다. 우리는 단순히 텍스트를 추출하는 것뿐만 아니라, 텍스트 내에 포함된 표를 식별하고, 파싱하며, 처리해야 합니다. 표와 텍스트를 각각 혹은 동시에 처리해야 하는 경우도 있습니다.

LlamaIndex는 자유형 텍스트, 표, 기타 구조화된 요소가 모두 포함된 문서를 처리하기 위해 `UnstructuredElementNodeParser`를 제공합니다. 이 파서는 `Unstructured` 라이브러리를 활용하여 문서의 레이아웃을 분석하고 텍스트 섹션과 표를 구분합니다.

이 파서는 HTML 파일에서만 작동하며, 두 가지 유형의 노드를 추출할 수 있습니다.

- **텍스트 노드**text node: 텍스트 청크를 포함
- **테이블 노드**table node: 테이블 데이터와 좌표 같은 메타데이터를 포함

이 요소들을 별도의 노드로 저장함으로써 나중에 RAG 워크플로에서 더 모듈화되고 의미 있는 처리가 가능해집니다. 텍스트는 키워드와 같은 요소로 일반적으로 인덱싱되고 검색할 수 있으며, 표는 **pandas의 DataFrame** 또는 SQL 기반 접근을 위한 구조화된 데이터베이스로 로드할 수 있습니다. 따라서 혼합된 데이터 유형을 포함하는 복잡한 경우에는 수집 전에 `UnstructuredElement NodeParser`를 활용하여 데이터를 더 잘 조직화할 수 있습니다.

`UnstructuredElementNodeParser` 사용에 대한 전체 데모는 공식 LlamaIndex 문서에서 확인할 수 있습니다.

https://developers.llamaindex.ai/python/examples/query_engine/sec_tables/tesla_10q_table

이제 이러한 새로운 개념을 활용하여, 튜터링 프로젝트를 계속 진행해보겠습니다.

4.11 실습 – PITS에 학습 자료 업로드하기

이제 실습할 시간입니다. 프로젝트를 계속 구축하기 위해 필요한 모든 것이 준비되었습니다. `documend_uploader.py` 모듈을 작성해봅시다.

이 모듈은 사용 가능한 학습 자료를 수집하고 준비하는 역할을 합니다. 사용자는 책, 기술 문서, 기존 기사 등을 업로드하여 튜터에게 더 많은 문맥을 제공할 수 있습니다.

1. 먼저, 필요한 모듈을 가져옵니다.

```
from global_settings import STORAGE_PATH, CACHE_FILE
from logging_functions import log_action
from llama_index import SimpleDirectoryReader, VectorStoreIndex
```

```python
from llama_index.ingestion import IngestionPipeline, IngestionCache
from llama_index.text_splitter import TokenTextSplitter
from llama_index.extractors import SummaryExtractor
from llama_index.embeddings import OpenAIEmbedding
```

2. 다음으로, 수집 프로세스를 처리하는 메인 함수를 정의해야 합니다. 이 함수는 파이프라인을 사용하여 코드를 간소화하고 캐싱의 이점을 활용합니다.

```python
def ingest_documents():
    documents = SimpleDirectoryReader(
        STORAGE_PATH,
        filename_as_id = True
    ).load_data()
    for doc in documents:
        print(doc.id_)
        log_action(
            f"File '{doc.id_}' uploaded user",
            action_type="UPLOAD"
        )
```

— 이 함수는 `global_settings.py`에서 정의된 `STORAGE_PATH`에 있는 모든 읽을 수 있는 문서를 로드합니다.

— 처리한 각 문서에 대해, 새로운 이벤트가 `logging_functions.py`의 `log_action`을 사용하여 로그 파일에 저장합니다.

3. 다음으로, 캐시된 파이프라인 데이터가 있는지 확인합니다.

```python
    try:
        cached_hashes = IngestionCache.from_persist_path(
            CACHE_FILE
        )
        print("Cache file found. Running using cache...")
    except:
        cached_hashes = ""
        print("No cache file found. Running without...")
```

4. 다음 단계는 파이프라인을 정의하고 실행하는 것입니다. 캐시 파일의 해시가 일치하면, 작업이 처리되지 않고 캐시에서 값을 직접 로드합니다.

```python
    pipeline = IngestionPipeline(
        transformations=[
```

```
            TokenTextSplitter(
                chunk_size=1024,
                chunk_overlap=20
            ),
            SummaryExtractor(summaries=['self']),
            OpenAIEmbedding()
        ],
        cache=cached_hashes
    )
    nodes = pipeline.run(documents=documents)
    pipeline.cache.persist(CACHE_FILE)
    return nodes
```

파이프라인에서 세 가지 변환을 실행합니다.

- `TokenTextSplitter`를 사용한 기본적인 청크화
- 메타데이터 추출기를 사용한 각 노드의 요약
- `OpenAIEmbedding`을 사용한 임베딩 생성. 이 단계에 대해서는 5장에서 자세히 설명할 것입니다.

5. 마지막으로, 함수는 현재 데이터를 캐시 파일에 저장한 후 처리된 노드를 반환합니다.

이제 학습 자료가 업로드되고, 향후 처리할 준비가 완료되었습니다. 다음 장에서는 인덱싱 부분을 계속 진행하겠습니다.

4.12 요약

LlamaHub는 사전에 빌드된 여러 가지 데이터 로더를 제공하여, 다양한 소스에서 데이터를 문서로 가져오는 과정을 간소화합니다. 이를 통해 다양한 데이터 형식에 대해 고유한 파서를 생성할 필요가 없습니다.

데이터를 가져오면 추가 처리를 거쳐 노드로 변환되는데, 우리는 변환 과정에서 다양한 사용자 정의 옵션에 대해 논의했습니다.

메타데이터 추출을 위한 다양한 옵션이 있으며, 파싱 프로세스는 특정 요구사항에 맞게 조정할 수 있습니다.

데이터 수집 파이프라인을 개발하는 것은 RAG 애플리케이션의 비용 및 시간 효율성을 높이는 데 매우 유용합니다. 또한 개인정보 보호를 고려하는 것도 중요합니다.

데이터 수집이 완료되었으니, 이제 LlamaIndex의 인덱싱 기능을 탐구하는 여정을 계속해봅시다.

CHAPTER 5

LlamaIndex로 인덱싱하기

이 장에서는 LlamaIndex에서 사용할 수 있는 다양한 종류의 인덱스를 자세히 살펴봅니다. 인덱스의 작동 원리, 주요 기능, 맞춤 설정 옵션, 기본 구조 및 활용 사례를 설명합니다. 전반적으로 이 장은 LlamaIndex의 인덱싱 기능을 활용하여 성능이 뛰어나고 확장 가능한 RAG 시스템을 구축하는 방법을 안내합니다. 시작해보겠습니다.

이 장에서 다룰 주제는 다음과 같습니다.

- 데이터 인덱싱 – 전체적 관점
- 벡터 저장소 인덱스 이해하기
- 임베딩 이해하기
- 인덱스 유지 및 재사용
- LlamaIndex의 다른 인덱스 유형 탐색하기
- ComposableGraph를 사용한 인덱스 위에 인덱스 구축하기
- 인덱스 구축 및 쿼리의 잠재적 비용 추정하기

5.1 기술적 요구사항

이 장을 위해 여러분의 환경에 다음 패키지를 설치해야 합니다.

- **ChromaDB**: https://www.trychroma.com/

또한 샘플 코드에 필요한 두 가지 통합 패키지가 있습니다.

- **Chroma 벡터 저장소**: https://pypi.org/project/llama-index-vector-stores-chroma/
- **허깅 페이스 임베딩**: https://pypi.org/project/llama-index-embeddings-huggingface/

이 장의 모든 코드 샘플은 책의 GitHub 저장소의 `ch5` 하위 폴더에서 찾을 수 있습니다.

https://bit.ly/bdda_llamaindex

5.2 데이터 인덱싱 – 전체적 관점

3장의 3.2절에서 RAG 애플리케이션에서 인덱스의 중요성과 일반적인 기능에 대해 간략히 논의했습니다. 이제 LlamaIndex에서 사용할 수 있는 다양한 인덱싱 방법과 그 장단점, 특정 사용 사례를 자세히 살펴볼 차례입니다.

원칙적으로 인덱스 없이도 데이터에 접근할 수 있습니다. 하지만 이는 목차 없이 책을 읽는 것과 같습니다. 연속성이 있고 순서대로 섹션별, 장별로 읽을 수 있는 이야기라면 읽는 것이 즐거울 것입니다. 그러나 책에서 특정 주제를 빠르게 찾아야 할 때는 상황이 달라집니다. 목차가 없으면 검색 과정이 느리고 번거로워집니다.

LlamaIndex에서 **인덱스**index는 단순한 목차 이상의 역할을 합니다. 인덱스는 탐색에 필요한 구조뿐만 아니라 업데이트하거나 접근하기 위한 명확한 메커니즘도 제공합니다. 여기에는 탐색기의 로직과 데이터를 가져오는 데 사용되는 메커니즘이 포함되며, 이에 대해서는 6장에서 자세히 다룰 예정입니다.

이 책에서는 인덱스의 작동 방식에 대한 기본사항을 제공하고 사용법을 이해하는 데 도움이 되는 몇 가지 예제를 제시하여 내용을 간단하게 유지했습니다. 인덱스를 사용하고 조합할 수 있는 모든 가능한 방법을 탐색하는 것은 매우 방대한 작업이며, 이 책의 범위를 벗어납니다.

각 인덱스 유형의 고유한 특징에 대해 나중에 설명하고, 먼저 모든 인덱스의 공통점을 살펴보겠습니다.

5.2.1 모든 인덱스 유형의 공통적 특징

LlamaIndex의 각 인덱스 유형은 고유한 특성과 기능을 가지고 있습니다. 그러나 모든 인덱스가 `BaseIndex` 클래스를 상속받기 때문에 공통된 기능과 매개변수가 있으며, 이를 모든 종류의 인덱스에 대해 사용자 정의할 수 있습니다.

- **노드**: 모든 인덱스는 노드를 기반으로 합니다. 인덱스에 포함될 노드를 선택할 수 있으며, 모든 인덱스 유형은 새 노드를 삽입하거나 기존 노드를 삭제하는 메서드를 제공합니다. 이를 통해 데이터 변경에 따라 인덱스를 동적으로 업데이트할 수 있습니다. 인덱스 구축 방법에는 두 가지가 있습니다. 첫째, 기존 노드를 인덱스 생성자에 직접 제공하는 방법(예: `vector_index = VectorStoreIndex(nodes)`)과 둘째, `from_documents()`를 사용하여 문서 목록을 입력으로 제공하고 인덱스가 자체적으로 노드를 추출하도록 하는 방법입니다. 인덱스를 실제로 구축하기 전에 `Settings`를 사용하여 기본 메커니즘을 사용자 정의할 수 있다는 점을 기억하세요. 3장의 3.3.5절에서 설명했듯이, 이 간단한 클래스를 통해 인덱스에서 사용하는 LLM, 임베딩 모델, 기본 노드 파서 변경과 같은 다양한 설정이 가능합니다.

- **저장소 콘텍스트**: 저장소 콘텍스트는 인덱스의 데이터(문서 및 노드)가 저장되는 방식과 위치를 정의합니다. 이 사용자 정의는 애플리케이션의 요구사항에 따라 데이터 저장을 효율적으로 관리하는 데 중요합니다.

- **진행 상황 표시**: `show_progress` 옵션을 통해 인덱스 구축과 같은 장시간 실행되는 작업에 진행 막대를 표시할지 여부를 선택할 수 있습니다. 파이썬의 `tqdm` 라이브러리로 구현된 이 기능은 대규모 인덱싱 작업의 진행 상황을 모니터링하는 데 유용합니다.

- **다양한 검색 모드**: 각 인덱스는 애플리케이션의 특정 요구사항에 맞출 수 있는 다양한 사전 정의된 검색 모드를 제공합니다. 또한 `Retriever` 클래스를 사용자 정의하거나 확장하여 쿼리 처리 방식과 인덱스에서 결과를 검색하는 방법을 변경할 수 있습니다. 이에 대해서는 6장에서 자세히 다룰 예정입니다.

- **비동기 작업**: 일부 인덱스에서 구현된 `use_async` 매개변수는 특정 작업을 비동기적으로 수행할지 여부를 결정합니다. 비동기 처리를 통해 시스템은 각 작업이 순차적으로 완료되기를 기다리지 않고 여러 작업을 동시에 관리할 수 있습니다. 이는 특히 대규모 데이터셋이나 복잡한 작업을 다룰 때 성능 최적화에 중요할 수 있습니다.

> **주의사항**
> 샘플 코드를 더 깊이 탐구하기 전에 고려해야 할 중요한 점은 인덱싱이 종종 요약 또는 임베딩 목적으로 LLM 호출에 의존한다는 것입니다. 4장에서 다룬 메타데이터 추출의 경우와 마찬가지로, LlamaIndex의 인덱싱도 비용과 개인정보 보호 문제를 일으킬 수 있습니다. 아이디어를 테스트하기 위해 대규모 실험을 실행하기 전에 이 장의 마지막에 있는 비용 관련 부분을 반드시 읽어보기 바랍니다.

이제 첫 번째이자 가장 자주 사용되는 인덱스 유형부터 살펴보겠습니다.

5.3 VectorStoreIndex 이해하기

LlamaIndex에서 `VectorStoreIndex`는 가장 널리 사용되는 인덱스 유형으로, 핵심 도구로 자리 잡고 있습니다.

대부분의 RAG 애플리케이션에서 `VectorStoreIndex`가 최적의 해결책일 수 있습니다. 이는 입력 텍스트 조각의 **임베딩**이 인덱스의 **벡터 저장소**vector store 내에 저장하는 문서 모음에 대한 인덱스 구축을 쉽게 만들기 때문입니다. 구축 후에는 이 인덱스를 효율적인 쿼리에 활용할 수 있습니다. 텍스트의 임베딩 표현에 대한 **유사도 검색**similarity search이 가능하므로, 대규모 데이터 모음에서 관련 정보를 빠르게 검색해야 하는 애플리케이션에 매우 적합합니다. 임베딩, 벡터 저장소, 유사도 검색과 같은 용어에 아직 익숙하지 않더라도 걱정하지 마세요. 이어지는 절에서 자세히 다룰 예정입니다. LlamaIndex의 `VectorStoreIndex` 클래스는 기본적으로 이러한 작업을 지원하며, 비동기 호출과 진행 상황 추적도 가능합니다. 이는 일반적인 RAG 시나리오에서 성능과 사용자 경험을 향상시킬 수 있습니다.

5.3.1 VectorStoreIndex의 간단한 사용 예시

다음은 `VectorStoreIndex`를 구축하는 가장 기본적인 방법입니다.

```
from llama_index.core import VectorStoreIndex, SimpleDirectoryReader
documents = SimpleDirectoryReader("files").load_data()
index = VectorStoreIndex.from_documents(documents)
print("Index created successfully!")
```

보다시피, 단 몇 줄의 코드로 문서를 수집하고 `VectorStoreIndex`가 모든 과정을 처리했습니다. 이 방식을 사용하면 `from_documents()` 메서드를 통해 인덱스가 자체적으로 노드 파싱 단계를 완전히 건너뛰었다는 점에 주목하세요.

`VectorStoreIndex`에 대해 사용자 정의할 수 있는 여러 매개변수가 있습니다.

- `use_async`: 이 매개변수는 비동기 호출을 활성화합니다. 기본값은 `False`입니다.
- `show_progress`: 이 매개변수는 인덱스 구축 중 진행 막대를 표시합니다. 기본값은 `False`입니다.
- `store_nodes_override`: 이 매개변수는 벡터 저장소가 텍스트를 유지하더라도 LlamaIndex가 인덱스 저장소와 문서 저장소에 노드 객체를 저장하도록 강제합니다. 이는 벡터 저장소에 내용이 이미 저장되어 있더라도 노드 객체에 직접 접근해야 하는 상황에서 유용할 수 있습니다. 인덱스 저장소, 문서 저장소, 벡터 저장소에 대해서는 이 장의 뒷부분에서 자세히 설명하겠습니다. 이 매개변수의 기본 설정은 `False`입니다.

이 유형의 인덱스에 대한 시각적 표현을 보려면 그림 5.1을 참조하세요.

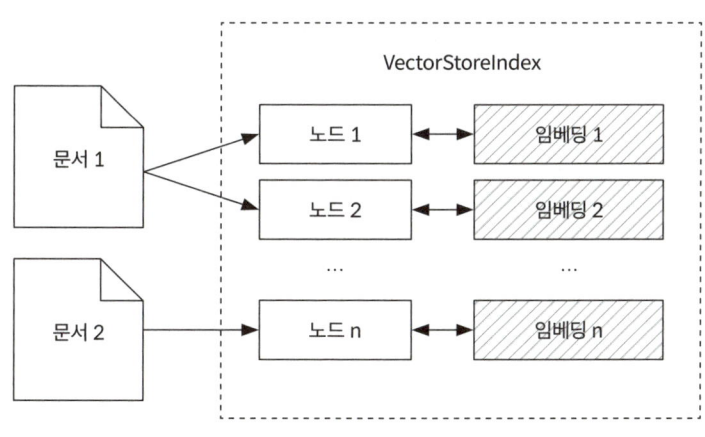

그림 5.1 **VectorStoreIndex의 구조**

`VectorStoreIndex`는 수집된 문서를 받아 노드로 분해합니다. 이 과정에서 텍스트 분할기, 청크 크기, 청크 중첩 등에 대해 기본 매개변수를 사용합니다. 물론 필요에 따라 이 모든 매개변수를 사용자가 직접 설정할 수 있습니다.

> **NOTE** 고정 크기 청크는 단순히 텍스트를 동일한 크기의 조각으로 나누며, 선택적으로 일부 중첩을 허용합니다. 계산 비용이 적고 구현이 간단하지만, 이러한 단순한 청크가 항상 최선의 방법은 아닐 수 있습니다. 애플리케이션의 특정 요구사항에 맞게 최적화하려면 다양한 청크 크기에 대한 성능 테스트가 중요합니다.

원본 텍스트의 청크를 포함하는 노드는 언어 모델을 사용하여 고차원 벡터 공간에 임베딩됩니다. 임베딩된 벡터는 인덱스의 벡터 저장소 구성 요소 내에 저장됩니다. 이후 쿼리가 이루어지면 쿼리 텍스트도 유사하게 임베딩되어 **코사인 유사도**cosine similarity로 유사도를 측정하여 저장된 벡터와 비교됩니다. 가장 유사한 벡터, 즉 가장 관련성 높은 문서 청크가 쿼리 결과로 반환됩니다. 이 과정을 통해 벡터 공간의 수학적 특성을 활용하여 사용자의 쿼리에 가장 적합한 문서를 찾아 신속하고 의미론적으로 정확한 정보 검색이 가능해집니다.

조금 복잡하게 들리나요? 다음 절에서 이러한 개념들을 자세히 살펴보겠습니다.

5.3.2 임베딩 이해하기

간단히 말해, **벡터 임베딩**vector embedding은 기계가 이해할 수 있는 데이터 형식입니다. 이는 의미를 포착하며 단어, 전체 문서, 심지어 이미지와 소리와 같은 텍스트 아닌 정보를 개념적으로 표현할 수 있습니다. 임베딩은 LLM의 표준 사고 언어라고 볼 수 있습니다. LLM에서 임베딩은 모델이 정보를 이해하고 처리하는 기본적인 표현foundational representation 역할을 합니다. 이는 다양하고 복잡한 데이터를 균일한 고차원 공간으로 변환하여 LLM이 비교, 연관, 예측과 같은 작업을 더 효과적으로 수행할 수 있도록 합니다. 그림 5.2는 데이터를 임베딩하는 과정을 보여줍니다.

그림 5.2 임베딩 모델이 데이터를 수치 표현으로 변환하는 방법

이는 내부적으로 모두 수학에 기반합니다. 수학은 숫자와 잘 작동하며, 특히 부동소수점 숫자의 큰 목록을 다룹니다. 여기서 각 숫자는 가상의 벡터 공간에서 한 차원을 나타냅니다. LLM은 이러한 숫자 배열을 사용하여 받은 입력을 바탕으로 이해하고, 해석하고, 응답을 생성합니다. 본질적으로 벡터 임베딩의 이 숫자들은 LLM이 데이터를 의미 있고 구조화된 방식으로 처리할 수 있게 합니다.

이 시스템의 장점은 모호함과 복잡성을 다룰 수 있는 능력입니다. 모델은 동의어, 반의어 및 더 복잡한 언어 패턴과 같은 단어 간의 의미론적 관계를 이해할 수 있습니다. 다의어의 경우, 같은 단어가 다른 맥락에서 다른 의미를 가질 수 있습니다. 예를 들어 'bank'라는 단어는 강둑을 가리킬 수도 있고, 금융 기관을 가리킬 수도 있습니다. 벡터 임베딩은 맥락에 민감한 표현을 제공함으로써 LLM이 이러한 뉘앙스를 이해하는 데 도움을 줍니다. 따라서 어떤 상황에서 'bank'는 'river'와

'shore' 같은 단어와 밀접하게 연관될 수 있지만, 다른 상황에서는 'money'와 'account'와 더 밀접하게 연결될 수 있습니다.

참고사항

임베딩되는 텍스트 청크의 크기가 정밀도에 영향을 미친다는 점을 반드시 고려해야 합니다. 청크가 너무 작으면 문맥이 손실되고, 너무 크면 추가적인 세부 정보가 의미를 희석시킬 수도 있습니다.

임베딩에 아직 익숙하지 않다면, 다음 예시는 개념을 더 잘 이해하는 데 도움이 될 것입니다. 무작위로 선택한 세 문장에 임의의 벡터 임베딩을 할당해보겠습니다.

- **문장 1**: The quick brown fox jumps over the lazy dog(빠른 갈색 여우가 게으른 개를 뛰어넘습니다).
- **문장 2**: A fast dark-colored fox leaps above a sleepy canine(빠른 어두운 색 여우가 졸린 개 위로 뛰어오릅니다).
- **문장 3**: Apples are sweet and crunchy(사과는 달콤하고 아삭합니다).

실제 상황에서는 각 문장과 연관된 임베딩이 **임베딩 모델**embedding model을 사용하여 자동으로 계산합니다. 이는 텍스트, 이미지, 그래프와 같은 복잡한 데이터를 수치 형식으로 변환하는 데 사용되는 특수한 인공지능 모델입니다. 임베딩은 일반적으로 고차원이지만, 설명을 위해 간단한 3차원의 임의로 선택된 벡터를 사용하겠습니다. 세 문장에 대한 가상의 임베딩은 다음과 같습니다.

- **문장 1 임베딩**: [0.8, 0.1, 0.3]
- **문장 2 임베딩**: [0.79, 0.14, 0.32]
- **문장 3 임베딩**: [0.2, 0.9, 0.5]

이 숫자들은 순전히 개념을 설명하기 위한 것으로, 유사한 의미를 가진 문장 1과 2의 임베딩이 벡터 공간에서 서로 더 가깝다는 것을 보여줍니다. 다른 의미를 가진 문장 3의 임베딩은 처음 두 개와 더 멀리 떨어져 있습니다. 세 임베딩의 간단한 시각적 비교는 그림 5.3을 참조하세요.

3차원 공간에서 시각화할 때, 문장 1과 2는 서로 가까이 위치하고, 문장 3은 거리를 두고 위치합니다. 이러한 공간적 표현을 통해 머신러닝 모델은 의미적 유사성을 판단할 수 있습니다.

벡터 저장소 인덱스에서 쿼리를 사용하여 유용한 콘텍스트를 검색할 때, LlamaIndex는 검색어를 유사한 임베딩으로 변환한 다음, 텍스트 청크의 사전 계산된 임베딩 중에서 가장 가까운 일치 항목을 찾습니다.

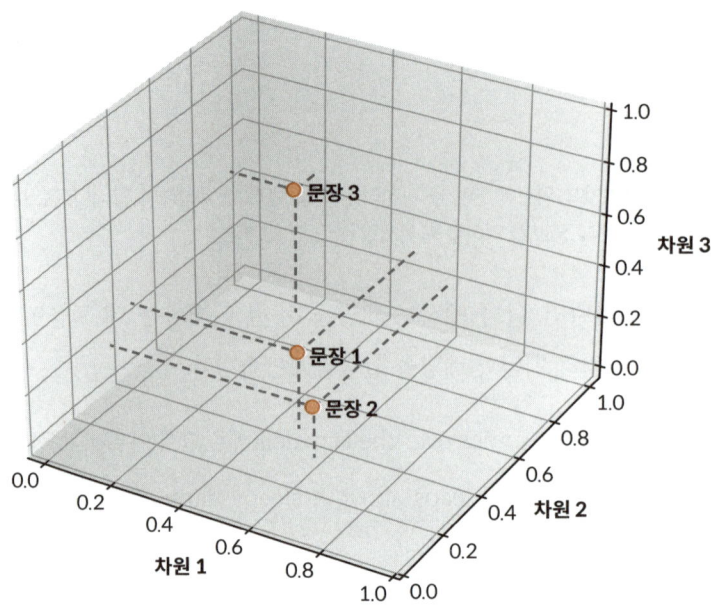

그림 5.3 3D 공간에서 세 임베딩 문장의 비교

이 과정을 유사도 검색 또는 **거리 검색**distance search이라고 부릅니다. 따라서 **top-k 유사도 검색**top-k similarity search이라는 용어를 접하면, 이는 벡터 임베딩 간의 유사성을 계산하는 알고리즘을 사용한다는 것을 의미합니다. 이 알고리즘은 벡터 임베딩을 입력으로 받아 벡터 저장소에서 가장 유사한 k개의 벡터를 반환합니다. 초기 벡터와 **top-k**개의 반환된 이웃이 서로 유사하기 때문에 그들의 의미가 개념적으로 유사하다고 볼 수 있습니다. 이제 왜 임베딩을 LLM의 **표준 사고 언어**standard language of thought라고 부르는지 이해할 수 있을 것입니다. 임베딩이 텍스트, 이미지 또는 다른 유형의 정보를 나타내는지는 더 이상 중요하지 않습니다. 우리는 그들의 유사성을 숫자로 측정합니다.

사용 사례에 따라 다르게 구현할 수 있는 유일한 것은 그 거리나 유사성을 정의하는 실제 공식입니다.

　스포일러 주의: 다음에도 약간의 수학적 개념이 등장합니다.

5.3.3 유사도 검색 이해하기

기계학습과 딥러닝 분야에서 유사도 검색은 매우 중요한 개념입니다. 이는 추천 시스템, 정보 검색부터 클러스터링 및 분류 작업에 이르기까지 많은 애플리케이션의 기반이 됩니다. 모델과 시스템이 고차원 데이터를 다룰 때, 데이터 포인트 간의 패턴과 관계를 식별하는 것이 필수입니다. 이는 각 항목이 벡터로 표현되는 벡터 공간에서 데이터 요소들의 **근접성**이나 **유사성**을 측정하는 작업을 포함합니다.

이 공간에서 서로 가까운 점들을 찾음으로써 기계는 유사성을 평가하고, 나아가 결정을 내리거나, 추론을 하거나, 그 근접성 평가를 기반으로 정보를 검색할 수 있습니다. 딥러닝에서 임베딩의 등장으로 효과적인 유사도 검색의 필요성이 더욱 커졌습니다. 임베딩이 데이터의 의미론적 의미semantic meaning를 포착하므로, 이러한 벡터에 대한 유사도 검색을 수행하면 기계가 인간의 인지에 가까운 수준으로 콘텐츠를 이해할 수 있게 됩니다.

LlamaIndex가 현재 벡터 간의 유사성을 측정하는 데 사용하는 방법들을 살펴보겠습니다. 각 방법은 고유한 장점과 적용 가능성을 가지고 있습니다.

❶ 코사인 유사도

이 방법은 두 벡터 사이의 **각도** 코사인을 측정합니다. 서로 다른 방향을 가리키는 두 개의 화살표를 상상해보세요. 그 사이의 각도가 작을수록 더 유사합니다.

그림 5.4는 두 벡터 간의 코사인 유사도 비교를 보여줍니다.

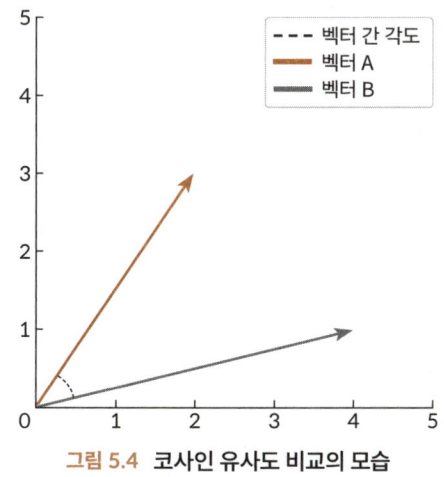

그림 5.4 코사인 유사도 비교의 모습

임베딩의 관점에서 작은 각도(또는 1에 가까운 높은 코사인 유사도 점수)는 그들이 나타내는 내용이 유사함을 의미합니다. 이 방법은 특히 텍스트 분석에 유용한데, 문서의 길이에 영향을 적게 받고 벡터 공간에서의 방향이나 방향성에 더 초점을 맞추기 때문입니다.

> **NOTE** 코사인 유사도는 LlamaIndex가 임베딩 간의 유사성을 계산하는 데 사용하는 기본 방법입니다.

2 도트곱

스칼라곱scalar product 혹은 내적이라고도 불리는 **도트곱**dot product은 단일 값으로 표현되며, 두 벡터가 서로 얼마나 잘 정렬되어 있는지 계산하는 또 다른 방법입니다. 두 벡터의 도트곱을 계산하기 위해 알고리즘은 벡터의 대응하는 요소들을 곱한 다음 이 곱들의 합을 구합니다.

예를 들어 벡터 A: [2,3]과 벡터 B: [4,1]의 도트곱을 계산해보겠습니다. 대응하는 요소들을 곱하여 계산하면 (2×4) + (3×1), 이는 8 + 3 = 11이 됩니다. 따라서 이 두 벡터의 도트곱은 11입니다.

그림 5.5는 이 개념을 예시로 보여줍니다.

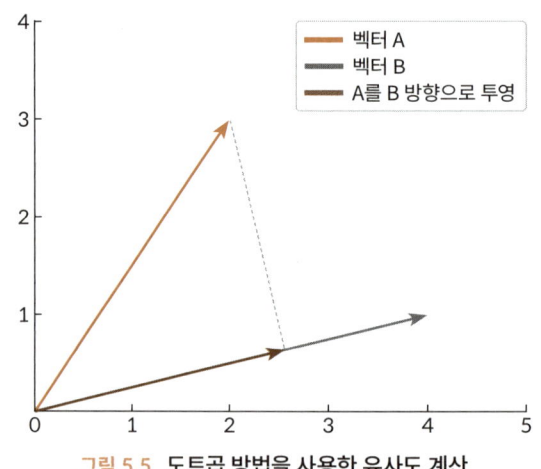

그림 5.5 도트곱 방법을 사용한 유사도 계산

그림 5.5의 다이어그램에서 도트곱은 한 벡터를 다른 벡터에 투영함으로써 시각화됩니다. 이 투영은 도트곱의 기하학적 해석을 보여줍니다. 한 벡터의 구성 요소를 다른 벡터의 방향으로 투영한 다음, 이 투영된 구성 요소들을 두 번째 벡터의 대응하는 구성 요소와 곱하여 계산합니다. 이 곱들의 합이 도트곱이 됩니다. 이 시각화는 도트곱이 단순히 벡터들이 같은 방향을 가리키는 정도를 측정하는 것이 아니라 그들의 길이도 고려한다는 것을 이해하는 데 도움을 줍니다.

도트곱의 값이 높을수록 벡터 간의 유사성이 높습니다. 코사인 방법과 달리, 도트곱은 비교되는 두 벡터의 길이와 상대적 방향 모두에 영향을 받습니다. 코사인 유사도는 도트곱을 벡터의 크기로 정규화하여, 벡터 간의 방향 정렬만을 측정하는 지표가 됩니다. 이는 벡터의 길이와는 무관합니다.

벡터가 길수록 도트곱 결과가 더 커지며, 이는 RAG 시나리오에서 중요하게 고려해야 할 점입니다. 더 긴 벡터(더 긴 문서나 더 상세한 정보를 나타낼 수 있음)는 본질적으로 더 큰 도트곱 값으로 인해 검색 결과에 큰 영향을 끼칠 수 있습니다. 이로 인해 가장 관련성이 높지 않더라도 시스템이 더 긴 문서를 검색하는 쪽으로 편향될 수 있습니다.

❸ 유클리드 거리

이 방법은 내적과 코사인 유사도 방법과는 다른 접근 방식을 취합니다. 이전 방법들이 벡터 간의 각도나 정렬을 고려하는 반면, **유클리드 거리**Euclidean distance는 벡터의 실제 값들이 서로 얼마나 가까운지를 측정합니다. 이는 벡터의 값들이 실제 개수나 측정치를 나타내는 경우, 특히 벡터 차원이 현실 세계의 물리적 의미를 가질 때 매우 유용합니다.

유클리드 거리의 시각적 표현은 그림 5.6을 참조하세요.

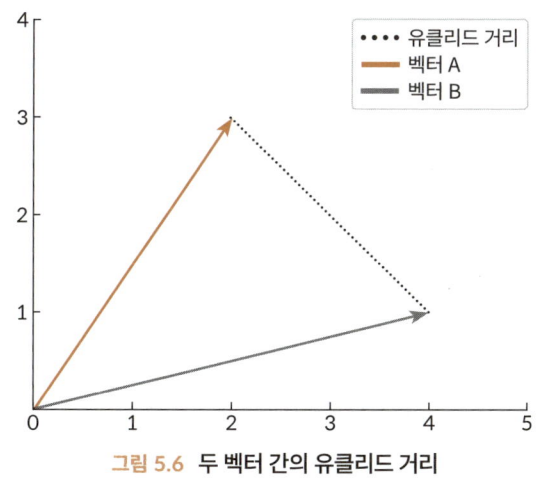

그림 5.6 두 벡터 간의 유클리드 거리

이제 여러분은 임베딩, 벡터 유사도의 작동 원리, 특히 LlamaIndex에서 이들이 어떻게 구현되는지에 대한 기본적인 이해를 하게 되었을 것입니다. 이 개념에 더 익숙해지고 싶다면 웹에서 추가 정보를 찾아볼 수 있습니다.

다음은 추가 읽기 자료입니다.

https://developers.google.com/machine-learning/clustering/dnn-clustering/supervised-similarity?hl=ko

5.3.4 LlamaIndex는 이러한 임베딩을 어떻게 생성하나요?

간단히 말해, '사용자가 선호하는 방식'으로 생성합니다. 기본적으로 프레임워크는 OpenAI의 `text-embedding-ada-002` 모델을 사용하도록 설정되어 있습니다. 이 모델은 텍스트의 의미론적 의미를 효과적으로 포착하는 임베딩을 생성하도록 훈련되어 있어 의미 기반 검색semantic search, 주제 클러스터링topic clustering, 이상 탐지anomaly detection 등의 애플리케이션을 가능하게 합니다. 이 모델은 품질, 성능, 비용 면에서 매우 좋은 균형을 제공합니다. LlamaIndex는 인덱스 구축 과정에서 문서 임베딩뿐만 아니라 쿼리 임베딩에도 기본적으로 이 모델을 사용합니다.

그러나 대량의 데이터를 인덱싱해야 할 때는 이러한 호스팅 모델과 관련된 비용이 예산을 초과할 수 있습니다. 또는 독점 데이터의 프라이버시 문제로 로컬 모델 사용을 선호할 수 있습니다. 때로는 특정 주제나 기술 영역에 더 특화된 모델을 사용하고 싶을 수도 있습니다.

좋은 소식은 LlamaIndex가 다양한 다른 임베딩 모델도 지원한다는 것입니다. 예를 들어 로컬 모델을 사용하고 싶다면 서비스 콘텍스트를 설정하여 허깅 페이스에서 제공하는 균형 잡힌 기본 모델을 사용하는 로컬 임베딩을 활용할 수 있습니다.[1] 이는 비용을 절감하거나 데이터를 로컬에서 처리해야 하는 요구사항이 있는 경우 특히 유용할 수 있습니다.

1 허깅 페이스 간단 소개

허깅 페이스는 AI 분야에서 매우 중요한 자료원으로서, 기계학습 모델을 구축, 배포, 교육하기 위한 도구와 리소스를 제공하고, 주로 자연어 처리 분야에서 광범위한 사전 훈련된 기계학습 모델 컬렉션으로 유명합니다. 허깅 페이스의 중요성은 최신 AI 모델, 도구, 기술에 대한 접근을 대중화하여 개발자와 연구자들이 비교적 쉽게 고급 AI 기능을 구현할 수 있게 하는 데 있습니다. GitHub와 유사하게, 허깅 페이스는 사용자들이 AI 모델을 공유하고, 협업하며, 개선할 수 있는 커뮤니티 중심 접근 방식을 채택하고 있습니다. 이는 개발자들이 GitHub에서 코드 저장소를 공유하고 기여하는 것과 비슷합니다. 이러한 커뮤니티 중심 모델은 AI 발전의 혁신과 보급을 가속화합니다.

다음 샘플을 실행하기 전에 필요한 통합 패키지를 설치하세요.

```
pip install llama-index-embeddings-huggingface
```

---

[1] https://huggingface.co/BAAI/bge-small-en-v1.5

이 예제는 로컬 임베딩 모델을 설정하는 방법을 보여줍니다.

```python
from llama_index.embeddings.huggingface import HuggingFaceEmbedding
embedding_model = HuggingFaceEmbedding(
    model_name="WhereIsAI/UAE-Large-V1"
)
embeddings = embedding_model.get_text_embedding(
    "The quick brown fox jumps over the lazy cat!"
)
print(embeddings[:15])
```

첫 실행 시, 코드는 허깅 페이스에서 `Universal AnglE Embedding` 모델을 다운로드합니다. 이는 현재 가장 우수한 성능을 보이는 임베딩 모델 중 하나로, 전반적인 성능과 품질의 균형이 뛰어납니다.

자세한 정보는 다음에서 확인할 수 있습니다.

https://huggingface.co/WhereIsAI/UAE-Large-V1

임베딩 모델을 다운로드하고 초기화한 후, 스크립트는 문장의 임베딩을 계산하고 벡터의 처음 15개 값을 표시합니다.

고급 사용자나 특정 애플리케이션의 경우, LlamaIndex는 사용자 정의 임베딩 모델을 쉽게 통합할 수 있게 해줍니다. LlamaIndex에서 제공하는 `BaseEmbedding` 클래스를 확장하고 임베딩을 생성하는 자체 로직을 구현하면 됩니다.

사용자 정의 임베딩 클래스를 정의하는 방법의 예시는 다음 링크에서 확인할 수 있습니다.

https://developers.llamaindex.ai/python/examples/embeddings/custom_embeddings

OpenAI와 로컬 모델 외에도 Langchain과의 통합을 통해 그들이 제공하는 모든 임베딩 모델을 사용할 수 있습니다. 또한 LlamaIndex가 제공하는 추가 통합을 통해 Azure, CohereAI, 기타 제공업체의 임베딩 모델을 사용할 수 있는 옵션이 있습니다. 이러한 큰 유연성 덕분에 여러분의 요구 사항이나 제약 조건에 관계없이 애플리케이션에 적합한 임베딩 모델을 사용하도록 LlamaIndex를 구성할 수 있습니다.

5.3.5 어떤 임베딩 모델을 사용해야 할까요?

임베딩 모델의 선택은 RAG 앱의 성능, 품질, 비용에 상당한 영향을 미칠 수 있습니다. 특정 모델을 선택할 때 고려해야 할 주요사항은 다음과 같습니다.

- **정성적 성능**: 다양한 임베딩 모델은 텍스트의 의미를 다른 방식으로 인코딩할 수 있습니다. OpenAI의 Ada와 같은 모델의 임베딩은 텍스트에 대한 광범위한 이해를 목표로 설계되었지만, 다른 모델들은 특정 도메인이나 작업에 미세 조정되어 해당 시나리오에서 더 우수한 성능을 발휘할 수 있습니다. 도메인 특화 모델은 전문화된 주제를 더 정확하게 표현할 수 있습니다.

- **정량적 성능**: 여기에는 모델이 의미적 유사성을 얼마나 잘 포착하는지, 벤치마크에서의 성능, 보지 않은 데이터에 대한 일반화 능력 등의 요소가 포함됩니다. 이는 다양한 모델과 적용 도메인 사이에서 상당히 다를 수 있습니다. 가장 인기 있는 모델들의 일반적인 벤치마크는 허깅 페이스 웹사이트의 MTEB_{Massive Text Embedding Benchmark} 리더보드[2]에서 확인할 수 있습니다.

- **지연 시간과 처리량**: 실시간 제약이 있거나 대용량 데이터를 다루는 애플리케이션의 경우, 임베딩 모델의 속도가 결정적인 요소가 될 수 있습니다. 또한 모델이 처리할 수 있는 최대 입력 청크 크기를 고려해야 하며, 이는 임베딩을 위해 텍스트를 분할하는 방식에 영향을 미칩니다. 노드의 임베딩은 수집 과정에서 계산되므로 전체 애플리케이션 성능에는 영향을 미치지 않습니다. 그러나 검색 과정에서는 각 쿼리가 실시간으로 임베딩되어야 유사성을 측정하고 관련 노드를 검색할 수 있습니다. 이 단계에서는 지연 시간_{latency}과 처리량_{throughput}이 중요합니다.

  다양한 임베딩 모델의 성능에 대한 아이디어를 얻으려면 다음 기사를 참고하세요.

  https://blog.getzep.com/text-embedding-latency-a-semi-scientific-look/

- **다국어 지원**: 임베딩 모델은 다국어를 지원하거나 특정 언어에 대해 훈련할 수 있습니다. 사용 사례에 따라 이 또한 중요한 결정 요인이 될 수 있습니다. 예를 들어 `Mistral`과 같은 작은 모델은 영어 데이터에 대해 GPT 3.5와 같은 호스팅 모델과 대등한 뛰어난 결과를 제공할 수 있지만, 다른 언어에서의 성능은 확실히 떨어집니다.

- **리소스 요구사항**: 임베딩 모델은 크기와 계산 비용 면에서 크게 다를 수 있습니다. 큰 모델은 더 정확한 임베딩을 제공할 수 있지만 상당히 더 많은 계산 리소스가 필요하며, 따라서 더 높은 비용을 초래할 수 있습니다.

---

[2] https://huggingface.co/spaces/mteb/leaderboard

- **가용성**availability: 일부 임베딩 모델은 특정 API를 통해서만 사용 가능하거나 특정 소프트웨어 설치가 필요할 수 있어 통합과 사용의 용이성에 영향을 미칠 수 있습니다. 좋은 소식은 LlamaIndex에서 높은 수준의 사용자 정의가 가능하다는 것입니다.
- **온디바이스 또는 로컬 사용**: 데이터 프라이버시가 우려되거나 인터넷 접속이 제한되거나 불가능한 환경에서 작동할 때 로컬 모델 사용을 선호할 수 있습니다.
- **사용 비용**: 클라우드 기반의 호스팅 임베딩 모델에 대한 API 호출 비용과 로컬 임베딩 모델의 계산 비용과 저장 비용을 비교하여 고려해야 합니다.

LlamaIndex는 즉시 사용 가능한 많은 임베딩 모델을 지원하며, 다양한 임베딩을 사용할 수 있는 유연성을 제공합니다.

지원하는 모델의 전체 목록은 다음 링크에서 확인할 수 있습니다.

https://developers.llamaindex.ai/python/framework/module_guides/models/embeddings#list-of-supported-embeddings

대부분의 사용 사례에서 OpenAI의 기본 임베딩 모델인 `text-embedding-ada-002`는 우리가 논의한 모든 매개변수 사이에서 좋은 균형을 제공합니다. 하지만 특정한 요구사항이나 제약 조건이 있는 경우, 다양한 모델을 탐색하고 벤치마크하여 특정 애플리케이션에 가장 적합한 결과를 제공하는 모델을 찾는 것이 도움이 될 수 있습니다.

이제 임베딩에 대해 알아보았으니, 이를 저장하고 재사용하는 방법에 대해 살펴보겠습니다.

5.4 인덱스 지속성 및 재사용

중요한 질문을 제기해봅니다. 인덱싱 과정에서 생성된 벡터 임베딩을 정확히 어디에 저장할 수 있을까요?

이를 저장하는 것은 여러 가지 이유로 중요합니다.

- 매 세션마다 문서를 다시 임베딩하고 인덱스를 재구축하는 계산 비용을 피할 수 있습니다. 대규모 문서 컬렉션에 대한 고품질 임베딩을 생성하려면 시간이 지남에 따라 비용이 많이 들 수 있는 상당한 처리가 필요합니다. 인덱스를 지속적으로 유지하면 이러한 사전 계산된 결과물을 보존할 수 있습니다.

- 짧은 지연 시간 내에 처리가 가능해집니다. 이미 계산된 임베딩을 로드하여 런타임 임베딩 및 인덱싱을 피함으로써 애플리케이션을 훨씬 빠르게 시작하고 실행할 수 있습니다.
- 쿼리의 일관성과 정확성을 유지할 수 있습니다. 인덱스를 다시 로드하면 이전 세션에서 사용된 정확한 벡터와 구조를 재사용할 수 있습니다. 이는 일관되고 정확한 쿼리 실행을 보장합니다.

매 실행마다 재생성하는 것을 피하고 싶다면, 이러한 벡터 임베딩은 효율적인 저장과 검색을 가능하게 하는 저장소에 보관되어야 합니다.

이것이 LlamaIndex 내의 벡터 저장소의 역할입니다.

기본적으로 LlamaIndex는 메모리 내 벡터 저장소를 사용하지만, 지속성을 위해 모든 유형의 인덱스에 사용 가능한 `.persist()` 메서드를 제공합니다. 이 메서드는 모든 데이터를 지정된 위치의 디스크에 기록하여 지속성을 보장합니다.

벡터 임베딩을 지속하고 로드하는 방법을 살펴보겠습니다. 먼저 문서의 임베딩을 처리하는 인덱스를 생성합니다.

```python
from llama_index.core import VectorStoreIndex, SimpleDirectoryReader
documents = SimpleDirectoryReader("data").load_data()
index = VectorStoreIndex.from_documents(documents)
```

이 데이터를 지속하기 위해 `persist()` 메서드를 사용합니다.

```python
index.storage_context.persist(persist_dir="index_cache")
print("Index persisted to disk.")
```

이 메서드는 전체 인덱스 데이터를 디스크에 저장합니다. 향후 세션에서 데이터를 쉽게 다시 로드할 수 있습니다.

```python
from llama_index.core import StorageContext, load_index_from_storage
storage_context = StorageContext.from_defaults(
    persist_dir="index_cache")
index = load_index_from_storage(storage_context)
print("Index loaded successfully!")
```

지속된 디렉터리에서 `StorageContext`를 재구축하고 `load_index_from_storage`를 사용함으로써, 데이터를 다시 인덱싱할 필요 없이 인덱스를 효과적으로 재구성할 수 있습니다.

5.4.1 StorageContext 이해하기

`StorageContext`는 인덱싱과 쿼리 과정에서 사용되는 구성 가능한 저장 컴포넌트들을 통합 관리하는 역할을 합니다. 주요 구성 요소는 다음과 같습니다.

- **문서 저장소**(`docstore`): 문서의 저장을 관리합니다. 데이터는 `docstore.json`이라는 파일에 로컬로 저장됩니다.
- **인덱스 저장소**(`index_store`): 인덱스 구조의 저장을 관리합니다. 인덱스는 `index_store.json`이라는 파일에 로컬로 저장됩니다.
- **벡터 저장소**(`vector_stores`): 다양한 목적으로 사용할 수 있는 여러 벡터 저장소를 관리하는 딕셔너리입니다. 벡터 저장소는 `vector_store.json` 파일에 로컬로 저장됩니다.
- **그래프 저장소**(`graph_store`): 그래프 데이터 구조의 저장을 관리합니다. LlamaIndex는 그래프를 저장하기 위해 `graph_store.json`이라는 파일을 자동으로 생성합니다.

`StorageContext` 클래스는 문서, 벡터, 인덱스, 그래프 데이터 저장소를 하나의 우산 아래에 통합합니다. 앞서 언급한 로컬 데이터 저장용 파일들은 `persist()` 메서드를 호출할 때 LlamaIndex에 의해 자동으로 생성됩니다. 현재 폴더에 저장하지 않으려면 향후 세션에서 로드할 수 있는 특정 지속성 위치를 지정할 수 있습니다.

LlamaIndex는 기본적으로 기본 로컬 저장소를 제공하지만 AWS S3, Pinecone, MongoDB 등 더 강력한 지속성 솔루션으로 교체할 수 있습니다.

예를 들어 효율적인 오픈소스 벡터 엔진인 ChromaDB를 사용하여 벡터 저장소를 사용자 정의하는 방법을 살펴보겠습니다.

먼저 `pip`를 사용하여 `chromadb`를 설치해야 합니다.

```
pip install chromadb
pip install llama-index-vector-stores-chroma
```

코드의 첫 부분은 필요한 모듈을 가져옵니다.

```
import chromadb
from llama_index.vector_stores.chroma import ChromaVectorStore
from llama_index.core import (
    VectorStoreIndex, SimpleDirectoryReader, StorageContext)
```

그런 다음 Chroma 클라이언트를 초기화하고 Chroma 내에 데이터를 저장할 컬렉션을 생성합니다.

```
db = chromadb.PersistentClient(path="chroma_database")
chroma_collection = db.get_or_create_collection(
    "my_chroma_store"
)
```

ChromaDB에서는 데이터를 저장하기 위해 **컬렉션**collection을 생성합니다. 이는 관계형 데이터베이스의 **테이블**table과 유사합니다. `my_chroma_store` 컬렉션은 우리의 임베딩을 보관할 것입니다.

다음으로, `ChromaVectorStore`를 사용하여 맞춤형 벡터 저장소를 초기화하고 이를 `StorageContext`에 연결합니다.

```
vector_store = ChromaVectorStore(
    chroma_collection=chroma_collection
)
storage_context = StorageContext.from_defaults(
    vector_store=vector_store
)
```

이제 문서를 수집하고 인덱스를 구축할 준비가 되었습니다.

```
documents = SimpleDirectoryReader("files").load_data()
index = VectorStoreIndex.from_documents(
    documents=documents,
    storage_context=storage_context
)
```

`get()` 메서드를 사용하여 Chroma 컬렉션의 전체 내용을 표시할 수 있습니다.

```
results = chroma_collection.get()
print(results)
```

이후 세션에서 이 인덱스를 복원하는 것도 매우 간단합니다.

```
index = VectorStoreIndex.from_vector_store(
    vector_store=vector_store,
    storage_context=storage_context
)
```

이렇게 해서 원래의 인덱스를 재구축했습니다.

LlamaIndex는 ChromaDB와 같은 **벡터 데이터베이스**vector database를 래핑하여 단순한 저장소 추상화를 통해 기업 규모의 벡터 저장소를 쉽게 사용할 수 있게 만듭니다. 복잡성은 숨겨져 있으므로, 산업 수준의 데이터 인프라를 활용하면서도 애플리케이션 로직에 집중할 수 있습니다.

요약하면, LlamaIndex는 테스트를 위한 간단한 메모리 내 저장소부터 대규모 실제 배포를 위한 클라우드 호스팅 데이터베이스까지 다양한 벡터 저장소 옵션을 제공합니다. 또한 저장소 통합을 통해 모든 구성 요소를 쉽게 교체할 수 있습니다.

5.4.2 벡터 저장소와 벡터 데이터베이스의 차이

벡터 저장소와 벡터 데이터베이스라는 용어는 주로 대규모 벡터 집합을 관리하고 쿼리하는 맥락에서 사용합니다. 이는 자연어 처리, 이미지 인식 등의 작업을 포함하는 머신러닝 애플리케이션에서 흔히 볼 수 있습니다. 이 장에서는 이 두 용어를 자주 사용하며 때로는 유사한 개념으로 언급하고 있음을 이미 눈치챘을 것입니다. 그러나 둘 사이에는 미묘한 차이가 있습니다.

- **벡터 저장소**: 일반적으로 벡터가 저장되는 저장 시스템이나 저장소를 의미합니다. 이 벡터들은 고차원이며 텍스트, 이미지, 오디오와 같은 복잡한 데이터를 머신러닝 모델이 처리할 수 있는 형식으로 표현합니다. 벡터 저장소는 주로 이러한 벡터의 효율적인 저장에 중점을 둡니다. 데이터를 쿼리하거나 분석하는 고급 기능은 없을 수도 있으며, 주요 목적은 다양한 머신러닝 작업에 사용할 수 있는 대규모 벡터 저장소를 유지하는 것입니다.
- **벡터 데이터베이스**: 벡터 데이터베이스는 벡터를 저장할 뿐만 아니라 이를 쿼리하고 분석하는 고급 기능도 제공하는 더 정교한 시스템입니다. 여기에는 유사도 검색 및 머신러닝과 데이터 분석에 유용한 다른 복잡한 작업을 수행하는 능력을 포함합니다. 벡터 데이터베이스는 벡터 데이터의 고차원성과 효율적인 검색을 가능하게 하는 특수 인덱싱 기술의 필요성 등 벡터 데이터의 특수성을 처리하도록 설계되었습니다.

요약하자면, 벡터 저장소가 주로 저장 측면에 중점을 둔다면, 벡터 데이터베이스는 저장과 벡터 데이터에 필요한 복잡한 쿼리 기능을 모두 포함합니다. 이는 대량의 벡터화된 데이터를 빠르고 정확하게 검색해야 하는 애플리케이션에서 벡터 데이터베이스를 특히 중요하게 만듭니다.

벡터 데이터베이스를 대표하는 특징 중 하나로, 벡터 저장소에서는 덜 제공되는 것이 `CRUD(create, read, update, delete)` 함수 지원입니다. 벡터 저장소가 `CRUD` 기능을 제공하는지 여부는 저장소의 특정 구현과 설계에 따라 다를 수 있습니다. 그러나 일반적으로 벡터 저장소, 특히 벡터 데이터의 기본적인 형태나 단순화된 형태의 저장소라면 전통적인 데이터베이스 시스템과 같은 방식으로 모든 `CRUD` 작업을 지원하지 않을 수 있습니다. 일반적인 작업을 살펴보겠습니다.

- **Create(생성)**: 저장소에 새 벡터를 추가하는 능력은 보통 기본적인 기능입니다. 이는 벡터 저장소를 구축하는 데 필수입니다.
- **Read(읽기)**: 어떤 형태의 식별자나 기준에 따라 벡터를 읽거나 검색하는 것도 일반적인 기능입니다. 기본적인 벡터 저장소에서는 이것이 복잡한 쿼리보다는 단순한 검색으로 제한될 수 있습니다.
- **Update(업데이트)**: 벡터 저장소에서 기존 벡터를 업데이트하는 것은 전통적인 데이터베이스만큼 쉽거나 일반적으로 지원되지 않을 수 있습니다. 이는 머신러닝 및 유사한 애플리케이션에서 사용되는 벡터 데이터가 일반적으로 고정된 형태로 생성되며 자주 업데이트되지 않기 때문입니다.
- **Delete(삭제)**: 벡터를 삭제하는 기능을 지원할 수 있지만, 업데이트와 마찬가지로 벡터 저장소의 사용 사례에 따라 주요 기능이 아닐 수 있습니다.

많은 머신러닝 및 AI 애플리케이션에서 벡터가 생성되고 저장되면 자주 업데이트되거나 삭제되지 않기 때문에 일부 벡터 저장소는 전체 CRUD 기능보다는 효율적인 저장 및 검색(생성 및 읽기 작업)에 더 중점을 둘 수 있습니다.

단순한 벡터 저장소와 달리, 더 정교한 벡터 데이터베이스는 완전한 CRUD 기능을 제공할 가능성이 더 높으므로 벡터 데이터의 더 동적이고 유연한 관리를 가능하게 합니다.

벡터 데이터베이스에 대한 이해를 높이기 위한 좋은 출발점은 다음 링크에서 찾을 수 있습니다.

https://learn.microsoft.com/en-us/semantic-kernel/concepts/ai-services/integrations

5.5 LlamaIndex의 다른 인덱스 유형

`VectorStoreIndex`가 대부분의 RAG 시나리오에서 주요 역할을 하지만, LlamaIndex는 다른 많은 유용한 인덱싱 도구를 제공합니다. 이들은 모두 특정 기능과 사용 사례를 가지고 있는데, 다음 절에서 더 자세히 살펴보겠습니다.

5.5.1 SummaryIndex

`SummaryIndex`는 검색 목적의 데이터 인덱싱을 위한 간단하면서도 강력한 방법을 제공합니다. 벡터 저장소 내의 임베딩에 중점을 두는 `VectorStoreIndex`와 달리, `SummaryIndex`는 노드가 순서대로 저장되는 단순한 데이터 구조를 기반으로 합니다. `SummaryIndex`의 구조에 대한 간단한 설명을 그림 5.7에서 볼 수 있습니다.

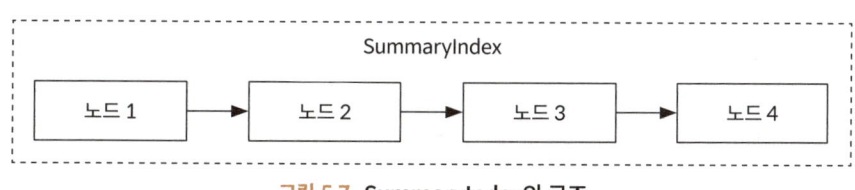

그림 5.7 **SummaryIndex의 구조**

인덱스를 구축할 때, 문서 컬렉션을 수집하고 이를 더 작은 청크로 분할한 다음, 이 청크들을 순차적 목록으로 컴파일합니다. 모든 과정은 LLM이나 임베딩 모델을 사용하지 않고 로컬에서 실행됩니다.

1 실용적 사용 사례

소프트웨어 개발 프로젝트 내에서 문서 검색 도구를 만든다고 가정해봅시다. 소프트웨어 프로젝트는 시간이 지남에 따라 기술 사양, API 문서, 사용자 가이드, 개발자 노트 등 광범위한 문서를 축적합니다. 특히 팀이 특정 세부사항을 빠르게 참조해야 할 때 이 정보를 추적하는 것이 어려워질 수 있습니다. 프로젝트의 문서 저장소에 `SummaryIndex`를 구현하면 개발자가 모든 문서에 걸쳐 빠른 검색을 수행할 수 있습니다. 예를 들어 개발자는 '결제 게이트웨이 API의 오류 처리 절차는 무엇인가요?'라고 질문할 수 있습니다. `SummaryIndex`는 복잡한 임베딩 모델이나 집약적인 계산 리소스 없이도 인덱싱된 문서를 스캔하여 오류 처리가 논의된 관련 섹션을 검색합니다. 이 인덱스는 리소스 제약으로 인해 광범위한 벡터 저장소를 유지하는 것이 가능하지 않거나 단순성과 속도가 우선시되는 환경에서 특히 유용합니다.

SummaryIndex는 데이터를 선형적으로 스캔하는 것으로 충분하거나 복잡한 임베딩 기반 검색이 필요하지 않은 애플리케이션에 특히 효과적입니다. 이는 더 기본적인 형태의 인덱싱이지만 여전히 다양한 사용 사례에서도 충분히 유연하며, 특히 데이터를 인덱싱하는 간단한 방법이 필요한 시나리오에 적합합니다.

❷ SummaryIndex의 간단한 사용 모델

SummaryIndex 생성은 간단합니다.

```python
from llama_index.core import SummaryIndex, SimpleDirectoryReader
documents = SimpleDirectoryReader("files").load_data()
index = SummaryIndex.from_documents(documents)
query_engine = index.as_query_engine()
response = query_engine.query("How many documents have you loaded?")
print(response)
```

여기서는 샘플 파일에서 노드가 생성되고 SummaryIndex가 이 노드들로 인스턴스화됩니다. 이 간단한 모델은 임베딩이나 벡터 저장소를 사용할 때 복잡성 없이 빠른 설정을 가능하게 합니다.

책의 GitHub 저장소 구조를 올바르게 복제하고 두 개의 텍스트 파일이 포함된 `files` 하위 폴더가 있다면, 이전 코드 스니펫의 출력은 다음과 같아야 합니다.

```
I have loaded two documents.
```

❸ SummaryIndex의 내부 작동 이해하기

내부적으로 SummaryIndex는 각 노드를 리스트와 유사한 구조에 저장하여 작동합니다. 쿼리가 실행되면 인덱스는 이 리스트를 반복하여 관련 노드를 찾습니다. 이 과정은 `VectorStoreIndex`의 임베딩 기반 검색보다 덜 복잡하지만 여전히 많은 애플리케이션에 효과적입니다.

이 인덱스는 `SummaryIndexRetriever`, `SummaryIndexEmbeddingRetriever`, `SummaryIndexLLMRetriever`와 같은 다양한 검색기와 함께 사용할 수 있으며, 각각 데이터 검색을 위한 서로 다른 메커니즘을 제공합니다. 쿼리 처리 중에 SummaryIndex는 **생성 및 개선** 접근 방식을 사용하여 응답을 형성합니다. 초기에는 첫 번째 텍스트 청크를 기반으로 예비 답변을 구성합니다. 이 초기 응답은 추가 텍스트 청크를 맥락 정보로 통합하여 점진적으로 개선됩니다. 개선 과정에는 초기 답변을 유지하거나, 약간 수정하거나, 원래 응답을 완전히 재구성하는 것이 포함됩니다. 검색 부분에 대해서는 6장에서 자세히 다룰 예정입니다.

5.5.2 DocumentSummaryIndex

LlamaIndex의 인덱싱 도구 모음은 잘 알려진 `VectorStoreIndex`를 넘어 다양한 애플리케이션을 위해 설계된 여러 특수 인덱스를 포함합니다. 이 중에서 `DocumentSummaryIndex`는 문서 관리와 검색에 대한 독특한 접근 방식으로 주목받고 있습니다.

`DocumentSummaryIndex`는 기본적으로 문서를 요약하고 이 요약을 인덱스 내의 해당 노드에 매핑함으로써 정보 검색을 최적화하도록 설계되었습니다. 이 과정은 요약을 사용하여 관련 문서를 빠르게 식별함으로써 효율적인 데이터 검색을 가능하게 합니다.

그림 5.8은 이 메커니즘을 시각적으로 보여줍니다.

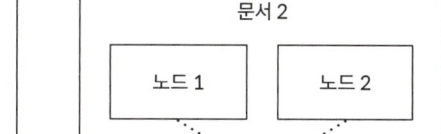

그림 5.8 DocumentSummaryIndex

이 인덱스는 먼저 수집된 각 문서에 대한 요약을 생성하여 작동합니다. 그런 다음 이 요약들은 문서의 노드에 연결되어 빠르고 정확한 데이터 검색을 가능하게 하는 구조화된 인덱스를 형성합니다.

`DocumentSummaryIndex`는 문서 내용의 간결한 개요를 통해 검색 범위를 크게 좁힐 수 있는 쿼리를 처리하는 데 특히 유용합니다. 이는 방대하고 다양한 데이터셋에서 특정 문서에 빠르게 접근해야 하는 애플리케이션에 매우 적합한 도구입니다.

예를 들어 `DocumentSummaryIndex`의 실용적인 사용 사례로 대규모 조직 내의 지식 관리 시스템 개발을 들 수 있습니다. 이러한 환경에서 직원들은 종종 보고서, 연구 논문, 정책 문서, 기술 매뉴얼 등 광범위한 문서에 빠르게 접근해야 합니다. 이러한 문서들은 일반적으로 다양한 부서에 걸쳐 저장되어 있으며 내용이 방대할 수 있어, 사용자의 쿼리와 관련된 특정 정보를 빠르게 찾는 것이 어려울 수 있습니다. 또한 여러 문서가 유사한 텍스트 내용을 포함할 수 있어 전체 데이터셋에 대한 단순한 임베딩 기반 검색이 비효율적일 수 있습니다.

이 특정 인덱스에 대해 여러 매개변수를 사용자 정의할 수 있습니다.

- `response_synthesizer`: 이 매개변수를 통해 요약을 생성하는 응답 합성기를 지정할 수 있습니다. `response_synthesizer`를 조정함으로써 요약 생성 방식에 대한 특정 요구사항이나 선호도에 맞게 요약 과정을 조정할 수 있습니다.
- `summary_query`: 이 매개변수는 요약 과정을 안내하는 쿼리를 정의하는 데 사용됩니다. 본질적으로 각 문서에 대해 어떤 종류의 요약을 생성할지 응답 합성기에 지시합니다. 기본 쿼리는 문서의 주제와 그 문서가 답할 수 있는 질문들을 설명하는 요약을 요청합니다. 이 쿼리를 조정하면 요약의 초점과 스타일을 인덱스의 특정 사용 사례에 더 적합하게 맞출 수 있습니다.
- `show_progress`: 이 `Boolean` 매개변수는 시간이 오래 걸릴 수 있는 작업 중에 진행 막대를 표시할지 여부를 결정합니다. 이를 `True`로 설정하면 작업의 진행 상황에 대한 시각적 피드백을 제공합니다.
- `embed_summaries`: 기본값이 `True`로 설정되면, 이 매개변수는 요약이 임베딩되어야 함을 나타냅니다. 임베딩된 요약은 임베딩 기반 검색에서 유사도 비교와 검색에 사용할 수 있습니다. 이는 문서 요약 내용과 사용자 쿼리 간의 유사성을 기반으로 노드를 검색하려는 상황에서 특히 유용합니다. 이에 대해서는 6장에서 더 자세히 다룰 예정입니다.

이제 `DocumentSummaryIndex`를 사용하는 방법을 살펴보겠습니다.

❶ DocumentSummaryIndex의 간단한 사용 모델

`DocumentSummaryIndex` 생성은 문서 수집과 후속 요약부터 시작하여 일련의 단계를 포함합니다. 다음 코드 예시는 이 인덱스를 생성하기 위한 기본 설정을 보여줍니다.

```
from llama_index.core import (
    DocumentSummaryIndex, SimpleDirectoryReader)
documents = SimpleDirectoryReader("files").load_data()
index = DocumentSummaryIndex.from_documents(
    documents,
    show_progress=True
)
```

이 과정은 디렉터리에서 문서를 읽고, 이를 노드로 파싱하고, 문서를 요약한 다음, 빠른 검색을 위해 이러한 요약을 해당 노드와 연결하는 것을 포함합니다. 다음으로, 이 과정에서 생성된 요약을 살펴보겠습니다.

```
summary1 = index.get_document_summary(documents[0].doc_id)
summary2 = index.get_document_summary(documents[1].doc_id)
print("\n Summary of the first document: " + summary1)
print("\n Summary of the second document: " + summary2)
```

코드 샘플의 두 번째 부분은 각 문서에 대해 생성된 요약을 표시합니다. 이러한 요약은 각 문서의 기본 노드와 연결되어 있습니다. 검색 과정에서 이 연결을 통해 사용자 쿼리와 각 문서의 요약을 기반으로 관련 노드만 추출할 수 있습니다.

내부적으로 `DocumentSummaryIndex`는 임베딩 기반 및 LLM 기반 검색기를 모두 지원하여 다양한 요구사항에 맞는 유연한 검색 메커니즘을 제공합니다. 기본적으로 인덱스는 각 요약에 대한 임베딩도 생성하여 임베딩 기반 검색을 용이하게 하는데, 이는 특히 유사도 검색에 유용합니다.

5.5.3 KeywordTableIndex

LlamaIndex의 `KeywordTableIndex`는 중요한 용어를 기반으로 쿼리를 관련 노드에 빠르게 연결하는 용어 사전과 유사한 지능적인 구조를 구현합니다. 복잡한 임베딩 공간과 달리, 이 구조는 간단한 키워드 테이블을 사용하지만 특정 사실을 검색하는 데 매우 효과적입니다. 이 인덱스는 문서에서 키워드를 추출하고 키워드–노드 매핑을 구성하여 매우 효율적인 검색 메커니즘을 제공합니다.

이는 관련 정보 검색에서 정확한 키워드 매칭이 중요할 때 특히 유용합니다. 이러한 키워드는 중앙 조회 테이블의 참조 키가 되며, 각 키워드는 용어 사전 정의와 같은 관련 노드를 가리킵니다. 검색 시, 관심 있는 항목에 대해 용어 사전을 찾아보는 것처럼 특정 키워드를 포함하는 관련 노드가 식별되고 반환됩니다. 시각적 표현은 그림 5.9를 참조하세요.

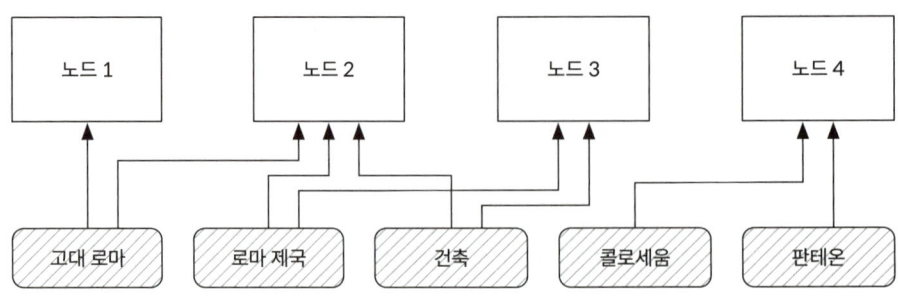

그림 5.9 **KeywordTableIndex의 구조**

KeywordTableIndex의 사용자 정의 가능한 매개변수는 다음과 같습니다.

- `keyword_extract_template`: 이는 키워드 추출에 사용되는 선택적 프롬프트 템플릿입니다. 텍스트에서 키워드를 추출하는 방식을 변경하기 위해 사용자 정의 프롬프트를 지정할 수 있으므로, 맞춤형 키워드 추출 전략을 가능하게 합니다. 프롬프트 사용자 정의에 대해서는 10장에서 더 자세히 다룰 예정입니다.

- `max_keywords_per_chunk`: 이는 각 텍스트 청크에서 추출할 최대 키워드 수를 설정합니다. 이 매개변수를 사용하여 키워드 테이블이 관리 가능하고 가장 관련성 높은 키워드에 집중하도록 할 수 있습니다. 기본값은 `10`입니다.

- `use_async`: 이는 비동기 호출을 사용할지 여부를 결정합니다. 특히 대규모 데이터셋이나 복잡한 작업을 처리할 때 성능을 향상시킬 수 있습니다. 기본 설정은 `False`입니다.

다음으로, KeywordTableIndex를 생성해보겠습니다.

❶ KeywordTableIndex의 간단한 사용 모델

KeywordTableIndex 생성은 매우 간단합니다.

```python
from llama_index.core import KeywordTableIndex, SimpleDirectoryReader
documents = SimpleDirectoryReader("files").load_data()
index = KeywordTableIndex.from_documents(documents)
query_engine = index.as_query_engine()
response = query_engine.query("
    What famous buildings were in ancient Rome?")
print(response)
```

여기서 인덱스는 데이터에서 자동으로 키워드를 추출하고 키워드 테이블을 설정하여 키워드 기반 검색 시스템 구축 과정을 간소화합니다.

이전 예제와 마찬가지로, GitHub 저장소의 구조를 올바르게 복제하고 두 개의 텍스트 파일이 포함된 `files` 하위 폴더가 있다면, 이전 코드 스니펫의 출력은 '콜로세움과 판테온이 고대 로마의 유명한 건물이었습니다.'와 같은 내용이 되어야 합니다.

2 KeywordTableIndex는 어떻게 작동하는가?

`KeywordTableIndex`는 용어집과 유사한 키워드 테이블을 구축하고 운영합니다. 여기서 각 키워드는 관련 노드에 연결됩니다. 인덱스는 초기에 문서 모음을 처리하여 이를 더 작은 조각(청크)으로 나눕니다. 각 청크에 대해 인덱스는 특별히 설계된 프롬프트와 함께 LLM을 사용하여 관련 키워드를 식별하고 추출합니다. 단순 용어부터 짧은 구문까지 다양한 키워드들은 이후 키워드 테이블에 체계적으로 정리되고, 테이블의 각 키워드는 그것이 추출된 텍스트 청크에 직접 연결됩니다.

쿼리를 받으면 인덱스는 그 안의 키워드를 식별하고 테이블 항목과 매칭하여 해당 키워드를 포함하는 관련 청크를 빠르고 정확하게 검색할 수 있습니다. 이는 단순 키워드 매칭부터 **RAKE**나 LLM 기반 키워드 추출 및 매칭과 같은 고급 기술까지 다양한 검색 모드를 지원합니다. 이러한 검색 모드에 대해서는 6장에서 더 자세히 다룰 예정입니다.

RAKE 추출 방법에 대한 간단한 참고사항

이 방법은 텍스트 본문 내에서 중요한 구문이나 키워드를 식별하는 데 특히 효과적입니다. RAKE의 핵심 아이디어는 키워드가 대개 여러 단어로 구성되지만 문장 부호, 불용어(stop word), 어휘적 의미가 거의 없는 단어를 거의 포함하지 않는다는 것입니다. `KeywordTableIndex`에는 LLM의 도움 없이 작동하도록 설계된 두 가지 유사한 대안이 있습니다. 단순한 정규 표현식 추출기를 사용하는 `SimpleKeywordTableIndex`와 `rake_nltk`(Natural Language Toolkit) 파이썬 패키지를 기반으로 한 `RAKEKeywordTableIndex`입니다.

`SummaryIndex`와 마찬가지로 `KeywordTableIndex`도 최종 응답을 생성할 때 '생성 및 개선' 접근 방식을 사용한다는 점을 기억하세요. `KeywordTableIndex`는 높은 적응성으로 인해, 키워드 정확성이 중요한 다양한 애플리케이션에서 유용하게 사용할 수 있습니다.

5.5.4 TreeIndex

`TreeIndex`는 정보 조직과 검색에 계층적 접근 방식을 도입합니다. 단순한 목록과 달리, 이 구조는 데이터를 계층적 트리 형식으로 조직화합니다.

TreeIndex의 구조를 보여주는 그림 5.10을 참조하세요.

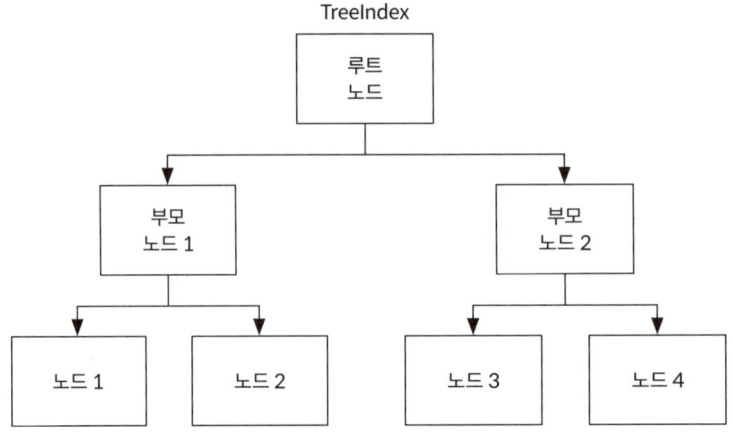

그림 5.10 TreeIndex의 구조

이 트리의 각 노드는 실제 나무의 가지나 잎처럼 데이터나 정보의 조각을 나타낼 수 있습니다. 이러한 구조적 형태는 데이터의 효율적인 처리와 쿼리를 가능하게 합니다. `TreeIndex`는 먼저 일련의 문서를 입력으로 받습니다. 그런 다음 상향식으로 트리를 구축합니다. 각 부모 노드는 일반적인 요약 프롬프트를 사용하여 자식 노드를 요약할 수 있으며, 각 중간 노드는 그 아래 구성 요소를 요약하는 텍스트를 포함합니다. 이 요약은 `summary_prompt` 매개변수로 사용자 정의할 수 있는 프롬프트 템플릿을 기반으로, LLM을 사용하여 생성됩니다. `TreeIndex`는 조직자이자 요약자 역할을 하여 많은 개별 데이터 조각을 가져와 그룹화하고 그 본질을 포착하는 요약을 생성합니다.

1 TreeIndex의 사용자 정의 가능한 매개변수

`BaseIndex` 클래스에서 상속된 일반적인 사용자 정의 외에도, `TreeIndex`는 다음 매개변수를 제공합니다.

- `summary_template`: 인덱스 구성 중 사용하는 요약을 위한 프롬프트입니다. 이 프롬프트는 요약 과정을 더 잘 제어하기 위해 사용자 정의할 수 있습니다.

- `insert_prompt`: 인덱스가 트리 삽입을 위해 사용하는 프롬프트로, 인덱스 구성을 용이하게 합니다. 이 프롬프트는 노드를 트리에 삽입하는 것을 돕고, 새로운 정보가 기존 트리 구조에 어떻게 통합되는지 안내합니다. 프롬프트 사용자 정의에 대한 자세한 내용은 10장에서 다룰 것입니다.

- `num_children`: 각 노드가 가질 수 있는 최대 자식 노드 수를 정의합니다. 이 매개변수는 트리의 너비를 제어하여 각 노드에서의 세부 수준에 영향을 미칩니다. 기본값은 `10`입니다.
- `build_tree`: 인덱스 구성 중 트리를 구축할지 여부를 나타내는 `Boolean` 값입니다. 기본값인 `True`를 사용하지 않으면 인덱스는 인덱스 구성 중이 아닌 쿼리 시간 동안 트리를 구축합니다. `build_tree` 매개변수를 `False`로 설정하는 것은 트리 구축 과정을 수동으로 제어하거나 초기 구성 후 트리 구조를 수정하고 싶을 때 유용합니다.
- `use_async`: 비동기 작업 모드를 사용할지 여부를 결정합니다.

다음으로, 간단한 `TreeIndex`를 만들어보겠습니다.

❷ TreeIndex의 간단한 사용 모델

`TreeIndex`를 구현하려면 다음과 같은 간단한 예를 따를 수 있습니다.

```
from llama_index.core import TreeIndex, SimpleDirectoryReader
documents = SimpleDirectoryReader("files").load_data()
index = TreeIndex.from_documents(documents)
query_engine = index.as_query_engine()
response = query_engine.query("Tell me about dogs")
print(response)
```

이 과정은 `TreeIndex`가 문서를 받아 계층적으로 구조화한 다음, 이 구조를 활용하여 효율적인 데이터 검색을 위한 쿼리를 수행하는 것을 포함합니다.

❸ TreeIndex의 내부 메커니즘

인덱스 구축 과정은 재귀적입니다. 첫 번째 수준의 부모 노드가 생성된 후, 빌더는 이러한 부모 노드를 더 높은 수준의 노드로 요약하는 과정을 반복할 수 있으며, 이 과정은 계속됩니다. 이는 트리에 여러 가지 수준을 만들어내며, 각 수준은 그 아래 수준의 정보를 추상화하고 요약합니다. 또한 대규모 데이터셋의 경우, 인덱스는 `use_async`를 사용하여 데이터를 비동기적으로 처리할 수 있습니다. 이는 데이터의 여러 부분을 동시에 처리할 수 있어 구축 과정을 더 빠르고 효율적으로 만듭니다.

LLM을 요약에 사용함으로써, `TreeIndex`는 데이터에 대한 미묘한 이해를 포함할 수 있습니다. 이는 관계와 맥락이 중요한 복잡한 데이터셋에 특히 유용합니다.

4 예시: 조직에서의 활용

보고서, 메모, 연구 논문과 같은 복잡한 계층적 데이터를 가진 조직에서, `TreeIndex`는 이 정보를 효율적으로 조직화하여 지식 관리 시스템 내에서 특정 데이터 포인트를 빠르게 검색할 수 있도록 합니다.

`TreeIndex`는 각 노드가 그 자식들의 요약된 표현인 트리를 구축함으로써 작동하며, 데이터의 명확하고 조직화된 뷰를 제공합니다.

이 인덱스는 여러 검색 모드를 지원합니다.

- `TreeSelectLeafRetriever`: 쿼리에 가장 적합한 리프 노드를 찾기 위해 트리를 순회합니다. 각 수준에서 순회를 위해 특정 수의 자식 노드를 선택합니다.
- `TreeSelectLeafEmbeddingRetriever`: 쿼리와 노드 텍스트 간의 임베딩 유사성을 활용하여 트리를 순회하고, 이 유사성을 기반으로 리프 노드를 선택합니다.
- `TreeRootRetriever`: 트리의 루트 노드에서 직접 답변을 검색합니다. 이 방법은 그래프가 이미 답변을 저장하고 있다고 가정하므로, 트리 아래로 정보를 파싱하지 않습니다.
- `TreeAllLeafRetriever`: 모든 리프 노드에서 쿼리 특정 트리를 구축하여 응답을 반환합니다. 각 쿼리마다 트리를 재구축하므로, 초기화 중에 트리 구조를 구축할 필요가 없는 시나리오에 적합합니다.

쿼리 시간 동안, 트리 인덱스는 다음과 같은 방식으로 작동합니다.

1. 먼저, 제공된 쿼리 문자열을 처리하여 관련 키워드를 추출합니다.
2. 루트 노드에서 시작하여, 인덱스는 트리 구조를 통해 탐색합니다.
3. 각 노드에서, 키워드가 노드의 요약에 포함되어 있는지 확인합니다.
4. 키워드가 발견되면, 인덱스는 해당 노드의 자식 노드를 탐색합니다.
5. 키워드가 없으면, 인덱스는 다음 노드로 진행합니다.
6. 이 과정은 리프 노드에 도달하거나 트리의 모든 노드가 검사될 때까지 지속됩니다.

도달한 리프 노드는 주어진 쿼리와 관련성이 가장 높을 가능성이 있는 콘텍스트를 나타냅니다.

검색기에 대해서는 6장에서 더 자세히 다룰 것입니다.

5 TreeIndex 사용의 잠재적 단점

RAG 워크플로에서 `TreeIndex`를 사용하는 것은 더 단순한 검색 방법에 비해 잠재적으로 덜 유리할 수 있습니다. 다음은 그 이유입니다.

- **증가된 계산량**: `TreeIndex`를 구축하고 유지하는 데는 추가적인 계산 리소스가 필요합니다. 인덱스 구축 단계에서는 노드를 재귀적으로 요약하고 조직화하여 트리 구조를 생성해야 합니다. 이 과정은 LLM 호출을 사용한 요약 적용과 계층적 구조 구축을 포함하며, 특히 대규모 데이터셋의 경우 계산 집약적일 수 있습니다.
- **재귀적 검색**: 인덱스를 쿼리할 때, 검색 과정은 루트 노드에서 관련 리프 노드로 트리 구조를 순회합니다. 이 재귀적 순회는 특히 트리가 깊거나 여러 가지를 탐색해야 하는 경우 여러 단계와 계산을 필요로 합니다. 순회의 각 단계는 쿼리를 노드 요약과 비교하고 어떤 가지를 따라갈지 결정하는 과정을 포함합니다. 이 재귀적 과정은 평면 인덱스에서의 검색보다 계산적으로 더 비용이 많이 들 수 있습니다.
- **요약 오버헤드**: 이 인덱스는 각 노드의 내용을 요약하여 그 자식 노드의 간결한 표현을 제공합니다. 요약 과정은 인덱스 구축 중이나 잠재적으로 업데이트나 삽입 중에도 수행되어야 하며, 이는 전체적인 계산 오버헤드를 증가시킵니다.
- **저장 요구사항**: `TreeIndex`를 저장하는 데는 평면 인덱스에 비해 추가적인 저장 공간이 필요합니다. 인덱스는 트리 구조, 노드 요약, 각 노드와 관련된 메타데이터를 저장해야 합니다. 이 추가적인 저장 오버헤드는 특히 대규모 데이터셋의 경우 저장 비용을 증가시킬 수 있습니다.
- **유지 보수와 업데이트**: `TreeIndex`를 유지하려면 새로운 데이터가 추가되거나 기존 데이터를 수정할 때 정기적인 업데이트와 재조직화가 필요합니다. 트리 구조에 새 노드를 삽입하거나 기존 노드를 업데이트하는 것은 연쇄 효과를 일으킬 수 있으므로, 부모 노드와 그들의 요약을 업데이트해야 할 수도 있습니다. 이 유지 보수 과정은 다른 인덱스에 비해 더 복잡하고 시간이 많이 걸릴 수 있습니다.

그러나 `TreeIndex` 사용과 관련된 높은 비용이 특정 시나리오에서는 정당화될 수 있다는 점을 주목해야 합니다. RAG 애플리케이션이 대규모 데이터셋을 다루고 효율적이며 맥락을 인식하는 검색이 필요한 경우, 이러한 유형의 인덱스를 사용하는 이점이 추가 비용을 상쇄할 수 있습니다. 그 계층적 구조와 요약 능력은 향상된 검색 성능, 줄어든 검색 공간, 더 나은 응답 생성 품질로 이어질 수 있습니다. 루트 노드에서 트리를 순회하고 선택적으로 관련 가지를 탐색함으로써, 모델은 가장 유망한 노드로 검색을 빠르게 좁힐 수 있습니다. 이는 평면 인덱스 구조를 검색하는 것에 비해 더 빠른 검색 시간과 향상된 효율성으로 이어질 수 있습니다.

따라서 중요한 점은 RAG 시나리오의 특정 요구사항, 규모, 제약을 평가하여 `TreeIndex` 사용의 이점이 잠재적인 비용 증가를 정당화하는지 결정하는 것입니다. 신중한 평가와 벤치마킹은 검색 효율성, 생성 품질, 계산, 저장 비용 간의 트레이드오프를 기반으로 정보에 입각한 결정을 내리는 데 도움이 될 수 있습니다.

5.5.5 KnowledgeGraphIndex

`KnowledgeGraphIndex`는 추출된 **트리플렛**triplet에서 **지식 그래프**knowledge graph, KG를 구축하여 쿼리 처리를 향상시킵니다. 이 유형의 인덱스는 주로 텍스트에서 트리플렛을 추출하기 위해 LLM에 의존하지만, 필요한 경우 사용자 정의 추출 함수를 사용할 수 있는 유연성도 제공합니다.

KG 인덱스는 복잡하고 상호 연결된 관계와 맥락 정보를 이해하는 것이 중요한 시나리오에서 뛰어납니다. 이들은 엔티티와 개념 사이의 복잡한 연결을 포착하는 데 매우 효과적이므로, 쿼리에 대해 더 나은 통찰력과 맥락을 인식하는 응답을 제공합니다. 다른 사용 사례 중에서도, KG는 다른 엔티티 간의 관계에 대한 이해가 필요한 다면적 질문에 답하는 데 이상적입니다. 그렇습니다. 여기서 우리의 튜터 프로젝트인 PITS를 언급하고 있습니다.

그림 5.11에서 KG가 어떻게 작동하는지 시각적으로 살펴보겠습니다.

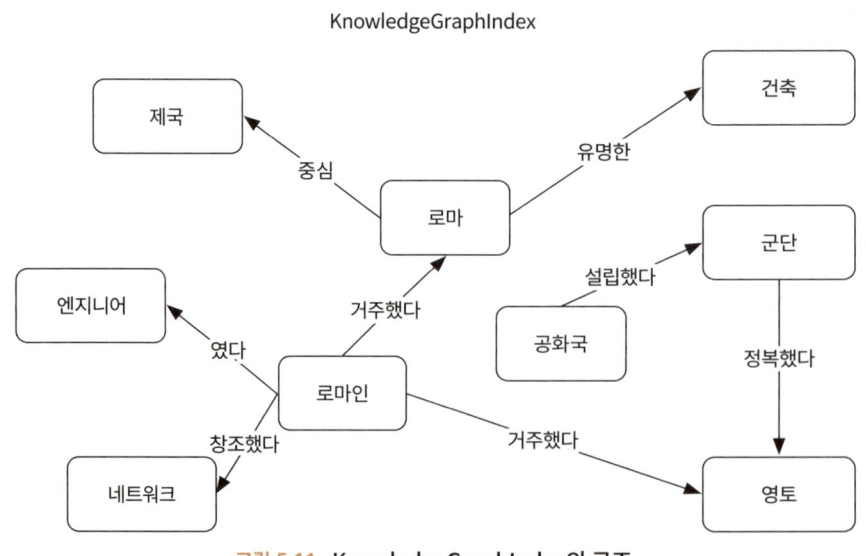

그림 5.11 **KnowledgeGraphIndex의 구조**

❶ 실제 사용 사례

KG의 흥미로운 사용 사례로는 뉴스 집계 앱을 들 수 있습니다. 이 앱에서는 신문, 블로그, 소셜 미디어 플랫폼과 같은 다양한 출처에서 매일 대량의 텍스트를 수집합니다. 이러한 시나리오에서 KG는 사람, 조직, 위치 등의 엔티티와 시간에 따른 그들의 관계를 표현하는 데 사용될 수 있습니다. 이를 통해 사용자는 그래프 구조와 순회 알고리즘을 기반으로 역사적 트렌드, 속보 이벤트, 관련 엔티티를 탐색할 수 있습니다.

이제 `KnowledgeGraphIndex`로 어떻게 작업할 수 있는지 살펴보겠습니다.

❷ KnowledgeGraphIndex의 사용자 정의 가능한 매개변수

다음 매개변수를 사용자 정의할 수 있습니다.

- `kg_triple_extract_template`: 트리플렛을 추출하기 위한 프롬프트 템플릿입니다. 트리플렛(주어-술어-목적어)이 식별되는 방식을 변경하기 위해 사용자 정의할 수 있어, 특정 사용 사례에 맞는 맞춤형 추출 전략을 가능하게 합니다.
- `max_triplets_per_chunk`: 텍스트 청크당 추출되는 트리플렛의 수를 제한합니다. 이 값을 설정하면 KG의 크기와 복잡성을 관리하는 데 도움이 됩니다. 기본값은 `10`입니다.
- `graph_store`: 그래프의 저장 유형을 정의합니다. 애플리케이션의 요구사항에 따라 성능과 확장성을 최적화하기 위해 다른 저장 유형을 사용할 수 있습니다.
- `include_embeddings`: 인덱스에 임베딩을 포함할지 여부를 결정합니다. 이는 유사성 검색이나 고급 쿼리 이해와 같이 임베딩이 검색 프로세스를 향상시킬 수 있는 시나리오에 유용합니다.
- `max_object_length`: 트리플렛에서 목적어의 최대 길이(문자 단위)를 설정합니다. 그래프의 구조와 검색 프로세스를 복잡하게 할 수 있는 지나치게 길거나 복잡한 목적어를 방지합니다. 기본값은 `128`입니다.
- `kg_triplet_extract_fn`: 트리플렛 추출을 위한 사용자 정의 함수를 제공할 수 있으며, 텍스트에서 트리플렛을 추출하기 위해 특수화되거나 독점적인 방법을 사용할 수 있는 유연성을 제공합니다.

다음으로 간단한 KG를 만들어보겠습니다.

❸ KnowledgeGraphIndex의 기본 사용 모델

다음은 KG를 구성하고 쿼리하는 간단한 방법입니다.

```python
from llama_index.core import (
    KnowledgeGraphIndex, SimpleDirectoryReader)
documents = SimpleDirectoryReader("files").load_data()
index = KnowledgeGraphIndex.from_documents(
    documents, max_triplets_per_chunk=2, use_async=True)
query_engine = index.as_query_engine()
response = query_engine.query("Tell me about dogs.")
print(response)
```

이 설정에서 인덱스는 문서에서 트리플렛을 추출하여 KG를 구축하고 복잡한 관계 쿼리를 가능하게 합니다. `use_asyn`를 `True`로 설정하여 비동기 모드에서 빌드 프로세스를 실행하도록 인덱스를 구성한 것에 주목하세요. 물론 우리의 예시에서 사용하는 두 개의 작은 문서에 대해서는 총 실행 시간에 큰 차이가 없을 것입니다. 그러나 대규모 데이터셋으로 작업할 때는 이 인덱스에 대한 비동기 작업을 활성화하면 중요한 성능 향상을 제공할 수 있습니다.

4 KnowledgeGraphIndex는 어떻게 구조를 구축하나요?

`KnowledgeGraphIndex`는 텍스트 데이터에서 주어-술어-목적어 트리플렛을 추출하여 KG를 형성합니다.

이 인덱스가 구조를 구축하는 두 가지 주요 방법은 다음과 같습니다.

- **기본 내장 접근법**: 기본 구현에서 인덱스는 텍스트에서 트리플렛을 추출하기 위해 내부 메서드를 사용합니다. 각 노드의 텍스트 내용을 미리 정의된 프롬프트 템플릿(`DEFAULT_KG_TRIPLET_EXTRACT_PROMPT`) 또는 초기화 시 `kg_triple_extract_template` 인수를 통해 제공한 사용자 정의 템플릿으로 처리합니다. 프롬프트 템플릿은 LLM에게 주어진 텍스트에서 지식 트리플렛을 추출하도록 지시합니다. LLM의 응답은 특수화된 내부 메서드에 의해 파싱되어 각 트리플렛의 **주어**, **술어**, **목적어**를 추출합니다. 추출한 트리플렛의 유효성과 일관성을 보장하기 위해 다양한 검사와 문자열 조작을 적용하고, 최종적으로 KG Index에 추가할 수 있는 정제되고 잘 포맷된 트리플렛 목록을 반환합니다.

- **사용자 정의 트리플렛 추출 함수 접근법**: 초기화 중 사용자 정의 `kg_triplet_extract_fn` 함수가 제공되면, 이를 LLM 기반 메서드 대신 사용합니다. 이를 통해 특정 요구사항이나 도메인 지식에 기반하여 텍스트에서 트리플렛을 추출하는 자체 함수를 정의할 수 있습니다.

트리플렛 생성 방법과 관계없이, 인덱스의 내부 구성 요소는 주어진 노드에서 실제 KG를 구축합니다. 각 노드를 순회하며 선택한 방법으로 트리플렛을 추출하고 인덱스 구조에 추가합니다.

`include_embeddings` 플래그가 `True`로 설정되면, 인덱스는 지정된 임베딩 모델을 사용하여 각 트리플렛에 대한 임베딩을 생성하고, 이를 인덱스 구조의 `embedding_dic`에 저장합니다.

`upsert_triplet()` 메서드를 통해 KG에 트리플렛을 수동으로 삽입할 수 있습니다. 이 메서드는 트리플렛을 그래프 저장소에 추가하고, 필요한 경우 트리플렛에 대한 임베딩도 생성합니다.

쿼리 처리 시, 인덱스는 KG를 활용하여 관련 데이터를 검색하고 맥락이 풍부한 응답을 제공합니다. 이 인덱스는 세 가지 고유한 검색기를 제공합니다. `KGTableRetriever`는 키워드 중심 쿼리를 위한 검색기, `KnowledgeGraphRAGRetriever`는 추출된 엔티티와 동의어를 기반으로 하위 그래프를 검색하는 검색기, 하이브리드 모드는 키워드와 임베딩 전략을 결합한 포괄적 접근 방식의 검색기입니다. 이러한 검색 기능에 대한 더 자세한 내용은 6장에서 살펴볼 예정입니다.

5.6 ComposableGraph를 사용하여 인덱스 위에 인덱스 구축하기

LlamaIndex의 `ComposableGraph`는 **인덱스를 계층적으로 쌓아** 정보를 구조화하는 정교한 방법을 제공합니다.

그림 5.12는 `ComposableGraph`의 대략적인 구조를 보여줍니다.

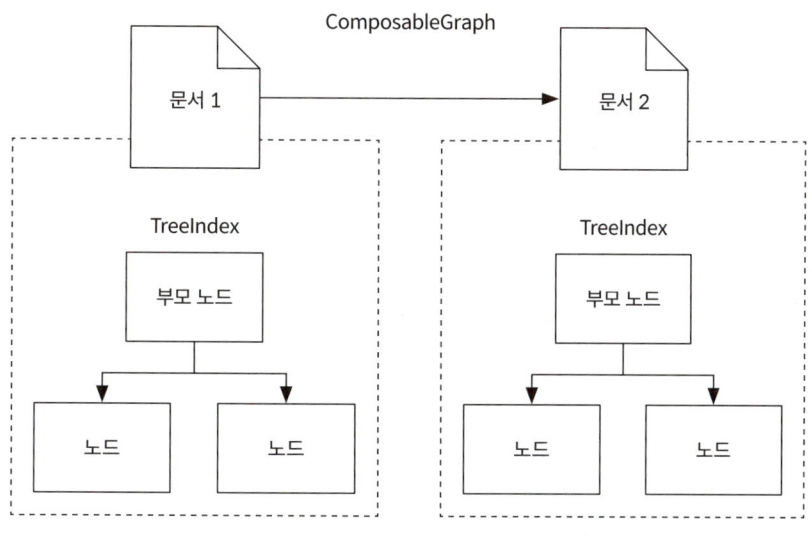

그림 5.12 ComposableGraph의 구조

이 접근 방식을 통해 개별 문서 내에서 하위 수준 인덱스를 구성하고, 이러한 인덱스들을 문서 컬렉션 전체에 걸쳐 상위 수준 인덱스로 집계할 수 있습니다. 예를 들어 각 문서 내의 텍스트에 대해 `TreeIndex`를 구축하고, 컬렉션의 각 `TreeIndex`를 포괄하는 `SummaryIndex`를 구축할 수 있습니다.

5.6.1 ComposableGraph 사용 방법

다음은 `ComposableGraph` 사용을 보여주는 간단한 코드 예시입니다.

```python
from llama_index.core import (
    ComposableGraph, SimpleDirectoryReader,
    TreeIndex, SummaryIndex)
documents = SimpleDirectoryReader("files").load_data()
index1 = TreeIndex.from_documents([documents[0]])
index2 = TreeIndex.from_documents([documents[1]])
summary1 = "A short introduction to ancient Rome"
summary2 = "Some facts about dogs"
graph = ComposableGraph.from_indices(
    SummaryIndex, [index1, index2],
    index_summaries=[summary1, summary2]
)
query_engine = graph.as_query_engine()
response = query_engine.query("What can you tell me?")
print(response)
```

이 예시에서 `ComposableGraph`는 `Document` 내의 상세 정보 조직과 `Document` 간의 요약을 효과적으로 처리합니다.

먼저 고대 로마와 관련된 문서 하나와 개를 설명하는 문서 하나, 총 두 개의 테스트 문서를 로드합니다. 그런 다음 각 문서에 대해 `TreeIndex`를 생성합니다.

또한 두 `Document`의 요약을 정의합니다.

1 프로 팁

요약을 수동으로 정의하는 대신, 각 개별 인덱스를 쿼리하여 내용 요약을 자동으로 생성하거나 `SummaryExtractor`를 사용하여 동일한 목적을 달성할 수도 있습니다.

다음 단계에서, 두 개의 `TreeIndex`와 그들의 요약을 포함하는 `ComposableGraph`를 구축합니다. 이 예시에서 코드의 출력은 다음과 유사할 것입니다. '고대 로마 문명과 개들, 그리고 개의 다양한

품종, 특징, 성격에 대해 말씀드릴 수 있습니다.'

`ComposableGraph`가 구축되면, 루트 `SummaryIndex`는 각 문서에 대한 개별 인덱스의 내용 개요를 포함하게 됩니다.

5.6.2 이 개념에 대한 더 자세한 설명

내부적으로, `ComposableGraph`는 인덱스를 계층적으로 쌓아 복잡한 구조를 만들 수 있게 합니다. 이를 통해 개별 문서 내의 상세 정보를 하위 수준 인덱스로 조직화하고, 이러한 인덱스들을 문서 컬렉션 전체에 걸쳐 상위 수준 인덱스로 집계할 수 있습니다.

과정은 각 문서에 대한 개별 인덱스를 생성하여 문서 내의 상세 정보를 캡처하는 것부터 시작합니다. 추가로, 각 문서에 대한 요약을 정의합니다.

이후 `from_indices()` 클래스 메서드를 사용하여 `ComposableGraph`를 생성합니다. 이 메서드는 루트 인덱스 클래스(본 예시에서는 `SummaryIndex`), 자식 인덱스들(본 예시에서는 두 개의 `TreeIndex` 인스턴스), 그리고 각 인덱스에 대응하는 요약을 입력으로 받습니다. 이 메서드는 각 자식 인덱스에 대해 `IndexNodes` 인스턴스를 생성하고, 앞서 입력받은 요약과 인덱스를 연관 짓습니다. 이렇게 생성된 `IndexNodes` 인스턴스들을 기반으로 루트 인덱스를 최종 구성합니다.

쿼리 시, `ComposableGraph`는 최상위 `SummaryIndex`에서 시작하며, 각 노드는 하위 수준 인덱스에 해당합니다. 쿼리는 재귀적으로 실행되며, 루트 인덱스에서 시작하여 하위 인덱스를 순회합니다. `ComposableGraphQueryEngine`이 이 재귀적 쿼리 프로세스를 관리합니다.

쿼리 엔진은 쿼리에 따라 루트 인덱스에서 관련된 노드들을 검색합니다. 각 관련 노드에 대해, 노드의 관계에 저장된 `index_id`를 사용하여 해당 자식 인덱스를 식별합니다. 그런 다음 원본 쿼리로 자식 인덱스를 조회하여 더 자세한 정보를 얻습니다. 이 과정은 모든 관련된 하위 인덱스가 쿼리될 때까지 재귀적으로 계속됩니다.

`ComposableGraph` 내의 각 인덱스에 대해 사용자 정의 쿼리 엔진을 구성할 수 있으므로, 계층 구조의 다양한 수준에서 맞춤형 검색 전략을 적용할 수 있습니다. 이는 여러 수준의 인덱스에서 정보를 원활하게 통합하여 복잡한 데이터셋에 대한 깊이 있고 계층적인 이해를 가능하게 합니다.

전체적으로, `ComposableGraph`는 상위 수준의 요약과 상세한 하위 수준 인덱스 모두에서 관련 정보를 효율적으로 검색하여, 기본 데이터에 대한 포괄적인 이해를 제공합니다.

이제 RAG 구현에 사용 가능한 인덱스를 모두 살펴보았으니, 마침내 피할 수 없는 중요한 문제인 **비용**에 대해 논의할 시간입니다.

5.7 인덱스 구축 및 쿼리의 잠재적 비용 추정

메타데이터 추출기와 마찬가지로, 인덱스도 비용과 데이터 프라이버시 관련 문제를 제기합니다. 이는 이번 장에서 살펴본 바와 같이, 대부분의 인덱스가 구축 및/또는 쿼리 과정에서 어느 정도 LLM에 의존하기 때문입니다.

대량의 텍스트를 처리하기 위해 LLM을 반복적으로 호출할 때, 잠재적 비용에 주의를 기울이지 않을 경우 빠르게 예산을 초과할 수 있습니다. 예를 들어 수천 개의 문서로 `TreeIndex`나 `KeywordTableIndex`를 구축하는 경우, 인덱스 구성 중 지속적인 LLM 호출로 상당한 비용이 발생할 수 있습니다. 임베딩 또한 외부 모델 호출에 의존할 수 있으므로, `VectorStoreIndex`는 또 다른 중요한 비용 요인이 됩니다. 경험상, 예상치 못한 비용 발생을 피하고 비용을 낮게 유지하는 가장 좋은 방법은 예방과 예측입니다.

메타데이터 추출과 마찬가지로, 먼저 몇 가지 모범 사례를 관찰하고 적용하는 것부터 시작하겠습니다.

- 가능한 경우 `SummaryIndex`나 `SimpleKeywordTableIndex`와 같이 구축 중 LLM 호출이 없는 인덱스를 사용하세요. 이렇게 하면 인덱스 구축 비용을 줄일 수 있습니다.
- 더 저렴한 LLM 모델을 사용하세요. 완전한 정확성이 중요하지 않다면, 계산 요구사항이 낮은 더 저렴한 LLM 모델을 사용할 수 있습니다. 다만, 가능한 품질 저하에 주의해야 합니다.
- 인덱스를 캐시하고 재사용하세요. 이전에 구축된 인덱스를 캐시하고 재사용하여 인덱스 재구축을 피하세요.
- LLM 호출을 최소화하기 위해 쿼리 매개변수를 최적화하세요. 예를 들어 `VectorStoreIndex`에서 `similarity_top_k`를 줄이면 쿼리 비용이 줄어듭니다.
- 로컬 모델을 사용하세요. LlamaIndex에서 인덱스를 사용할 때 비용을 관리하고 데이터 프라이버시를 유지하려면, 호스팅 서비스 대신 로컬 LLM 및 임베딩 모델을 활용하는 것을 고려하세요. 이 접근 방식은 데이터 프라이버시에 대한 더 많은 제어를 제공할 뿐만 아니라 비용이 많이 들 수 있는 외부 서비스에 대한 의존도를 줄이는 데 도움이 됩니다. 로컬 모델 사용은 특히 대량의 데이터를 처리하거나 엄격한 예산 제약 내에서 운영할 때 비용을 크게 줄일 수 있습니다.

로컬 AI 모델에 관한 중요한 부가 설명

RAG는 모델의 처리에 추가 지식과 맥락 정보를 도입하여 더 작은 훈련 데이터셋으로 인한 격차를 효과적으로 메울 수 있다는 점을 항상 기억하세요. 따라서 광범위하거나 다양한 데이터로 훈련되지 않은 모델의 경우에도, RAG를 통해 초기 훈련 세트를 넘어 더 넓은 범위의 정보에 접근할 수 있어 성능과 출력 품질을 향상시킬 수 있습니다.

이러한 지침은 확실히 비용을 줄이는 데 도움이 될 것이지만, 더 큰 데이터셋을 인덱싱하기 전에 여전히 비용을 추정하는 것이 좋습니다.

다음은 `MockLLM`을 사용하여 `TreeIndex` 구축의 LLM 비용을 추정하는 기본 예시입니다.

```python
import tiktoken
from llama_index.core import (
    TreeIndex, SimpleDirectoryReader, Settings)
from llama_index.core.llms.mock import MockLLM
from llama_index.core.callbacks import (
    CallbackManager, TokenCountingHandler)
```

이전 부분에서 먼저 필요한 모듈을 임포트했습니다. 여기서 토크나이저로 `tiktoken`을 사용하는 이유에 익숙하지 않다면, 메타데이터 추출기 사용의 잠재적 비용을 추정하는 것에 대해 논의한 4장을 참조하세요. 다음으로 `MockLLM`을 설정해보겠습니다.

```python
llm = MockLLM(max_tokens=256)
token_counter = TokenCountingHandler(
    tokenizer=tiktoken.encoding_for_model("gpt-3.5-turbo").encode
)
callback_manager = CallbackManager([token_counter])
Settings.callback_manager=callback_manager
Settings.llm=llm
```

방금 최악의 경우, 최대 비용을 시뮬레이션하는 지정된 최대 토큰 제한을 가진 `MockLLM` 인스턴스를 생성했습니다. 그런 다음 실제 LLM 모델과 일치하는 토크나이저를 사용하여 `TokenCountingHandler`를 초기화했습니다.

```python
tiktoken.encoding_for_model("gpt-3.5-turbo").encode).
```

이 핸들러는 토큰 사용량을 추적할 것입니다. 이 구조는 실제로 `gpt-3.5-turbo` API를 호출하지 않고 LLM을 시뮬레이션합니다.

```
documents = SimpleDirectoryReader(
    "cost_prediction_samples").load_data()
```

문서를 로드했고 이제 `TreeIndex`를 구축할 준비가 되었습니다.

```
index = TreeIndex.from_documents(
    documents=documents,
    num_children=2,
    show_progress=True)
print("Total LLM Token Count:", token_counter.total_llm_token_count)
```

인덱스를 구축한 후, 스크립트는 `TokenCountingHandler`에 저장된 `total_llm_token_count` 값을 표시합니다. 이 값은 인덱스 구축에 사용된 총 LLM 토큰 수를 나타냅니다.

이 예시에서는 `TreeIndex` 구축에 임베딩이 사용되지 않기 때문에 `MockLLM` 클래스만 사용합니다. 이를 통해 실제로 인덱스를 구축하고, 실제 LLM을 호출하기 전에 최악의 경우 LLM 토큰 비용을 추정할 수 있습니다. 같은 방법을 쿼리 비용 추정에도 적용할 수 있습니다.

여기서의 주요 교훈은 다음과 같습니다

인덱스가 많은 기능을 제공하지만, 최적화 없이 과도하게 사용하면 비용에 큰 영향을 미칠 수 있습니다. 따라서 항상 대규모 데이터셋을 인덱싱하기 전에 토큰 사용량을 추정해야 합니다.

다음은 두 번째 예시입니다. 이전과 비슷하지만, 이번에는 먼저 `VectorStoreIndex` 구축의 임베딩 비용을 추정한 후 인덱스 쿼리의 총 비용을 추정합니다.

```
import tiktoken
from llama_index.core import (
    MockEmbedding, VectorStoreIndex,
    SimpleDirectoryReader, Settings)
from llama_index.core.callbacks import (
    CallbackManager, TokenCountingHandler)
from llama_index.core.llms.mock import MockLLM
```

첫 부분에서 필요한 모듈을 임포트했습니다. 다음으로 `MockEmbedding`과 `MockLLM` 객체를 설정합니다.

```
embed_model = MockEmbedding(embed_dim=1536)
llm = MockLLM(max_tokens=256)
token_counter = TokenCountingHandler(
    tokenizer=tiktoken.encoding_for_model("gpt-3.5-turbo").encode
)
callback_manager = CallbackManager([token_counter])
Settings.embed_model=embed_model
Settings.llm=llm
Settings.callback_manager=callback_manager
```

`MockEmbedding`과 `MockLLM` 객체를 초기화한 후, `TokenCountingHandler`와 `CallbackManager`를 정의하고 이들을 사용자 정의 `Settings`에 포함시켰습니다. 이제 샘플 문서를 로드하고 사용자 정의 `Settings`를 사용하여 `VectorStoreIndex`를 구축할 차례입니다.

```
documents = SimpleDirectoryReader(
    "cost_prediction_samples").load_data()
index = VectorStoreIndex.from_documents(
    documents=documents,
    show_progress=True)
print("Embedding Token Count:",
    token_counter.total_embedding_token_count)
```

책의 GitHub 저장소를 성공적으로 복제했다면, `ch5` 폴더의 `cost_prediction_samples` 하위 폴더에 `고양이 Fluffy`에 대한 가상의 이야기가 포함된 파일이 있을 것입니다. `VectorStoreIndex`는 인덱싱 중에 문서 텍스트를 벡터로 인코딩하기 위해 임베딩 모델을 사용합니다. 두 번째 예시에서는 `MockEmbedding`과 `TokenCountingHandler`를 사용하여 이러한 임베딩 호출의 토큰 비용을 추정했습니다. 임베딩 토큰 수는 텍스트 길이를 기반으로 문서당 인덱스를 구축하는 데 필요한 비용을 나타냅니다.

완전한 분석을 위해, 한 단계 더 나아가 검색 비용도 추정할 수 있습니다.

```
query_engine = index.as_query_engine(service_context=service_context)
response = query_engine.query("What's the cat's name?")
print("Query LLM Token Count:", token_counter.total_llm_token_count)
print("Query Embedding Token Count:",
    token_counter.total_embedding_token_count)
```

이는 임베딩 조회와 응답 생성을 위한 토큰을 계산하여 잠재적인 검색 비용도 보여줍니다. 또한 응답 생성 중에 가상으로 소비된 LLM 토큰을 포착하기 위해 `MockLLM`을 사용했습니다.

요약하자면, 예방적 모범 사례를 따르고 전체 문서 컬렉션에 인덱스를 적용하기 전에 항상 인덱스 구축 및 쿼리 비용을 예측하는 것이 중요합니다. 이를 통해 비용을 효과적으로 관리하고 최적화할 수 있습니다.

이제 우리 프로젝트를 진행할 시간입니다. PITS 프로젝트로 돌아가보겠습니다.

5.8 실습 – PITS 학습 자료 인덱싱

LlamaIndex에서 인덱싱이 어떻게 작동하는지 확실히 이해했으므로 이제 튜터링 애플리케이션에 인덱싱 로직을 구현할 준비가 되었습니다.

`index_builder.py` 모듈을 만들어보겠습니다. 이 모듈은 인덱스 생성을 담당합니다. 현재 구현에서는 두 개의 인덱스인 `VectorStoreIndex`와 `TreeIndex`를 생성합니다. 이는 매우 기본적인 구현이며 분명히 개선의 여지가 있습니다. 먼저 필요한 모듈을 임포트해보겠습니다.

```python
from llama_index.core import (
    VectorStoreIndex, TreeIndex, load_index_from_storage)
from llama_index.core import StorageContext
from global_settings import INDEX_STORAGE
from document_uploader import ingest_documents
```

다음으로, 인덱스 구축 함수를 구현해보겠습니다.

```python
def build_indexes(nodes):
    try:
        storage_context = StorageContext.from_defaults(
            persist_dir=INDEX_STORAGE
        )
        vector_index = load_index_from_storage(
            storage_context, index_id="vector"
        )
        tree_index = load_index_from_storage(
            storage_context, index_id="tree"
        )
        print("All indices loaded from storage.")
```

먼저 인덱스가 이미 디스크에 저장되었는지 확인합니다. 저장되어 있다면 재구축에 따른 추가 비용을 피하기 위해 저장된 인덱스를 활용합니다.

index_id 사용에 주의하세요

같은 저장 폴더(`INDEX_STORAGE`)에 여러 인덱스를 저장했기 때문에 `load_index_from_storage`를 사용할 때 개별 ID를 지정해야 LlamaIndex가 올바른 인덱스를 식별할 수 있습니다.

`INDEX_STORAGE` 폴더에서 인덱스를 찾을 수 없다면 노드에서 새로운 인덱스를 구축합니다. 또한 `set_index_id`를 사용하여 각 인덱스에 ID를 설정해서 향후 세션에서 올바르게 로드할 수 있도록 합니다.

```python
    except Exception as e:
        print(f"Error occurred while loading indices: {e}")
        storage_context = StorageContext.from_defaults()
        vector_index = VectorStoreIndex(
            nodes, storage_context=storage_context
        )
        vector_index.set_index_id("vector")
        tree_index = TreeIndex(
            nodes, storage_context=storage_context
        )
        tree_index.set_index_id("tree")
        storage_context.persist(
            persist_dir=INDEX_STORAGE
        )
        print("New indexes created and persisted.")
    return vector_index, tree_index
```

`build_indexes` 함수는 나중에 애플리케이션에서 사용할 두 개의 인덱스 객체를 반환합니다.

이번 장은 여기까지입니다. 다음 단계는 6장에서 진행하겠습니다.

5.9 요약

이 장에서는 LlamaIndex 내의 다양한 인덱싱 전략과 아키텍처를 탐구했습니다. 인덱스는 성능 좋은 RAG 시스템을 구축하는 데 필수 기능을 제공합니다.

`VectorStoreIndex`를 살펴보았는데, 이 인덱스는 가장 일반적으로 사용되는 인덱스 유형으로 임베딩, 벡터 저장소, 유사도 검색, 저장 콘텍스트 등의 핵심 개념을 포함합니다.

기타 인덱스 유형으로는 다음과 같은 것들이 있었습니다. `SummaryIndex`는 단순 선형 스캔용, `KeywordTableIndex`는 키워드 검색용, `TreeIndex`는 계층적 데이터용, `KnowledgeGraphIndex`는 관계 기반 쿼리용입니다. `ComposableGraph`는 다수준 인덱스를 구축하는 도구로 소개했습니다. 또 비용 추정 기법과 모범 사례를 논의했습니다.

이 장은 LlamaIndex의 인덱싱 기능에 대한 포괄적인 개요를 제공하여, 정교하고 효율적인 RAG 애플리케이션을 구축하기 위한 기초를 마련했습니다.

6장에서는 LlamaIndex를 사용하여 데이터를 쿼리하는 방법에 대해 자세히 알아보겠습니다.

PART III

인덱싱된 데이터의 검색 및 활용

| CHAPTER 6 | 데이터 쿼리하기, 1단계 – 맥락 검색
| CHAPTER 7 | 데이터 쿼리하기, 2단계 – 후처리 및 응답 합성
| CHAPTER 8 | LlamaIndex로 챗봇과 에이전트 구축하기

3부에서는 RAG 워크플로 내에서 LlamaIndex의 쿼리 기능을 심층적으로 탐구해보겠습니다. 여기서는 검색 메커니즘, 쿼리 처리 로직, 고급 검색 전략에 중점을 두고 설명합니다.

다음으로, 쿼리 결과의 품질을 높이기 위해 다양한 후처리 기법을 적용하고, 이를 종합적인 쿼리 엔진에 통합하는 방법을 다룹니다.

마지막으로, 챗봇과 지능형 에이전트를 구축하는 실용적인 방법론을 제시합니다. 이 과정에서는 다양한 엔진 모드, 에이전트 아키텍처, 대화형 기능의 구현 전략을 포괄적으로 설명하여, 동적이고 상호작용이 가능한 RAG 기반 인터페이스를 개발하는 데 필요한 핵심 지식을 제공합니다.

CHAPTER 6

데이터 쿼리하기, 1단계 – 맥락 검색

이 장에서는 RAG 워크플로에서의 LlamaIndex의 쿼리 기능을 심도 있게 이해하고자 합니다. 여기서는 쿼리 시스템의 전반적인 작동 방식을 다룰 것이며, 특히 프레임워크의 검색 기능에 중점을 둘 것입니다.

이 장에서 다룰 주요 내용은 다음과 같습니다.

- 쿼리 메커니즘의 기본 원리 이해
- 기본 검색기 분석
- 고급 검색 메커니즘 구축 방법
- 비동기 검색을 통한 효율성 향상
- 메타데이터 필터, 도구, 선택기 활용
- 쿼리 변환 및 하위 쿼리 생성 기법
- 밀집 및 희소 검색의 개념 이해

6.1 기술적 요구사항

이 장의 실습을 위해 Rank-BM25 패키지를 설치해야 합니다.

https://pypi.org/project/rank-bm25/

샘플 코드를 실행하기 위해 다음과 같은 두 가지 통합 패키지가 추가로 필요합니다.

- **OpenAI 질문 생성기**: https://pypi.org/project/llama-index-question-gen-openai/
- **BM25 검색기**: https://pypi.org/project/llama-index-retrievers-bm25/

모든 코드 샘플은 GitHub 저장소의 `ch6` 폴더에서 확인할 수 있습니다.

https://bit.ly/bdda_llamaindex

6.2 쿼리 메커니즘 개요

이 장에서는 지금까지 준비한 작업의 결실을 맺으려고 합니다. 문서 수집, 파싱, 세그먼테이션, 메타데이터 추출, 인덱스 구축 등은 모두 **쿼리**라는 핵심 과정을 위한 준비 단계였습니다. RAG 워크플로의 핵심은 LLM 쿼리에 사용되는 프롬프트에 관련 콘텍스트를 효과적으로 통합하는 것입니다. 지금까지는 이 콘텍스트를 구성하고 조직하는 데 중점을 두었다면, 이제는 이를 활용하여 LLM과의 상호작용에서 최적의 답변을 추출하는 방법을 살펴볼 것입니다.

쿼리 프로세스는 크게 **검색**retrieval, **후처리**postprocessing, **응답 합성**response synthesis 이렇게 세 단계로 구성됩니다.

3장에서 이 세 단계를 간단히 수행하는 가장 단순한 방법인, `index.as_query_engine()`을 호출하여 `QueryEngine`을 사용하는 방법에 대해 논의했습니다. 이는 매우 기본적인 접근 방식으로, 인덱스를 쿼리하는 단순한 방법이 빙산의 일각에 불과하다는 것을 인지해야 합니다. 이제 우리는 이 세 가지 메커니즘을 개별적으로 탐구하여 각각의 작동 원리와 제공되는 사용자 정의 옵션을 자세히 살펴볼 것입니다.

먼저, **검색기**retriever에 대해 알아보겠습니다.

6.3 기본 검색기의 이해

검색 메커니즘retrieval mechanism은 모든 RAG 시스템의 핵심 요소입니다. 다양한 방식으로 작동하지만, 모든 유형의 검색기는 동일한 원칙을 기반으로 합니다. 즉 인덱스를 탐색하고 필요한 콘텍스트를 구축하기 위해 관련 노드를 선택합니다. 각 인덱스 유형은 여러 검색 모드를 제공하며, 각각 다른 기능과 사용자 정의 옵션을 제공합니다. 검색기 유형에 관계없이, 반환되는 결과는 `NodeWithScore` 객체 형태입니다. 이는 노드와 관련 점수를 결합한 구조로, RAG 워크플로에서 매우 유용합니다. 이 점수를 통해 반환된 노드를 관련성에 따라 정렬할 수 있기 때문입니다. 단, 모든 검색기가 `NodeWithScore`를 반환하지만, 모든 검색기가 특정 노드 점수를 연관시키는 것은 아니라는 점에 주의해야 합니다.

LlamaIndex는 다양한 작업 수행 방법을 제공하며, 이는 검색기 구성에도 적용됩니다. 가장 간단한 방법은 `Index` 객체에서 직접 검색기를 생성하는 것입니다. 문서 수집document ingestion이 완료되었다고 가정할 때, 다음 코드는 인덱스를 구축하고 이를 기반으로 검색기를 생성합니다.

```
from llama_index.core import SummaryIndex, SimpleDirectoryReader
documents = SimpleDirectoryReader("files").load_data()
summary_index = SummaryIndex.from_documents(documents)
retriever = summary_index.as_retriever(
    retriever_mode='embedding'
)
result = retriever.retrieve("Tell me about ancient Rome")
print(result[0].text)
```

이 예시에서 생성된 검색기는 `SummaryIndexRetriever` 유형으로, 해당 인덱스의 기본 검색기입니다.

두 번째 방법은 검색기를 직접 인스턴스화하는 것입니다.

```
from llama_index.core import SummaryIndex, SimpleDirectoryReader
from llama_index.core.retrievers import SummaryIndexEmbeddingRetriever
documents = SimpleDirectoryReader("files").load_data()
summary_index = SummaryIndex.from_documents(documents)
retriever = SummaryIndexEmbeddingRetriever(
    index=summary_index
)
result = retriever.retrieve("Tell me about ancient Rome")
print(result[0].text)
```

다음 절에서는 각 인덱스 유형에 사용 가능한 검색 옵션을 상세히 살펴보겠습니다. 각 검색기 유형에 대해 해당 인덱스에서 어떻게 인스턴스화할 수 있는지 설명하겠습니다. 이 정보는 매우 압축적이지만, LlamaIndex 프레임워크로 실제 애플리케이션을 개발할 때 유용한 참조 자료가 될 것입니다.

인덱스 유형별 검색기를 확인해보겠습니다.

6.3.1 VectorStoreIndex 검색기

`VectorStoreIndex`는 두 가지 주요 검색기 옵션을 제공합니다. 이들의 작동 원리와 다양한 사용 사례에 맞는 커스터마이징 방법을 살펴보겠습니다.

1 VectorIndexRetriever

`VectorStoreIndex`의 기본 검색기인 `VectorIndexRetriever`는 다음과 같이 간단히 생성할 수 있습니다.

```
VectorStoreIndex.as_retriever()
```

`VectorStoreIndex`는 가장 정교하고 널리 사용되는 인덱스 중 하나이므로, 이 검색기 역시 복잡한 기능을 제공합니다.

그림 6.1은 `VectorIndexRetriever`의 작동 원리를 보여줍니다.

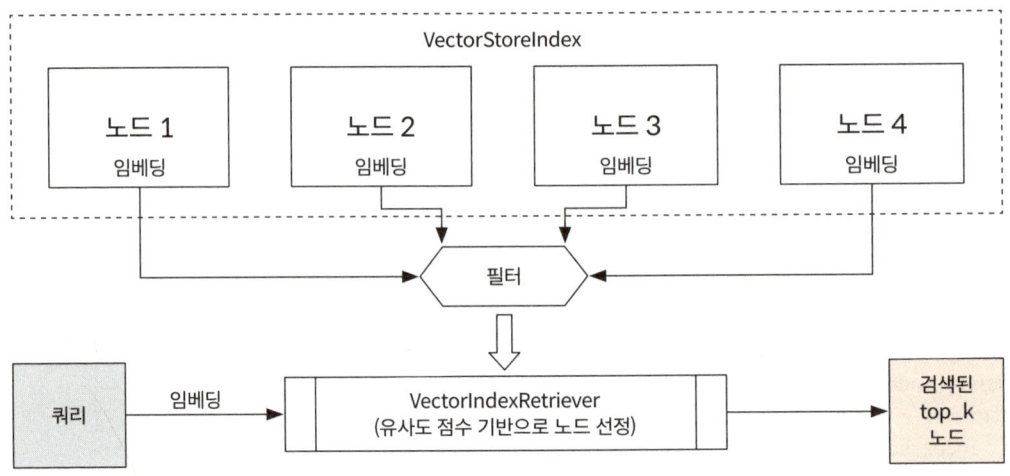

그림 6.1 **VectorIndexRetriever를 사용한 노드 검색**

이 검색기는 쿼리를 벡터로 변환한 후 벡터 공간에서 **유사도 기반**similarity-based 검색을 수행합니다. 다양한 사용 사례에 맞게 여러 매개변수를 조정할 수 있습니다.

- `similarity_top_k`: 검색기가 반환하는 **top(k)** 결과의 수를 정의합니다. 각 쿼리에 대해 가장 유사한 결과를 몇 개 반환할지 결정합니다. 예를 들어 더 넓은 검색 범위를 원한다면 기본값 2를 증가시킬 수 있습니다.

- `vector_store_query_mode`: 벡터 저장소의 쿼리 모드를 설정합니다. **Pinecone**(https://www.pinecone.io/), **OpenSearch**(https://opensearch.org/) 등 다양한 외부 벡터 데이터베이스는 각각 고유한 쿼리 모드를 지원합니다. 이를 통해 각 저장소의 검색 기능을 최적으로 활용할 수 있습니다.
- `filters`: 3장에서 다룬 노드 메타데이터를 활용하여 검색 범위를 좁힐 수 있습니다. 이 장에서는 메타데이터 필터를 사용하여 인덱스가 반환한 노드를 필터링하는 실제 예제를 살펴볼 것입니다.
- `alpha`: 하이브리드 검색 모드(희소 검색과 밀집 검색의 조합)에서 사용됩니다. 희소 검색과 밀집 검색의 차이점은 이 장의 후반부에서 자세히 설명하겠습니다.
- `sparse_top_k`: 희소 검색에서 반환할 상위 결과의 수입니다. 하이브리드 검색 모드에서 중요한 역할을 합니다.
- `doc_ids`: 메타데이터 필터보다 조금 더 넓은 범위로, 검색을 특정 문서 집합으로 제한할 수 있습니다. 예를 들어 조직 전체가 공유하는 지식 베이스에서 부서별 문서 명명 규칙을 활용하여 사용자의 쿼리를 해당 부서의 문서로만 제한할 수 있습니다.
- `node_ids`: `doc_ids`와 유사하지만 인덱스 내의 특정 노드 ID를 참조합니다. 이를 통해 검색기가 반환하는 정보를 더욱 세밀하게 제어할 수 있습니다.
- `vector_store_kwargs`: 각 벡터 저장소에 특화된 추가 인수를 쿼리 시점에 전달할 수 있습니다.

보안 설계 원칙에 따라, RAG 애플리케이션에서도 보안은 가능한 한 초기 단계에서 구현되어야 합니다. 정보 접근 제어를 강화하려면, 애플리케이션에서 처리하는 정보를 가능하면 초기에 필터링해야 하고, RAG 워크플로에서는 정보가 검색되는 순간부터(가능하다면 그 이전부터) 필터링을 적용해야 합니다. 쿼리 엔진의 후처리 단계나 응답 생성 단계에서도 정보를 필터링할 수 있지만, 사용자의 보안 콘텍스트 외부의 정보가 워크플로에 유입되지 않도록 하는 것이 더 효과적입니다. 이는 잠재적 보안 위험을 사전에 방지합니다. 또한, 비용 효율성 측면에서도 중요합니다. RAG 워크플로의 많은 처리가 LLM 기반이므로, 처리하는 정보량을 줄일수록 전체적인 운영 비용을 낮출 수 있습니다. 따라서 초기 단계에서의 효과적인 정보 필터링은 보안 강화와 비용 절감 두 가지 목표를 동시에 달성할 수 있는 전략입니다.

❷ VectorIndexAutoRetriever

`VectorIndexRetriever`의 매개변수들은 우리가 찾고자 하는 정보와 데이터 구조를 정확히 알고 있을 때 매우 유용합니다. 하지만 실제로는 복잡한 구조나 모호한 데이터를 다뤄야 하는 경우가 많습니다.

`VectorIndexAutoRetriever`는 이러한 상황을 위한 고급 검색기입니다. 이 검색기는 LLM을 활용하여 콘텐츠의 자연어 설명과 관련 메타데이터를 기반으로 벡터 저장소의 쿼리 매개변수를 자동으로 설정합니다. 이는 다음과 같은 경우에 특히 유용합니다. 사용자가 데이터 구조에 익숙하지 않을 때, 효과적인 쿼리 작성 방법을 모를 때 유용합니다. 이 검색기는 모호하거나 불명확한 쿼리를 구조화된 쿼리로 변환하고, 벡터 저장소의 기능을 최대한 활용하여 관련성 높은 결과를 찾을 확률을 높입니다. 자세한 내용은 다음 공식 문서를 참조하기 바랍니다.

https://developers.llamaindex.ai/python/examples/vector_stores/elasticsearch_auto_retriever

6.3.2 SummaryIndex 검색기

`SummaryIndex`는 세 가지 주요 검색기 옵션을 제공합니다.

❶ SummaryIndexRetriever

이 검색기는 다음 명령을 사용하여 생성할 수 있습니다.

```
SummaryIndex.as_retriever(retriever_mode = 'default')
```

이 검색기는 `SummaryIndex`의 기본 검색기입니다. 그림 6.2에서 볼 수 있듯이, 필터링이나 정렬 없이 인덱스에 있는 모든 노드를 반환합니다.

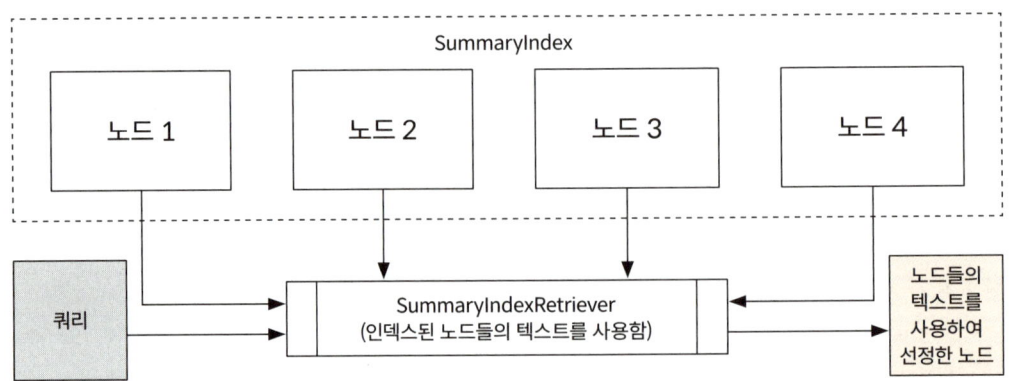

그림 6.2 **SummaryIndexRetriever를 사용하여 노드 검색하기**

이 방식은 결과를 필터링하거나 정렬하지 않고 인덱스에 있는 모든 데이터를 한눈에 볼 수 있을 때 유용합니다. 관련성 점수relevance score는 반환되지 않습니다.

❷ SummaryIndexEmbeddingRetriever

이 검색기는 다음 명령을 사용하여 생성할 수 있습니다.

```
SummaryIndex.as_retriever(retriever_mode='embedding')
```

이 검색기는 임베딩을 사용하여 `SummaryIndex`에서 노드를 검색합니다. `SummaryIndex`는 일반 텍스트 형식으로 노드를 저장하지만, 이 검색기는 쿼리가 이루어질 때 임베딩 모델을 사용하여 이러한 텍스트 노드를 임베딩으로 변환합니다. 그림 6.3은 이 검색기의 작동 방식을 잘 보여줍니다.

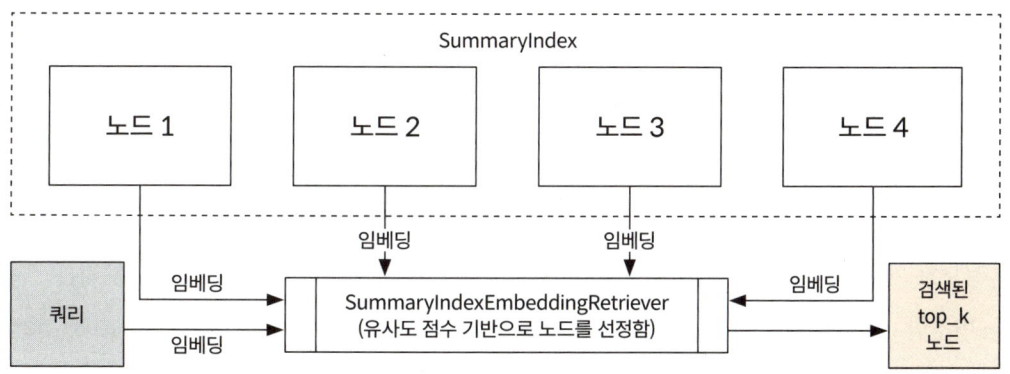

그림 6.3 SummaryIndexEmbeddingRetriever의 내부 작동 원리

임베딩은 인덱스에 영구적으로 저장되지 않고, 검색할 때마다 동적으로 생성됩니다. `similarity_top_k` 매개변수는 쿼리와 유사성이 높은 노드 중 몇 개를 반환할지 결정합니다. 이 검색기는 주어진 쿼리에 대해 가장 관련성 있는 노드를 찾는 데 유용하며, 유사성 계산을 통해 작동합니다.

각 선택된 노드에 대해, 검색기는 임베딩을 기반으로 한 유사성 점수를 계산하고, 이 점수는 `NodeWithScore` 객체 형식으로 노드와 함께 반환됩니다. 이 점수는 각 노드가 쿼리에 얼마나 일치하는지를 반영합니다.

❸ SummaryIndexLLMRetriever

이 검색기는 다음 명령을 사용하여 생성할 수 있습니다.

```
SummaryIndex.as_retriever(retriever_mode='llm')
```

이름에서 알 수 있듯이, 이 검색기는 LLM을 사용하여 `SummaryIndex`에서 노드를 검색하고, 프롬프트를 사용하여 가장 관련성 높은 노드를 선택합니다. 그림 6.4에서 그 작동 방식을 확인할 수 있습니다.

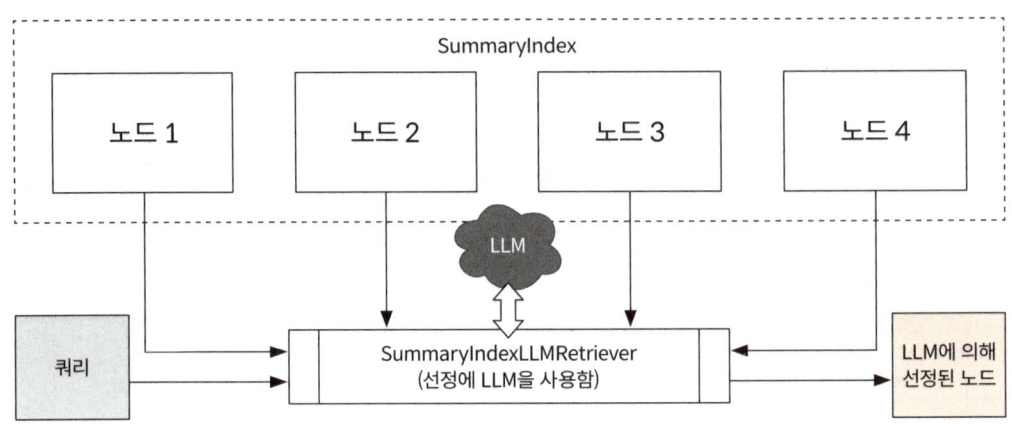

그림 6.4 **SummaryIndexLLMRetriever의 작동 원리**

기본적으로 제공된 프롬프트를 사용하지만, `choice_select_prompt` 매개변수를 통해 기본 프롬프트를 변경할 수 있습니다. 쿼리는 배치batch 단위로 처리되며, 각 배치의 크기는 `choice_batch_size` 매개변수에 의해 결정됩니다. 또한 `format_node_batch_fn`과 `parse_choice_select_answer_fn` 함수도 매개변수로 제공할 수 있습니다. 이 함수들은 노드 배치를 포맷하고 LLM 응답을 파싱하는 데 사용됩니다. `parse_choice_select_answer_fn` 함수는 각 노드의 관련성 점수를 계산하는 역할도 합니다. 이 점수는 LLM 응답을 분석하여 결정하고, 노드와 함께 `NodeWithScore` 형식으로 반환됩니다. 기본 LLM을 사용하고 싶지 않은 경우, `service_context` 매개변수를 사용하여 다른 LLM을 사용할 수 있습니다. 3장에서 `ServiceContext`를 사용하여 기본 LLM을 사용자 정의하는 방법을 살펴보았습니다.

이 검색기는 복잡한 검색 시스템에서 LLM이 쿼리에 대해 문맥적이고 자세한 응답을 제공할 수 있을 때 유용합니다.

다음으로 `DocumentSummaryIndex`에 대한 검색기를 살펴보겠습니다.

6.3.3 DocumentSummaryIndex 검색기

이 인덱스에서는 두 가지 검색 옵션만 사용할 수 있습니다. 이제 자세히 살펴보겠습니다.

❶ DocumentSummaryIndexLLMRetriever

다음 명령어로 이 검색기를 만들 수 있습니다.

```
DocumentSummaryIndex.as_retriever(retriever_mode='llm')
```

이 검색기는 LLM을 사용하여 문서 요약 인덱스에서 관련 요약을 선택합니다. 그림 6.5를 통해 검색기가 작동하는 방식을 더 잘 이해할 수 있습니다.

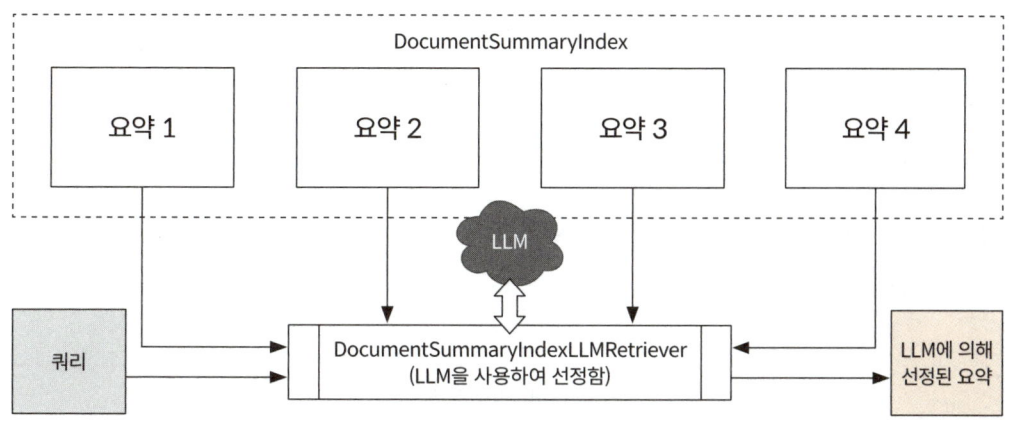

그림 6.5 DocumentSummaryIndexLLMRetriever의 작동 원리

이 검색기는 배치 단위로 쿼리를 처리합니다. 각 배치에는 LLM이 평가할 수 있도록 지정된 수의 노드가 포함됩니다. 배치 크기는 `choice_batch_size` 매개변수를 통해 지정할 수 있습니다. 이 검색기는 `choice_select_prompt` 매개변수를 통해 제공된 사용자 정의 프롬프트를 사용하여 요약이 쿼리에 얼마나 관련 있는지를 평가합니다. 결과는 관련성 순서대로 정렬되어 반환되며, 반환되는 결과의 수는 `choice_top_k` 매개변수를 통해 결정됩니다. 또한 `format_node_batch_fn` 및 `parse_choice_select_answer_fn` 함수를 매개변수로 제공할 수 있습니다. `format_node_batch_fn` 함수는 노드의 정보를 LLM이 이해할 수 있는 형식으로 준비하는 역할을 합니다. 예를 들어 여러 노드의 텍스트를 결합하거나, 정보를 특정 방식으로 구조화하거나, LLM이 내용을 더 잘 이해하고 평가할 수 있도록 문맥적 요소를 추가하는 작업을 할 수 있습니다. `parse_choice_select_answer_fn` 함수는 쿼리와 관련된 노드를 결정하고 각 노드와 연관된 관련성 점수나 다른 메트릭을 추출할 수 있습니다. LLM의 응답을 분석하여 이 함수는 사용자의 쿼리에 가장 관련성 높은 노드를 선택하는 데 도움을 줍니다. 요약하자면, `DocumentSummaryIndexLLMRetriever`는 LLM의 자연어 처리 능력을 사용하여 대량의 문서에서 유용한 데이터를 검색하는 데 매우 유용합니다. 참고로, 이 검색기는 각 노드와 연관된 관련성 점수도 함께 반환합니다.

추가 관찰사항

실험 중, 이 검색기가 각 노드에 할당한 관련성 점수가 매우 높았으며, 종종 최댓값인 10에 도달했습니다(GPT-3.5-Turbo 사용). 관련성의 세부적인 차이가 중요한 애플리케이션에서는, 프롬프트를 조정하거나 LLM의 응답에 후처리(post-processing)를 적용하여 점수 분포를 더 균형적이고 세밀하게 만드는 것이 유리할 수 있습니다. 이는 LLM 프롬프트와 응답 처리를 특정 애플리케이션의 요구에 맞게 맞추는 것이 얼마나 중요한지를 보여줍니다. 프롬프트 커스터마이징에 대한 자세한 내용은 10장에서 다룰 예정입니다.

❷ DocumentSummaryIndexEmbeddingRetriever

이 검색기는 다음 코드를 사용하여 생성할 수 있습니다.

```
DocumentSummaryIndex.as_retriever(
    retriever_mode='embedding'
)
```

이 검색기는 임베딩을 사용하여 `SummaryIndex`에서 요약 노드를 검색합니다. 그림 6.6에서 이 검색기의 작동 방식을 확인할 수 있습니다.

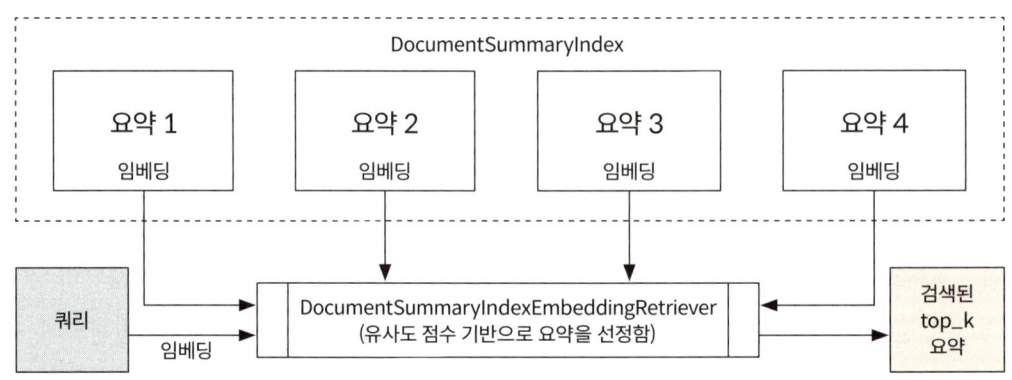

그림 6.6 DocumentSummaryIndexEmbeddingRetriever의 작동 원리

이 검색기는 쿼리의 임베딩을 계산한 후, 쿼리와 가장 유사한 요약을 찾습니다. 이 방법이 작동하려면 인덱스가 `embed_summaries` 매개변수를 `True`로 설정하여 빌드되어 있어야 합니다. `similarity_top_k` 매개변수는 유사성을 기준으로 반환할 요약 노드의 수를 지정합니다. 이 검색기는 각 노드에 대한 관련성 점수를 반환하지는 않습니다.

이 검색기는 임베딩 기반 유사성 계산 기법을 사용하여 주어진 쿼리에 대해 가장 관련성 높은 요약을 찾는 데 효과적입니다.

6.3.4 TreeIndex 검색기

이것은 더 복잡한 인덱스 유형으로, 노드의 트리 구조를 구성합니다. 이는 5장의 5.5절에서 다뤘던 내용입니다.

주의사항

`TreeIndex`는 본질적으로 데이터 내의 계층적 관계를 반영하도록 설계되었으며 파일 시스템, 조직도, 제품 카테고리와 같이 데이터가 자연스럽게 트리 구조로 조직된 시나리오에서 매우 유용합니다. LlamaIndex의 `TreeIndex` 구현은 데이터를 요약하는 트리 구조를 생성합니다. 초기 문서의 기존 구조와 상관없이, 이 인덱스는 데이터를 청크로 나누고 각 레벨에서 요약을 만들어 병렬 계층 구조를 구축합니다. `TreeSelectLeafRetriever`와 `TreeSelectLeaf EmbeddingRetriever`는 재귀적인 특성을 가지므로 쿼리 시 이 구조를 탐색하는 것은 다른 인덱스 유형보다 계산 비용이 더 많이 들 수 있습니다. 특히, 깊은 트리나 대규모 데이터셋의 경우 이 재귀적 처리 방식은 추가적인 계산 부하를 야기합니다.

이제 `TreeIndex`를 쿼리할 수 있는 몇 가지 방법을 살펴보겠습니다.

1 TreeSelectLeafRetriever

이 검색기는 다음과 같이 구성할 수 있습니다.

```
TreeIndex.as_retriever(retriever_mode='select_leaf').
```

이것은 `TreeIndex`에서 사용되는 기본 검색기입니다. 이 검색기는 재귀적으로 인덱스 구조를 탐색하여, 쿼리와 가장 관련성이 높은 리프 노드leaf node를 식별합니다. 그림 6.7에서 그 작동 방식을 확인할 수 있습니다.

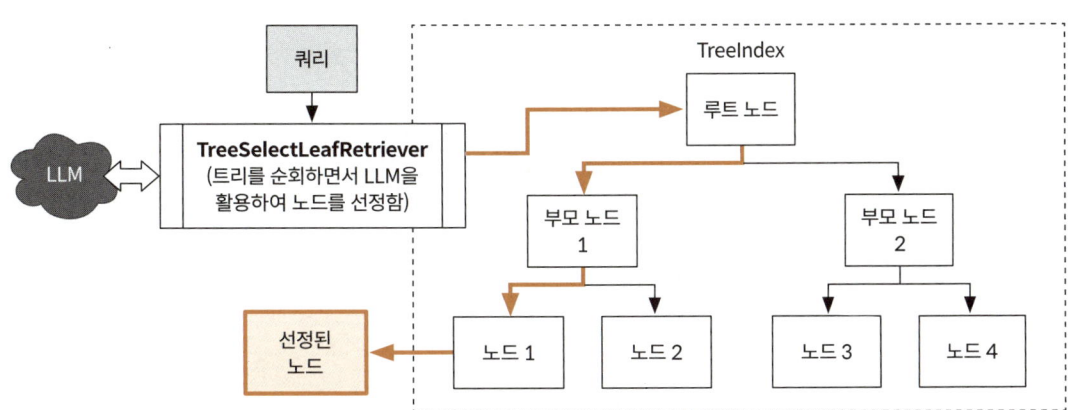

그림 6.7 child_branch_factor 값이 1로 설정된 TreeSelectLeafRetriever

`child_branch_factor` 매개변수는 트리의 각 레벨에서 고려할 자식 노드의 수를 지정합니다. 이 값을 높이면 더 포괄적인 검색이 가능해지며, 더 관련성 높은 노드를 찾을 가능성이 커집니다. 그러나 이는 계산 비용과 처리 시간을 증가시킨다는 단점이 있습니다. 값이 지정되지 않으면 검색기는 기본값인 1을 사용합니다. 또 다른 유용한 매개변수는 `Verbose`로, `True`로 설정하면 세부적인 선택 과정이 표시됩니다. 이는 검색기가 어떻게 작동하는지 이해하거나 실행 중 발생할 수 있는 문제를 해결하는 데 매우 유용합니다. 이 검색기가 반환하는 노드는 관련성 점수를 포함하지 않습니다. 노드 선택에 LLM을 사용하므로 여러 매개변수를 통해 프롬프트를 사용자 정의할 수 있습니다.

- `query_template`: LLM에 대한 쿼리를 사용자 정의할 수 있는 프롬프트 템플릿
- `text_qa_template`: 텍스트 기반 Q&A 쿼리에 사용하는 템플릿으로, 텍스트 노드에서 구체적인 답변을 얻는 데 사용됨
- `refine_template`: LLM에서 얻은 초기 답변을 개선하거나 구체화하는 데 사용되는 템플릿. 문맥을 추가하거나 답변을 명확히 하는 데 유용함
- `query_template_multiple`: `child_branch_factor` 매개변수가 1보다 높은 경우, 여러 노드를 동시에 쿼리할 수 있도록 하는 대체 프롬프트 템플릿

다음으로 `TreeSelectEmbeddingRetriever`에 대해 논의하겠습니다.

❷ TreeSelectLeafEmbeddingRetriever

이 검색기는 다음과 같은 코드로 생성할 수 있습니다.

```
TreeIndex.as_retriever(
    retriever_mode='select_leaf_embedding'
)
```

이 검색기는 쿼리와 노드 텍스트 간의 임베딩 유사도를 활용하여 관련된 노드를 선택하는 방식으로 인덱스를 탐색합니다.

이 과정은 재귀적으로 트리의 모든 레벨을 탐색하며, `TreeSelectLeafRetriever`와 거의 동일하게 작동합니다. 단, 노드 선택에 임베딩을 사용한다는 점만 다릅니다.

앞서 언급한 매개변수들이 이 검색기에서도 유효하지만, 추가적으로 `embed_model`이라는 매개변수도 있습니다. 이 매개변수를 사용하여 임베딩 모델을 지정할 수 있습니다. 이 검색기 역시 반환된

노드에 관련성 점수를 포함하지 않습니다.

❸ TreeAllLeafRetriever

이 검색기는 다음과 같은 코드로 가장 빠르게 생성할 수 있습니다.

```
TreeIndex.as_retriever(retriever_mode='all_leaf')
```

그림 6.8은 이 검색기가 모든 노드를 검색하는 방식을 보여줍니다.

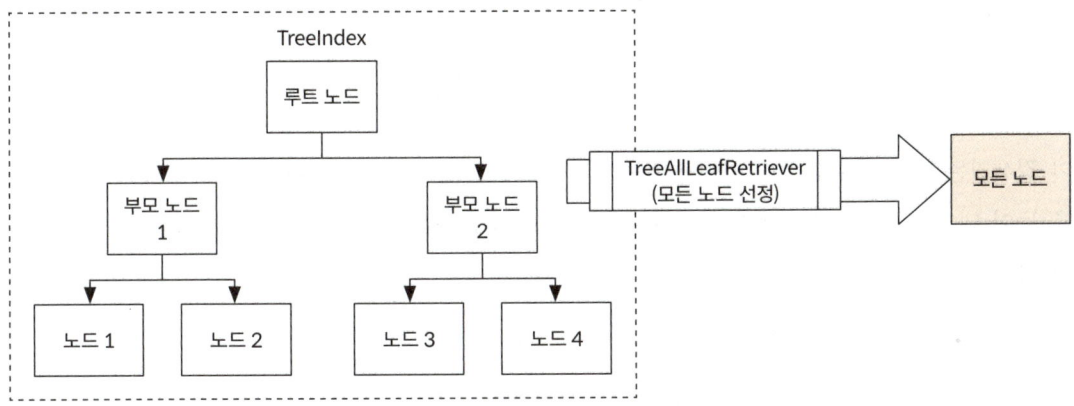

그림 6.8 TreeAllLeafRetriever를 사용한 모든 노드 검색

이 검색기는 대량의 데이터를 분석하는 데 유용하며, 응답 생성 과정에서 잠재적으로 중요한 정보를 놓치지 않도록 보장합니다. `SummaryIndexRetriever`와 유사하게, `TreeAllLeafRetriever`는 인덱스에서 모든 노드를 추출하여 계층 구조에 관계없이 정렬합니다. 이는 대량 검색과 비슷하지만, 관련성 점수는 반환하지 않습니다.

❹ TreeRootRetriever

이 검색기는 다음과 같은 코드로 생성할 수 있습니다.

```
TreeIndex.as_retriever(retriever_mode='root')
```

`TreeAllLeafRetriever`와 달리, 이 검색기는 트리의 루트 노드에서 직접 응답을 검색하는 데 중점을 둡니다. 이는 인덱스 트리가 이미 응답을 저장하고 있다는 가정 하에 작동합니다. 다른 방법들이 트리의 하위 노드에서 정보를 추출하는 반면, `TreeRootRetriever`는 답변이 이미 루트 레벨에

있다고 가정합니다. 그림 6.9에서 이를 시각적으로 설명하고 있습니다.

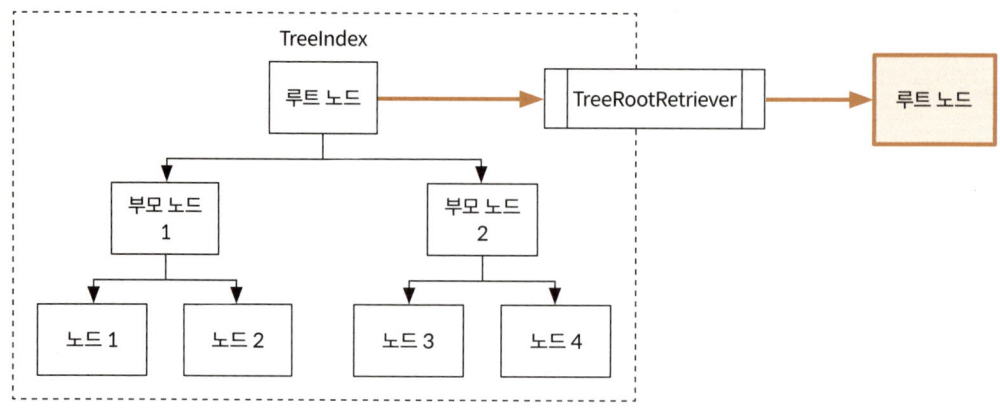

그림 6.9 트리의 루트에서 정보 검색

이 검색기는 데이터 구조 상위 레벨에 중요한 정보가 집계되거나 요약된 경우에 효과적입니다. 예를 들어 데이터 요약, 일반 결론, 자주 묻는 질문(FAQ)에 대한 답변 등입니다. 이 검색기 또한 관련성 점수를 반환하지 않습니다.

실용적 사용 예시

이 검색기의 실용적인 예시는 의료 분야의 **임상 결정 지원 시스템**(Clinical Decision Support System, CDSS)입니다. 이 시스템에서 각 루트 노드는 특정 의료 질문을 나타내고, 그에 대한 사전 계산된 답변이나 임상 조언은 루트 노드에 저장할 수 있습니다. 예를 들어 루트 노드는 'COVID-19의 일반적인 증상에는 열, 마른 기침, 피로감 등이 포함됩니다'와 같은 사전 계산된 답변을 저장할 수 있습니다. 이러한 경우, 의사나 환자가 시스템에 'COVID-19 감염의 증상(Symptoms of a COVID-19 infection)'이라는 쿼리를 입력하면, 이 검색기는 해당 루트 노드를 찾아 사전 계산된 답변을 반환합니다. 추가적인 처리나 트리 탐색 없이 즉시 응답을 제공할 수 있습니다.

6.3.5 KeywordTableIndex 검색기

`KeywordTableIndex`에서의 검색 과정은 검색기에 제공된 쿼리에서 관련 키워드를 추출하는 것으로 시작합니다. 키워드 추출 방법은 사용한 검색기에 따라 달라집니다. 키워드가 추출되면, 검색기는 인덱싱된 데이터에서 각 키워드의 빈도를 계산합니다. 이 인덱스에 사용 가능한 모든 검색기는 그림 6.10에서 설명한 방식으로 작동하며, 차이점은 키워드를 추출하는 방법에 있습니다.

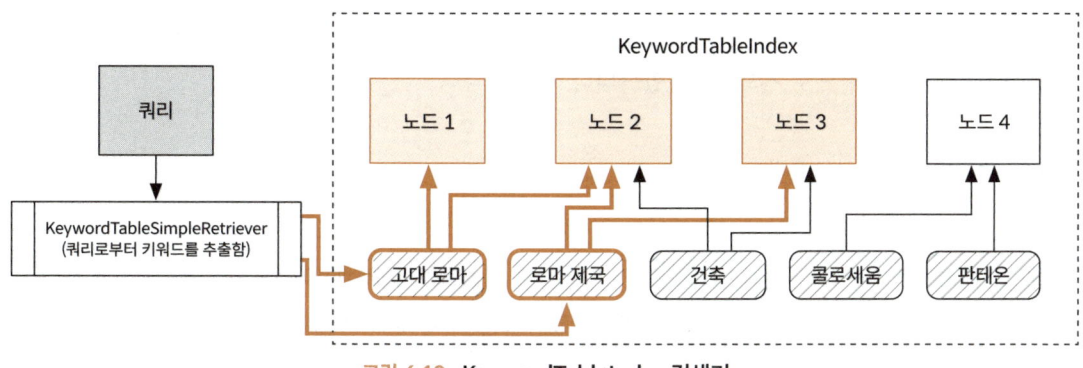

그림 6.10 **KeywordTableIndex 검색기**

노드들은 일치하는 키워드 수에 따라 정렬되며, 일반적으로 관련성 순서로 내림차순으로 반환됩니다.

반환되는 응답은 `NodeWithScore` 형식이지만, 관련성 점수는 포함되지 않는다는 점을 주목할 필요가 있습니다.

이제 이 인덱스에서 사용할 수 있는 검색기들을 살펴보겠습니다.

❶ KeywordTableGPTRetriever

이 검색기는 다음 명령으로 생성할 수 있습니다.

```
KeywordTableIndex.as_retriever(retriever_mode='default')
```

이 검색기는 LLM 쿼리를 사용하여 쿼리 내에서 관련 키워드를 식별한 후, 해당 키워드와 연결된 노드를 반환합니다.

❷ KeywordTableSimpleRetriever

이 검색기는 다음과 같이 생성할 수 있습니다.

```
KeywordTableIndex.as_retriever(retriever_mode='simple')
```

이 방법은 LLM을 사용하지 않는 더 간단한 방식이며, 처리 속도가 더 빠릅니다. 하지만 복잡하거나 문맥적인 키워드를 식별하는 데는 덜 효율적일 수 있습니다. 이 검색기는 정규 표현식 기반의 키워드 추출기를 사용합니다.

3 KeywordTableRAKERetriever

이 검색기는 다음 명령으로 정의할 수 있습니다.

```
KeywordTableIndex.as_retriever(retriever_mode='rake')
```

`KeywordTableRAKERetriever`는 이전 검색기인 `KeywordTableSimpleRetriever`와 유사하게, **RAKE 방법**RAKE method을 사용하여 효율적으로 관련 키워드를 추출합니다. RAKE 방법은 5장에서 이미 논의한 바 있습니다.

다음은 `KeywordTableIndex` 검색기들을 설정할 때 사용할 수 있는 몇 가지 공통 매개변수입니다.

- `query_keyword_extract_template`: 쿼리 텍스트에서 키워드를 추출할 때 사용할 기본 프롬프트를 변경하는 데 사용합니다. 이는 기본 모드에서만 적용됩니다.
- `max_keywords_per_query`: 쿼리에서 추출할 수 있는 최대 키워드 수를 지정합니다. 이 매개변수는 쿼리 복잡성을 제어하고 시스템에 과부하가 걸리지 않도록 합니다.
- `num_chunks_per_query`: 쿼리에서 검색할 수 있는 최대 청크 수를 지정합니다. 이는 쿼리에서 한 번에 처리할 수 있는 데이터양을 제한하여 시스템 성능과 효율성을 최적화합니다.

다음으로, 지식 그래프에서 데이터를 검색하는 방법에 대해 알아보겠습니다.

6.3.6 KnowledgeGraphIndex 검색기

이 인덱스는 **트리플렛**으로 구성된 그래프를 구축하는데, 각 트리플렛은 주어, 서술어, 목적어로 이루어져 있습니다. **주어**subject는 어떤 주체나 개념을 의미하고, **술어**predicate는 주어와 목적어 간의 관계를 나타냅니다. **목적어**object는 주어와 연결된 다른 개체나 개념을 나타냅니다. 이 인덱스의 핵심에는 두 가지 검색기, `KGTableRetriever`와 `KnowledgeGraphRAGRetriever`가 있으며, 둘 다 쿼리에 기반하여 지식 그래프에서 관련된 노드를 추출합니다.

`KGTableRetriever`는 `KnowledgeGraphIndex`의 기본 검색기이며, 세 가지 검색 모드를 지원합니다. 즉 키워드만 사용, 임베딩만 사용, 또는 두 가지 방법을 혼합한 하이브리드 모드입니다. 모든 모드는 그림 6.11에서 설명한 대로 작동합니다.

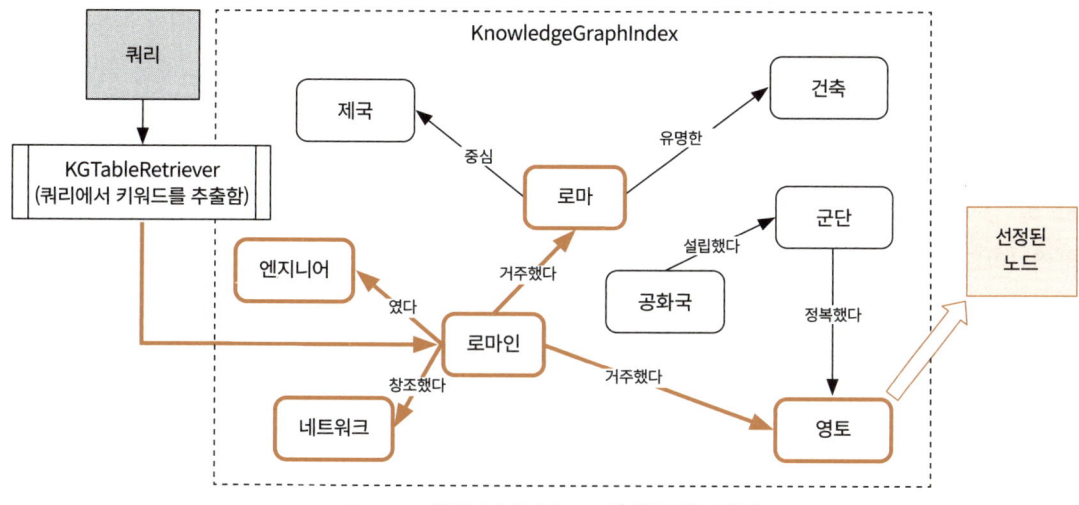

그림 6.11 **KGTableRetriever의 내부 작동 원리**

다음으로, 이 검색기들이 어떻게 작동하는지 자세히 살펴보겠습니다.

1 키워드 모드

이 모드에서 검색기를 설정하려면 다음 명령을 사용하면 됩니다.

```
KnowledgeGraphIndex.as_retriever(retriever_mode='keyword')
```

키워드 모드로 설정된 검색기는 쿼리에서 추출한 키워드를 사용하여 해당 키워드를 포함하는 관련 노드를 찾습니다.

키워드는 대소문자 구분 모드에서 평가됩니다. 예를 들어 'Where is the Colosseum?'이라는 쿼리는 올바른 결과를 반환하지만, 'Where is the colosseum?'이라는 쿼리는 노드를 반환하지 않습니다.

2 임베딩 모드

이 모드를 설정하려면 다음 코드를 사용하세요.

```
KnowledgeGraphIndex.as_retriever(
    retriever_mode='embedding'
)
```

임베딩 모드에서는 검색기가 쿼리를 임베딩으로 변환하고, 시스템은 그래프에서 쿼리의 임베딩과 유사한 벡터 표현을 가진 노드를 찾습니다. 동일한 키워드를 사용하지 않더라도, 임베딩 기반 유사성을 통해 노드를 검색할 수 있습니다.

❸ 하이브리드 모드

하이브리드 모드를 설정하려면 다음 명령을 사용하세요.

```
KnowledgeGraphIndex.as_retriever(retriever_mode='hybrid')
```

하이브리드 모드에서는 쿼리에서 추출한 키워드와 임베딩을 함께 사용하여 관련 노드를 검색합니다. 키워드 기반 검색 단계와 임베딩 기반 검색 단계를 결합하여 두 결과를 병합하고 중복된 결과를 제거합니다. 이 방법은 키워드 검색의 정확성과 임베딩의 의미적 이해를 결합한 것입니다.

이 유형의 검색기에는 여러 가지 사용자 정의 가능한 매개변수가 있습니다. 예를 들어 `query_keyword_extract_template`, `refine_template`, `text_qa_template`는 각각 키워드 추출을 위한 기본 프롬프트, 쿼리 정제를 위한 기본 프롬프트, 텍스트 쿼리와 답변을 위한 기본 프롬프트를 변경하는 데 사용할 수 있습니다. 다음은 몇 가지 다른 유용한 매개변수들입니다.

- `max_keywords_per_query`: 검색 과정에서 키워드 수를 제한하여 검색이 과부하되지 않도록 합니다. 기본값은 `10`입니다.
- `num_chunks_per_query`: 쿼리에서 처리할 수 있는 최대 텍스트 청크 수를 설정합니다. 기본값은 `10`이며, LLM 성능에 미치는 영향을 고려해야 합니다.
- `include_text`: 기본값은 `True`입니다. 이 매개변수는 각 관련 트리플렛에서 원본 문서의 텍스트를 쿼리할 때 사용할지를 결정합니다. 추가적인 문맥을 제공할 수 있지만 계산 비용이 증가할 수 있습니다.
- `similarity_top_k`: 임베딩 또는 하이브리드 모드에서 검색기가 유사한 임베딩을 고려하는 수를 지정합니다. 기본값은 2입니다.
- `graph_store_query_depth`: 그래프 구조 내에서 얼마나 깊이 검색할지 설정합니다. 기본값은 2입니다.
- `use_global_node_triplets`: `True`로 설정하면, 검색기는 사용자 쿼리에서 직접 추출한 키워드에만 국한되지 않습니다. 대신, 초기 키워드와 관련성이 있는 것으로 이미 식별된 텍스트

조각에서 다른 키워드나 엔티티를 검색합니다. 이 과정은 쿼리에 추가적인 지식 계층을 제공하는 데 도움이 됩니다. 그래프 내의 서로 다른 노드 간의 관계와 연결을 탐색함으로써, 검색기는 원래의 키워드에 국한되지 않고 더 풍부하고 문맥적인 정보에 접근할 수 있습니다. 그러나 이 접근 방식은 그래프 내의 더 많은 노드와 관계를 분석해야 하므로 계산 자원과 검색 시간 측면에서 비용이 더 많이 듭니다. 이러한 이유로, 이 옵션은 기본적으로 비활성화되어 있으며, `False`로 설정되어 있습니다.

- `max_knowledge_sequence`: 제공된 정보의 양과 질 사이의 균형을 설정합니다. 예를 들어 쿼리가 이론적으로 100개의 관련 지식 시퀀스를 생성할 수 있지만 이 매개변수가 30으로 설정되면, 가장 관련성이 높은 30개의 시퀀스만 제공하며, 기본값도 30입니다. 이 한도를 설정함으로써 답변이 너무 길거나 이해하기 어렵지 않도록 하면서도 충분히 유용한 정보를 유지할 수 있습니다.

검색기는 `NodeWithScore` 객체를 반환하지만, 실제로 각 노드에 대한 점수는 제공하지 않습니다. 대신, 각 검색된 노드에 대해 기본값으로 `1000`이 할당됩니다.

검색기가 구성된 모드와 검색 매개변수를 기반으로 인덱스에서 노드를 찾지 못하면, 먼저 제공된 키워드를 기반으로 노드를 식별하려고 시도합니다. 그래도 관련 노드를 찾지 못하면 'No relationships found'라는 텍스트와 점수 1을 가진 플레이스홀더 노드를 반환합니다.

❹ KnowledgeGraphRAGRetriever

이 검색기는 쿼리 내에서 주요 엔티티를 식별하고 이를 활용하여 지식 그래프를 탐색하는 특별한 방식으로 작동합니다. 특히 엔티티 추출(`entity_extract_fn`, `entity_extract_template`) 기능과 동의어 확장(`synonym_expand_fn`, `synonym_expand_template`) 기능을 사용하여 쿼리를 더 넓은 문맥에서 관련된 용어와 개념으로 확장합니다. 검색기는 이러한 엔티티와 동의어를 기반으로 그래프 탐색 깊이(`graph_traversal_depth`)로 지정된 깊이까지 그래프를 탐색하여 쿼리와 관련된 지식 시퀀스를 구성합니다.

이 검색기는 다양한 모드에서 작동할 수 있으며, `retriever_mode`를 설정하여 접근 방식을 유연하게 구성할 수 있습니다.

`KGTableRetriever`와 마찬가지로, 이 검색기는 키워드(`keyword`), 임베딩(`embedding`), 하이브리드(`keyword_embedding`) 세 가지 모드를 제공합니다.

검색 모드 관련 참고사항

2024년 1월 기준으로, LlamaIndex v0.9.25에서는 키워드 검색 모드만 구현되었습니다.

또한, 이 검색기는 `with_nl2graphquery` 옵션을 제공합니다. 이 기능이 활성화되면 **NL2GraphQuery** Natural Language to Graph Query 기능을 결합하여 복잡한 쿼리를 해석하고 응답하는 능력을 향상시킵니다. NL2GraphQuery는 자연어 쿼리를 그래프 기반 쿼리 언어로 변환하는 과정입니다. 이 과정은 엔티티 추출, 동의어 확장, 그래프 탐색 기술을 결합하여 수행됩니다. 매개변수는 기본적으로 `False`로 설정되어 있습니다.

이 검색기에서 설정할 수 있는 몇 가지 주요 매개변수는 다음과 같습니다.

- `max_knowledge_sequence`: 응답에 포함될 최대 지식 시퀀스 수를 설정하여 세부 정보와 명확성의 균형을 맞춥니다.
- `max_entities`: 쿼리에서 추출할 최대 엔티티 수를 지정합니다. 기본값은 `5`입니다.
- `max_synonyms`: 각 엔티티에 대해 확장할 최대 동의어 수를 결정합니다. 기본값은 `5`입니다.
- `synonym_expand_policy`: 동의어 확장 정책을 **합집합**union 또는 **교집합**intersection으로 설정합니다. 기본값은 `union`입니다.
- `entity_extract_policy`: 엔티티 추출 정책을 합집합 또는 교집합으로 설정합니다. 기본값은 `union`입니다.
- `verbose`: 검색기의 작동을 이해하기 위해 디버그 정보 출력 여부를 설정합니다.
- `graph_traversal_depth`: 지식 그래프에서 탐색할 깊이를 결정합니다. 기본값은 `2`입니다.

참고사항

LLM을 사용하는 검색기와 프롬프트 사용자 정의 매개변수를 수용하는 모든 검색기의 경우, 이러한 매개변수는 모두 `BasePromptTemplate` 유형입니다. 이 클래스의 구조와 사용 방법은 10장에서 더 자세히 다루겠습니다.

이제 각 검색기 유형의 차이점을 살펴보았으니, 이들이 공통으로 갖는 요소들을 알아보겠습니다.

6.3.7 모든 검색기가 공유하는 공통 특성

모든 검색기는 쿼리 또는 `QueryBundle` 객체를 매개변수로 받습니다. `QueryBundle`은 임베딩 기반 검색, 이미지와 텍스트를 동시에 검색하는 멀티모달 시나리오 등 고급 사례에 사용할 수 있는 범용 메커니즘입니다.

또한, 모든 검색기는 `callback_manager` 인수를 수용합니다. 이 메커니즘에 대해서는 10장에서 더 자세히 설명하겠습니다.

이러한 요소들은 RAG 애플리케이션의 검색 논리를 구성하는 기본 빌딩 블록입니다. 만약 간단하고 쉽게 구축할 수 있는 솔루션이 필요하다면, 이를 직접 사용할 수 있습니다. 하지만 더 복잡한 경우에는 LlamaIndex의 고급 검색 모듈을 사용할 수 있으며, 이는 기본 검색기 기능을 결합하거나 새로운 기능을 추가합니다. 이들 중 일부는 이 장의 후반부에서 다루겠습니다.

앞서 본 것처럼 일부 검색기는 임베딩 모델 또는 LLM 쿼리를 사용하여 가장 관련성이 높은 노드를 식별합니다. 그러나 모든 검색기는 `BaseRetriever`의 서브클래스입니다. 즉, 이들은 모두 `retrieve()` 메서드와 비동기 작업을 위한 `aretrieve()` 메서드를 상속받습니다.

다음으로, 비동기 작업에 대해 논의하겠습니다.

6.3.8 검색 메커니즘의 효율적 사용 – 비동기 작업

지금까지 논의한 모든 코드 예제는 **동기 방식**synchronous method을 사용했습니다. 동기 또는 **직렬 방식**serialized method은 작업이 선형적으로 실행되며, 이해하기 쉽고 예측 가능한 방식입니다. 그러나 현대 애플리케이션에서는 성능과 낮은 지연 시간이 중요한데, 이는 사용자 경험을 크게 개선합니다.

다행히도, 대부분의 경우 LlamaIndex는 **비동기 실행**asynchronous execution 대안을 제공합니다. 다음은 `KeywordTableIndex`에서 정의된 두 검색기에 대해 비동기 실행을 사용하는 간단한 예입니다.

```
import asyncio
from llama_index.core import KeywordTableIndex
from llama_index.core import SimpleDirectoryReader
async def retrieve(retriever, query, label):
    response = await retriever.aretrieve(query)
    print(f"{label} retrieved {str(len(response))} nodes")
async def main():
    reader = SimpleDirectoryReader('files')
    documents = reader.load_data()
    index = KeywordTableIndex.from_documents(documents)
    retriever1 = index.as_retriever(
retriever_mode='default'
)
    retriever2 = index.as_retriever(
        retriever_mode='simple'
)
```

```
    query = "Where is the Colosseum?"
    await asyncio.gather(
        retrieve(retriever1, query, '<llm>'),
        retrieve(retriever2, query, '<simple>')
    )
asyncio.run(main())
```

위 코드는 두 개의 검색을 병렬로 실행합니다. 물론, 매우 작은 데이터셋을 사용한 간단한 예이므로 **비동기 작업**asynchronous operation의 성능 향상은 크게 나타나지 않습니다.

그러나 상용 애플리케이션에서 여러 개의 검색기 호출을 자주 수행하고, 많은 인덱스 노드에 대해 복잡한 쿼리를 실행하는 경우, 비동기 작업의 이점은 상당합니다. 비동기 작업은 성능을 향상시키고, 리소스를 더 효율적으로 사용하며, 지연 시간을 줄여 사용자 대기 시간을 단축하고, 자연스러운 사용자 경험을 제공합니다.

이제, 더 고급 검색 방법에 대해 논의해보겠습니다.

6.4 고급 검색 메커니즘 구축

이제 LlamaIndex가 제공하는 기본 구성 요소를 이해했으므로, 더 정교한 설루션을 구축할 수 있습니다. 우리가 이미 논의한 검색기들은 RAG 플로우에서 지식 기반 쿼리와 문맥 확장을 효율적으로 제공하며, 한편으로는 특정 기술을 사용하거나, 이미 논의한 검색기들을 기발하게 결합하여 사용할 수 있는 더 고급 검색 방법들도 존재합니다.

6.4.1 단순 검색 방법

LlamaIndex는 기본적으로 빠른 쿼리 방법을 제공합니다. 우리가 살펴본 것처럼, 몇 줄의 코드로 문서를 가져와 노드를 생성하는데, 예를 들어 `VectorStoreIndex` 검색기를 구축할 수 있습니다. 그런 다음, 유사성 측정 기법을 사용하는 검색기를 통해 가장 관련성 높은 부분을 손쉽게 쿼리할 수 있습니다.

이 방법은 매우 간단하여 쉽게 구현할 수 있습니다. 그러나 모든 상황에서 이상적인 방법은 아닙니다. 종종, 이 방법은 **단순한 방법**naive method이라 불리며, **최첨단**state-of-the-art, SOTA 설루션보다는 중간 정도의 결과를 제공합니다.

비유를 들자면

이는 집에서 모든 수리를 망치 하나로 해결하려는 것과 비슷합니다. 망치는 사용하기 쉬운 꼭 필요한 도구이지만, 모든 문제를 해결하는 최선의 도구는 아닙니다. 마찬가지로, 단순화된 질문 방식은 기본적인 상황에서는 효과적일 수 있지만, 더 복잡한 상황이나 특정 요구사항이 있는 경우에는 기대만큼 효과적이지 않을 수 있습니다.

복잡한 검색이 필요한 경우에는 검색 알고리즘을 조정하거나 다른 방식으로 결합하여 더 개선되고 특화된 설루션을 찾아야 합니다.

또한, 대규모 데이터셋의 경우 단순한 방법은 비효율적일 수 있으며, 너무 많은 불필요한 결과를 반환하거나 중요한 정보를 놓칠 수 있습니다. 이 방법은 응답 시간과 리소스 소비 측면에서도 성능이 떨어질 수 있습니다.

실제 상황에서는 데이터의 품질, 구조, 형식이 크게 다를 수 있습니다. 단순한 방법으로는 이러한 다양성을 다루고 유용한 정보를 추출하는 데 한계가 있습니다.

예를 들어 우리가 찾는 특정 정보가 문서 전체에 흩어져 있는 작은 청크로 나뉘어 있다면, 결과는 기대에 미치지 못할 것입니다. 다음 절들에서는 다양한 상황에서 훨씬 더 나은 결과를 제공할 수 있는 고급 검색 방법들에 대해 논의하겠습니다.

6.4.2 메타데이터 필터 구현

아주 간단하지만 효과적인 검색 메커니즘 중 하나는 **메타데이터 필터**를 사용하여 검색한 노드를 필터링하는 것입니다. 이 방법으로 조직 내에서 자주 직면하거나 LlamaIndex의 검색 기능을 활용하여 해결책을 마련할 수 있는 실질적인 문제를 해결해보겠습니다.

우리는 사용자 부서에 따라 반환된 노드를 필터링하는 검색 시스템을 구현하는 방법을 살펴볼 것입니다. 이 과정은 객체지향 프로그래밍에서의 다형성polymorphism 개념과 유사합니다. 같은 개념이지만 사용되는 분야에 따라 다른 정의를 가질 때가 많습니다.

예를 들어 사용자가 조직의 지식 기반에서 '사고incident'의 정의를 찾고 있다고 가정해봅시다. 정보 보안을 다루는 사람들과 IT 서비스 운영을 다루는 사람들은 '사고'에 대해 서로 다른 정의를 가질 수 있습니다. 이제 이 다형성 개념을 검색 메커니즘에 어떻게 적용할 수 있는지 살펴보겠습니다.

1. 필요한 `import`를 처리하고, 사용자와 부서 간의 매핑을 정의해야 합니다.

```
from llama_index.core.vector_stores.types import MetadataFilter, MetadataFilters
from llama_index.core import VectorStoreIndex
from llama_index.core.schema import TextNode
user_departments = {"Alice": "Security", "Bob": "IT"}
```

2. 그런 다음, '사고' 개념을 저장하는 두 개의 노드를 정의합니다. 다른 점은 메타데이터에 있으며, 각 정의가 적용되는 부서를 명시합니다.

```
nodes = [
    TextNode(
        text=(
            "An incident is an accidental or malicious event that has the potential to
cause unwanted effects on the security of our IT assets."),
        metadata={"department": "Security"},
    ),
    TextNode(
        text=("An incident is an unexpected interruption or
            degradation of an IT service."),
        metadata={"department": "IT"},
    )
]
```

다음으로, 필터링과 검색을 담당하는 함수를 정의합니다.

```
def show_report(index, user, query):
    user_department = user_departments[user]
    filters = MetadataFilters(
        filters=[
            MetadataFilter(key="department",
                value=user_department)
        ]
    )
    retriever = index.as_retriever(filters=filters)
    response = retriever.retrieve(query)
    print(f"Response for {user}: {response[0].node.text}")
```

3. 이제 동일한 쿼리를 각 사용자의 맥락에서 실행하면, 각 사용자가 속한 부서에 따라 다른 답변을 얻을 수 있습니다.

```
index = VectorStoreIndex(nodes)
query = "What is an incident?"
show_report(index, "Alice", query)
show_report(index, "Bob", query)
```

출력은 다음과 같습니다.

```
Response for Alice: An incident is an accidental or malicious event that has the
potential to cause unwanted effects on the security of our IT assets.
Response for Bob: An incident is an unexpected interruption or degradation of an IT
service.
```

이렇게 간단하게 구현할 수 있습니다. 이와 같은 메커니즘은 정보에 대한 접근 제어를 구현하거나 보안 규칙을 정의하는 데 사용할 수 있습니다.

예를 들어 다중 테넌시 모델을 사용하는 여러 클라이언트가 공유하는 지식 기반 시스템에서 `MetadataFilters`를 구현하여 접근을 제한할 수 있습니다.

앞의 코드에서는 단순한 필터링만 수행했습니다. 즉, 부서 키의 값이 사용자의 부서와 같은 노드만 검색하도록 제한했습니다. 하지만 `FilterOperator` 클래스를 사용하는 더 복잡한 필터링 변형도 가능합니다. LlamaIndex의 기본 벡터 스토어는 `EQ`(같음) 연산자만 지원합니다. 즉, 키의 값이 특정 매개변수와 같은 경우에만 필터를 적용할 수 있습니다. 하지만 더 정교한 벡터 스토어(예: Pinecone 또는 ChromaDB)를 사용하면, 표 6.1에 나열된 `FilterOperator`의 다양한 연산자를 사용할 수 있습니다.

표 6.1 FilterOperator에서 사용할 수 있는 연산자의 전체 목록

심볼릭 연산자	프로그래밍 대응	설명
EQ	==	같다(기본값).
GT	>	더 크다.
LT	<	더 작다.
NE	!=	같지 않다.
GTE	>=	더 크거나 같다.
LTE	<=	더 작거나 같다.
IN	in	배열 내에 있다.
NIN	nin	배열 내에 없다.

다음은 더 복잡한 시나리오를 구현하기 위해 필터 연산자와 필터 집계 조건을 사용하는 예시입니다.

```
from llama_index.core.vector_stores.types import (
    FilterOperator, FilterCondition)
filters = MetadataFilters(
    filters=[
```

```
        MetadataFilter(
            key="department",
            value="Procurement"
        ),
        MetadataFilter(
            key="security_classification",
            value=<user_clearance_level>,
            operator=FilterOperator.LTE
        ),
    ],
    condition=FilterCondition.AND
)
```

이 예시에서는 보안 분류와 사용자 권한 레벨에 따른 간단한 접근 제어 메커니즘을 구현했습니다. 특정 부서에 속하고, 분류 레벨이 사용자의 접근 레벨보다 작거나 같은 노드만 반환합니다. 다음에는 다른 방법에 대해 논의하겠습니다.

6.4.3 더 고급 의사결정 논리를 위한 셀렉터 사용

고급 사용자 상호작용 시스템에서는 사용자가 매우 다양한 종류의 질의를 수행할 수 있습니다. 예를 들어 사용자는 아주 구체적인 질문을 던져 명확한 정의를 찾으려고 할 수 있고, 다른 때에는 더 일반적인 정보를 찾거나 시스템에 두 문서를 요약하거나 비교해달라고 요청할 수도 있습니다.

이러한 복잡한 상황에서는 어떤 검색기를 사용해야 할까요? 최선의 구현 방법은 여러 검색 시스템의 강점을 결합한 것입니다. 그러나 이는 RAG 애플리케이션이 내부적으로 가장 적합한 검색기를 선택하는 선택 메커니즘을 갖추고 있어야 한다는 것을 의미합니다. 이를 위해 이 절에서는 **셀렉터**selector의 사용에 대해 다루겠습니다.

LlamaIndex에서는 다섯 가지 종류의 셀렉터를 제공합니다. 바로 `LLMSingleSelector`, `LLMMultiSelector`, `EmbeddingSingleSelector`, `PydanticSingleSelector`, `PydanticMultiSelector`입니다.

이들의 작동 방식은 약간씩 다릅니다. 이름에서 알 수 있듯이, 일부는 LLM의 의사결정 능력을 사용하고, 다른 일부는 유사성 계산을 기반으로 목록에서 특정 옵션을 선택하며, 또 다른 일부는 Pydantic 객체를 사용하여 선택을 반환합니다. 어떤 것은 목록에서 하나의 옵션을 반환하고, 또 어떤 것은 여러 개의 선택을 반환할 수 있습니다. 결국 이들의 결과는 대체로 동일하며, 이 셀렉터들은 우리가 개발하는 애플리케이션에서 고급 조건 논리를 구현하는 데 도움을 줍니다.

이것이 가능한 이유는 셀렉터가 복잡한 조건을 평가하고 애플리케이션이 따라야 할 논리적 분기를 결정할 수 있기 때문입니다. 마치 **IF...THEN** 의사결정 블록과 같지만, 더 복잡한 시나리오를 처리할 수 있습니다.

다음 다이어그램은 RAG 애플리케이션의 논리에서 셀렉터가 어떤 역할을 하는지 더 잘 이해하는 데 도움이 됩니다. 그림 6.12는 `LLMSingleSelector`의 작동 방식을 시각적으로 보여줍니다.

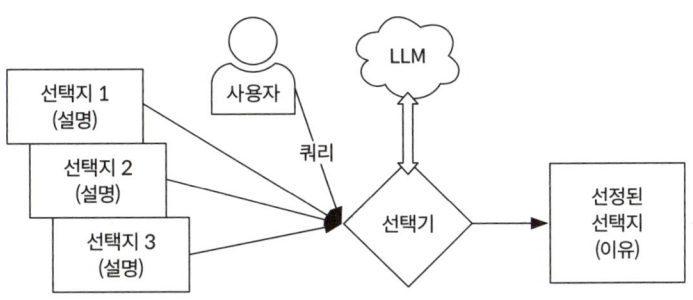

그림 6.12 **LLMSingleSelector의 시각화**

다음은 사전 정의된 옵션 목록에서 LLM을 사용해 하나의 옵션을 반환하는 아주 간단한 셀렉터 구현 예입니다.

```
from llama_index.core.selectors.llm_selectors import LLMSingleSelector
options = [
    "option 1: this is good for summarization questions",
    "option 2: this is useful for precise definitions",
    "option 3: this is useful for comparing concepts",
]
selector = LLMSingleSelector.from_defaults()
```

코드의 첫 부분에서 옵션들을 문자열 목록으로 정의한 후 `.select()` 메서드를 통해 LLM에 전달합니다.

```
decision = selector.select(
    options,
    query="What's the definition of space?"
).selections[0]
print(decision.index+1)
print(decision.reason)
```

`.select()` 메서드는 정의된 옵션들과 사용자 질의를 인수로 받아 작동합니다. 셀렉터는 내부적으로 특별히 구성된 프롬프트를 사용하여 질의에 맞춰 가장 적합한 옵션을 선택하도록 LLM에 요청합니다.

응답으로, 셀렉터는 선택된 옵션 번호와 선택 이유를 포함한 `SingleSelection` 객체를 반환합니다. 보다시피 셀렉터는 검색기에만 국한된 것이 아닙니다. 이 예제에서는 검색기를 정의하지도 않았습니다.

이것은 셀렉터 메커니즘이 애플리케이션의 어떠한 조건 논리에도 사용할 수 있을 만큼 범용적임을 보여주기 위한 것입니다. 반환된 옵션 번호는 파서, 인덱스, 검색기 등의 목록에서 선택할 때 도움이 될 수 있습니다. 이 간단한 버전에서는 셀렉터가 단순히 문자열 목록에서 옵션을 선택하지만, `ToolMetadata` 클래스를 사용하는 더 고급 형태의 선택도 있습니다. 그러나 이 개념을 이해하려면 먼저 **도구**tool가 무엇인지 명확히 이해해야 합니다.

6.4.4 도구 이해하기

에이전트 기능에서 중요한 요소 중 하나는 애플리케이션이 상황에 따라 사용하는 방법을 결정하는 일반적인 컨테이너입니다. 이 컨테이너는 애플리케이션이 실행 중에 호출할 수 있는 다양한 기능을 포함할 수 있습니다.

이미 LlamaHub에서 개발한 다양한 도구들이 있습니다.[1] 이 도구들은 이메일 작성 및 전송, 여러 API 쿼리나 컴퓨터의 파일 시스템과의 상호작용과 같은 특정 기능들을 수행할 수 있습니다. 도구를 에이전트 구현에 사용하는 방법에 대해서는 8장에서 자세히 다룰 예정이며, 그곳에서 PITS 챗봇을 구축할 것입니다.

지금은 검색기를 도구 컨테이너에 캡슐화하고 셀렉터를 사용해 적응형 검색 메커니즘을 구현하는 방법을 살펴보겠습니다. 우리는 `RetrieverTool` 클래스에 중점을 둘 것이며, 이 클래스는 두 가지 중요한 인수를 받는데, 이는 검색기와 해당 검색기에 대한 텍스트 설명입니다. 이 설명을 바탕으로 셀렉터는 특정 질의에 대해 어떤 검색기를 사용할지 결정합니다. 우리가 만든 각 검색기 위에 `RouterRetriever` 객체를 정의합니다. `RouterRetriever`는 상황에 따라 어떤 검색기를 사용할지 셀렉터가 결정하는 복잡한 의사결정 메커니즘입니다. 중요한 인수는 셀렉터와 선택할 옵션들입니다.

---

[1] https://llamahub.ai/?tab=tools

이 옵션들은 `RetrieverTool` 객체 형태로 제공됩니다. 이제 이를 코드로 구현하는 방법을 살펴보겠습니다.

```python
from llama_index.core.selectors import PydanticMultiSelector
from llama_index.core.retrievers import RouterRetriever
from llama_index.core.tools import RetrieverTool
from llama_index.core import (
    VectorStoreIndex, SummaryIndex, SimpleDirectoryReader)
documents = SimpleDirectoryReader("files").load_data()
vector_index = VectorStoreIndex.from_documents([documents[0]])
summary_index = SummaryIndex.from_documents([documents[1]])
vector_retriever = vector_index.as_retriever()
summary_retriever = summary_index.as_retriever()
```

먼저, `files` 하위 폴더에서 두 개의 샘플 파일을 가져옵니다. 첫 번째 파일은 고대 로마에 대한 정보를 포함하고, 두 번째 파일은 개에 대한 일반적인 텍스트를 포함하고 있습니다. 그런 다음, 각 파일에 대한 인덱스를 만들고 각 인덱스에서 검색기를 생성했습니다. 이제 도구를 정의해야 합니다.

```python
vector_tool = RetrieverTool.from_defaults(
    retriever=vector_retriever,
    description="Use this for answering questions about Ancient Rome"
)
summary_tool = RetrieverTool.from_defaults(
    retriever=summary_retriever,
    description="Use this for answering questions about dogs"
)
```

보다시피, 각 검색기를 `RetrieverTool`로 캡슐화하고, 셀렉터가 사용할 수 있도록 명확한 설명을 추가했습니다. 이제 `RouterRetriever`를 구축해야 합니다.

```python
retriever = RouterRetriever(
    selector=PydanticMultiSelector.from_defaults(),
    retriever_tools=[
        vector_tool,
        summary_tool
    ]
)
response = retriever.retrieve(
    "What can you tell me about the Ancient Rome?"
)
```

```
for r in response:
    print(r.text)
```

이것이 우리가 해야 할 전부입니다. 이제부터는 이 동적 검색기에 질의할 때마다 셀렉터가 어떤 검색기를 사용할지 결정하여 결과를 반환합니다. 예를 들면 다음과 같습니다.

```
retriever.retrieve("What can you tell me about the Ancient Rome?")
```

이 코드는 `vector_tool`을 사용해 검색할 것입니다. 이제 다음 코드를 살펴보겠습니다.

```
retriever.retrieve("Tell me all you know about dogs")
```

이 코드는 `summary_tool`을 호출합니다. 우리가 `PydanticMultiSelector`를 사용했기 때문에 두 개의 검색기를 동시에 사용할 수 있는 상황도 처리할 수 있습니다.

```
retriever.retrieve("Tell me about dogs in Ancient Rome")
```

`PydanticSingleSelector`와 달리, `PydanticMultiSelector`는 셀렉터 리스트에서 여러 옵션을 동시에 선택할 수 있으므로, 다양한 사용 사례를 처리할 수 있습니다. 마찬가지로, `RouterQueryEngine`을 사용해 질의 엔진 수준에서 더 복잡한 라우터를 정의할 수도 있습니다. 이에 대해서는 7장에서 더 자세히 다룰 것입니다.

먼저, 다른 고급 검색기 형태를 살펴보겠습니다.

6.4.5 질의 변환 및 재작성

이전 절에서 우리는 셀렉터와 라우터 개념을 사용하여 애플리케이션이 어떤 검색기를 사용할지 결정하는 방법을 살펴봤습니다.

우리의 RAG 애플리케이션에서 사용할 수 있는 또 다른 강력한 도구는 `QueryTransform`이라는 구조입니다. 이 도구는 쿼리를 인덱스에 적용하기 전에 재작성하거나 수정할 수 있도록 해줍니다. 그림 6.13에서 볼 수 있듯이, 이 과정을 통해 검색 프로세스를 개선할 수 있습니다.

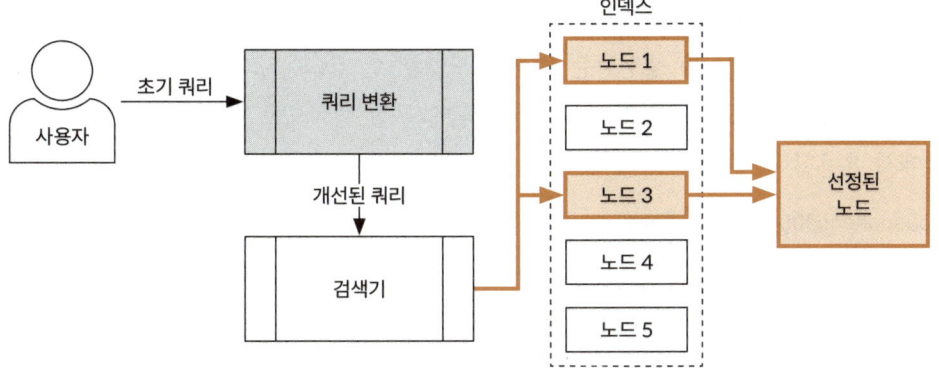

그림 6.13 QueryTransform을 통한 검색 프로세스 개선

`QueryTransform`로 얻을 수 있는 기능을 활용하는 경우를 상상해보겠습니다.

실용적인 예시

복잡한 소프트웨어에 대한 기술 지원을 제공하는 챗봇을 생각해봅시다. 사용자는 종종 문제를 모호하거나 비기술적인 용어로 설명합니다. 이때 `QueryTransform`은 이러한 설명을 해석하여 더 구체적인 하위 쿼리로 나누거나, 문서와 더 잘 맞는 기술 용어로 보완할 수 있습니다. 예를 들어 '컴퓨터가 계속 멈춰요'라는 쿼리는 '운영체제 프리징 문제 해결 단계'와 같은 더 구체적인 쿼리로 변환될 수 있습니다.

이 도구에는 여러 변형이 있으며, 각 변형은 정보 검색 과정을 강화하는 고유한 역할을 가지고 있습니다. 각 변형을 하나씩 살펴보겠습니다.

- `IdentityQueryTransform`: 이 변환은 쿼리를 수정하지 않고 그대로 반환하는 기본 변환입니다. 변환이 필요하지 않을 때 기본 작동을 유지하는 데 유용합니다.
- `HyDEQueryTransform`: **HyDE**Hypothetical Document Embedding는 쿼리를 LLM이 생성한 가상의 문서로 변환합니다. 이 방법의 핵심은 가상의 쿼리 답변을 생성하고 이를 임베딩 문자열로 사용하는 것입니다. 이 방법은 결과의 관련성을 향상시키는 데 도움이 되며, 실제 콘텐츠에 기반을 둔 응답을 제공하면서 부정확한 세부사항을 걸러냅니다. 이 기술의 장점에 대해 더 알고 싶다면 관련 논문을 참고하세요.[2]
- `DecomposeQueryTransform`: 이 변환은 복잡한 쿼리를 단순하고 더 집중된 하위 쿼리로 나눕니다. 이는 인덱스가 쿼리를 처리하기 쉽게 만들어주며, 특히 복잡하거나 모호한 쿼리에 대한 인덱스 구조가 최적화되지 않았을 경우 관련된 노드를 찾을 확률을 높일 수 있습니다.

---

2 Gao, Luyu; Ma, Xueguang; Lin, Jimmy; Callan, Jamie (2022). "Precise Zero-Shot Dense Retrieval without Relevance Labels". arXiv:2212.10496v1 [cs.IR]. https://arxiv.org/abs/2212.10496Gao, Luyu; Ma, Xueguang; Lin, Jimmy; Callan, Jamie (2022). "Precise Zero-Shot Dense Retrieval without Relevance Labels". arXiv:2212.10496v1 [cs.IR]. https://arxiv.org/abs/2212.10496

- `ImageOutputQueryTransform`: 이 변환은 결과를 이미지로 포맷하는 명령을 추가합니다. 예를 들어 HTML `<img>` 태그를 생성하는 명령을 포함할 수 있습니다. 이 방법은 결과가 이미지로 표시되거나, 출력이 중간 단계로 사용되어 이후에 특정 형식으로 추가 처리해야 하는 복잡한 논리에서 유용합니다.
- `StepDecomposeQueryTransform`: 이 변환은 `DecomposeQueryTransform`과 유사하지만, 쿼리를 분해할 때 이전의 추론이나 문맥을 고려하여 추가적인 레이어를 제공합니다. 이 변환은 피드백이나 이전 결과를 기반으로 쿼리를 지속적으로 개선하여 검색 정확도를 높일 수 있습니다.

이와 같은 변환은 시스템이 쿼리를 더 효율적으로 처리하고 응답하는 능력을 향상시킵니다. 사용자 요구나 데이터의 특성에 맞춘 방식으로 검색 결과를 개선할 수 있습니다.

이번에는 더 구체적인 쿼리를 생성하는 방법을 실습 예제를 통해 알아보겠습니다.

```python
from llama_index.core.indices.query.query_transform.base import DecomposeQueryTransform
decompose = DecomposeQueryTransform()
query_bundle = decompose.run(
    "Tell me about buildings in ancient Rome"
)
print(query_bundle.query_str)
```

위 코드를 실행하면, `DecomposeQueryTransform`은 원래 모호한 쿼리를 받아서 LLM을 사용해 좀 더 구체적인 쿼리를 생성합니다. 예시로, 출력 결과는 다음과 비슷할 것입니다.

```
What were some famous buildings in ancient Rome?
```

새로운 쿼리가 훨씬 명확해졌으며, 이는 검색기가 인덱스에서 더 정확한 콘텍스트를 생성할 가능성을 크게 높입니다.

6.4.6 더 구체적인 하위 질의 생성하기

또 다른 유용한 방법은 하위 질의를 생성하여 질의를 보완하는 것입니다. 복잡하거나 모호한 질문은 여러 구체적인 질문으로 나누면 훨씬 명확해질 수 있습니다. 이번에도 LlamaIndex가 도움을 줍니다. `OpenAIQuestionGenerator`는 바로 이런 작업을 위해 설계된 메커니즘입니다. 앞서 셀렉터와 라우터에 대해 논의했을 때 사용한 예시 코드를 조금 수정하여 `OpenAIQuestionGenerator`가 어떻게 작동하는지 알아보겠습니다.

```
from llama_index.question_gen.openai import OpenAIQuestionGenerator
from llama_index.core.tools import RetrieverTool, ToolMetadata
from llama_index.core import (
    VectorStoreIndex, SummaryIndex,
    SimpleDirectoryReader, QueryBundle)
documents = SimpleDirectoryReader("files").load_data()
vector_index = VectorStoreIndex.from_documents(
    [documents[0]]
)
summary_index = SummaryIndex.from_documents([documents[1]])
```

먼저, `files` 하위 폴더에서 두 개의 파일을 읽고 각 문서에 대해 인덱스를 생성합니다.

```
vector_tool_metadata = ToolMetadata(
    name="Vector Tool",
    description="Use this for answering questions about Ancient Rome"
)
summary_tool_metadata = ToolMetadata(
    name="Summary Tool",
    description="Use this for answering questions about dogs"
)
```

각 인덱스마다 `ToolMetadata` 구조체 내에 이름과 설명을 정의합니다. 이 정보는 `OpenAIQuestionGenerator`가 각 검색기가 수행하는 역할과 응답할 수 있는 질문의 유형을 이해하는 데 사용됩니다. 다음으로, 두 개의 검색기를 정의하겠습니다.

```
vector_tool = RetrieverTool(
    retriever=vector_index.as_retriever(),
    metadata=vector_tool_metadata
)
summary_tool = RetrieverTool(
    retriever=summary_index.as_retriever(),
    metadata=summary_tool_metadata
)
```

이제 하위 질의를 생성할 차례입니다. 먼저 `OpenAIQuestionGenerator` 객체를 초기화하고, 사용자로부터 받은 원본 질의를 포함하는 `QueryBundle` 객체를 생성합니다. 이 `QueryBundle`은 질의 생성기에 인수로 전달됩니다.

```
question_generator = OpenAIQuestionGenerator.from_defaults()
query_bundle = QueryBundle(
    query_str="Tell me about dogs and Ancient Rome")
sub_questions = question_generator.generate(
    tools=[vector_tool.metadata, summary_tool.metadata],
    query=query_bundle
)
```

생성된 하위 질의는 두 가지 인수를 받습니다. 사용할 도구들의 목록과 더 구체적인 질문을 생성할 원본 질의입니다.

```
for sub_question in sub_questions:
    print(f"{sub_question.tool_name}: {sub_question.sub_question}")
```

출력된 하위 질문들은 다음과 유사할 수 있습니다.

```
Summary Tool: What are the different breeds of dog?
Summary Tool: What was the role of dogs in ancient Rome?
Vector Tool: What were the most important events in Ancient Rome?
Vector Tool: What were the most famous buildings in ancient Rome?
```

`OpenAIQuestionGenerator`는 초기 쿼리를 받아, LLM을 사용하여 더 구체적인 질문 목록을 반환합니다.

반환된 `sub_questions` 변수는 각 `tool_name`과 `sub_question`을 포함하는 `SubQuestion` 항목들의 리스트입니다. 이 리스트에 대해 반복하여iterate 필요한 도구와 질문을 가져올 수 있습니다.

이처럼 구체적인 쿼리를 사용하면 검색기가 더 많은 콘텍스트를 생성할 수 있으며, 결과적으로 `QueryEngine`에서 더 높은 품질의 응답을 얻을 가능성이 높아집니다.

`OpenAIQuestionGenerator`의 대안으로 `LLMQuestionGenerator`가 있으며, 이 도구는 이름에서 알 수 있듯이 모든 LLM을 사용할 수 있습니다. 또 다른 차이점은 `LLMQuestionGenerator`가 출력 구조화를 위한 특별한 파서를 사용한다는 점입니다.

동일한 질문 생성기 컬렉션에는 `GuidanceQuestionGenerator`도 포함되어 있습니다. 이 메커니즘은 질의 엔진을 안내하기 위한 보조 질문을 생성하는 데 LLM을 사용합니다. 복잡한 질의를 처리하고 특정 순서로 처리해야 할 때 매우 유용합니다.

생성된 하위 질의는 특별히 구성된 질의 엔진에서 사용할 수 있으며, 이 단계에 대해서는 7장에서 `SubQuestionQueryEngine`를 다룰 때 더 자세히 확인할 예정입니다.

다음으로, 정보 검색 관련 두 가지 중요 개념에 대해 확인하겠습니다.

6.5 밀집 검색과 희소 검색의 개념 이해

앞서 보았듯이, 검색 방법은 RAG 시스템의 핵심 구성 요소입니다. 검색 방법은 쿼리에 대한 관련 콘텐츠의 식별 및 순위를 가능하게 하며, 이는 LLM에서 유용한 답변을 생성하는 첫 번째 단계입니다. RAG 애플리케이션 개발 여정 동안, 여러분은 두 가지 주요 검색 패러다임인 **밀집 검색**dense retrieval과 **희소 검색**sparse retrieval을 접하게 될 것입니다. 이러한 개념을 이해하는 것이 중요하기 때문에, 이 절에서는 그들의 특성, 장단점, 결합의 이점에 대해 중점적으로 다룰 것입니다.

6.5.1 밀집 검색

밀집 검색 방법은 임베딩 벡터를 사용하여 텍스트를 연속적이고 고차원적인 공간에 표현하는 데 의존합니다. 임베딩 모델을 사용하여, 텍스트는 의미를 포착하기 위해 고정 길이의 수치 벡터로 **인코딩**됩니다. 쿼리 역시 인코딩되어, 쿼리와 노드 벡터 간의 유사성을 기하학적 연산을 통해 측정할 수 있습니다. 밀집 검색에서는 노드가 벡터로 임베딩되어 `VectorStoreIndex`와 같은 특수한 인덱스에 저장됩니다.

이 벡터들을 **밀집**dense하다고 부르는 이유는, 이러한 벡터들이 일반적으로 0이 아닌 값으로 밀집되어 있으며, 풍부하고 미묘한 의미 정보를 압축된 형태로 표현하기 때문입니다. 검색 과정에서 들어오는 쿼리는 동적으로 임베딩되어, 유사도 검색 알고리즘을 사용해 상위 k개의 노드를 검색하는 데 사용됩니다. 이 알고리즘들은 5장에서 논의한 바와 같습니다.

이 접근 방식은 특히 의미 이해, 속도, 확장성 측면에서 몇 가지 장점을 가지고 있습니다. 유사한 의미를 전달하는 노드들은 더 가깝게 군집화되는 경향이 있습니다. 또한 단어 자체가 완벽하게 일치할 필요는 없습니다. 동의어와 다의어는 정밀도에 큰 영향을 미치지 않습니다.

Pinecone 벡터 데이터베이스[3]와 같은 특수 인덱싱 솔루션은 수백만 개의 벡터에서 번개처럼 빠른 유사도 검색을 가능하게 합니다. 지연 시간은 밀리초에서 1초 미만이며, 확장은 쉽게 이루어집니다.

그러나 밀집 검색에는 몇 가지 단점이 있습니다.

- **계산 비용**: 대량의 데이터를 임베딩하고 인덱싱하는 것은 계산적으로 비싸고 시간이 많이 걸릴 수 있습니다.
- **정밀도와 재현율 간의 균형**: 밀집 검색 시스템은 임베딩 모델의 조정 방식에 따라 재현율recall을 정밀도precision보다 선호하거나 그 반대일 수 있습니다. 모든 관련 문서를 검색하면서 관련 없는 문서를 너무 많이 검색하지 않는 적절한 균형을 찾는 것은 어려울 수 있습니다.
- **긴 문서 처리의 어려움**: 고정 길이 벡터를 생성하는 밀집 모델은 매우 긴 콘텐츠를 처리하는 데 어려움을 겪을 수 있으며, 중요한 정보가 임베딩 과정에서 희석되거나 손실될 수 있습니다.
- **논리적 추론의 격차**: 이러한 방법은 의미적 유사성을 포착하는 데 뛰어나지만, 일반적으로 논리적 추론 능력이 부족합니다. 이는 쿼리와 의미적으로 유사한 문서를 식별할 수 있지만, 패턴 매칭 이상의 추론을 필요로 하는 맥락이나 논리적 관계를 이해하는 데 어려움을 겪을 수 있음을 의미합니다. 결과적으로, 쿼리와 겉보기에는 관련이 있지만 사용자의 의도에 진정으로 부합하지 않는 문서를 검색할 수도 있으며, 특히 쿼리가 복잡한 관계나 미묘한 추론을 요구하는 경우에 그렇습니다.
- **모델 품질에 대한 의존성**: 밀집 검색 시스템의 효과성은 기본 임베딩 모델의 품질에 크게 의존합니다. 잘 훈련되지 않은 모델은 최적이 아닌 검색 성능을 초래할 수 있습니다.

다음으로, 희소 검색에 대해 이야기하겠습니다.

6.5.2 희소 검색

희소 검색 방식은 문서를 키워드와 연관시켜 쿼리와 문서 간의 정확한 키워드 매칭이나 겹침을 기반으로 합니다.

이 과정은 문서에서 중요한 용어를 분석하여 인덱싱하고, 이러한 키워드를 역인덱스inverted index라는 데이터 구조에 기록하는 방식으로 이루어집니다. 역인덱스는 특정 키워드를 포함하는 문서를 빠르게 검색할 수 있도록 설계된 구조입니다.

---

[3] https://www.pinecone.io/product/

검색 단계에서는 쿼리가 역인덱스를 검색하여 쿼리와 동일한 키워드를 가진 문서를 찾아냅니다. 문서는 쿼리와 각 문서 간에 식별된 공통 용어의 수를 기반으로 랭킹됩니다. 희소 검색에서 가장 흔히 사용되는 기술 중 하나는 **용어 빈도-역문서 빈도**term frequency-inverse document frequency, TF-IDF 방법입니다.

1 희소 검색에서의 TF-IDF

TF-IDF는 문서 집합에서 단어의 중요도를 나타내는 숫자 통계입니다. 이 방법은 텍스트를 숫자 벡터로 변환하여, 단어의 빈도를 개별 문서와 전체 문서 집합에서 모두 고려한 후, 해당 단어의 중요도를 캡처합니다.

- **용어 빈도**term frequency, TF는 특정 용어가 문서에서 등장하는 빈도를 측정하며, 이를 문서 내 전체 용어 수로 정규화합니다. 특정 용어가 문서 내에서 얼마나 중요한지를 나타내는 지표입니다.

- **역문서 빈도**inverse document frequency, IDF는 전체 문서 집합에서 용어의 중요도를 평가합니다. 특정 용어를 포함하는 문서 수에 대한 전체 문서 수의 로그를 취하여 계산합니다. 이는 많은 문서에 자주 등장하는 용어의 중요도를 낮추기 위해 사용됩니다. 예를 들어 'the', 'is'와 같은 흔한 용어는 많은 문서에 등장하지만 정보가 적기 때문에 낮은 IDF 점수를 가지게 됩니다. 반면, 고유한 용어는 더 높은 IDF 점수를 가집니다.

TF-IDF 점수는 TF와 IDF를 곱하여 계산하는데, 이는 단어가 문서에서 얼마나 중요한지를 나타냅니다. 이 방법은 단어가 문서 전체에 얼마나 흔하게 나타나는지를 고려하여 각 단어의 중요성을 조정합니다. 희소 검색에서 각 문서는 고차원 벡터 공간에서 벡터로 표현되며, 각 차원은 고유한 용어에 해당하고, 그 값은 해당 단어의 TF-IDF 점수입니다.[4]

이를 **희소**sparse하다고 부르는 이유는, 이 고차원 벡터 공간에서 대부분의 차원(용어)은 주어진 문서에 대해 0값을 가지기 때문입니다. 이는 해당 문서에 포함되지 않은 많은 용어를 나타내며, 대부분의 문서는 집합 내에서 전체 용어의 일부분만 포함하기 때문에 이러한 희소한 표현을 갖게 됩니다.

검색 과정에서 쿼리도 TF-IDF 벡터로 변환되며, 각 문서의 유사성은 코사인 유사도cosine similarity 등의 측정을 통해 계산됩니다. 그런 다음, 쿼리와 가장 유사한 상위 문서들이 결과로 반환됩니다.

---

4 https://en.wikipedia.org/wiki/Tf-idf

TF-IDF와 같은 희소 검색 방법은 정확한 용어 매칭이 중요한 작업에서 특히 효과적입니다. 그러나 이 방법은 텍스트의 의미론적 의미나 문맥을 포착하지 못할 수도 있으며, 이는 밀집 검색과 같은 좀 더 고급 검색 기법으로 해결할 수 있습니다.

다음과 같은 이유로 희소 검색 방식은 밀집 검색 방식에 비해 몇 가지 장점을 가지고 있습니다.

- **대규모 데이터셋 처리 효율성**: 희소 검색 방식, 특히 TF-IDF는 대규모 데이터셋을 처리하는 데 더 효율적입니다. 역색인 구조를 사용하여 빠른 검색 및 문서 검색이 가능하므로 대규모 텍스트 컬렉션에 적합합니다.
- **높은 정확성**: 희소 검색 방식은 용어의 정확한 일치가 중요한 시나리오에서 높은 정확도를 제공합니다. 이는 사용자 쿼리에 있는 특정 키워드를 포함한 문서를 정확하게 찾아내는 데 뛰어납니다.
- **간결함과 해석 가능성**: 희소 검색 방식은 개념적으로 간단하고 해석이 가능합니다. 이 방법은 명시적인 키워드 빈도를 기반으로 하므로, 쿼리에 대한 검색 결과가 왜 반환되었는지 쉽게 이해할 수 있습니다.
- **리소스 절감**: 희소 검색 방식은 임베딩 생성을 위해 복잡한 신경망 모델을 필요로 하지 않기 때문에 컴퓨팅 성능과 메모리 측면에서 요구가 적습니다. 따라서 배포 및 유지 관리가 더 쉽습니다.
- **모델 가변성에 대한 의존도 낮음**: 희소 검색 방식은 머신러닝 모델의 미세한 차이에 덜 의존하기 때문에, 모델의 품질 변화에 대해 더 안정적이고 일관된 성능을 보여줍니다. 또한 다른 데이터셋들에 대해 좀 더 예측 가능하고 일관된 성능을 보입니다.

그러나 희소 검색 방식에도 한계가 존재합니다.

- **의미론적 이해 부족**: 희소 검색 방식은 단어 간의 의미론적 관계를 포착하지 못합니다. 따라서 쿼리와 정확한 키워드가 일치하지 않는 경우, 문맥적으로 관련된 문서를 놓칠 수 있습니다.
- **동의어와 다의어 처리 어려움**: 희소 검색 방식은 동의어(의미는 같지만 다른 단어)나 다의어(여러 의미를 가진 단어) 처리에 어려움을 겪을 수 있으므로, 관련 없는 문서가 검색되거나 중요한 문서가 누락될 수 있습니다.
- **문맥 및 세부사항 포착 실패**: 희소 검색 방식은 언어의 문맥이나 미묘한 의미를 효과적으로 포착하지 못하므로, 쿼리의 실제 의도를 이해하는 데 어려움을 겪을 수 있습니다.

6.5.3 LlamaIndex에서 희소 검색 구현하기

핵심적으로, `KeywordTableIndex`와 같은 구조는 이미 기본적인 형태의 희소 검색으로 간주할 수 있습니다. 이러한 구조는 앞서 설명한 대부분의 원칙과 방법을 공유합니다. 하지만 LlamaIndex는 그 이상의 고급 희소 검색 기능도 제공합니다.

그중 하나가 `BM25Retriever`로, **BM25**Best Matching 25 검색 알고리즘을 구현합니다.

BM25는 TF-IDF 방법을 개선한 더 정교한 알고리즘으로, 희소 검색에 사용합니다. TF-IDF와 달리, BM25는 용어 빈도와 문서 길이를 모두 고려하여 문서의 관련성 점수를 더욱 정교하게 산출합니다. `BM25Retriever`를 사용하면, 쿼리와 관련된 문서 노드가 BM25 점수에 따라 순위가 매겨집니다. 상위 k개의 노드가 가장 높은 점수를 기록하고, 이들이 쿼리 결과로 반환되어 사용자가 가장 관련성이 높은 결과를 얻을 수 있습니다.

`BM25Retriever`의 사용 예제를 살펴보겠습니다.

이 검색기를 사용하려면 다음 명령어를 실행하여 필요한 파이썬 패키지와 관련된 LlamaIndex 통합 패키지를 설치해야 합니다.

```
pip install rank-bm25
pip install llama-index-retrievers-bm25
```

`rank-bm25` 패키지를 설치한 후, 다음 샘플 코드를 통해 이를 테스트할 수 있습니다.

```python
from llama_index.retrievers.bm25 import BM25Retriever
from llama_index.core.node_parser import SentenceSplitter
from llama_index.core import SimpleDirectoryReader
reader = SimpleDirectoryReader('files')
documents = reader.load_data()
splitter = SentenceSplitter.from_defaults(
    chunk_size=60,
    chunk_overlap=0,
    include_metadata=False
)
nodes = splitter.get_nodes_from_documents(
    documents
)
```

우리는 고대 로마와 개 품종에 대한 데이터를 포함하는 두 개의 샘플 파일을 사용하고 있습니다. 이 예제에서는 `SentenceSplitter`를 상대적으로 작은 청크 크기로 설정하였습니다. 그 이유는 샘플 파일의 크기가 작기 때문에 문장을 기반으로 더 세분화된 노드를 생성하여 `BM25Retriever`의 작동 방식을 잘 설명하고자 했기 때문입니다. 다음으로 검색기를 구현해보겠습니다.

```
retriever = BM25Retriever.from_defaults(
    nodes=nodes,
    similarity_top_k=2
)
response = retriever.retrieve("Who built the Colosseum? ")
for node_with_score in response:
    print('Text:'+node_with_score.node.text)
    print('Score: '+str(node_with_score.score))
```

두 개의 문서를 청크로 나눈 후, BM25 알고리즘을 적용하여 콜로세움을 누가 지었는지에 대한 쿼리와 가장 관련성이 높은 두 개의 청크를 검색합니다.

이 예제를 통해 더 나은 이해를 위해 `similarity_top_k` 매개변수나 쿼리, 청크 전략을 조정하여 검색기가 어떻게 작동하는지 실험해볼 수 있습니다.

1 희소 검색을 밀집 검색 대신 언제 사용해야 할까?

희소 검색이 RAG 애플리케이션에서 밀집 검색보다 더 나은 결과를 제공할 수 있는 경우를 살펴보겠습니다.

희소 검색의 실용적인 사례

예를 들어 법률 문서 검색 시스템을 구축했다고 가정해봅시다. 이 경우, 사용자 쿼리에는 정확한 법률 용어나 인용문, 법률 문서에서 특정 구문을 포함할 가능성이 높습니다. 사용자가 다음과 같은 쿼리를 입력한다고 가정해봅시다.

'GDPR 제45조에 따른 적정성 결정에 기반한 개인정보 이전에 대한 내용'

이 쿼리에는 'GDPR', '제45조'와 같은 특정 구문이 포함되어 있으며, 이는 법률 문서에서 정확히 해당 형태로 발견될 가능성이 큽니다.

희소 검색은 이러한 쿼리에 대해 매우 정확한 결과를 제공할 가능성이 큽니다. 특정 법률 조항이 포함된 문서를 GDPR에서 정확하게 찾아내, 노이즈와 관련 없는 검색 결과를 줄입니다. 법률 문서에는 다양한 섹션과 조항으로 구분된 구조가 있는 경우가 많으므로, 희소 검색 방법은 이러한 구조적 데이터를 효율적으로 분석하고 쿼리에서 직접 참조한 내용을 기반으로 노드를 검색할 수 있습니다.

반면, 밀집 검색은 일반적인 의미를 우선시하기 때문에 이러한 특정 키워드 쿼리에서는 정확도가 조금 떨어지는 결과를 제공할 수 있습니다.

특히 법률 텍스트에 대해 별도로 훈련되지 않은 임베딩 모델은 법률 용어와 특정 인용 스타일을 정확하게 해석하고 매칭하는 데 어려움을 겪을 수 있습니다.

❷ 밀집 검색이 더 나은 선택일 때

여기 또 다른 실용적인 예가 있습니다.

밀집 검색이 더 나은 결과를 제공할 가능성이 높은 대표적인 사용 사례는 다양한 고객 문의를 이해하고 대응하는 고객 지원 챗봇입니다. 예를 들어 이 챗봇이 하드웨어 문제 해결, 소프트웨어 기능, 사용 팁, 제품 및 서비스에 대한 일반적인 질문과 같은 다양한 기술 제품 관련 이슈에 대해 사용자를 지원한다고 가정해봅시다.

사용자가 '내 노트북 배터리가 사용량이 많지 않은데도 너무 빨리 닳아요. 어떻게 해결할 수 있을까요?'라는 질문을 했다고 가정해봅시다. 밀집 검색은 쿼리의 의미적 문맥을 이해하는 데 탁월하여, 이 경우 '배터리가 빨리 닳아요'라는 문구의 넓은 의미를 이해하고, 지식 베이스에 정확히 같은 문구가 없더라도 유사한 문제를 연결할 수 있습니다.

반면, 희소 검색 방식은 쿼리에 특정 키워드가 포함되지 않으면 성능이 떨어질 수 있습니다. 이 예에서 사용자는 기술 매뉴얼이나 FAQ에서 사용된 용어와는 다른 용어로 문제를 설명할 수 있기 때문에, 희소 검색 방식은 적절한 결과를 제공하지 못할 수 있습니다.

❸ 두 가지 방법을 하나의 검색기에 결합할 수 있을까?

짧은 답은 '예'입니다. 아마 이미 이러한 방향으로 나아가는 것을 눈치채셨을 겁니다. 두 가지 검색 방법을 결합하면, 장점과 기능을 모두 활용할 수 있는 최상의 조합이 됩니다. 앞서 우리는 더 복잡한 쿼리 작동을 구현하기 위해 선택기와 라우터를 사용하는 방법에 대해 논의했습니다.

여기서 설명한 방법들을 응용하여 밀집 검색과 희소 검색을 모두 사용하는 하이브리드 시스템을 구현할 수 있습니다. 추가적인 예가 필요하다면, Pinecone 벡터 데이터베이스를 사용하여 하이브리드 검색을 구현하는 예시를 다음 링크에서 살펴볼 수 있습니다.

https://developers.llamaindex.ai/python/examples/vector_stores/pineconeindexdemo

4 검색 과정에서 결과가 없을 때 대처하기

때때로, 검색기가 아무런 결과도 찾지 못할 수도 있는데, 이러한 상황은 현재 쿼리와 일치하는 인덱싱된 콘텐츠를 찾지 못했을 때 발생합니다. 이는 특정 쿼리에 대한 관련 노드가 인덱스에 없음을 의미합니다.

이러한 경우, 검색기는 일치하는 노드를 찾지 못했다는 것을 나타내기 위해 빈 결과 집합을 반환할 수 있습니다. 이러한 상황은 사용된 인덱스 유형에 따라 발생할 수 있으며, 쿼리 키워드가 매우 구체적이거나 드물 때 인덱스의 어떤 노드도 해당 키워드를 포함하지 않는 경우도 있습니다. 아니면 임베딩 기반 인덱스에서 사용한 검색 매개변수로 실행했던 유사성 검색에서 일치하는 노드를 찾지 못했을 수도 있습니다. 이러한 시나리오를 처리하기 위해 다음과 같은 접근 방식을 고려할 수 있습니다.

- **대체 메커니즘**: 검색 시스템은 더 일반적인 검색을 수행하도록 검색기의 매개변수를 조정하거나 사용자에게 대체 쿼리 용어를 제안하는 등의 대체 전략을 가질 수 있습니다.
- **쿼리 확장**: 쿼리를 자동으로 확장하여 동의어나 관련 용어, 또는 더 넓은 개념을 포함시켜 관련 노드를 찾을 가능성을 높일 수 있습니다.
- **관련성 점수 부여**: 정확한 키워드 일치가 없더라도, 검색 시스템은 관련성 점수 알고리즘을 사용하여 쿼리와 의미적으로 유사한 노드를 식별하거나 부분 일치를 포함하는 노드를 찾아낼 수 있습니다.

6.5.4 다른 고급 검색 방법 탐색

지금까지 논의한 기본 개념 외에도 익혀야 할 몇 가지 고급 검색 방법이 있습니다. 이러한 방법들은 공식 문서의 특별 섹션에 자세히 설명되어 있습니다.

https://developers.llamaindex.ai/python/framework/optimizing/advanced_retrieval/advanced_retrieval

이 문서에서는 **소규모-대규모 검색**small-to-big retrieval, **재귀적 검색**recursive retrieval, **임베딩 테이블에서의 검색**, **다중 모달 검색**multi-modal retrieval, **자동 병합 검색**auto-merging retrieval 등과 같은 특수 기술에 대해 더 깊이 배울 수 있습니다.

이 검색 전략 각각에 대한 자세한 설명은 이 책에서 다루기에는 너무 방대하지만, 그렇다고 해서 그들이 덜 중요한 것은 아닙니다. RAG 시스템에서 필요한 문맥을 효과적으로 추출할 수 없다면,

원본 문서를 수집하고 인덱싱하는 것은 의미가 없기 때문입니다.

실용적인 조언

주요 프로젝트를 시작하기 전에 항상 최신 공식 문서를 읽어보세요. 새로운 방법과 기술이 너무 빠르게 발전하고 있기 때문에, 시간을 낭비하지 않으려면 최신 자료를 참고하는 것이 좋습니다. 개인적인 경험을 예로 들자면, 저 역시 소규모-대규모 검색과 매우 유사한 방법을 발명하는 데 수 시간을 소비한 후, 며칠 뒤 이미 검증되고 문서화된 기술이라는 것을 발견한 적이 있습니다.

이제 이 장의 내용을 마무리하겠습니다. PITS 코딩 실습은 다음 장에서 더 많은 정보를 다룬 후 개인 튜터링 프로젝트에 추가 기능을 구현할 것이므로 이번에는 생략하겠습니다.

6.6 요약

이번 장에서는 LlamaIndex에서 다양한 쿼리 전략과 아키텍처를 탐구했으며, 그중에서도 검색기를 깊이 다루었습니다. 검색기는 RAG 시스템의 인덱스에서 관련 정보를 추출하여 유용한 응답을 생성하는 데 필수 기능을 제공합니다. 이번 장에서 우리는 `VectorIndexRetriever`와 `SummaryIndexRetriever` 같은 기본 검색기 유형을 살펴보았습니다. 또한 비동기 검색, 메타데이터 필터, 도구, 선택기, 쿼리 변환과 같은 고급 개념도 이해했습니다. 이를 통해 더 정교한 검색 로직을 구축할 수 있게 되었습니다.

또한 밀집 검색과 희소 검색과 같은 기본 패러다임을 다루고, 각각의 강점과 약점에 대해 논의했습니다. LlamaIndex에서 구현된 `BM25Retriever`와 같은 구체적인 예시도 소개했습니다.

결론적으로, 이번 장은 LlamaIndex의 검색 기능에 대한 전반적인 개요를 제공하였으며, 이를 바탕으로 고성능의 문맥 인식 RAG 애플리케이션을 구축할 수 있는 기초를 다졌습니다.

이제 인덱스에서 정보를 효과적으로 검색하는 데 필요한 지식을 갖추었습니다. 다음 장에서는 이 지식을 바탕으로 쿼리 엔진의 다른 중요한 구성 요소인 후처리기 post-processor와 응답 합성기에 대해 다루겠습니다.

CHAPTER 7

데이터 쿼리하기, 2단계 – 후처리 및 응답 합성

앞에서 배운 지식을 바탕으로, 이제 검색된 콘텍스트를 정제하기 위한 다양한 후처리 기법을 탐구하고, 최종 쿼리 응답 합성에 대해 살펴보겠습니다. 이후에는 이러한 모든 구성 요소를 강력한 쿼리 엔진으로 결합하여 문서에 대한 엔드–투–엔드 자연어 쿼리를 수행하는 방법을 배워봅니다. 또한 개인 교습 프로젝트를 통해 새로운 기술을 연습해볼 것입니다.

이번 장에서는 다음과 같은 주요 주제를 다룰 것입니다.

- 후처리기를 사용한 노드의 재정렬, 변환, 필터링
- 응답 합성기 이해하기
- 출력 파싱 기법 구현하기
- 쿼리 엔진 구축하고 사용하기
- 실습 – PITS에서 퀴즈 만들기

7.1 기술 요구사항

이번 장을 위해 환경에 다음 패키지들을 설치해야 합니다.

- **spaCy**: https://spacy.io/
- **Guardrails-AI**: https://www.guardrailsai.com/
- **pandas**: https://pandas.pydata.org/

이 장의 모든 코드 샘플은 이 책의 GitHub 저장소의 `ch7` 하위 폴더에서 찾을 수 있습니다.

https://bit.ly/bdda_llamaindex

7.2 후처리기를 사용한 노드의 재정렬, 변환, 필터링

이전 장에서 우리는 LlamaIndex가 제공하는 다양한 검색 방법에 대해 논의했습니다. 우리는 LLM에 보내는 쿼리를 풍부하게 하고 개선하기 위해 필요한 콘텍스트를 추출했습니다. 하지만 이것만으로 충분할까요?

이미 논의했듯이, '단순한' 검색 방법으로는 어떤 시나리오에서도 이상적인 결과를 내기 어렵습니다. 반환된 노드에 불필요한 정보가 포함되거나 시간 순서대로 정렬되지 않는 상황이 많을 것입니다. 이러한 상황은 LLM을 곤란하게 만들고, 우리의 RAG 애플리케이션이 구축하는 프롬프트의 품질에 부정적인 영향을 미칠 수 있습니다.

간단한 부가 설명

이미 명백하지만, RAG 흐름의 주요 목적은 프로그래밍 방식으로 프롬프트를 구축하는 것입니다. 이러한 프롬프트를 수동으로 작성하고 ChatGPT와 같은 인터페이스에 입력하는 대신, LlamaIndex는 문서를 노드로 분할하고, 이를 인덱싱하며, 검색기를 사용하여 선택한 뒤 동적으로 프롬프트를 구성합니다. 이 과정에서 여러 가지 문제가 발생할 수 있는데, 원본 문서를 완전하게 또는 정확하게 입력하지 않았을 수도 있고, 적절한 `chunk_size` 값을 선택하지 않아 노드가 너무 세분화되었거나 불필요한 정보로 넘쳐날 수 있습니다. 인덱싱을 제대로 하지 않았거나, 사용한 검색기가 노드를 올바른 순서로 선택하지 않았거나, 원하는 것보다 더 많은 정보를 가져왔을 수도 있습니다.

전체 프로세스에서 오류가 발생할 수 있는 지점이 많습니다. 그다지 고무적이지는 않습니다.

좋은 소식은 LLM에 정보를 보내기 전 최종 단계에서 이 콘텍스트를 개선할 기회가 있다는 것입니다. 이 기회는 **노드 후처리기**와 **응답 합성기**의 형태로 제공됩니다.

하지만 먼저, 후처리기가 어떻게 작동하는지 이해해봅시다.

노드 후처리기는 검색 과정에서 얻은 결과를 정제하는 데 필수입니다. 이는 검색 단계가 아무리 훌륭해도, 추가적이고 불필요한 검색 데이터가 우리의 콘텍스트를 '오염'시키고 LLM을 혼란스럽게 할 가능성이 늘 열려 있기 때문입니다. 또 다른 경우로는, 검색된 노드가 관련성이 있지만 반드시 올바른 순서로 정렬되어 있지 않을 수 있으며, 이는 LLM의 응답 품질에 영향을 미칠 수 있습니다.

그림 7.1은 RAG 워크플로에서 후처리기의 역할을 보여줍니다.

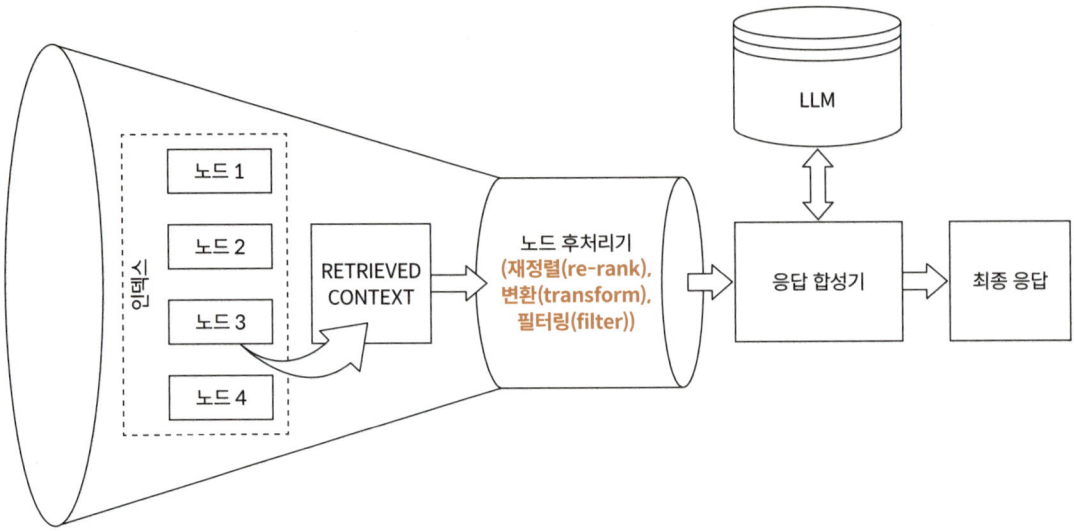

그림 7.1 RAG에서 노드 후처리기의 역할

이러한 프로세스는 정보의 관련성과 품질을 향상시키기 위해 변환이나 필터를 적용하여 노드 집합에서 작동합니다. 이들은 주어진 노드 집합을 처리하기 위해 독립적으로 사용할 수 있지만, 일반적으로는 쿼리 엔진 내에서 노드 검색 단계 후, 응답 합성 전에 사용합니다. LlamaIndex는 다양한 내장 프로세서를 제공하며, 사용자 정의 후처리 로직을 구축하는 옵션도 제공합니다.

우선 노드 후처리기의 다양한 목적과 작동 모드를 이해하는 것부터 시작해봅시다.

7.2.1 후처리기가 노드를 필터링, 변환, 재정렬하는 방법 탐구

노드 후처리기는 본질적으로 검색된 콘텍스트가 프롬프트에 주입되어 응답 합성을 위해 LLM에 전송되기 전에 이를 조정하는 역할을 합니다. 이들은 노드를 필터링, 변환, 재정렬하는 방식으로 작동합니다. 이러한 작동 방식을 살펴보면서 더 깊은 이해를 얻어봅시다.

1 노드 필터링 후처리기

노드 필터링 후처리기node filtering postprocessor는 검색된 결과 집합에서 관련성이 없거나 불필요한 노드를 제거하도록 설계되었습니다. 이들은 각 노드에 특정 기준을 적용하여 요구사항을 충족하지 못하는 노드를 제외합니다. 예를 들어 `SimilarityPostprocessor`는 유사도 점수가 지정된 임곗값 이하인 노드를 필터링하여, 응답 생성을 위해 높은 관련성을 가진 노드만 언어 모델에 전달되도록 합니다. 마찬가지로, `KeywordNodePostprocessor`는 특정 필수 키워드를 포함하는 노드만 유지하거나, 특정 불필요한 키워드를 가진 노드를 제외합니다. 노드 필터링은 정보 과부하를 줄이고 가장 관련성 있는 정보에 집중함으로써 최종 응답의 품질을 향상시키는 데 도움이 됩니다.

2 노드 변환 후처리기

노드 변환 후처리기node transforming postprocessor는 노드를 제거하지 않고도 검색된 노드의 내용을 수정합니다. 이러한 후처리기는 각 노드 내 정보의 관련성과 유용성을 향상시키는 것을 목표로 합니다. 한 예로, `MetadataReplacementPostprocessor`는 노드의 내용을 해당 노드의 메타데이터의 특정 필드로 대체합니다. 이로써 사용하는 텍스트를 원래 입력된 콘텐츠가 아닌 메타데이터를 기반으로 하여 동적으로 조정할 수 있습니다. 또 다른 예는 `SentenceEmbeddingOptimizer`로, 쿼리와의 의미적 유사성에 기반하여 노드 내에서 가장 관련성 있는 문장을 선택하여 더 긴 텍스트 단락을 최적화합니다. 이러한 노드의 내용을 변환함으로써, 후처리기는 정보가 사용자의 쿼리와 더 밀접하게 일치하도록 도와주고, 생성된 응답의 전반적인 품질을 향상시킵니다.

3 노드 재정렬 후처리기

이러한 후처리기는 검색된 노드를 특별히 제거하거나 변경하지 않습니다. 리랭커re-ranker의 목적은 검색기가 반환한 초기 노드 집합을 받아, 주어진 쿼리에 대한 관련성에 따라 재배열하는 것입니다. 이는 긴 형태의 쿼리나 복잡한 정보 요구를 다룰 때 특히 중요합니다. 많은 LLM은 길거나 복잡한 콘텍스트를 제공받을 때 효과적으로 처리하고 정확한 응답을 생성하는 데 어려움을 겪습니다. 리랭커를 사용함으로써, RAG 시스템은 가장 관련성 높은 정보를 우선시하여 LLM에 더 일관된 형식으로 제공할 수 있으므로, 더 나은 응답을 이끌어낼 수 있습니다.

리랭커는 종종 딥 러닝, 트랜스포머transformer, LLM 자체와 같은 고급 기술을 활용하여 검색된 문서나 단락의 관련성을 평가합니다. 이들은 의미적 유사성, 문맥 중첩, 쿼리-문서 정렬과 같은 요소를 고려하여 검색된 노드에 관련성 점수를 부여할 수 있습니다. 상위 순위의 노드들은 LLM에 전달되어, 정제된 콘텍스트를 기반으로 최종 응답을 생성하는데, 이는 RAG 시스템의 전반적인 성능과 유용성을 향상시킵니다. RAG 파이프라인에 재정렬 단계를 포함함으로써, 시스템은 LLM이 길거나 복잡한 쿼리를 처리하는 데 있어서의 한계를 극복하고, 궁극적으로 사용자에게 더 정확하고 관련성 높으며 유용한 응답을 제공할 수 있습니다.

다음으로, 이 세 가지 카테고리의 내장된 LlamaIndex 후처리기를 탐구해보겠습니다.

7.2.2 SimilarityPostprocessor

`SimilarityPostprocessor`는 노드들을 유사도 점수 임곗값과 비교하여 필터링합니다. 이 임곗값 이하의 점수를 가진 노드들은 제거되어, 쿼리와 관련 있고 유사한 콘텐츠만 남게 됩니다. 이는 전달되는 노드들이 쿼리와 높은 의미적 상관관계를 가지므로, 응답 생성에서 관련성을 보장하여 특히 유용합니다.

잠재적인 사용 사례

한 전자 상거래 회사가 LLM으로 구동되는 고객 지원 챗봇을 운영하고 있다고 가정해봅시다. 이 챗봇이 `KeywordTable Index`에서 노드를 검색하여 사용자 쿼리에 포함된 키워드를 기반으로 모든 콘텍스트를 식별하려고 합니다. 예를 들어 '어제 받은 손상된 상품을 어떻게 반품하나요?'라는 쿼리와 관련하여 검색된 노드에는 일반적인 반품 정책, 고객이 주문한 상품의 제품 설명, 배송 정보, 심지어 관련 없는 제품 광고나 프로모션이 포함될 수 있습니다. `Similarity Postprocessor`는 쿼리의 특정 콘텍스트와 밀접하게 관련되지 않은 노드들을 필터링할 수 있습니다. 이 경우, 손상된 상품의 반품 정책과 고객의 최근 주문에 대한 노드를 우선시하고, 일반적인 제품 광고와 관련 없는 배송 정보를 제외합니다. 이는 LLM이 더욱 의미 있는 응답을 생성할 가능성을 크게 높여줍니다.

이 후처리기는 일반적으로 검색기가 가져온 노드 목록을 입력으로 받으며, 각 노드는 관련된 유사도 점수를 가지고 있습니다. 후처리기는 `similarity_cutoff` 매개변수로 설정할 수 있습니다. 이 임곗값은 노드가 관련성이 있다고 간주하기 위한 최소 점수를 결정합니다. 노드의 유사도 점수가 `None`이거나 `similarity_cutoff`보다 낮으면, 해당 노드는 임곗값을 충족하지 못한 것으로 간주되어 최종 목록에서 제외됩니다. 기본적으로, 이 후처리기는 설정된 임곗값보다 낮은 유사도 점수를 가진 노드를 필터링합니다. 이는 쿼리와 밀접하게 관련된 노드만 유지되도록 보장합니다. 유사도 점수 임곗값을 충족하거나 초과하는 노드들은 추가 처리나 응답 합성을 위해 전달됩니다. 다음은 실제로 이를 사용하는 간단한 예입니다.

```python
from llama_index.core.postprocessor import SimilarityPostprocessor
from llama_index.core import VectorStoreIndex, SimpleDirectoryReader

reader = SimpleDirectoryReader('files/other')
documents = reader.load_data()
index = VectorStoreIndex.from_documents(documents)
retriever = index.as_retriever(retriever_mode='default')
nodes = retriever.retrieve(
    "What did Fluffy found in the gentle stream?"
)
```

코드의 첫 부분에서 필요한 모듈을 임포트하고, 샘플 파일에서 데이터를 로드했습니다. 그런 다음, `VectorStoreIndex` 인덱스를 생성하고 기본 검색기를 사용하여 쿼리에 기반한 관련 노드를 가져왔습니다.

```
print('Initial nodes:')
for node in nodes:
    print(f"Node: {node.node_id} - Score: {node.score}")
```

여기서 검색기가 가져온 원본 노드 목록을 출력했습니다. 이제 후처리기를 적용해봅시다.

```
Pp = SimilarityPostprocessor(
    nodes=nodes,
    similarity_cutoff=0.85
)
remaining_nodes = pp.postprocess_nodes(nodes)
print('Remaining nodes:')
for node in remaining_nodes:
    print(f"Node: {node.node_id} - Score: {node.score}")
```

노드에 후처리기를 적용한 후, 남은 노드들을 출력합니다. 출력 결과는 다음과 유사할 것입니다.

```
Initial nodes:
Node: da51464d-e83f-4aec-a9db-8bd839ab3a4c - Score: 0.8516122822966049
Node: f839ec27-e487-4132-b139-79e3695d5500 - Score: 0.8368901228748273
Remaining nodes:
Node: da51464d-e83f-4aec-a9db-8bd839ab3a4c - Score: 0.8516122822966049
```

보다시피, 초기 목록의 두 번째 노드는 우리가 정의한 임곗값인 0.85보다 낮은 점수를 가졌기 때문에 제거되었습니다.

7.2.3 KeywordNodePostprocessor

`KeywordNodePostprocessor`는 특정 키워드를 기반으로 노드의 선택을 정제하도록 설계되었습니다. 이 후처리기는 검색된 노드가 특정 필수 키워드를 포함하고, 특정 제외할 키워드를 포함하지 않도록 보장하여 작동합니다. 이는 키워드 관련성에 집중하여 노드의 콘텐츠를 사용자의 쿼리와 더욱 밀접하게 조정하는 훌륭한 방법입니다.

RAG 시나리오에서의 실용적인 사용 사례

직원들의 질의를 위해 RAG 시스템을 사용하여 방대한 내부 데이터베이스에서 정보를 검색하는 기업 환경의 상황을 상상해보세요. 그러나 모든 직원이 접근해서는 안 되는 특정 기밀 파일이나 파일의 섹션이 있을 수 있습니다. `KeywordNodePostprocessor`를 기밀, 열람 제한, 특정 프로젝트 코드명과 같은 민감한 콘텐츠를 나타내는 키워드로 구성함으로써, 시스템은 이러한 키워드를 포함하는 노드를 검색 결과에서 자동으로 제외할 수 있습니다. 이러한 설정은 민감한 정보가 실수로 공개되지 않도록 하여, 기업 데이터의 무결성과 기밀성을 유지합니다.

이 후처리기는 일반적으로 검색기가 가져온 노드 리스트를 입력으로 받고, 필수 키워드와 제외할 키워드를 설정할 수 있습니다. `KeywordNodePostprocessor`는 이러한 노드를 처리하여, 키워드 기준을 충족하는 노드만 유지합니다. 이를 통해 최종 노드 집합이 특정 쿼리와 높은 관련성을 가지게 되어, RAG 시스템에서 더 정확하고 유용한 응답을 제공할 수 있습니다.

참고사항

이 후처리기는 spaCy 라이브러리(https://pypi.org/project/spacy/)에 의존하며, 다음 예제를 실행하기 전에 시스템에 설치해야 합니다. 이는 고급 '자연어 처리(NLP)'를 위한 강력한 파이썬 라이브러리입니다. 태깅, 파싱, 개체명 인식(NER) 등의 다양한 NLP 작업을 위한 신경망 모델을 포함하고 있습니다. 이는 MIT 라이선스로 제공되는 오픈소스 소프트웨어로, 상업적으로도 이용 가능합니다.

`KeywordNodePostprocessor`를 사용하려면, 다음 명령을 실행하여 환경에 spaCy를 설치해야 합니다.

```
pip install spacy
```

다음은 분류 레이블에 따라 일부 로그 항목을 필터링하기 위해 이 후처리기를 사용하는 기본 예제입니다.

```python
from llama_index.core.postprocessor import KeywordNodePostprocessor
from llama_index.core.schema import TextNode, NodeWithScore
nodes = [
    TextNode(
        text="Entry no: 1, <SECRET>, Attack at Dawn"
    ),
    TextNode(
        text="Entry no: 2, <RESTRICTED>, Go to point Bravo"
    ),
    TextNode(
        text="Entry no: 3, <PUBLIC>, text: Roses are Red"
    ),
]
```

이 예제에서는 외부 파일에서 데이터를 가져오는 대신 노드를 수동으로 정의하고 있습니다. 노드를 정의한 후, 후처리기가 기대하는 입력 형식인 `NodeWithScore`로 래핑해야 합니다.

```python
node_with_score_list = [
    NodeWithScore(node=node) for node in nodes
]
pp = KeywordNodePostprocessor(
    exclude_keywords=["SECRET", "RESTRICTED"]
)
remaining_nodes = pp.postprocess_nodes(
    node_with_score_list
)
print('Remaining nodes:')
for node_with_score in remaining_nodes:
    node = node_with_score.node
    print(f"Text: {node.text}")
```

이 예제에서 `KeywordNodePostprocessor`는 검색기가 가져온 노드를 필터링하여, `SECRET`과 `RESTRICTED`를 포함하는 노드를 제외합니다.

이 후처리기에서는 여러 매개변수를 사용자 지정할 수 있습니다. 가장 중요한 것은 다음과 같습니다.

- `required_keywords`: 문자열 리스트이며, 각 문자열은 노드에 포함되어야 최종 출력에 포함될 수 있는 필수 키워드를 나타냅니다. 이 리스트가 비어 있지 않다면, 후처리기는 이러한 키워드를 포함하지 않는 노드를 모두 필터링합니다.
- `exclude_keywords`: `required_keywords`와 유사하게, 이것도 문자열의 리스트입니다. 그러나 이 경우, 이 리스트의 키워드를 포함하는 노드는 최종 출력에서 제외됩니다. 이는 원하지 않는 콘텐츠를 기반으로 노드를 필터링하는 데 사용됩니다.
- `lang`: 이 인수는 내부 spaCy NLP 라이브러리에서 사용할 언어 모델을 지정합니다. 기본값은 `en`(영어)이지만, Spacy에서 지원하는 다른 언어 코드로 설정할 수 있습니다. 키워드 매칭의 효과성과 정확도는 텍스트의 언어별 처리에 따라 달라질 수 있습니다. 예를 들어 Spacy가 단어를 토큰화tokenize하는 방식이 키워드 식별에 영향을 줄 수 있습니다.

참고로, 필수 키워드와 제외할 키워드 모두 대소문자를 구분하여 처리됩니다. 대소문자에 관계없이 일관된 작동을 보장하려면, 처리 전에 키워드와 노드의 텍스트를 모두 동일한 형태(예: 모두 소문자)로 변환하는 것을 고려할 수 있습니다.

7.2.4 PrevNextNodePostprocessor

PrevNextNodePostprocessor는 문서 내의 관계적 콘텍스트를 기반으로 추가적인 노드를 가져와 노드 검색을 향상시키도록 설계되었습니다. 이 후처리기는 이전(previous), 다음(next), 둘 다(both), 이렇게 세 가지 모드로 작동할 수 있으며, 이를 통해 현재 노드 집합과 관련된 이전 노드, 다음 노드 또는 둘 다를 가져올 수 있습니다.

잠재적인 사용 사례

사용자가 특정 법률 사건에 대해 RAG 시스템에 질의하는 법률 연구 시나리오를 고려해보세요. PrevNextNodePostprocessor를 both 모드로 설정하면, 해당 사건과 직접적으로 관련된 노드뿐만 아니라, 관련 법적 판례나 후속 판결과 같은 중요한 콘텍스트 정보를 포함하는 이전 및 이후 노드도 가져올 수 있습니다. 이는 모든 세부사항이 중요한 법률 연구에서 더 넓은 맥락을 제공하여 사건에 대한 포괄적인 이해를 보장합니다.

프로세스는 일반적으로 검색기가 가져온 노드 목록을 받아들이는 것으로 시작합니다. 그런 다음, 구성된 모드에 따라 해당 목록에 이전 노드, 다음 노드, 또는 둘 다를 추가하여 확장합니다. 이는 맥락적으로 더욱 풍부한 노드 집합을 만들어, RAG 시스템에서 더 미세하고 포괄적인 응답을 이끌어냅니다. 다음은 이 후처리기의 매개변수 목록입니다.

- docstore: 노드를 저장하는 실제 문서 저장소입니다.
- num_nodes: 반환할 노드의 수를 설정합니다. 기본적으로 선택한 방향으로 1개 노드를 반환합니다.
- mode: previous, next, both로 설정할 수 있습니다.

또한, PrevNextNodePostprocessor의 고급 버전인 AutoPrevNextNodePostprocessor가 있습니다. 이 후처리기는 쿼리 콘텍스트에 대한 응답으로 이전, 다음, 또는 어느 쪽도 아님의 관계에 기반하여 추가 노드를 가져올지 여부를 지능적으로 추론합니다.

수동으로 모드 선택을 설정해야 하는 PrevNextNodePostprocessor와 달리, AutoPrevNextNodePostprocessor는 이 과정을 자동화합니다. 이 후처리기는 현재 콘텍스트와 쿼리에 기반하여 방향(이전, 다음, 또는 없음)을 추론하기 위해 특정 프롬프트를 활용합니다.

이러한 추론은 노드 검색 방향이 명확하지 않거나, 쿼리의 성격과 기존 답변에 따라 동적으로 결정되어야 하는 시나리오에서 특히 유용합니다. 예를 들어 RAG 시스템이 역사 연구에 사용되는 경우, AutoPrevNextNodePostprocessor는 쿼리의 콘텍스트에 기반하여 이전 또는 다음의 역사적 사건이나 데이터 포인트를 가져올지 자동으로 결정하여, 응답의 관련성과 포괄성을 향상시킬 수 있습니다.

이러한 기능은 정보의 순서와 맥락적 관련성이 정확하고 유용한 응답을 생성하는 데 꼭 필요한 애플리케이션에 특히 유용합니다.

프롬프트는 `infer_prev_next_tmpl` 및 `refine_prev_next_tmpl` 인수를 사용하여 사용자 정의할 수 있습니다. 또한 선택 프로세스에 대한 가시성을 높여주는 `Verbose` 인수도 있습니다.

7.2.5 LongContextReorder

`LongContextReorder`는 LLM이 긴 콘텍스트 시나리오를 처리하는 성능을 향상시키기 위해 특별히 설계되었습니다. Liu 등(2023)의 논문[1]에 따르면, 확장된 콘텍스트에서 중요한 세부사항은 입력 콘텍스트의 시작이나 끝에 위치할 때 더 잘 활용된다고 합니다. `LongContextReorder` 후처리기는 노드를 재배열하여 중요한 정보를 모델이 더 접근하기 쉬운 위치에 배치함으로써 이를 해결합니다.

실용적인 시나리오

RAG 시스템 중, 특히 길고 상세한 문서가 흔한 학술이나 연구 지향의 쿼리에서는 `LongContextReorder`가 매우 유용할 수 있습니다. 예를 들어 사용자가 상세한 역사적 사건에 대해 질의하면, 시스템은 광범위한 세부사항을 포함하는 긴 노드들을 검색할 수 있습니다. `LongContextReorder`는 이러한 노드들을 재배열하여, 가장 관련성 높은 세부사항이 시작이나 끝에 위치하도록 보장함으로써, 모델이 이 중요한 정보를 효과적으로 추출하고 활용할 수 있는 능력을 향상시킵니다. 이는 긴 콘텍스트가 관련된 경우, 응답이 더 일관되고 맥락적으로 풍부해져 전체 출력의 품질을 크게 향상시킵니다.

`LongContextReorder`는 일반적으로 검색기가 가져온 노드 목록을 받아, 그들의 관련성 점수에 따라 재배열합니다. 목표는 언어 모델이 중요한 세부사항에 접근하고 처리할 수 있는 능력을 최대화하도록 정보의 배열을 최적화하는 것입니다. 특히 콘텍스트 길이가 성능을 저해할 수 있는 경우에 유용합니다.

이 후처리기는 상세하고 포괄적인 응답이 필요한 시나리오에서 특히 효과적이며, 모델이 가장 관련성 높은 정보에 가장 쉽게 접근할 수 있도록 보장합니다.

7.2.6 PIINodePostprocessor와 NERPIINodePostprocessor

이러한 후처리기는 노드에서 **개인 식별 정보**personally identifiable information, PII를 마스킹하여 프라이버시와 보안을 향상시킵니다. `PIINodePostprocessor`는 로컬 모델을 사용하도록 설계되었으며, `NERPIINodePostprocessor`는 허깅 페이스의 NER Named Entity Recognition 모델을 활용합니다.

---

[1] Liu et al., Lost in the Middle: "How Language Models Use Long Contexts" (2023) https://arxiv.org/abs/2307.03172

이 후처리기가 어떻게 작동하는지에 대한 예시는 4장의 4.8.1절에서 살펴보았습니다.

`PIINodePostprocessor`는 다음 인수를 받습니다.

- `llm`: 처리에 사용할 로컬 모델 객체입니다.
- `pii_str_tmpl`: 개인 데이터를 마스킹하는 데 사용하는 기본 프롬프트 템플릿을 사용자 정의할 수 있습니다.
- `pii_node_info_key`: 이 문자열은 노드의 메타데이터에서 PII 처리와 관련된 정보를 저장하는 키로 사용하며, 이는 각 노드 내에서 처리된 PII 데이터를 추적하고 참조하는 데 사용됩니다. 필요한 경우 원본 정보를 재구성하는 데 사용할 수 있습니다.

`NERPIINodePostprocessor`는 `pii_node_info_key` 매개변수로 구성할 수 있습니다. 이전 후처리기와 유사하게, 이 문자열 키는 노드의 메타데이터에서 PII 처리와 관련된 정보를 저장하는 데 사용됩니다. 이는 처리된 PII 데이터를 추적하기 위한 노드 메타데이터 내의 고유 식별자입니다.

모범 사례
4장에서 논의했듯이, 최대한의 프라이버시를 위해서는 실제 검색 전에 PII 마스킹을 적용하는 것이 가장 좋습니다. 이렇게 하면 민감한 데이터가 외부 LLM으로 전송되지 않도록 보장할 수 있습니다.

이제 다른 후처리기들로는 어떤 것이 있는지 살펴보겠습니다.

7.2.7 MetadataReplacementPostprocessor

`MetadataReplacementPostProcessor`는 노드의 내용을 해당 노드의 메타데이터에 있는 특정 필드로 대체하도록 설계되었습니다. 이를 통해 원래 입력된 콘텐츠 대신 메타데이터를 기반으로 노드를 나타내는 데 사용하는 텍스트를 동적으로 전환할 수 있습니다.

이 후처리기의 유용한 응용 사례
예를 들어 `SentenceWindowNodeParser`를 통해 파일을 입력하여 텍스트를 문장 수준 노드로 분할하고, 주변 텍스트를 메타데이터로 캡처하는 워크플로를 상상해보세요. 프로세서를 구성하여 노드의 내용을 **문장 윈도**(sentence window)를 포함하는 메타데이터 필드로 교체함으로써, 쿼리는 문장 조각 대신 전체 문장 컨텍스트를 검색하게 됩니다. 이는 검색기가 정확도를 높이기 위해 문장 단위로 작동하면서도 LLM에 더 넓은 문서 컨텍스트를 제공할 수 있게 하여, 대용량 문서를 처리하는 데 매우 유용합니다. 완전한 예시는 다음 링크에서 참고할 수 있습니다.

https://developers.llamaindex.ai/python/framework/module_guides/querying/node_postprocessors/node_postprocessors/#metadatareplacementpostprocessor

이 후처리기는 노드의 리스트를 입력으로 받고, `target_metadata_key` 매개변수를 통해 대체에 사용할 메타데이터 필드를 지정합니다. `MetadataReplacementPostProcessor`는 각 노드의 `text` 속성을 주어진 메타데이터 키의 내용으로 교체하여 노드를 처리합니다. 만약 해당 키가 없으면 원래 텍스트가 유지됩니다. 이는 노드 콘텐츠를 동적으로 변환할 수 있는 유연성을 제공합니다.

다음은 그 기능을 이해하는 데 도움이 되는 간단한 예제입니다.

```python
from llama_index.core.postprocessor import
    MetadataReplacementPostProcessor
from llama_index.core.schema import TextNode, NodeWithScore
nodes = [
    TextNode(
        text="Article 1",
        metadata={"summary": "Summary of article 1"}
    ),
    TextNode(
        text="Article 2",
        metadata={"summary": "Summary of article 2"}
    ),
]
```

먼저, 후처리기를 적용할 두 개의 샘플 노드를 정의했습니다. 이제 각 노드의 내용을 `summary` 메타데이터 필드에 저장된 값으로 교체하도록 지시합니다.

```python
node_with_score_list = [
    NodeWithScore(node=node) for node in nodes
]
pp = MetadataReplacementPostProcessor(
    target_metadata_key="summary"
)
processed_nodes = pp.postprocess_nodes(
    node_with_score_list
)
for node_with_score in processed_nodes:
    print(f"Replaced Text: {node_with_score.node.text}")
```

처리가 완료되면, 출력은 다음과 같을 것입니다.

```
Replaced Text: Summary of article 1
Replaced Text: Summary of article 2
```

이제 LlamaIndex가 제공하는 다른 후처리 옵션을 탐색해봅시다.

7.2.8 SentenceEmbeddingOptimizer

`SentenceEmbeddingOptimizer`는 쿼리에 기반하여 의미적 유사성에 따라 가장 관련성 높은 문장을 선택함으로써 긴 텍스트 단락을 최적화하도록 설계되었습니다. 이는 고급 NLP 기술을 사용하여 문장의 관련성을 평가하고, 덜 유용한 문장을 제거합니다.

왜, 그리고 어디에서 사용해야 할까요?

긴 문서를 입력하는 워크플로에서 전체 단락을 가져오면 모델의 콘텍스트 크기 제한을 초과할 수 있습니다. `SentenceEmbeddingOptimizer`를 사용하면 충분한 콘텍스트를 유지하면서도 가장 중요한 문장만을 LLM에 보낼 수 있습니다. 이는 불필요한 내용을 줄여 관련 없는 텍스트에 토큰이 낭비되는 것을 방지합니다. 콘텐츠의 관련 없는 부분을 제거하면 응답 시간이 향상되고, 최종 LLM 호출과 관련된 비용을 크게 줄일 수 있습니다.

이 후처리기는 노드의 리스트를 입력으로 받아 임베딩을 사용하여 검색 쿼리와 각 문장의 의미적 유사성을 분석합니다. 쿼리 벡터와 가장 가까운 문장은 유지되고, 거리가 먼 관련 없는 문장은 제거됩니다.

실제로 사용하는 방법은 다음과 같습니다.

```
from llama_index.core.postprocessor.optimizer import
    SentenceEmbeddingOptimizer
optimizer = SentenceEmbeddingOptimizer(
    percentile_cutoff=0.8,
    threshold_cutoff=0.7
)
query_engine = index.as_query_engine(
    optimizer=optimizer
)
response = query_engine.query("<your_query_here>")
```

이 예에서 `SentenceEmbeddingOptimizer`는 `percentile_cutoff` 값으로 `0.8`을, `threshold_cutoff` 값으로 `0.7`을 사용하여 문장을 선택합니다. 이는 유사도 점수에 따라 상위 80%의 문장을 유지하고, 유사도 점수가 `0.7` 이상인 문장만 포함하도록 추가로 필터링한다는 것을 의미합니다. 사용자 지정할 수 있는 주요 매개변수는 다음과 같습니다.

- `percentile_cutoff`: 유지할 유사도 임곗값 이상의 상위 문장의 백분위 비율입니다. 예를 들어 노드를 가장 관련성 높은 상위 75%의 문장으로 압축할 수 있습니다.
- `threshold_cutoff`: 이 값 이상인 유사도를 가진 문장만 유지하는 절대적인 유사도 점수 임곗값입니다. 이는 더 엄격한 필터링에 유용합니다.
- `context_before` 및 `context_after`: 더 많은 콘텍스트를 위해 매칭된 문장 전후의 여러 문장을 유지할 수 있습니다.

`KeywordNodePostprocessor`와 유사하게 `SentenceEmbeddingOptimizer` 후처리기는 노드에서 덜 관련성 높은 문장을 제거합니다. 그러나 이 경우 키워드가 아닌 벡터 검색을 사용합니다.

이 후처리기는 쿼리에 더 잘 맞추기 위해 각 노드 내의 콘텐츠를 정제하고 축약하는 데 중점을 둡니다. 이는 LLM의 제한사항을 고려하면서 쿼리에 맞춘 최적의 정보 밀도를 제공합니다.

반면에 `KeywordNodePostprocessor`와 `SimilarityPostprocessor` 같은 프로세서는 노드 수준에서 작동하여, 각각 키워드나 유사도 점수에 기반하여 전체 노드를 유지하거나 제거합니다.

7.2.9 시간 기반 후처리기

시간 기반 후처리기time-based postprocessor는 최신성을 우선시하여 사용자에게 가장 최근의 최신 정보를 제공하도록 설계되었습니다. 이들은 노드를 `date` 메타데이터로 정렬하거나, 임베딩 유사성을 기반으로 필터링하거나, 시간 감쇠time-decay 스코어링 모델을 적용하는 등의 다양한 기술을 통해 이 목표를 달성합니다.

이제 이러한 프로세서에 대한 개요를 살펴보겠습니다.

1 FixedRecencyPostprocessor

`FixedRecencyPostprocessor`는 노드의 `date` 메타데이터를 기반으로 정렬한 다음, 가장 최근의 `top_k` 노드를 반환하여 최신 데이터에 초점을 맞추는 간단한 후처리기입니다. 이를 통해 최신 데이터를 확보할 수 있으며, 이는 실시간 정보가 중요한 환경 모니터링과 같은 애플리케이션에서 매우 중요합니다. 예를 들어 최근의 대기질 지표에 대해 질의할 때, 이 후처리기는 가장 최신의 측정값만을 제공하도록 보장합니다. 즉, 결과를 최신 정보에 집중시킵니다.

이 프로세서의 구성 가능한 두 가지 매개변수는 다음과 같습니다.

- `top_k`: 반환할 최신 노드의 수
- `date_key`: 각 노드에서 날짜를 식별하는 데 사용되는 메타데이터 키

❷ EmbeddingRecencyPostprocessor

이 후처리기는 임베딩 유사도를 사용하여 노드 내용을 비교하고, 이전 노드와 너무 유사한 노드를 제거함으로써 최신성 정렬 결과를 더욱 정제합니다. 이전 노드와 너무 유사한 노드들을 필터링하여 콘텐츠가 최근의 것이면서도 다양성을 갖추도록 보장합니다. 결과적으로 생성되는 출력은 단순히 최신의 것일 뿐만 아니라, 포함된 정보 측면에서 다양성을 가집니다.

`EmbeddingRecencyPostprocessor`는 지정된 `date_key` 메타데이터 필드를 사용하여 노드를 날짜별로 정렬합니다. 그런 다음, 각 노드의 내용을 `query_embedding_tmpl` 템플릿에 삽입하여 쿼리 임베딩을 생성합니다. 이 쿼리 임베딩은 유사한 문서를 찾는 데 사용됩니다.

어디에 유용할까요?

예를 들어 뉴스 통합 서비스를 생각해봅시다. 사용자가 최근 사건에 대해 질의하면, 시스템은 날짜별로 정렬된 노드(이 경우 뉴스 기사)의 집합을 검색합니다. 그러나 많은 기사들이 동일한 사건을 다룰 수도 있으므로, 중복된 정보가 발생할 수 있습니다. `EmbeddingRecencyPostprocessor`는 이러한 기사들을 검사하여, 최근 기사와 내용이 너무 유사한 기사들을 필터링합니다. 즉 내용이 최근 보도와 상당히 겹치는 기사들을 제거하여, 동일한 사건에 대한 다수의 중복된 기사를 제공하는 것을 방지합니다.

이 후처리기의 구성 가능한 매개변수는 다음과 같습니다.

- `similarity_cutoff`: 임베딩 유사도의 임곗값으로, 이 값을 초과하면 노드가 너무 유사하다고 간주하여 필터링됩니다.
- `date_key`: 노드를 날짜별로 정렬하는 데 사용되는 메타데이터 키를 지정합니다.
- `query_embedding_tmpl`: 각 노드에 대한 쿼리 임베딩을 생성하는 데 사용되는 템플릿입니다.

❸ TimeWeightedPostprocessor

`TimeWeightedPostprocessor`는 노드가 최근에 얼마나 접근했는지를 고려하는 **시간 감쇠 함수**time-decay function를 기반으로 노드를 재정렬하여 최신 결과에 우선순위를 부여합니다. 이는 사용자들이 동일한 정보보다 최신 뉴스 모으기와 같은 최신 업데이트를 중요시하는 사용 사례에서 신선하고 반복되지 않은 콘텐츠를 제공하는 데 중요합니다.

노드에 대한 스코어링은 시간에 따라 변화하는 접근 패턴에 동적으로 적응합니다. `TimeWeighted`

`Postprocessor`는 시간 가중 스코어링 시스템을 적용하여 노드의 최신성과 이전 접근 기록을 기반으로 노드를 재정렬하도록 설계되었습니다. 이 후처리기는 동일한 정보를 반복적으로 제공하는 것을 피하는 것과 콘텐츠의 신선도가 중요한 시나리오에서 특히 효과적입니다.

이 프로세서는 각 노드에 마지막으로 접근한 시간을 기준으로 스코어를 조정하고, 조금 더 이전에 접근한 콘텐츠의 우선순위를 조정하기 위해 감쇠 계수decay factor를 적용합니다. 이러한 동적 재정렬은 출력이 단순히 관련성 있을 뿐만 아니라 시의적절하고 다양하도록 보장합니다. 이는 사용자들에게 최신 정보로 업데이트해주어야 하는 것이 필수인 애플리케이션에서 훌륭하게 작동합니다.

이 프로세서에서는 여러 매개변수를 조정할 수 있습니다.

- `time_decay`: 시간 가중 스코어링을 위한 감쇠 계수
- `last_accessed_key`: 노드가 마지막으로 접근한 시간을 추적하는 메타데이터 키
- `time_access_refresh`: 마지막 접근 시간을 업데이트할지 여부를 결정하는 불리언값
- `now`: 현재 시간을 설정하는 선택적 매개변수. 테스트에 유용함
- `top_k`: 재정렬 후 반환할 상위 노드의 수(기본값은 1)

이러한 고급 시간 인식 후처리기를 통해 RAG 시스템은 데이터의 시간적 측면을 능숙하게 다루는 동적 정보 큐레이터로 변모합니다. 이들은 시스템이 단순히 정보를 검색하는 것이 아니라, 최신 콘텐츠는 물론이고 동시에 다양하고 관련성 있는 콘텐츠를 스마트하게 선택하도록 보장합니다.

이는 시의적절하고 다양한 정보가 중요한 시나리오에서 필수이며, 사용자에게 지속적으로 신선하고 풍부한 경험을 제공합니다.

7.2.10 후처리기 재정렬하기

지금까지 논의한 기본 프로세서 외에도, LlamaIndex는 LLM이나 임베딩 모델을 사용하여 노드를 재정렬하는 몇 가지 더 정교한 옵션을 제공합니다. 일반적으로 이들은 노드의 내용을 제거하거나 변경하지 않고, 쿼리에 대한 관련성에 따라 노드를 재배열합니다. `SentenceTransformerRerank`와 같은 일부 후처리기는 쿼리와의 유사성을 반영하기 위해 노드의 관련성 점수를 업데이트하기도 합니다.

이러한 후처리기는 모두 반환할 재정렬된 노드의 수를 지정하는 `top_n` 매개변수를 받습니다. 다음 공식 문서를 참조하여 자세히 살펴볼 수 있습니다.

https://developers.llamaindex.ai/python/framework/module_guides/querying/node_postprocessors/

이번 절에서는 사용 가능한 LLM 기반 프로세서를 간략히 소개합니다.

❶ LLMRerank

이 프로세서는 LLM에게 관련성 점수를 할당하도록 요청하여 노드를 재정렬합니다. 사용자의 쿼리에 따라 주어진 집합에서 가장 관련성 높은 `top_n`개의 노드를 선택합니다. 이 후처리기가 사용하는 프롬프트는 `choice_select_prompt` 매개변수를 통해 사용자 정의할 수 있습니다.

효율성을 높이기 위해 배치로 작동하며, 배치 크기는 `choice_batch_size` 인수를 사용하여 조정할 수 있습니다. 처리에는 `query_bundle` 인수가 필요하며, `llm`에 구성된 모델을 사용합니다. 재정렬 과정에서는 노드의 내용을 프롬프트로 형식화하고, LLM을 사용하여 관련성을 평가한 후 계산한 관련성 점수에 따라 노드를 재배열합니다.

❷ CohereRerank

이 프로세서는 Cohere의 신경망 모델[2]을 사용하여 노드를 관련성에 따라 재정렬합니다. 기본적으로 사용되는 모델은 **rerank-english-v2.0**입니다. Cohere 모델은 가장 관련성이 높은 `top_n`개의 노드를 선택하여 반환합니다.

이 프로세서를 사용하면 Cohere가 제공하는 강력한 관련성 알고리즘을 활용할 수 있지만, Cohere API 키와 해당 라이브러리를 로컬 환경에 설치해야 합니다.

❸ SentenceTransformerRerank

`SentenceTransformerRerank`는 문장 트랜스포머 모델을 사용하여 주어진 쿼리에 대한 노드의 관련성에 따라 노드의 순위를 재정렬합니다.

이 과정에서는 기본적으로 **cross-encoder/stsb-distilroberta-base** 모델을 사용하여 노드에 점수를 부여하고, 이 점수에 따라 노드를 재배열합니다. 지정된 `top_n` 한도까지 상위 순위의 노드를 선택하여 반환합니다. 자세한 내용은 다음에서 확인할 수 있습니다.

https://www.sbert.net/examples/sentence_transformer/applications/retrieve_rerank/README.html

---

2 https://cohere.com/rerank

❹ RankGPTRerank

이 재정렬 후처리기는 GPT-3.5와 같은 LLM을 사용하여 검색 결과의 관련성을 향상시키도록 설계되었습니다. 이는 사용자의 쿼리와 노드의 콘텐츠를 프롬프트로 형식화하여, 이러한 노드들을 관련성에 따라 언어 모델이 순위를 매기도록 유도하는 과정을 포함합니다.

모델의 출력은 노드를 재정렬하는 데 사용되어, 가장 관련성 높은 노드가 상단에 나타나도록 보장합니다. 검색된 콘텍스트가 LLM의 문맥 길이에 비해 너무 큰 경우, `RankGPTRerank`는 슬라이딩 윈도 방식을 사용하여 청크의 일부를 점진적으로 재정렬합니다.

이 방법은 Sun 등(2023)의 논문[3]에 기반을 두고 있습니다.

❺ LongLLMLinguaPostprocessor

매우 유용한 이 후처리기는 노드 텍스트를 압축하여 쿼리에 대한 최적화를 수행하도록 설계되었습니다. 이 역시 Jiang 등(2023)의 논문[4]에 기술된 방법에 기반을 두고 있습니다.

`LongLLMLinguaPostprocessor`는 LLM과 관련된 여러 문제들, 예를 들어 API 지연 증가, 문맥 길이 제한 초과, 비싼 API 비용 등을 해결합니다.

핵심 아이디어는 가장 관련성 높은 정보에 초점을 맞추도록 프롬프트를 지능적으로 압축하여, LLM이 더 효율적이고 정확하게 처리할 수 있도록 하는 것입니다. 이는 성능과 효율성 간의 균형을 제공하며, 최대 20배의 압축을 통해 성능 손실 없이도 모델 추론과 비용 효율성에서 상당한 개선을 이끌어낼 수 있음을 보여줍니다.

이 프로세서는 로컬에서 잘 훈련된 언어 모델과 함께 작동하도록 설계되었습니다. 이 설정을 통해 LLM에서 사용할 프롬프트를 효율적으로 압축할 수 있으며, 외부 API 호출에 의존하지 않고도 로컬에서 최적화 프로세스를 지원합니다.

완전한 데모는 다음에서 찾을 수 있습니다.

https://github.com/microsoft/LLMLingua/blob/main/examples/RAGLlamaIndex.ipynb

---

[3] Sun et al. (2023), "Is ChatGPT Good at Search? Investigating Large Language Models as Re-Ranking Agents" https://arxiv.org/abs/2304.09542v2

[4] Jiang et al. (2023), "LLMLingua: Compressing Prompts for Accelerated Inference of Large Language Models" https://arxiv.org/abs/2310.05736v2

6 LLM 기반 재정렬의 효과 측정

LLM 기반 리랭커를 사용할 때 흔히 걱정되는 부분은 출력의 품질입니다. LLM은 방대한 양의 데이터로 훈련되었기 때문에 때로는 편향되거나, 일관성이 없거나, 심지어 사실과 다른 결과를 생성할 수도 있습니다. 이는 특히 전문 분야나 민감한 정보를 다룰 때 문제가 됩니다. LLM 기반 후처리기가 노드를 충분히 잘 재정렬하고 있는지 확인하려면, 그들의 성능을 적절히 평가하는 것이 중요합니다. 재정렬 단계의 품질을 평가하는 몇 가지 접근 방법은 다음과 같습니다.

- **수동 관련성 평가**: 재정렬된 결과를 수동으로 검사하여 가장 관련성 높은 노드가 실제로 상위에 나타나는지 확인합니다. 이 정성적 평가는 재정렬이 쿼리의 의도와 일치하는지 판단하기 위해 인간의 판단에 의존합니다. 매우 과학적이지는 않지만, 이 간단한 접근 방식은 간단한 사용 사례, 실험 또는 프로덕션이 아닌 RAG 애플리케이션에는 충분할 수 있습니다.

- **벤치마크 데이터셋**: 사전 정의된 쿼리와 관련성 판단이 있는 표준 **정보 검색**information retrieval, IR 벤치마크에서 재정렬 성능을 평가합니다. 이 과정은 시간이 많이 걸리고 잘 준비된 평가 데이터셋이 필요할 수 있지만, RAG 워크플로에서 나중에 발생할 수 있는 문제를 예방할 수 있습니다. 재정렬된 결과를 정답 데이터와 비교하여 정밀도, 재현율 등의 지표를 계산함으로써 재정렬 품질을 정량화할 수 있습니다. 평가 프로세스는 9장에서 자세히 다룰 것입니다.

- **사용자 피드백 수집**: 실제 애플리케이션에서, 재정렬된 검색 결과에 대한 사용자 피드백을 수집합니다. 사용자 만족도 점수, 클릭률, 기타 참여 지표는 재정렬이 사용자 경험을 향상시키고 더 관련성 높은 결과를 제공하는지를 나타낼 수 있습니다. 이 방법의 내재적인 이점은 라이브 환경에서 직접 수집한 인간의 피드백에 의존하기 때문에 **지속적인 평가**continuous evaluation의 형태가 된다는 것입니다. 이는 잠재적인 **모델 드리프트**model drift를 감지하는 데 유용하며, 파이프라인을 적시에 조정하여 시간이 지남에 따라 품질 저하를 방지할 수 있습니다.

- **A/B 테스트**: 사용자 피드백을 수집하는 또 다른 형태로, 일부 사용자에게는 원래의 순위를 보여주고, 다른 사용자에게는 LLM 기반으로 재정렬된 결과를 보여주는 통제된 실험을 실행합니다. 두 그룹 간의 성능 지표를 비교하여 재정렬이 개선된 결과로 이어지는지 평가합니다.

- **도메인 전문가 평가**: 전문 분야의 경우, 주제 전문가subject matter expert에게 재정렬된 결과를 검토하고 관련성과 품질에 대한 피드백을 요청합니다. 다른 옵션보다 비용이 많이 들고 어려울 수 있지만, 심도 있는 이해가 필요한 고도로 기술적이거나 틈새 주제를 다룰 때는 최선의 해결책이 될 수 있습니다.

선택한 평가 방법은 특정 사용 사례, 사용 가능한 자원, 필요한 엄격성 수준에 따라 달라질 것입니다. 정성적 및 정량적 접근 방식을 혼합하여 사용하면 LLM의 재정렬 성능에 대한 철저한 평가를 얻을 수 있습니다.

7 모델 드리프트 현상 이해하기

재정렬에만 국한되지는 않지만, 모델 드리프트는 RAG 파이프라인의 품질에 상당한 영향을 미칠 수 있으며, 고려해야 할 중요한 요소입니다. 모델은 훈련에 사용된 데이터셋의 스냅샷을 나타내는 정적 표현입니다. 하지만 시간이 지나면서 그 데이터는 변합니다. 예를 들어 훈련 데이터에 포함되지 않은 새로운 개념이 등장할 수 있거나, 데이터 자체의 분포가 변할 수 있습니다. 이러한 현상을 모델 드리프트라고 하며, 여러 형태로 나타날 수 있습니다.

- **데이터 드리프트**data drift: 입력 데이터의 통계적 특성이나 분포가 시간에 따라 변할 때 발생합니다. 예를 들어 특정 기간의 고객 리뷰 데이터셋으로 훈련된 모델은 다른 언어 패턴, 감정, 주제를 포함하는 최신 리뷰에서는 성능이 저하될 수 있습니다.
- **콘셉트 드리프트**concept drift: 입력 특징과 대상 변수 간의 관계가 변화할 때 발생합니다. 의료 문의를 지원하도록 설계된 RAG 시스템에서 새로운 질병, 치료법, 의학 용어 등의 도입은 콘셉트 드리프트로 이어질 수 있습니다. 모델의 도메인 대한 이해가 구식이 되어 성능이 저하될 수 있습니다.
- **업스트림 데이터 변경**: 모델을 훈련하는 데 사용된 데이터가 프로덕션에서 사용되는 데이터와 다를 때 발생합니다. 예를 들어 큐레이션된 데이터셋으로 훈련된 RAG 시스템이 프로덕션에서 원시raw, 즉 전처리되지 않은 데이터에 적용되면 데이터의 품질, 형식, 분포의 차이로 인해 모델의 성능이 저하될 수 있습니다.
- **피드백 루프**feedback loop: 일부의 경우, 모델의 출력이 미래의 입력에 영향을 주어 피드백 루프를 생성할 수 있습니다. 예를 들어 사용자에 대한 기사 추천에 RAG 시스템이 사용되고, 그 추천이 다시 검색 구성 요소를 업데이트하는 데 사용된다면, 모델은 이전 출력, 즉 수행해왔던 추천 결과에 치우쳐 시간이 지남에 따라 제공하는 정보의 범위가 좁아질 수 있습니다.
- **도메인 시프트**domain shift: 모델이 원래 훈련된 것과 다른 도메인이나 콘텍스트에 적용될 때 발생합니다. RAG 워크플로에서, 검색 구성 요소가 한 도메인(예: 법률 문서)의 데이터로 훈련되었지만, 다른 도메인(예: 의료 질문)의 쿼리에 답하는 데 사용된다면 언어, 용어, 기본 개념 등의 차이로 인해 모델의 성능이 저하될 수 있습니다.

- **시간적 드리프트**temporal drift: 시간의 경과와 관련된 이 유형의 드리프트는 데이터 드리프트와 콘셉트 드리프트를 모두 포함할 수 있습니다. 시간이 지남에 따라 특정 작업과 관련된 데이터와 개념이 변화할 수 있으며, 이에 대응하지 않으면 모델 성능이 점진적으로 저하될 수 있습니다.

이러한 다양한 유형의 모델 드리프트를 완화하기 위해서는 RAG 시스템의 성능을 지속적으로 모니터링하고, 검색 구성 요소를 새로운 데이터로 정기적으로 업데이트하며, 기본 데이터 분포, 개념, 도메인의 변화에 적응하는 것이 중요합니다. 또한 피드백 루프를 신중하게 구현하고, 훈련 데이터가 프로덕션 환경을 대표하도록 보장하면, 업스트림 데이터 변경과 피드백 관련 드리프트의 영향을 최소화할 수 있습니다. 이를 통해 최신의 RAG 시스템을 정확하고, 사용자의 변화하는 요구에 부합하도록 유지할 수 있습니다.

7.2.11 노드 후처리기에 대한 최종 생각

기존의 후처리기가 우리의 특정 사용 사례에 완벽히 맞지 않는다면, **사용자 정의 후처리기**custom postprocessor를 구축할 수 있습니다. `BaseNodePostprocessor`를 확장하여 사용자 정의 후처리기를 만들 수 있습니다. 완전한 예제는 다음에서 찾을 수 있습니다.

https://developers.llamaindex.ai/python/framework/module_guides/querying/node_postprocessors#custom-node-postprocessor

참고사항
더 복잡한 시나리오에서는, 후처리기를 체인(chain)으로 연결하여 노드가 응답 합성기에 전달되기 전에 여러 변환을 적용할 수 있습니다.

핵심은 적절한 프로세서를 적용하여 노이즈를 제거하고, 관련성 신호를 개선하며, 다양성을 주입하고, 민감한 콘텐츠를 처리하는 것입니다. 이를 통해 더 높은 품질의 좀 더 신뢰할 수 있는 생성된 응답을 얻을 수 있습니다.

이제 퍼즐의 마지막 조각인 **응답 합성기**에 초점을 맞춰봅시다.

7.3 응답 합성기 이해하기

어렵게 얻은 콘텍스트 데이터를 LLM에 보내기 전 마지막 단계는 응답 합성기입니다. 이는 사용자 쿼리와 검색된 콘텍스트를 사용하여 언어 모델로부터 응답을 생성하는 구성 요소입니다.

응답 합성기는 LLM에 대한 쿼리와 독점적 데이터proprietary data에 대한 답변을 합성하는 과정을 단순화합니다. 프레임워크의 다른 구성 요소와 마찬가지로, 응답 합성기는 독립적으로 사용할 수 있으며, 노드가 검색되고 후처리된 후 응답 생성의 최종 단계를 처리하기 위해 쿼리 엔진에 구성할 수 있습니다.

다음은 주어진 노드 집합에서 직접 응답 합성기를 사용하는 방법을 보여주는 간단한 예제입니다.

```
from llama_index.core.schema import TextNode, NodeWithScore
from llama_index.core import get_response_synthesizer
nodes = [
    TextNode(text=
        "The town square clock was built in 1895"
    ),
    TextNode(text=
        "A turquoise parrot lives in the Amazon"
    ),
    TextNode(text=
        "A rare orchid blooms only at midnight"
    ),
]
node_with_score_list = [NodeWithScore(node=node) for node in nodes]
```

코드의 첫 부분에서, 임의의 노드들을 정의했습니다. 이것이 우리의 **독점적**proprietary 콘텍스트가 될 것입니다. 다음으로, 응답 합성기를 사용하여 콘텍스트에 기반한 LLM 쿼리를 실행하겠습니다.

```
synth = get_response_synthesizer(
    response_mode="refine",
    use_async=False,
    streaming=False,
)
response = synth.synthesize(
    "When was the clock built?",
    nodes=node_with_score_list
)
print(response)
```

출력은 다음과 같습니다.

```
The clock was built in 1895.
```

무슨 일이 일어났는지 자세히 알고 싶나요? 백그라운드에서 과연 어떤 일이 발생했을까요? 다음 몇 줄을 따라와 보세요. 이 예제를 이해하면, 응답 합성기가 어떻게 작동하는지 정확히 알 수 있을 것입니다. 먼저 다이어그램을 살펴보겠습니다.

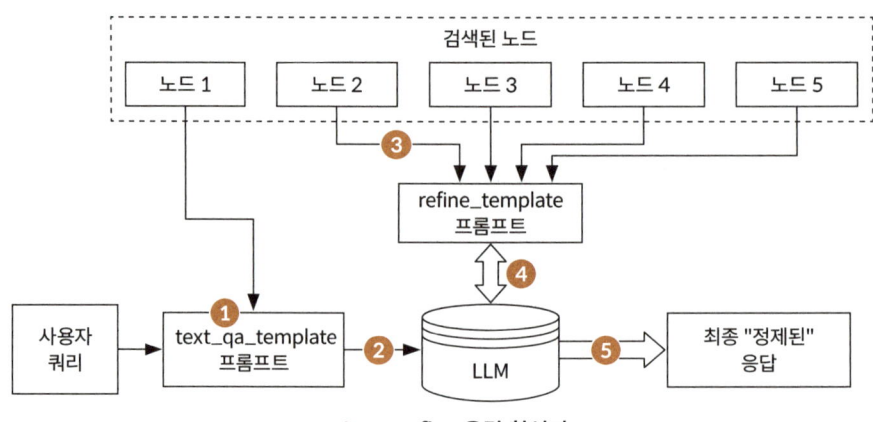

그림 7.2 refine 응답 합성기

프로세스에 대한 설명은 다음과 같습니다.

1. 합성기는 목록의 첫 번째 노드를 콘텍스트로 사용하여 특수 목적 프롬프트를 구축하는 것으로 시작합니다. 이 프롬프트에는 쿼리, 특정 지침, 콘텍스트(이 경우 콘텍스트는 첫 번째 노드)가 포함됩니다. 이는 기본값을 사용하지만, `text_qa_template` 매개변수를 통해 사용자 정의할 수 있습니다.

```
System: "You are an expert Q&A system that is trusted around the world. Always answer the query using the provided context information, and not prior knowledge. Some rules to follow: 1. Never directly reference the given context in your answer. 2. Avoid statements like 'Based on the context, ...' or 'The context information ...' or anything along those lines."
User: "Context information is below. The town square clock was built in 1895. Given the context information and not prior knowledge, answer the query. Query: When was the clock built? Answer: "
```

2. 다음 단계는 이 프롬프트를 LLM에 보내고 응답을 기다리는 것입니다.
3. 초기 응답이 돌아오면, 다음 노드에 대한 프롬프트를 구축하면서 첫 번째 응답을 프롬프트에 통합하고, `refine_template`으로 사용자 정의할 수 있는 프롬프트를 사용하여 최종 응답을 정제refine합니다.

4. 그런 다음 모든 노드에서 이 반복적 프로세스를 수행하고, 최종 응답을 지속적으로 정제합니다.
5. 노드가 모두 처리되면, 정제된 최종 응답을 반환합니다.

이 경우, 합성기의 작동은 `response_mode="refine"`에 의해 결정됩니다.

그러나 `refine` 모드는 LlamaIndex에서 사전 정의된 여러 합성기synthesizer 중 하나일 뿐입니다. 합성기 모드는 `response_mode` 매개변수를 사용하여 지정할 수 있습니다. 사용 가능한 `response_mode`의 목록은 다음과 같습니다.

- `refine`: 이전 예에서 보았듯이, `refine` 모드는 각 노드를 개별적으로 `text_qa_template`과 `refine_template` 프롬프트를 사용하여 정보를 신중하게 고려하므로, 상세한 응답을 반복적으로 구성하는 데 이상적입니다. 또한 `Verbose`를 `True`로 설정하여 이 합성기의 내부 작동을 더 잘 볼 수 있으며, `output_cls`를 사용하여 응답 템플릿으로 사용할 `pydantic` 객체를 지정할 수 있습니다.
- `compact`: 이것은 `refine`과 유사하지만, 노드를 연결concatenate하여 필요한 LLM 쿼리의 수를 줄임으로써 상세함과 효율성의 균형을 맞춥니다.
- `tree_summarize`: 이 모드는 재귀적 요약recursive summarization을 사용하며, 각 노드를 `summary_template`으로 처리합니다. 각 반복에서 노드를 재귀적으로 요약하고 쿼리하며, 단일 최종 응답이 남을 때까지 이를 연결합니다. 이는 요약에 매우 유용하며, 여러 정보로부터 포괄적인 요약을 만드는 데 가장 적합합니다.
- `simple_summarize`: 이 모드는 기본 요약을 위해 노드를 단일 LLM 쿼리에 맞게 자릅니다truncate. 빠르고 비용이 저렴하여 간단한 개요에 좋지만, 세부사항을 생략할 수 있습니다.
- `accumulate`: 이 모드는 쿼리를 각 노드에 개별적으로 적용하고 응답을 누적accumulate합니다. 여러 소스의 응답을 분석하거나 비교하는 데 가장 적합합니다.
- `no_text`: 이 작동 모드에서는 응답 합성기가 LLM에 쿼리하지 않고 노드를 가져옵니다. 이는 주로 디버깅, 원시 데이터 분석, 검색이나 후처리 출력 검사에 유용합니다.
- `compact_accumulate`: `compact`와 `accumulate`를 결합한 이 모드는 `compact` 모드와 유사하게 프롬프트를 압축하고, 노드 전체에 쿼리를 적용합니다. 이는 여러 소스를 효율적으로 처리하는 데 특히 적합합니다.

이렇게 사전 정의된 모드 외에도, `BaseSynthesizer`를 서브클래싱하고 `get_response` 메서드를 구현하여 사용자 정의 응답 합성기를 만들 수 있습니다. 완전한 예제는 다음 공식 문서에서 찾을 수 있습니다. 이를 통해 특수한 응답 생성 방식을 설계할 수 있는 유연성을 제공합니다.

https://developers.llamaindex.ai/python/framework/module_guides/querying/response_synthesizers/#custom-response-synthesizers

`structured_answer_filtering`과 같은 기능도 **refine** 및 **compact** 합성기에서 활성화할 수 있습니다. 이는 LLM을 사용하여 질문과 관련이 없는 검색된 노드를 필터링하여 응답 품질을 향상시킵니다.

`text_qa_template` 및 `refine_template`과 같은 프롬프트 템플릿을 사용하여 응답 합성의 다양한 단계에서 사용되는 프롬프트를 사용자 정의할 수 있습니다. 또한 응답 생성에 영향을 줄 수 있는 추가 변수도 전달할 수 있습니다.

전반적으로, 응답 합성기는 노드에 쿼리를 적용하고 최종 응답을 생성하는 중요한 작업을 처리하며 성능, 사용자 정의 가능성, 정확성의 균형을 맞출 수 있는 옵션을 제공합니다.

하지만 놀라운 소식이 있습니다. 아직 해결해야 할 과제가 남아 있습니다.

우리가 해결해야 하는 다른 과제를 살펴보겠습니다.

7.4 출력 파싱 기법 구현하기

다음 주제는 LLM이 생성한 구조화된 출력에 의존하는 RAG 애플리케이션에서 흔히 발생하는 일반적인 문제를 다룹니다. 이러한 출력이 애플리케이션의 다음 처리 단계에서 입력되면 그 구조는 매우 중요해집니다.

배경 설명

비결정적인 특성으로 인해, LLM은 때때로 요청한 형식과 다른 형식으로 응답을 생성하고, 원하지 않는 코멘트나 설명을 추가하는 나쁜 습관이 있습니다(인간도 생각해보면 비슷하죠). 단순히 프롬프트 기술에 의존하는 것만으로는 이러한 작동을 완전히 피할 수 없습니다.

심지어 정확한 지침을 따르도록 특별히 훈련한 모델조차도 우리가 요청한 구조에서 때때로 벗어납니다. 해당 출력을 단순히 사용자에게 반환하는 경우에는 큰 문제가 되지 않습니다. 오히려 더 자연스러운 경험을 만들 수도 있습니다.

그러나 응답의 구조가 중요한 경우 문제가 발생합니다. 예를 들어 그 출력을 일련의 변수에 저장하고 추가 처리에 보내려고 할 때입니다. 더 나은 이해를 위해 그림 7.3을 살펴보세요.

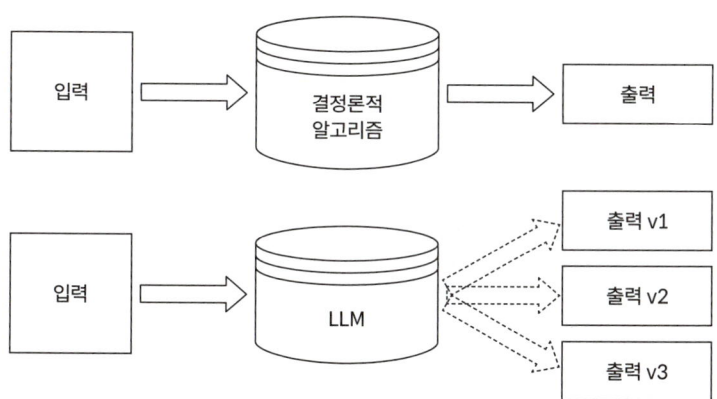

그림 7.3 LLM은 예측 불가능한 출력을 생성할 수 있습니다.

그렇다면, LLM으로부터 구조화되고 예측 가능한 출력을 받도록 보장하려면 어떻게 해야 할까요? 항상 그렇듯이, LlamaIndex가 이번에는 **출력 파서**output parsers와 **Pydantic 프로그램**의 형태로 우리의 구원자가 되어줍니다. 여기에는 구조화된 출력을 보장하기 위해 사용되는 방법들의 개요가 있습니다.

7.4.1 출력 파서를 사용하여 구조화된 출력 추출하기

출력 파서는 LLM의 응답이 예측 불가능한 특성을 관리하는 데 필수입니다. 이들은 LLM으로부터의 출력이 애플리케이션의 후속 단계에서 올바르게 구조화되고 형식화되도록 보장합니다. 이러한 파서는 각각 고유한 방식으로 출력을 처리하고 정제하는 다양한 형태로 제공됩니다.

1 GuardrailsOutputParser

이 특정 파서는 Guardrails AI에서 제공하는 **Guardrails** 라이브러리(https://www.guardrailsai.com/)를 기반으로 합니다. Guardrails는 LLM의 출력이 지정된 구조와 유형을 준수하도록 보장합니다. 이는 출력이 일관되고 추가 처리를 위해 구조화되어야 하는 RAG 애플리케이션에서 특히 유용합니다.

Guardrails는 LLM의 출력을 정의된 형식과 비교하여 검증하고, 출력이 지정된 표준을 충족하지 않을 경우 LLM에 다시 요청하는 등의 수정 작업을 수행할 수 있습니다. 이 기능은 자동화된 프로세스에서 LLM 출력의 무결성과 사용성을 유지하는 데 필수입니다.

내부 작동 방식

Guardrails의 작동 핵심에는 **레일**(rail)의 개념이 있습니다. Guardrails 라이브러리에서 레일은 LLM 출력에 대한 명세 도구로 사용됩니다. 이는 출력에 대해 특정 구조, 유형, 검증 기준을 강제하는 데 사용됩니다. 레일은 구조화된 출력을 위한 `RAIL`(Reliable AI Markup Language) 또는 직접 Python Pydantic 구조체로 정의할 수 있습니다.

레일의 목적은 LLM 출력이 미리 정의된 품질과 형식 표준을 준수하도록 보장하는 것으로, 이는 출력이 이러한 표준에서 벗어날 경우 검증기validator와 수정 작업을 설정하는 것을 포함합니다.

이 파서는 다음과 같은 논리에 따라 작동합니다.

1. 먼저, 초기 프롬프트와 출력 형식 명세를 입력으로 받습니다.
2. 출력 형식 명세를 기반으로 프롬프트를 재구성하여 대상 LLM에 맞게 조정합니다.
3. LLM으로부터 받은 출력을 검증할 수 있습니다. 명세가 검증되지 않으면, 구조가 유효할 때까지 출력을 재생성할 수 있습니다.

이 파서는 다음과 같은 매개변수로 구성할 수 있습니다.

- `guard`: Guardrails 라이브러리의 `Guard` 클래스의 인스턴스입니다. 이 클래스는 Guardrails 시스템의 핵심 기능을 캡슐화합니다. 이는 RAIL 구조에서 정의된 명세를 강제하는 역할을 합니다.
- `llm`: 선택적인 매개변수로, Guardrails 파서와 함께 사용할 언어 모델을 선택하는 데 사용됩니다.
- `format_key`: 선택적인 매개변수로, 필요한 출력 형식에 따라 쿼리에 특정 형식 지침을 주입하고자 할 때 유용합니다.

이 방법을 사용하는 완전한 예제는 다음에서 찾을 수 있습니다.

https://developers.llamaindex.ai/python/framework/module_guides/querying/structured_outputs/output_parser#guardrails

RAIL 언어에 익숙해지면, Guardrails 라이브러리는 앱을 위한 사용하기 쉬운 파싱 솔루션이 됩니다.

먼저 다음 명령을 실행하여 환경에 Guardrails 라이브러리를 설치해야 합니다.

```
pip install guardrails-ai
```

출력 파서를 구축하고, 그 안에 사용자 정의 가드레일guard rail 로직을 구현하는 방법이 궁금하다면,

다음에서 완전한 예제를 찾을 수 있습니다.

https://developers.llamaindex.ai/python/examples/output_parsing/llm_program/#define-a-custom-output-parser

❷ LangchainOutputParser

`GuardrailsOutputParser` 외에도, LlamaIndex는 Langchain에서 제공하는 출력 파서를 지원합니다.

좀 더 복잡한 RAIL 언어를 사용하여 검증 기준과 수정 작업을 정의하는 대신, `LangchainOutputParser`는 **응답 스키마**response schema라는 더 간단한 개념에 의존합니다.

Langchain의 응답 스키마는 주로 출력을 구조화하는 데 사용되며, 출력이 포함해야 하는 특정 필드를 정의하는 데 집중합니다. 이러한 스키마는 출력이 예상되는 형식과 Langchain 시스템이 일치하도록 안내합니다.

이 접근 방식은 엄격한 검증 규칙이나 수정 작업을 강제하기보다는, 출력 데이터를 일관되고 예측 가능한 구조로 조직하는 데 초점을 맞춥니다.

다음은 이 방법을 기반으로 매우 간단한 인용 시스템을 구현한 예제입니다.

```python
from langchain.output_parsers import (
    StructuredOutputParser, ResponseSchema)
from llama_index.core.output_parsers import LangchainOutputParser
from llama_index.llms.openai import OpenAI
from llama_index.core.schema import TextNode
from llama_index.core import VectorStoreIndex
from pydantic import BaseModel
from typing import List
nodes = [
    TextNode(
        text="Roses have vibrant colors and smell nice."),
    TextNode(
        text="Oak trees are tall and have green leaves."),
]
```

코드의 첫 부분에서, 필요한 임포트를 처리하고 두 개의 노드에 포함된 몇 가지 임의의 **독점적 데이터**proprietary data를 정의했습니다. 다음으로, LLM의 출력을 구조화하는 데 사용할 응답 스키마를 정의해야 합니다.

```
schemas = [
    ResponseSchema(
        name="answer",
        description=(
            "answer to the user's question"
        )
    ),
    ResponseSchema(
        name="source",
        description=(
            "the source text used to answer the user's question, "
            "should be a quote from the original prompt."
        )
    )
]
```

보다시피, 스키마는 예상되는 출력 구조를 정의합니다. 이제 Langchain 파서와 이를 사용하도록 구성된 OpenAI `llm` 객체를 정의할 수 있습니다.

```
lc_parser = StructuredOutputParser.from_response_schemas(schemas)
output_parser = LangchainOutputParser(lc_parser)
llm = OpenAI(output_parser=output_parser)
```

이제 노드로부터 인덱스와 `QueryEngine`을 구축할 때입니다. `QueryEngine`은 출력을 구조화할 수 있도록 Langchain 파서를 사용하도록 구성됩니다.

```
index = VectorStoreIndex(nodes=nodes)
query_engine = index.as_query_engine(llm=llm)
response = query_engine.query(
    "Are oak trees small? yes or no",
)
print(response)
```

출력은 다음과 같습니다.

```
{'answer': 'no', 'source': 'Oak trees are tall and have green leaves.'}
```

멋지지 않나요?

참고로, 인용citation은 RAG 시스템에서 유용합니다. 이는 투명성을 높이고 독점적 데이터에 대한 답변을 검증할 수 있게 해줍니다.

Langchain 파서에는 두 가지 구성 가능한 매개변수가 있습니다.

- `output_parser`: 이 매개변수는 Langchain 출력 파서(`LangchainOutputParser`)의 인스턴스를 받습니다. 여기에서 출력의 파싱 및 구조화에 대한 주요 로직이 정의됩니다. 이전 예제에서 살펴보았듯이, 여기에서 제공되는 파서는 LLM의 출력이 어떻게 처리되고 형식화되는지를 결정합니다.
- `format_key`: 이것은 선택적 매개변수로, 제공되면 쿼리에 추가적인 형식 지침을 삽입하는 데 사용됩니다. 이는 언어 모델의 출력 생성을 안내하는 특정 지침으로 쿼리를 형식화해야 할 때 특히 유용합니다.

`GuardrailsOutputParser`와 `LangchainOutputParser` 모두 LLM 출력의 구조화 및 검증을 목표로 하지만, 출력 형식에 대한 구체적인 메커니즘과 제어 범위는 다릅니다. Langchain 파서는 LLM 출력의 처리에 더 중점을 두는 반면, Guardrails 파서는 쿼리와 출력 형식을 형성하는 데 더 적극적인 역할을 합니다. 다음으로 다른 방법에 대해 이야기하겠습니다.

7.4.2 Pydantic 프로그램을 사용하여 구조화된 출력 추출하기

Pydantic 프로그램은 구조화된 출력을 생성하는 또 다른 방법입니다. 이는 LLM 워크플로에서 입력 문자열을 구조화된 Pydantic 객체 타입으로 변환하는 추상화 형태입니다. 함수 호출을 하거나 출력 파서와 함께 텍스트 완성에 의존할 수 있습니다.

이들은 일반 또는 특정 사용 사례에 대한 조합과 적응이 가능하기 때문에 매우 다재다능하고 다양한 애플리케이션으로 활용할 수 있습니다. 여러 사용 사례에 대한 다양한 프로그램이 제공됩니다.

개요와 작동 예제는 다음에서 찾을 수 있습니다.

https://developers.llamaindex.ai/python/framework/module_guides/querying/structured_outputs/pydantic_program

이 장의 뒷부분에서 PITS 튜터링 앱 작업을 계속하면서, Pydantic 프로그램(이 경우 `OpenAI PydanticProgram`)을 사용하는 방법을 배우게 될 것입니다.

7.5 쿼리 엔진 구축 및 사용하기

이제 우리의 퍼즐이 완성되었습니다. 지금까지 우리는 RAG 설정의 핵심 요소들에 대해 점진적으로 배웠습니다. 이제 노드, 인덱스, 검색기, 후처리기, 응답 합성기, 출력 파서까지, 모든 것을 함께 모을 시간입니다.

이번 절에서는 이러한 요소들을 복잡한 구조인 쿼리 엔진으로 통합하는 데 초점을 맞추겠습니다. 쿼리 엔진이 어떻게 작동하는지와 그들이 가진 멋진 기술들을 배우게 될 것입니다.

7.5.1 쿼리 엔진 구축의 다양한 방법 탐색

기본적으로, `QueryEngine`은 자연어 쿼리를 처리하여 풍부한 응답을 생성하는 인터페이스입니다. 이는 종종 검색기를 통해 하나 이상의 인덱스에 의존하며, 향상된 기능을 위해 다른 쿼리 엔진과 결합할 수도 있습니다.

`QueryEngine`을 정의하는 가장 쉬운 방법은 LlamaIndex에서 제공하는 **고수준 API**high-level API를 사용하는 것입니다.

```
query_engine = index.as_query_engine()
```

코드 한 줄만으로 기존 인덱스에서 간단한 쿼리 엔진을 구축했습니다. 빠르지만 이 방법은 기본 설정으로 `RetrieverQueryEngine`을 사용하며, 사용자 정의의 기회가 많지 않습니다.

매개변수에 대한 완전한 제어와 전체 사용자 정의 옵션을 원한다면, **저수준 API**low-level API를 사용하여 쿼리 엔진을 명시적으로 구축할 수 있습니다.

예제를 살펴보겠습니다.

```
from llama_index.core.retrievers import SummaryIndexEmbeddingRetriever
from llama_index.core.postprocessor import SimilarityPostprocessor
from llama_index.core.query_engine import RetrieverQueryEngine
from llama_index.core import (
    SummaryIndex, SimpleDirectoryReader, get_response_synthesizer)
```

평소처럼 필요한 모듈을 임포트하는 것으로 시작합니다. 다음으로, 데모 파일을 입력하고 간단한 `SummaryIndex`를 구축합니다.

```
documents = SimpleDirectoryReader("files").load_data()
index = SummaryIndex.from_documents(documents)
```

그런 다음, 검색기, 응답 합성기, 노드 후처리기를 추가합니다. 이 저수준 API 접근 방식으로 쿼리 엔진을 구축하면 각 구성 요소를 완전히 사용자 정의할 수 있습니다.

```
retriever = SummaryIndexEmbeddingRetriever(
    index=index,
    similarity_top_k=3,
)
response_synthesizer = get_response_synthesizer(
    response_mode="tree_summarize",
    verbose=True
)
pp = SimilarityPostprocessor(similarity_cutoff=0.7)
```

이제 이 모든 것을 함께 모아 `QueryEngine`을 조립할 시간입니다.

```
query_engine = RetrieverQueryEngine(
    retriever=retriever,
    response_synthesizer=response_synthesizer,
    node_postprocessors=[pp]
)
response = query_engine.query(
    "Enumerate iconic buildings in ancient Rome"
)
print(response)
```

출력은 다음과 유사할 것입니다.

```
The iconic buildings in ancient Rome included the Colosseum and the Pantheon.
```

이제 간단한 쿼리 엔진을 구축했으니, 더 발전된 시나리오를 살펴보겠습니다.

7.5.2 QueryEngine 인터페이스의 고급 활용

LlamaIndex 커뮤니티는 `QueryEngine`을 주요 구성 요소로 사용하면서 다양한 고급 쿼리 방법을 점진적으로 개발해왔으며, 계속해서 발전시키고 있습니다.

이 책에서 이미 다루고 있는 쿼리 엔진 외에도, 표 7.1은 작성 시점에 사용 가능한 다른 엔진들의 개요를 제공합니다.

표 7.1 LlamaIndex에서 사용 가능한 다양한 쿼리 엔진 모듈

QueryEngine 클래스	간단한 설명 및 사용 사례
CitationQueryEngine	답변을 뒷받침하기 위해 여러 출처의 인용이 필요한 상황에 대비하고자 설계되었습니다. 이는 학술 연구, 법률 분석, 검증된 출처 기반 정보가 중요한 모든 맥락에서 특히 유용합니다. 응답을 생성할 때 이 쿼리 엔진은 관련 출처를 통합하고 인용하여, 답변이 정확할 뿐만 아니라 문서화된 증거로 검증 가능하도록 보장합니다.
CogniswitchQueryEngine	Cogniswitch 서비스(https://www.cogniswitch.ai/)와 통합하여, Cogniswitch의 지식 처리 기능과 OpenAI의 모델을 결합하여 쿼리에 답변합니다.
ComposableGraphQueryEngine	컴포저블 그래프 구조 내에서 작동하도록 설계되어, 다양한 데이터 소스와 인덱스에서 유연한 모듈식 쿼리가 가능합니다. 이는 서로 다른 유형의 정보가 상호 연결된 복잡한 데이터 생태계에 이상적입니다.
QASummaryQueryEngineBuilder	SummaryIndex와 VectorStoreIndex를 결합합니다. 이는 문서에서 특정 정보를 검색하고 콘텐츠의 간결한 요약을 얻는 데 모두 유용합니다.
TransformQueryEngine	기본 쿼리 엔진에 제출되기 전에 쿼리에 특정 변환(transformation)을 적용하여 전처리하도록 설계되었습니다. 쿼리의 형식이나 명확성이 다양할 때, 이를 정규화하거나 향상시키기 위해 변환을 적용하면 검색 성능을 크게 향상시킬 수 있습니다.
MultiStepQueryEngine	복잡한 쿼리를 더 간단하고 순차적인 단계로 분해하여 작동합니다. 이는 일련의 논리적 단계가 필요한 복잡하거나 다면적인 질문을 처리하는 데 유용할 수 있습니다.
ToolRetrieverRouterQueryEngine	쿼리의 콘텍스트에 따라 여러 후보 쿼리 엔진 중에서 동적으로 선택할 수 있습니다. 각 특정 쿼리에 가장 적합한 쿼리 엔진 도구를 사용합니다.
SQLJoinQueryEngine	SQL 데이터베이스 쿼리와 추가 정보 검색이나 처리가 필요한 경우를 위해 설계되었습니다. 이는 SQL 쿼리 결과를 추가 쿼리를 사용하여 보강하거나 세분화해야 할 때 특히 유용합니다.
SQLAutoVectorQueryEngine	SQL 데이터베이스 쿼리와 벡터 기반 검색을 통합하여, 쿼리가 SQL 데이터베이스에서 실행할 수 있는 2단계 프로세스를 가능하게 합니다. 그 결과를 기반으로 추가 정보를 벡터 스토어에서 가져올 수 있습니다.
RetryQueryEngine	쿼리에 대한 초기 응답이 특정 평가 기준을 충족하지 못하면, 평가에 실패할 경우 쿼리를 자동으로 다시 시도합니다.
RetrySourceQueryEngine	평가 기준에 따라 다른 소스 노드로 쿼리를 다시 시도하도록 설계되었습니다. 쿼리 엔진의 초기 응답이 평가자의 기준을 통과하지 못하면, 더 나은 응답을 제공할 수 있는 대체 소스 노드를 찾으려고 시도합니다.
RetryGuidelineQueryEngine	RetryQueryEngine과 유사하게, 이 엔진은 평가 프로세스의 피드백에 따라 각 재시도 시 쿼리를 변환합니다.
PandasQueryEngine	자연어 쿼리를 실행 가능한 pandas 파이썬 코드로 변환하여, pandas DataFrame에 대한 데이터 조작 및 분석을 가능하게 합니다.
JSONalyzeQueryEngine	자연어 쿼리를 SQL 쿼리로 변환하여 메모리 내 SQLite 데이터베이스에서 실행함으로써 JSON 리스트 형태의 데이터를 분석하도록 설계되었습니다.

QueryEngine 클래스	간단한 설명 및 사용 사례
`KnowledgeGraphQueryEngine`	지식 그래프에 대한 쿼리를 생성하고 처리하며, 자연어 쿼리를 그래프 전용 쿼리로 변환하고, 그래프 쿼리 결과를 기반으로 응답을 합성합니다. 이는 지식 그래프와의 상호작용이 필요한 애플리케이션에 유용합니다.
`FLAREInstructQueryEngine`	**FLARE**(Forward-Looking Active Retrieval) 방법을 구현하여, 모델이 콘텐츠를 생성하는 동안 지속적으로 외부 지식에 접근하고 통합할 수 있게 합니다. 이는 특히 길고 지식 집약적인 텍스트를 생성하는 데 유용합니다. 미래의 콘텐츠 필요를 적극적으로 예측하고 이에 따라 정보를 검색함으로써, 환각(hallucination)을 줄이고 생성된 응답의 사실 정확성을 향상시키는 것을 목표로 합니다. 이는 Jiang 등(2023)의 논문[5]에 기반을 두고 있습니다.
`SimpleMultiModalQueryEngine`	검색된 텍스트와 이미지가 LLM의 문맥 길이 내에 들어갈 수 있다고 가정하여, 텍스트와 이미지가 모두 포함된 쿼리를 처리할 수 있는 멀티모달 쿼리 엔진입니다. 쿼리에 따라 관련 텍스트와 이미지를 검색한 다음, 멀티모달 LLM을 사용하여 응답을 합성합니다.
`SQLTableRetrieverQueryEngine`	자연어 쿼리를 SQL 쿼리로 변환할 뿐만 아니라, 쿼리 결과로부터 응답을 합성하여, 응답이 사용자의 자연어 쿼리를 더 이해하기 쉽고 관련성 있게 만듭니다.
`PGVectorSQLQueryEngine`	PostgreSQL에서 벡터를 직접 저장하고 내장할 수 있게 하는 확장 기능인 PGvector (https://github.com/pgvector/pgvector)와 함께 작동하도록 설계되었습니다.

고급 구현들의 목록이 매우 길어서 별도의 책의 주제가 될 수도 있을 정도입니다. 따라서 각 방법에 대한 자세한 설명을 제공하지는 않았습니다. 대신, 해당 주제에 대한 공식 프로젝트 문서를 참조하여 이러한 빌딩 블록이 다양한 시나리오에서 어떻게 사용될 수 있는지 알아보길 바랍니다.

https://developers.llamaindex.ai/python/framework/module_guides/deploying/query_engine/modules

공식 프로젝트 문서에서 각 모듈에 대한 상세한 설명, 사용 사례, 그리고 무엇보다도 각 방법의 작동 및 구현을 이해할 수 있는 코드 예제를 찾을 수 있습니다.

그러나 RAG 시나리오에서 몇 가지 필수 모듈을 소개하지 않고 이 장을 마칠 수는 없습니다. 그래서 다음으로 그것들을 다룰 것입니다.

❶ RouterQueryEngine을 활용한 고급 라우팅 구현

6장에서 라우팅 검색기에 대해 이야기한 것을 기억하나요? 이번에는 쿼리 엔진 수준에서 구현된 더 고급의 라우팅 메커니즘을 살펴볼 시간입니다.

그림 7.4는 `RouterQueryEngine`의 작동을 요약합니다.

---

[5] Jiang et al. (2023), "Active Retrieval Augmented Generation" https://arxiv.org/abs/2305.06983v2

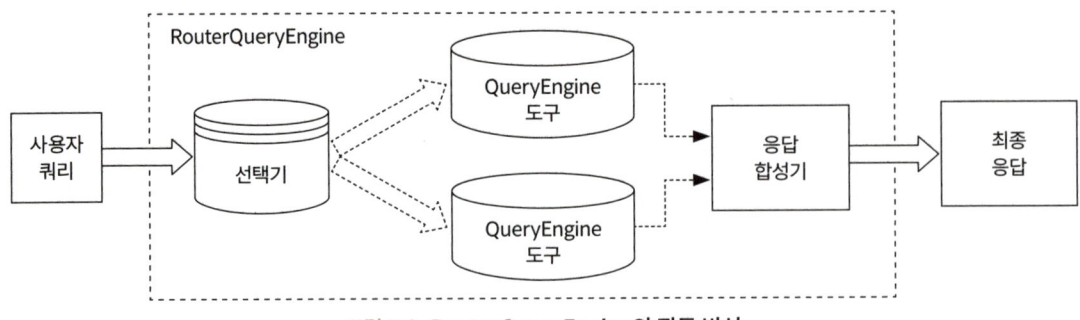

그림 7.4 RouterQueryEngine의 작동 방식

`RouterQueryEngine`은 사용 가능한 다양한 도구 중에서 선택할 수 있습니다. 사용자 쿼리에 따라, 라우터는 어떤 `QueryEngineTool`을 사용하여 답변을 생성할지 결정합니다.

검색기의 경우와 마찬가지로, 우리는 `PydanticMultiSelector` 또는 `PydanticSingleSelector`를 사용하여 그 작동을 구성할 수 있습니다. 멀티 셀렉터는 여러 옵션을 결합하여 더 넓은 범위의 사용자 쿼리를 처리할 수 있습니다.

잠재적 사용 사례

조직이 지식을 여러 개의 개별 문서로 분할하여 보유하고 있는 실제 시나리오를 상상해보세요. 이러한 라우터는 전체 지식 베이스에 대한 일반적인 쿼리를 허용하면서도, 답변을 생성하는 데 사용한 소스 데이터를 정확하게 지정할 수 있게 해줍니다.

다음 예제에서는 서로 다른 쿼리 엔진 도구를 작동시키는 `RouterQueryEngine`을 구축하고 있습니다. 각각은 다른 문서 위에 구축되었습니다. 코드는 다음과 같습니다.

```python
from llama_index.core.tools import QueryEngineTool
from llama_index.core.query_engine import RouterQueryEngine
from llama_index.core.selectors import PydanticMultiSelector
from llama_index.core import SummaryIndex, SimpleDirectoryReader
from llama_index.core.extractors import TitleExtractor
documents = SimpleDirectoryReader("files").load_data()
```

코드의 첫 부분은 임포트를 처리하고 샘플 데이터를 로드합니다. 이전과 마찬가지로, 우리는 두 개의 간단한 텍스트 파일을 사용하고 있습니다. 하나는 고대 로마에 대한 정보를 포함하고 있고, 다른 하나는 개에 대한 일반적인 텍스트를 포함하고 있습니다. 다음 부분에서는 각 문서를 순회하며 `TitleExtractor`를 사용하여 제목을 추출하고, 이를 `metadata` 필드로 저장할 것입니다.

```python
title_extractor = TitleExtractor()
for doc in documents:
    title_metadata = title_extractor.extract([doc])
    doc.metadata.update(title_metadata[0])
```

파일이 로드되고 문서 제목이 생성되면, 각 문서에 대해 `SummaryIndex`, `QueryEngine`, `QueryEngine Tool`을 정의할 수 있습니다. 우리는 문서 제목을 사용하여 각 도구에 대한 설명을 셀렉터에 제공합니다.

```python
indexes = []
query_engines = []
tools = []
for doc in documents:
    document_title = doc.metadata['document_title']
    index = SummaryIndex.from_documents([doc])
    query_engine = index.as_query_engine(
        response_mode="tree_summarize",
        use_async=True,
    )
    tool = QueryEngineTool.from_defaults(
        query_engine=query_engine,
        description=f"Contains data about {document_title}",
    )
    indexes.append(index)
    query_engines.append(query_engine)
    tools.append(tool)
```

이제 사용 가능한 도구들의 목록이 있으므로, `PydanticMultiSelector`를 기반으로 `RouterQueryEngine`을 구축할 수 있습니다.

이를 위해, 쿼리 엔진 도구들을 인수로 전달해야 합니다. 이들이 셀렉터에 사용 가능한 옵션이 될 것입니다.

```python
qe = RouterQueryEngine(
    selector=PydanticMultiSelector.from_defaults(),
    query_engine_tools=tools
)
```

쿼리에 따라 셀렉터는 응답을 수집하기 위해 어떤 도구를 사용할지 결정합니다. 각 도구가 응답한 후, 쿼리 엔진은 최종 응답을 합성하여 반환합니다.

```
response = qe.query(
    "Tell me about Rome and dogs"
)
print(response)
```

상대적으로 작은 문서의 경우, 이 방법은 아마도 잘 작동할 것입니다. 텍스트가 제목으로 적절히 요약될 만큼 짧다면, 이 쿼리 엔진은 대부분의 사용자 쿼리를 잘 처리할 것입니다. 그러나 실제 시나리오에서는 전체 내용을 제목으로 완전히 요약하는 것은 거의 불가능합니다. 그런 경우에는 제목 대신 문서 요약을 사용하는 것이 바람직합니다.

❷ SubQuestionQueryEngine을 사용하여 다중 문서 쿼리하기

실제 시나리오에서 여러 데이터 소스를 포함하는 경우, 이전 예제와 같이 사용자는 다양한 파일에 문서화된 다른 주제를 비교하는 것과 같은 더 복잡한 쿼리를 제시할 수 있습니다. 이러한 상황에서는 `SubQuestionQueryEngine`을 사용할 수 있습니다. 이 엔진은 복잡한 쿼리를 더 작은 하위 질문으로 분해하여 처리하도록 설계되었습니다.

각 하위 질문은 지정된 쿼리 엔진에 의해 처리되며, 개별 응답은 응답 합성기를 통해 결합됩니다. 이는 여러 측면을 고려해야 하는 쿼리를 효과적으로 관리하여 일관된 최종 응답을 생성합니다. 그림 7.5는 그 작동을 설명합니다.

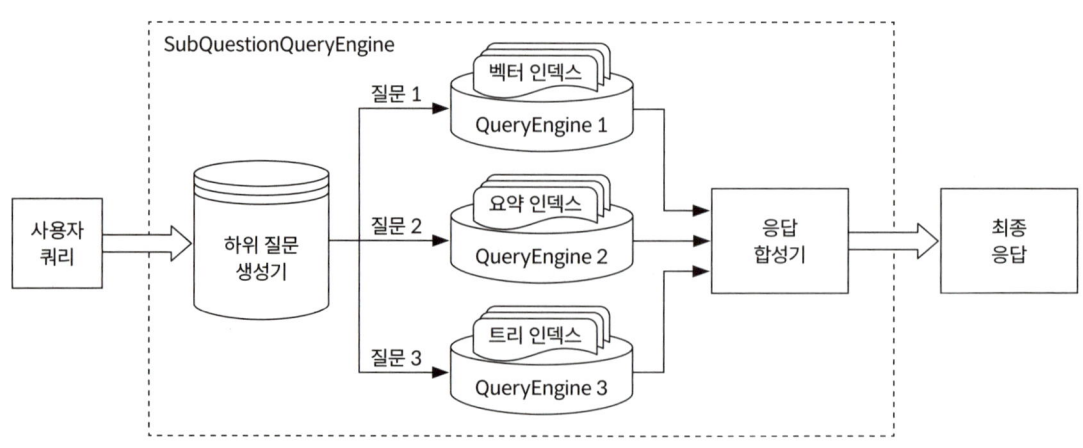

그림 7.5 SubQuestionQueryEngine의 작동 방식

코드를 살펴보겠습니다. 첫 부분은 RouterQueryEngine에 관한 이전 예제와 매우 유사합니다.

```python
from llama_index.core.tools import QueryEngineTool
from llama_index.core.query_engine import RouterQueryEngine
from llama_index.core.query_engine import SubQuestionQueryEngine
from llama_index.core.selectors import PydanticMultiSelector
from llama_index.core.extractors import TitleExtractor
from llama_index.core import SummaryIndex, SimpleDirectoryReader
```

필요한 모듈을 임포트한 후, 파일을 로드하고 제목을 추출합니다.

```python
documents = SimpleDirectoryReader("files/sample").load_data()
title_extractor = TitleExtractor()
for doc in documents:
    title_metadata = title_extractor.extract([doc])
    doc.metadata.update(title_metadata[0])
indexes = []
query_engines = []
tools = []
```

지금까지 우리는 RouterQueryEngine에서 했던 동일한 단계를 완료했습니다. 다음 부분에서 눈에 띄는 변화는 메타데이터에서 `file_name`을 추출하여 해당 도구의 이름으로 사용하는 것입니다. 이렇게 하면 각 답변이 어디에서 오는지 정확히 알 수 있습니다.

```python
for doc in documents:
    document_title = doc.metadata['document_title']
    file_name = doc.metadata['file_name']
    index = SummaryIndex.from_documents([doc])
    query_engine = index.as_query_engine(
        response_mode="tree_summarize",
        use_async=True,
    )
    tool = QueryEngineTool.from_defaults(
        query_engine=query_engine,
        name=file_name,
        description=f"Contains data about {document_title}",
    )
    indexes.append(index)
    query_engines.append(query_engine)
    tools.append(tool)
```

다음으로, `SubQuestionQueryEngine`을 구축합니다.

```
qe = SubQuestionQueryEngine.from_defaults(
    query_engine_tools=tools,
    use_async=True
)
```

이제 출력을 생성할 준비가 되었습니다.

```
response = qe.query(
    "Compare buildings from ancient Athens and ancient Rome"
)
print(response)
```

최종 응답과 함께 생성된 각 하위 질문과 해당 쿼리 엔진 도구 이름을 볼 수 있습니다. 우리의 경우, 도구 이름은 각 소스 텍스트의 파일 이름에 해당합니다.

`SubQuestionQueryEngine`은 단일 단계에서 직접 처리할 수 없는 복잡한 쿼리에 특히 유용합니다. 다음과 같은 경우에는 뛰어난 결과를 제공합니다.

- **비교 분석**: 서로 다른 주제를 비교하고 대조해야 하는 쿼리의 경우, 엔진은 쿼리를 더 작고, 집중된 하위 질문으로 분할하여 각 주제에 대한 자세한 정보를 수집한 후 비교 응답을 합성할 수 있습니다. 예시 질문: '지난 10년 동안 국가 A와 국가 B의 경제 정책을 비교하고 대조하시오.'
- **다면적인 질문**: 쿼리가 여러 측면이나 기준을 포함하는 경우, 이 엔진은 쿼리를 개별 구성 요소로 분해하여 각각을 별도로 처리한 다음, 포괄적인 답변을 위해 결과를 결합할 수 있습니다. 예시 질문: '아마존 열대 우림에서 벌채의 환경적, 경제적, 사회적 영향은 무엇인가요?'
- **복잡한 연구 과제**: 다양한 소스나 관점에서 정보를 수집해야 하는 연구 지향적 쿼리의 경우, 이 엔진은 작업을 더 관리하기 쉬운 하위 질문으로 분할하여 효율적으로 처리할 수 있습니다. 예시 질문: '재생 에너지 기술의 역사적 발전과 다양한 대륙에서의 채택에 대해 조사하시오.'

이제 쿼리 엔진이 어떻게 작동하는지 전반적으로 이해했으니, 다양한 가능성을 탐색하고 모든 기존 쿼리 엔진 모듈을 실험해보기 바랍니다.

사용자 정의 쿼리 엔진을 만들 수 있는지 궁금하다면, 맞춤형으로 직접 만드는 것도 가능합니다.

예제는 다음에서 찾을 수 있습니다.

https://developers.llamaindex.ai/python/examples/query_engine/custom_query_engine#option-1-ragqueryengine

이제 새로운 지식을 얻었으니, 우리 튜터링 프로젝트에 새로운 구성 요소를 추가할 때입니다.

7.6 실습 – PITS에서 퀴즈 만들기

PITS 프로젝트에서 구축하고 있는 기능 중 하나는 사용자가 업로드한 학습 자료를 기반으로 퀴즈를 생성하는 것입니다.

이러한 퀴즈는 처음에는 해당 주제에 대한 사용자의 전반적인 지식을 평가하는 데 사용할 것입니다. 그 평가를 기반으로, 교육용 슬라이드와 내레이션은 학습자의 수준에 맞게 조정할 것입니다.

같은 메커니즘을 사용하여 각 섹션의 끝에서 사용자의 현재 지식을 테스트하기 위한 중간 퀴즈를 생성할 수도 있습니다. 이제 어떻게 퀴즈 빌더 기능을 쉽게 구현할 수 있는지 살펴봅시다.

우리는 LlamaIndex에 사전 패키지된 Pydantic 프로그램 중 하나인 DataFrame Pydantic 추출기를 사용할 것입니다. 이는 원시 텍스트로부터 표 형식의 `DataFrame`을 추출하도록 설계되었습니다.

`quiz_builder.py`의 코드를 살펴봅시다.

```
from llama_index.core import load_index_from_storage, StorageContext
from llama_index.program.evaporate.df import DFRowsProgram
from llama_index.program.openai import OpenAIPydanticProgram
from global_settings import INDEX_STORAGE, QUIZ_SIZE, QUIZ_FILE
import pandas as pd
```

먼저, 필요한 모든 모듈을 임포트했습니다. 여기에는 `global_settings.py`에 정의된 전역 변수들도 포함됩니다.

- `INDEX_STORAGE`: 인덱스의 저장 위치
- `QUIZ_SIZE`: 퀴즈에 포함할 질문의 수
- `QUIZ_FILE`: 퀴즈를 CSV로 저장할 경로

또한 `load_index_from_storage` 함수를 임포트하고 있습니다. 이 함수는 인덱스를 다시 빌드하는 비용과 시간을 절약하기 위해 저장소에서 인덱스를 가져오는 데 사용됩니다.

`DataFrame`을 사용하므로 pandas 라이브러리도 임포트해야 합니다. 아직 환경에 설치되어 있지 않다면, 다음 명령을 실행하세요.

```
pip install pandas
```

좋습니다. 이제 메인 함수를 만들어봅시다. `build_quiz` 함수는 퀴즈를 생성하고, 질문을 `CSV` 파일에 저장하여 이후에 사용할 수 있도록 할 것입니다.

```python
def build_quiz(topic):
    df = pd.DataFrame({
        "Question_no": pd.Series(dtype="int"),
        "Question_text": pd.Series(dtype="str"),
        "Option1": pd.Series(dtype="str"),
        "Option2": pd.Series(dtype="str"),
        "Option3": pd.Series(dtype="str"),
        "Option4": pd.Series(dtype="str"),
        "Correct_answer": pd.Series(dtype="str"),
        "Rationale": pd.Series(dtype="str"),
    })
```

1. DataFrame 설정: 먼저, 퀴즈와 관련된 선택지와 답변을 구조화하기 위해 `DataFrame`을 설정합니다. 이 `DataFrame`은 퀴즈의 기반이 될 것입니다. 여기에는 질문 번호, 질문 내용, 네 개의 답변 선택지, 정답, 답변의 근거(`Rationale`)에 대한 열이 포함됩니다. pandas `DataFrame`을 사용하면 퀴즈 데이터를 처리하고 조작하기가 훨씬 쉬워집니다.

2. 벡터 인덱스 로드: 다음으로, 저장소에서 벡터 인덱스를 로드해야 합니다. 이를 위해 `INDEX_STORAGE` 폴더를 매개변수로 사용하는 `StorageContext` 객체를 정의합니다

```python
    storage_context = StorageContext.from_defaults(
        persist_dir=INDEX_STORAGE
    )
    vector_index = load_index_from_storage(
        storage_context, index_id="vector"
    )
```

3. **DataFrame 추출기 초기화**: 여기서 `index_id`를 사용하여 벡터 인덱스를 식별했는데, 이는 해당 저장소에 현재 사용하지 않을 `TreeIndex` 인덱스도 있기 때문입니다. 이제 `DataFrame` 추출기를 초기화할 시간입니다

    ```
    df_rows_program = DFRowsProgram.from_defaults(
        pydantic_program_cls=OpenAIPydanticProgram,
        df=df
    )
    ```

4. **쿼리 엔진 및 프롬프트 정의**: 이제 쿼리 엔진을 정의하고, 퀴즈 질문을 생성할 프롬프트를 작성할 수 있습니다

    ```
    query_engine = vector_index.as_query_engine()
    quiz_query = (
        f"Create {QUIZ_SIZE} different quiz "
        "questions relevant for testing "
        "a candidate's knowledge about "
        f"{topic}. Each question will have 4 "
        "answer options. Questions must be "
        "general topic-related, not specific "
        "to the provided text. For each "
        "question, provide also the correct "
        "answer and the answer rationale. "
        "The rationale must not make any "
        "reference to the provided context, "
        "any exams or the topic name. Only "
        "one answer option should be correct."
    )
    response = query_engine.query(quiz_query)
    ```

5. **응답 처리 및 DataFrame 변환**: 프롬프트가 쿼리 엔진에 전달되고, 응답은 `DFRowsProgram`으로 처리하여 구조화된 `DataFrame` 형식으로 변환됩니다.

    ```
    result_obj = df_rows_program(input_str=response)
    new_df = result_obj.to_df(existing_df=df)
    new_df.to_csv(QUIZ_FILE, index=False)
    return new_df
    ```

6. **퀴즈 저장 및 반환**: 마지막으로, 퀴즈 질문을 포함하는 새로운 `DataFrame`이 `QUIZ_FILE`로 정의된 경로에 CSV 파일로 저장됩니다. 이 함수는 추가 사용을 위해 새로운 `DataFrame`을 반환합니다.

이것은 LlamaIndex의 기능, Pydantic 프로그램, `DataFrame` 조작을 결합하여 동적인 퀴즈 생성기를 만드는 방법을 보여주는 간단한 예시입니다. 앞으로의 장에서 나머지 기능들을 계속 작업할 것입니다.

7.7 요약

이 장에서는 다양한 후처리기를 사용하여 검색 결과를 정제하고, 다양한 합성기를 통해 응답을 생성하며, 특정 파서로 구조화된 출력을 보장하는 방법을 탐구했습니다.

또한 이전 장에서 논의한 다양한 구성 요소를 통합하면서 쿼리 엔진을 구축하는 방법을 살펴보았습니다.

`RouterQueryEngine`을 사용하여 다양한 데이터 소스를 처리하고, `SubQuestionQueryEngine`을 통해 복잡한 쿼리를 분해하는 방법도 다루었으며, 우리의 튜터링 앱에서 퀴즈 생성을 시연했습니다.

다음 장에서는 LlamaIndex를 사용하여 챗봇, 에이전트, 대화 추적하는 방법에 대해 이야기할 것입니다.

CHAPTER 8

LlamaIndex로 챗봇과 에이전트 구축하기

이 장에서는 LlamaIndex의 기능을 활용하여 챗봇과 지능형 에이전트를 구현하는 방법을 깊이 있게 살펴봅니다. 간단한 챗봇부터 좀 더 발전한 콘텍스트 인식과 질문 **요약 엔진**condensing engine까지 다양한 채팅 엔진 모드를 탐구할 것입니다. 그런 다음, **에이전트 아키텍처**agent architecture를 깊이 있게 살펴보고 분석 도구, **추론 루프**reasoning loop, 병렬 실행 방법 등을 분석할 것입니다. 이를 통해 LLM을 기반으로 사용자 요구를 이해하고, 도구와 데이터 소스를 활용하여 응답이나 행동을 조율할 수 있는 대화형 인터페이스를 구축하는 데 필요한 실용적인 지식을 습득하게 될 것입니다.

이 장에서 다룰 주요 주제는 다음과 같습니다.

- 챗봇과 에이전트 이해하기
- 앱에 에이전트 전략 구현하기
- 실습 – PITS에서 대화 추적 구현하기

8.1 기술 요구사항

샘플 코드를 위해 다음의 LlamaIndex 통합 패키지가 필요합니다.

- **데이터베이스 도구**: https://pypi.org/project/llama-index-tools-database/
- **OpenAI 에이전트**: https://pypi.org/project/llama-index-agent-openai/

- **Wikipedia 리더**: https://pypi.org/search/?q=llama-index-readers-wikipedia
- **LLM 컴파일러 에이전트**: https://pypi.org/project/llama-index-packs-agents-llm-compiler/

이 장의 모든 코드 샘플은 이 책의 GitHub 저장소의 ch8 하위 폴더에서 찾을 수 있습니다.

https://bit.ly/bdda_llamaindex

8.2 챗봇과 에이전트 이해하기

현대 비즈니스 생태계에서 **챗봇 시스템**chatbot system의 역할은 점점 더 중요해지고 있습니다. 1960년대에 처음 등장한 ELIZA[1] 이후, 챗봇은 개발자와 기술 사용자 모두에게 항상 매력적인 존재였습니다. 그림 8.1은 이러한 초기 시스템 중 하나인 사용자 인터페이스를 보여줍니다.

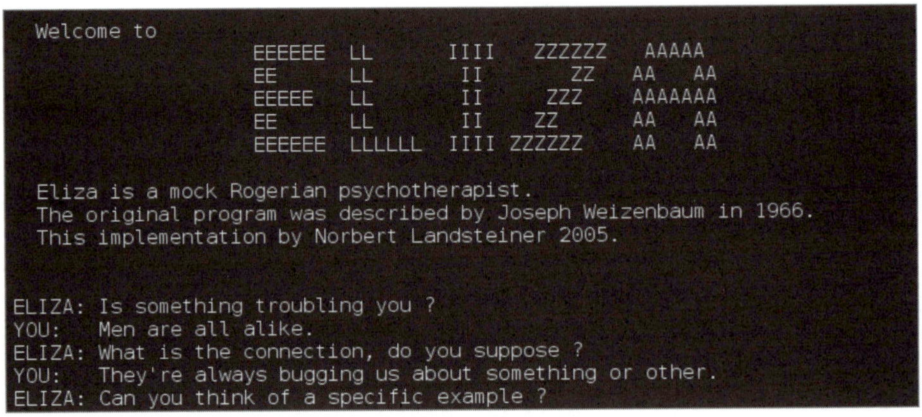

그림 8.1 ELIZA 챗봇 인터페이스

초기에는 이러한 시스템이 미흡하고 실험적인 성격으로 여겨졌지만, 자연어 처리 기술의 발전으로 인해 사용자들에게 제공하는 경험이 점점 더 흥미롭고 가치 있게 되었습니다.

챗봇 기반 지원 시스템chatbot-based support system은 오늘날 소비자들에게 셀프 서비스 경험을 제공합니다. 셀프 서비스 지원 서비스는 인간 지원 서비스보다 사용자에게 두 가지 주요 이점을 제공합니다.

- 24시간 연중무휴로 이용 가능하며, 일반적인 근무 시간 외에도 접근할 수 있습니다.
- 대기할 필요 없이 즉시 접근할 수 있습니다.

---

[1] https://en.wikipedia.org/wiki/ELIZA

처음에는 이러한 시스템 사용에 대한 거부감이 있을 수 있지만, 이점을 발견하면 사용자는 곧 이들과 상호작용하는 것에 익숙해집니다.

챗봇을 인간 지원과의 상호작용을 완전히 대체하도록 설계된 기술이라고 반드시 생각할 필요는 없습니다. 최근 몇 년 동안 엄청난 발전을 이루었지만, 이러한 기술은 점점 더 발전하면서도 여전히 한계를 가지고 있습니다.

실제 공감과 인간적인 터치가 부족하기 때문에, 이상적인 운영 조건에서도 챗봇 기반 서비스가 인간 지원을 완전히 대체할 가능성은 낮습니다. 하지만 그렇다고 해서 조직과 사용자 모두에게 매우 가치 있는 존재가 아니라는 것은 아닙니다.

챗봇 기반 서비스에서 오는 가장 큰 가치는 사용자가 인간 지원과 챗봇 기술이 연동된 셀프 서비스 플랫폼에 모두 접근할 수 있는 혼합된 경험을 할 때입니다. 이러한 시스템이 전략적으로 구현되면, 최종 소비자에게 제공되는 지원뿐만 아니라 조직의 직원 간 내부 상호작용도 크게 향상시킬 수 있습니다.

예를 들어 **ChatOps**는 현대 조직에서 점점 더 많이 사용되는 모델입니다.[2]

정의

ChatOps는 채팅 플랫폼을 운영 워크플로와 통합하여 팀원, 프로세스, 도구 및 자동화된 봇 간의 투명한 협업을 촉진함으로써 서비스의 신뢰성을 향상시키고, 복구 속도를 가속화하며, 협업 생산성을 높이는 것을 말합니다.

대화 중심의 협업conversation-driven collaboration이라는 아이디어에 기반하여, ChatOps 모델은 챗봇을 사용하여 팀원 간의 상호작용을 간소화하고 가속화함으로써 **DevOps 원칙**[3]을 결합합니다.

내부 커뮤니케이션이든 사용자와의 상호작용이든, 챗봇은 실제 문제를 해결할 수 있는 범위 내에서만 유용할 수 있습니다. 이는 그들이 상호작용의 콘텍스트를 얼마나 잘 이해하고, 제공하는 답변이 얼마나 관련성이 있는지에 달려 있습니다.

그림 8.2는 ChatOps 모델의 시각적 표현을 제공합니다.

---

2 https://www.ibm.com/blog/benefits-of-chatops/
3 https://en.wikipedia.org/wiki/DevOps

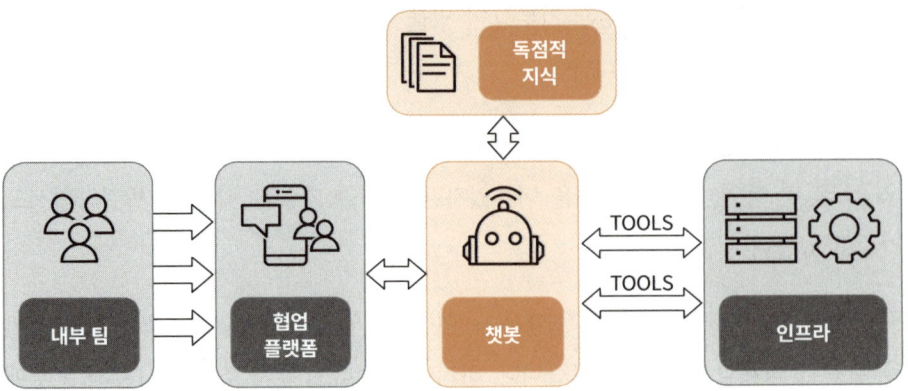

그림 8.2 ChatOps 패러다임

초기에는 챗봇의 주요 한계가 사용자와의 어색한 상호작용 방식에서 비롯되었지만, NLP 기술의 발전으로 최근에는 조직의 지식 베이스와의 통합 부족이 주요 단점이 되었습니다.

결국, 시스템이 제공하는 답변이 사용자의 요청을 해결하는 데 유용하지 않다면, 자연스러운 커뮤니케이션 경험이 무슨 소용이 있을까요?

이것이 바로 RAG로 이어집니다.

이제 조직의 지식 베이스와 연결되지 않은 챗봇은 기껏해야 기술 실험으로 간주될 수도 있다는 것이 분명해졌다고 생각합니다. GPT-4와 같은 강력한 LLM을 기반으로 한 대화 엔진조차도 각 조직의 특정 문제를 해결하지 못하는 일반적인 답변만 제공할 수 있습니다. 아마도 더 나쁜 것은, 검증된 문서에 기반하지 않으면 매우 그럴듯한 '환각'을 일으켜, 불쾌하거나 심지어 잠재적으로 위험한 경험을 만들 수 있습니다.

이미 짐작했겠지만, LlamaIndex는 챗봇 기술 구현을 위한 RAG 도구도 제공합니다. 이 장에서는 우리가 사용할 수 있는 옵션을 탐구하고, 매우 간단한 시스템에서 고급 챗봇 메커니즘까지 구현할 수 있는 방법을 살펴볼 것입니다.

하지만 먼저, 이 기능이 LlamaIndex에 어떻게 내장되어 있는지 알아봅시다.

8.2.1 ChatEngine 탐색하기

앞에서 우리는 데이터를 기반으로 쿼리를 실행하기 위한 쿼리 엔진을 구축하는 방법을 살펴보았습니다. 이 메커니즘은 여러 유형의 인덱스, 검색기, 노드 후처리기, 응답 합성기를 동시에 통합할 수 있어, 독점적 데이터에 여러 방식으로 접근할 수 있게 해줍니다. 그러나 아쉽게도 `QueryEngine` 클래스는 대화의 이력을 유지하는 어떤 메커니즘도 제공하지 않습니다. 이는 각 쿼리가 별개의 상호작용이며, 실제 **대화**conversation를 가능하게 하는 콘텍스트 메모리가 없다는 것을 의미합니다.

이 목적을 위해, 우리는 **ChatEngine**을 사용합니다. 쿼리 엔진과 달리, `ChatEngine`은 실제 대화를 가능하게 하며, 우리의 독점적 데이터에 대한 콘텍스트와 채팅 이력을 모두 제공합니다. 이 개념을 더욱 단순화하려면, 메모리를 가진 `QueryEngine` 클래스를 상상해보세요.

가장 간단한 형태로 채팅 엔진을 인덱스 기반으로 쉽게 초기화할 수 있습니다.

```
chat_engine = index.as_chat_engine()
response = chat_engine.chat("Hi, how are you?")
```

초기화된 후에는 채팅 엔진을 다양한 메서드를 사용하여 쿼리할 수 있습니다.

- `chat()`: 이 메서드는 동기적 채팅 세션을 시작하여 사용자의 메시지를 처리하고 즉시 응답을 반환합니다.
- `achat()`: 이 메서드는 `chat()`과 유사하지만, 쿼리를 비동기적으로 실행하여 여러 요청을 동시에 처리할 수 있습니다. 이는 서버 쿼리 동안 메인 스레드의 블로킹을 피하고자 하는 웹이나 모바일 애플리케이션에서 유용합니다.
- `stream_chat()`: 이 메서드는 스트리밍 채팅 세션을 열어, 응답이 생성되는 대로 반환되어 더 동적인 상호작용을 가능하게 합니다. 이는 처리 시간이 많이 필요한 길거나 복잡한 응답에 특히 유용하며, 사용자가 모든 처리가 완료되기 전에 응답의 일부를 볼 수 있습니다.
- `astream_chat()`: 이 메서드는 `stream_chat()`의 비동기 버전으로, 비동기 콘텍스트에서 스트리밍 상호작용을 처리할 수 있습니다.

또 다른 옵션으로, `ChatEngine`을 사용하여 **REPL**read-eval-print loop을 시작할 수 있습니다.

```
chat_engine.chat_repl()
```

REPL 채팅은 ChatGPT 인터페이스와 유사합니다. 사용자가 메시지나 질문을 보내면 LLM이 입력을 처리하고 응답을 생성한 후 즉시 사용자에게 표시합니다. 이 루프는 사용자가 입력을 계속 제공하는 한 지속되어, 대화형 상호작용을 만듭니다.

채팅 대화를 초기화하려면 다음 명령을 사용할 수 있습니다.

```
chat_engine.reset()
```

이는 이력을 지우고 새로운 대화 스레드를 시작하고자 할 때 유용합니다.

기본사항은 매우 간단합니다. 다음으로, LlamaIndex에서 사용 가능한 다양한 **내장 채팅 모드**built-in chat mode에 대해 이야기해봅시다.

8.2.2 다양한 채팅 모드 이해하기

채팅 엔진을 초기화할 때, 우리는 `chat_mode` 인수를 사용하여 LlamaIndex에 사전 정의된 다양한 채팅 엔진 타입을 호출할 수 있습니다. 각 엔진이 어떻게 작동하는지 살펴보겠습니다. 하나씩 논의하면서 각 엔진에 가장 적합한 장점과 사용 사례를 잘 이해해봅시다.

하지만 먼저, LlamaIndex 내에서 채팅 메모리가 어떻게 관리되는지 간단히 소개하겠습니다.

❶ 채팅 메모리가 어떻게 작동하는지 이해하기

`ChatMemoryBuffer` 클래스는 채팅 이력을 효율적으로 저장하면서도 다양한 LLM이 부과하는 토큰 제한을 관리하도록 설계된 특수한 메모리 버퍼입니다. 이 구조는 채팅 엔진을 초기화할 때 `memory` 매개변수로 전달할 수 있기 때문에 중요합니다. 이 버퍼를 한 세션에서 다른 세션으로 저장하고 복원함으로써, 우리는 대화의 지속성을 구현할 수 있습니다.

채팅 저장소에는 두 가지 다른 저장 옵션이 있습니다.

- 기본 `SimpleChatStore`: 대화를 메모리에 저장합니다.
- 고급 `RedisChatStore`: 채팅 이력을 Redis 데이터베이스에 저장하여, 채팅 이력을 수동으로 지속하고 로드할 필요를 제거합니다.

`BaseChatStore` 클래스의 인스턴스인 `chat_store` 속성은 실제 채팅 메시지의 저장과 검색에 사용됩니다. 이 모듈식 접근 방식은 간단한 메모리 내 저장소나 더 복잡한 데이터베이스 기반 저장소 같은 다양한 저장 구현을 허용합니다.

또한 `chat_store_key` 매개변수도 있는데, 이는 채팅 저장소 내에서 채팅 세션이나 대화를 고유하게 식별하는 데 사용됩니다. 또한 동일한 채팅 저장소에 여러 대화가 저장되어 있을 때, 올바른 대화 이력을 검색하는 데 유용합니다. 다음은 `SimpleChatStore`를 사용하여 **대화 이력의 지속성** conversation history persistence을 구현한 기본 예제입니다.

```python
from llama_index.core.storage.chat_store import SimpleChatStore
from llama_index.core.chat_engine import SimpleChatEngine
from llama_index.core.memory import ChatMemoryBuffer
```

필요한 라이브러리를 임포트한 후, 이전 대화를 로드하려고 시도할 수 있습니다. 이전 대화 저장 파일이 없으면, 단순히 빈 `chat_store`를 초기화합니다.

```python
try:
    chat_store = SimpleChatStore.from_persist_path(
        persist_path="chat_memory.json"
    )
except FileNotFoundError:
    chat_store = SimpleChatStore()
```

이제 `chat_store`를 인수로 사용하여 메모리 버퍼를 초기화할 시간입니다. 여기서는 필요하지 않지만, 더 자세한 설명을 위해 `token_limit`과 `chat_store_key`도 사용자 정의하겠습니다.

```python
memory = ChatMemoryBuffer.from_defaults(
    token_limit=2000,
    chat_store=chat_store,
    chat_store_key="user_X"
)
```

좋습니다. 필요한 모든 부분을 갖추었습니다. 이제 그것들을 `SimpleChatEngine` 클래스에 모아서 채팅 루프를 만들어봅시다.

```python
chat_engine = SimpleChatEngine.from_defaults(memory=memory)
while True:
    user_message = input("You: ")
    if user_message.lower() == 'exit':
        print("Exiting chat...")
        break
    response = chat_engine.chat(user_message)
    print(f"Chatbot: {response}")
```

사용자가 `exit`를 입력하고 루프를 종료하면, `persist()` 메서드를 사용하여 향후 세션을 위해 현재 대화를 저장합니다.

```
chat_store.persist(persist_path="chat_memory.json")
```

이전에 소개한 `chat_repl()` 메서드를 사용하지 않고 대신 채팅 루프를 만든 이유가 궁금하다면, 다음의 중요한 노트에 답이 있습니다.

중요한 노트
`chat()`, `achat()`, `stream_chat()`, `astream_chat()` 메서드는 이전 대화를 로드하고 재개하는 이점을 누릴 수 있지만, 설계상 `chat_repl()` 메서드는 초기화 시 대화 이력을 리셋합니다.

`ChatMemoryBuffer`는 또한 대화의 콘텍스트가 사용 중인 모델의 토큰 제한 내에 유지되도록 하는 데 중요한 역할을 합니다. `ChatMemoryBuffer`에서 사용할 수 있는 다른 매개변수 중에서, `token_limit` 속성은 메모리 버퍼에 저장할 수 있는 최대 토큰 수를 지정합니다. 이 제한은 우리가 사용 중인 현재 LLM의 최대 문맥 길이 크기 내에 머물도록 보장하는 데 필수입니다.

대화가 문맥 길이 한계를 초과하면, 슬라이딩 윈도sliding window 방법이 적용됩니다. 대화의 오래된 부분은 잘려나가고, 가장 최근의 관련 부분이 유지되어, LLM이 토큰 제한 내에서 처리할 수 있도록 합니다.

슬라이딩 윈도 방법을 더 잘 이해하기 위한 비유
LLM과의 대화를 기차 여행에 비유해봅시다. 대화의 각 부분이 객차를 추가합니다. 그러나 기차는 선로의 길이 제한(모델의 문맥 길이 제한) 때문에 일정 길이까지만 운행할 수 있습니다. 여행을 계속하고 새로운 객차(우리의 경우 메시지)를 추가하려면, 오래된 객차는 분리되어 뒤에 남겨져야 합니다. 이렇게 하면 기차는 여행을 계속하면서 대화의 가장 최근이자 관련성 있는 부분을 운반하고, 선로의 한계 내에 머물 수 있습니다. 마치 기차 여행에서 중요도에 따라 어떤 객차를 유지할지 우선순위를 정하듯이, 슬라이딩 윈도 방법은 새로운 대화 부분에 우선순위를 두어 대화가 원활하게 흐르도록 합니다.

이제 메모리가 어떻게 작동하는지 이해했으니, 사용 가능한 다양한 채팅 모드에 대해 이야기해봅시다.

❷ 간단한 모드

간단한 모드simple mode는 가장 **기본적인 채팅 엔진**basic chat engine입니다. 우리의 독점적 데이터와의 연결 없이, LLM과 간단하고 직접적인 대화를 할 수 있습니다. 그림 8.3은 이 채팅 모드를 시각적으로 설명합니다.

그림 8.3 SimpleChatEngine

이 모드에서 사용자 경험은 LLM의 고유한 능력과 한계, 예를 들어 문맥 길이 크기나 전체적인 성능에 의해 결정됩니다.

이 모드를 초기화하려면 다음 코드를 사용할 수 있습니다.

```
from llama_index.core.chat_engine import SimpleChatEngine
chat_engine = SimpleChatEngine.from_defaults()
chat_engine.chat_repl()
```

원한다면, `llm` 인수를 사용하여 LLM을 사용자 정의할 수 있습니다.

```
from llama_index.llms.openai import OpenAI
llm = OpenAI(temperature=0.8, model="gpt-4")
chat_engine = SimpleChatEngine.from_defaults(llm=llm)
```

RAG 디자인에서 이 모드를 많이 사용하지 않을 것이므로, 사용 가능한 더 발전된 옵션에 대해 이야기해봅시다.

3 콘텍스트 모드

`ContextChatEngine`은 우리의 독점적 지식을 활용하여 채팅 상호작용을 향상시키도록 설계되었습니다. 이는 사용자의 입력에 기반하여 인덱스에서 관련 텍스트를 검색하고, 검색한 정보를 시스템 프롬프트에 통합하여 콘텍스트를 제공한 다음, LLM의 도움으로 응답을 생성합니다.

이 채팅 모드의 시각적 표현은 그림 8.4를 참조하세요.

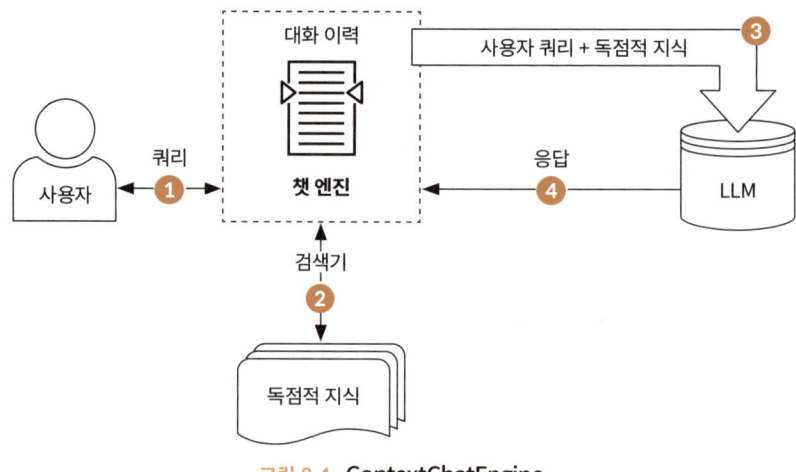

그림 8.4 ContextChatEngine

이 채팅 엔진에 대해 커스터마이즈할 수 있는 여러 매개변수가 있습니다.

- `retriever`: 사용자의 메시지에 기반하여 인덱스에서 관련 텍스트를 검색하는 실제 검색기입니다. 채팅 엔진이 인덱스에서 직접 초기화되면, 해당 인덱스 타입의 기본 검색기를 사용합니다.
- `llm`: 응답 생성에 사용할 LLM의 인스턴스입니다.
- `memory`: 채팅 이력을 저장하고 관리하는 데 사용하는 `ChatMemoryBuffer` 객체입니다.
- `chat_history`: 대화의 이력을 나타내는 `ChatMessage` 인스턴스의 선택적 리스트입니다. 대화의 연속성을 유지하는 데 사용할 수 있습니다. 이 이력에는 채팅 세션에서 교환된 모든 메시지, 즉 사용자와 챗봇의 메시지가 포함됩니다. 예를 들어 특정 지점부터 대화를 계속하는 데 사용할 수 있습니다. `ChatMessage` 객체는 세 가지 속성을 포함합니다.
  - `role`: 기본값은 `user`입니다.
  - `content`: 실제 메시지 내용입니다.
  - `additional_kwargs`로 제공되는 선택적 인수들입니다.
- `prefix_messages`: 실제 사용자 메시지 전에 미리 정의된 메시지나 프롬프트로 사용할 수 있는 `ChatMessage` 인스턴스의 리스트입니다. 채팅의 특정 톤이나 콘텍스트를 설정하는 데 유용합니다.
- `node_postprocessors`: 검색기로 검색한 노드를 추가로 처리하기 위한 `BaseNodePostprocessor` 인스턴스의 선택적 리스트입니다. 가드레일을 구현하거나, 콘텍스트에서 민감한 정보를 제거하거나, 필요한 경우 검색한 노드에 다른 조정을 할 때 사용할 수 있습니다.

- `context_template`: LLM에 콘텍스트를 전달하는 프롬프트를 형식화하는 데 사용할 수 있는 문자열 템플릿입니다.
- `callback_manager`: 채팅 과정에서 콜백을 관리하기 위한 선택적 `CallbackManager` 인스턴스입니다. 추적 및 디버깅 목적으로 유용합니다.
- `system_prompt`: 시스템 프롬프트로 사용되는 선택적 문자열로, 챗봇을 위한 초기 콘텍스트나 지침을 제공합니다.
- `service_context`: 채팅 엔진에 추가적인 사용자 정의를 할 때 사용할 수 있는 선택적 `ServiceContext` 인스턴스입니다.

`ContextChatEngine`을 구현하려면, 데이터를 로드하고 인덱스를 구축해야 하며, 필요한 경우 다양한 매개변수로 채팅 엔진을 구성할 수 있습니다.

다음은 이 책의 GitHub 저장소의 `ch8/files` 하위 폴더에서 찾을 수 있는 샘플 데이터 파일을 기반으로 한 간단한 예제입니다.

```python
from llama_index.core import VectorStoreIndex, SimpleDirectoryReader
docs = SimpleDirectoryReader(input_dir="files").load_data()
index = VectorStoreIndex.from_documents(docs)
chat_engine = index.as_chat_engine(
    chat_mode="context",
    system_prompt=(
        "You're a chatbot, able to talk about "
        "general topics, as well as answering specific "
        "questions about ancient Rome."
    ),
)
chat_engine.chat_repl()
```

이 예제에서 우리는 인덱스에서 `chat_engine`을 초기화했습니다. 대신에, 다음과 같이 검색기를 인수로 제공하여 독립적으로 정의할 수도 있습니다.

```python
retriever = index.as_retriever(retriever_mode='default')
chat_engine = ContextChatEngine.from_defaults(
    retriever=retriever
    )
```

전반적으로 이 채팅 모드는 데이터에 포함된 지식과 관련된 쿼리에 특히 효과적이며, 인덱싱된 콘텐츠를 기반으로 일반적인 대화와 더 구체적인 토론을 모두 지원합니다.

엔진이 먼저 인덱스에서 콘텍스트를 검색하고 이를 사용하여 응답을 생성하기 때문에, 이 접근 방식은 인덱싱된 데이터로부터 특정 정보를 찾는 사용자에게 훨씬 더 유용하고 자연스러운 채팅 경험을 제공합니다.

4 질문 요약 모드

`CondenseQuestionChatEngine`은 LLM의 도움으로 대화와 최신 사용자 메시지를 하나의 독립된 질문으로 **요약**condensing하여 사용자 상호작용을 간소화합니다. 이렇게 생성된 독립된 질문은 대화의 핵심 요소를 포착하며, 독점적 데이터로 구축된 쿼리 엔진에 전송되어 응답을 생성합니다.

이 접근 방식의 주요 이점은 각 상호작용이 이루어지는 동안 전체 대화의 핵심 포인트를 유지하여 대화가 주제에 집중하도록 한다는 것입니다. 그리고 항상 우리의 독점적 데이터의 콘텍스트에서 응답을 제공합니다.

그림 8.5는 이 채팅 모드의 작동을 설명합니다.

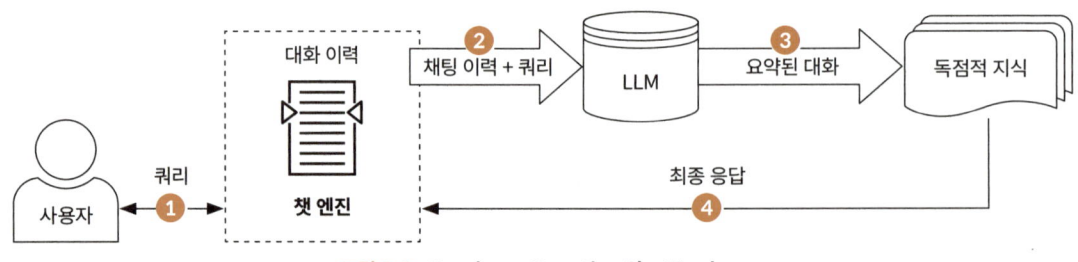

그림 8.5 CondenseQuestionChatEngine

최종 응답이 LLM에서 직접 오는 것이 아니라 우리가 검색한 독점적 데이터에서 온다는 사실은 때때로 단점이 될 수 있습니다. 이 채팅 모드는 모든 응답이 지식 베이스에 대한 쿼리에 의존하기 때문에, 이전 상호작용에 대한 문의와 같은 일반적인 질문에서는 어려움을 겪을 수 있습니다.

`CondenseQuestionChatEngine`의 주요 매개변수를 살펴보겠습니다.

- `query_engine`: 요약된 질문을 쿼리하는 데 사용하는 `BaseQueryEngine` 인스턴스입니다. 라우팅 기능을 포함한 복잡한 구조를 포함하여 모든 유형의 쿼리 엔진을 사용할 수 있습니다.

- `condense_question_prompt`: 대화와 사용자 메시지를 하나의 독립된 질문으로 요약하는 데 사용하는 `BasePromptTemplate` 인스턴스입니다.
- `memory`: 채팅 이력을 관리하고 저장하는 데 사용하는 `ChatMemoryBuffer` 인스턴스입니다.
- `llm`: 요약된 질문을 생성하기 위한 언어 모델(LLM) 인스턴스입니다.
- `verbose`: 운영 중 상세한 로그를 출력하기 위한 `Boolean` 플래그입니다.
- `callback_manager`: 콜백을 관리하기 위한 선택적 `CallbackManager` 인스턴스입니다.

이 채팅 엔진을 구현하려면, 일반적으로 쿼리 엔진으로 초기화하고 필요에 따라 사용자 정의 매개변수로 구성합니다. 대화는 미리 정의된 템플릿(이 템플릿은 `condense_question_prompt` 매개변수를 사용하여 사용자 정의할 수 있음)을 사용하여 하나의 질문으로 요약됩니다. 생성된 질문은 쿼리 엔진에 전송됩니다.

다음은 간단한 구현 예제입니다.

```python
from llama_index.core import VectorStoreIndex, SimpleDirectoryReader
from llama_index.core.chat_engine import CondenseQuestionChatEngine
from llama_index.core.llms import ChatMessage
documents = SimpleDirectoryReader("files").load_data()
index = VectorStoreIndex.from_documents(documents)
query_engine=index.as_query_engine()
chat_history = [
    ChatMessage(
        role="user",
        content="Arch of Constantine is a famous"
        "building in Rome"
    ),
    ChatMessage(
        role="user",
        content="The Pantheon should not be "
        "regarded as a famous building"
    ),
]
```

코드의 첫 부분에서, 샘플 파일을 로드하고 인덱스를 생성한 후 간단한 쿼리 엔진을 만들었습니다. 다음으로, 두 개의 `ChatMessage` 객체로 구성된 채팅 이력을 생성하여 이전 대화 콘텍스트를 도입했습니다. 특히, 판테온을 유명한 건축물로 간주하지 않도록 챗봇 엔진에 지시했습니다.

이제 채팅 엔진을 만들고 쿼리해보겠습니다.

```
chat_engine = CondenseQuestionChatEngine.from_defaults(
    query_engine=query_engine,
    chat_history=chat_history
)
response = chat_engine.chat(
    "What are two of the most famous structures in ancient Rome?"
)
print(response)
```

백그라운드에서 일어난 과정을 살펴보겠습니다.

1. `CondenseQuestionChatEngine`은 사용자의 메시지와 제공된 채팅 이력을 가져와 하나의 독립된 질문으로 요약했습니다. 이 과정에서는 LLM과 `condense_question_prompt`를 사용하여 대화 콘텍스트와 사용자의 최신 쿼리의 핵심을 담은 질문을 생성했습니다.
2. 그런 다음, 엔진은 이 요약된 질문을 쿼리 엔진에 전달하여 인덱싱된 데이터에서 관련 정보를 검색했습니다.
3. 쿼리 엔진은 `VectorStoreIndex`의 정보를 활용하여 질문을 처리하고 답변을 반환했습니다. 이 답변은 이전 대화의 집합적 콘텍스트와 고대 로마의 유명한 건축물에 대한 특정 쿼리를 반영합니다.

채팅 이력을 추가하지 않았다면, 출력은 다음과 비슷했을 것입니다.

```
The Colosseum and the Pantheon.
```

이는 두 건축물이 샘플 데이터에 명시적으로 언급되어 있기 때문입니다.

하지만 새로운 대화 콘텍스트를 추가하면, 출력은 다음과 같습니다.

```
The Colosseum and the Arch of Constantine are two famous buildings in ancient Rome.
```

이 채팅 엔진을 초기화하는 또 다른 방법은 다음과 같이 인덱스에서 직접 하는 것입니다.

```
index.as_chat_engine(chat_mode="condense_question")
```

이 채팅 모드는 이전 대화의 콘텍스트와 뉘앙스가 최신 쿼리를 이해하고 정확하게 응답하는 데 중요한 역할을 하는 복잡한 대화에 특히 유용합니다. 챗봇이 대화의 이력을 인식하여 더 일관되고 콘텍스트에 맞는 상호작용을 만들어줍니다.

다음으로 소개할 채팅 모드는 두 가지 다른 접근 방식을 혼합하여 사용합니다.

5 질문 요약 및 콘텍스트 모드

`CondensePlusContextChatEngine`은 요약된 질문과 콘텍스트 검색의 이점을 결합하여 더욱 포괄적인 채팅 상호작용을 제공합니다.

이전에 논의한 채팅 엔진이 대화를 단순화하여 응답 생성을 위한 질문에 초점을 맞추었다면, `CondensePlusContextChatEngine`은 인덱싱된 데이터로부터 추가적인 콘텍스트를 통해 대화를 풍부하게 함으로써 더 상세하고 콘텍스트에 맞는 응답을 이끌어냅니다. 여기서의 단점은 추가적인 단계로 인해 응답 생성 시간이 증가한다는 것입니다. 그림 8.6을 보면서 그 작동 방식을 자세히 살펴볼 수 있습니다.

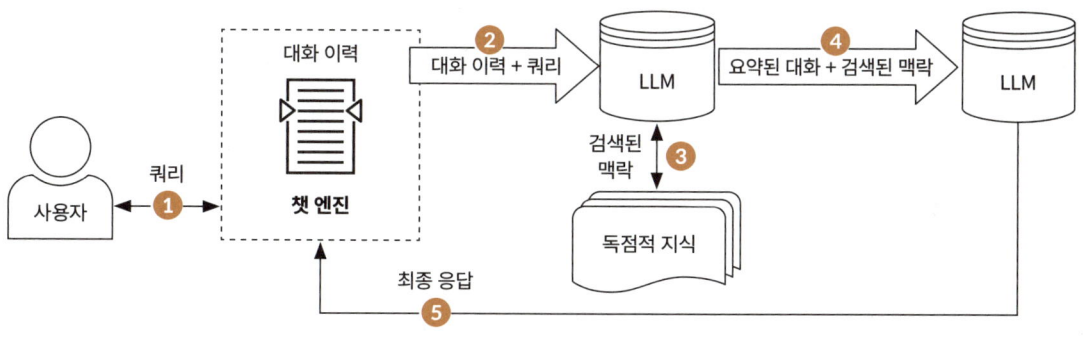

그림 8.6 **CondensePlusContextChatEngine**

첫째, 이 엔진은 대화와 최신 사용자 메시지를 하나의 독립된 질문으로 요약합니다. 그런 다음, 이 요약된 질문을 사용하여 인덱스에서 관련 콘텍스트를 검색합니다. 마지막으로, 검색된 콘텍스트와 요약된 질문을 모두 사용하여 LLM으로 응답을 생성합니다.

`CondensePlusContextChatEngine`의 주요 매개변수는 다음과 같습니다.

- `retriever`: 요약된 질문을 기반으로 콘텍스트를 가져오는 데 사용됩니다.
- `llm`: 요약된 질문과 최종 응답을 생성하는 데 사용되는 LLM입니다.

- `memory`: 채팅 이력을 저장하고 관리하는 `ChatMemoryBuffer` 인스턴스입니다.
- `context_prompt`: 시스템 프롬프트에서 콘텍스트를 형식화하기 위한 프롬프트 템플릿입니다.
- `condense_prompt`: 대화를 하나의 독립된 질문으로 요약하기 위한 프롬프트입니다.
- `system_prompt`: 챗봇을 위한 지침이 포함된 프롬프트입니다.
- `skip_condense`: 원할 경우 요약 단계를 건너뛰기 위한 `Boolean` 플래그입니다.
- `node_postprocessors`: 검색된 노드를 추가로 처리하기 위한 선택적 `BaseNodePostprocessors`의 리스트입니다.
- `callback_manager`: 콜백을 관리하는 데 사용합니다.
- `verbose`: 운영 중 상세한 로깅을 활성화하기 위한 `Boolean` 플래그입니다.

이 특정 채팅 엔진을 인덱스에서 구축하려면 다음 명령을 사용할 수 있습니다.

```
index.as_chat_engine(chat_mode="condense_plus_context")
```

이 채팅 모드는 대화의 콘텍스트와 인덱싱된 데이터의 특정 정보가 정확하고 관련성 있는 응답을 생성하는 데 중요한 시나리오에서 이상적입니다. 이는 콘텍스트와 관련이 있는 응답과 인덱싱된 콘텐츠의 풍부한 특정 세부 정보 등을 통해 채팅 경험을 향상시킵니다.

좋습니다. 이제 더 발전된 채팅 모드를 살펴볼 시간입니다.

8.3 앱에 에이전트 전략 구현하기

이름은 봇입니다. 챗 봇.

이 장을 시작할 때 ChatOps 모델의 성장하는 인기에 대해 이야기했습니다. 이 모델은 인간 운영자 그룹과 AI 에이전트 간의 상호작용을 기반으로 합니다. 이들은 대화의 콘텍스트를 이해하여 질문에 답변을 제공할 수 있을 뿐만 아니라, 특정 기능을 수행하여 그들이 속한 그룹의 가상 비서 역할을 합니다.

그러나 지금까지 논의한 채팅 엔진 모델은 질문에 답변만 할 수 있고, 함수 실행이나 백엔드 데이터와 읽기 전용 이외의 방식으로 상호작용할 수 없다는 것을 아마도 깨달았을 것입니다.

이러한 사용 사례를 위해서는 **에이전트**가 필요합니다.

에이전트와 단순한 채팅 엔진의 주요 차이점은 에이전트는 **추론 루프**를 기반으로 작동하며 여러 도구를 사용할 수 있다는 것입니다. 결국, Q가 항상 제공하는 장비가 없다면 제임스 본드가 제임스 본드일까요?

최대한 잘 만들었다 해도 LLM의 도움으로 직접 답하거나 지식 베이스에서 독점적 데이터를 추출하여 질문에 답변하는 데 그치는 단순한 챗봇과 달리, 에이전트는 훨씬 더 강력하며 훨씬 더 복잡한 시나리오를 처리할 수 있습니다. 이는 AI로 증강된 인간 상호작용이 점점 더 보편화되고 있는 비즈니스 상황에서 훨씬 더 많은 유용성을 제공합니다.

이제 에이전트의 핵심 구성 요소(도구와 추론 루프)를 이해해봅시다.

8.3.1 에이전트를 위한 도구와 ToolSpec 클래스 구축하기

6장에서 우리는 도구에 대해 간략히 논의했습니다. 그러나 6장의 주요 주제가 데이터 쿼리였기 때문에, 다양한 쿼리 엔진이나 검색기를 어떻게 도구로 래핑하고 라우터의 구성 요소로 만들 수 있는지에 대해서만 보여드렸습니다. 여러 면에서, 라우터를 매우 간단한 유형의 에이전트로 생각할 수 있습니다. 라우터는 지정된 목적과 실제 사용자 쿼리에 따라, 어떤 쿼리 엔진이나 검색기를 사용할지 결정하기 위해 LLM 추론을 사용합니다.

하지만 도구는 훨씬 더 유용할 수 있습니다.

도구는 어떤 종류의 사용자 정의 함수라도 래핑할 수 있으며, 데이터를 읽거나 쓰거나, 외부 API에서 함수를 호출하거나, 어떤 종류의 코드라도 실행할 수 있습니다. 이는 도구가 두 가지 다른 유형으로 나뉜다는 것을 의미합니다.

- `QueryEngineTool`: 기존의 어떤 쿼리 엔진이라도 캡슐화할 수 있습니다. 이는 6장에서 다루었던 종류이며, 우리의 데이터에 대한 읽기 전용 접근만 제공합니다.
- `FunctionTool`: 사용자 정의 함수를 도구로 변환할 수 있습니다. 이는 어떤 유형의 작업이라도 실행할 수 있으므로 보편적인 유형의 도구입니다.

이미 `QueryEngineTool`이 어떻게 작동하는지에 대한 예시를 살펴보았으므로, 이제 `FunctionTool`에 집중해봅시다.

다음은 그 예시입니다.

```python
from llama_index.core.tools import FunctionTool
def calculate_average(*values):
    """
    Calculates the average of the provided values.
    """
    return sum(values) / len(values)
average_tool = FunctionTool.from_defaults(
    fn=calculate_average)
```

에이전트가 우리의 함수를 도구로 통합할 수 있도록 하려면, 앞의 예시와 같이 설명적인 docstring을 포함해야 합니다. LlamaIndex는 이러한 **docstring**에 의존하여 에이전트에게 사용자 정의 함수를 래핑한 특정 도구의 목적과 올바른 사용법을 이해시킵니다.

정의

파이썬에서, docstring은 모듈, 함수, 클래스, 메서드 정의의 첫 번째 문장으로 나타나는 문자열 리터럴입니다. 이는 해당 코드 블록의 목적과 사용법을 문서화하는 데 사용됩니다. docstring은 런타임 시 그들이 설명하는 객체의 __doc__ 속성을 통해 코드에서 접근할 수 있으며, 또한 파이썬에서 문서를 생성하는 주요 방법입니다.

이 설명은 에이전트의 추론 루프에서 특정 도구가 특정 작업을 해결하는 데 적합한지 결정하는 데 사용되어, 에이전트가 실행 경로를 결정할 수 있게 합니다.

하지만 유능한 에이전트는 보통 한 가지 이상의 도구를 처리할 수 있습니다.

이를 위해 LlamaIndex는 `ToolSpec` 클래스도 제공합니다. 개별 도구의 컬렉션과 유사하게, `ToolSpec`은 특정 서비스에 대한 전체 도구 세트를 지정합니다. 이는 에이전트에 특정 유형의 기술에 대한 완전한 API를 제공하는 것과 같습니다.

우리는 사용자 정의 `ToolSpec` 클래스를 구축할 수 있지만, LlamaHub에는 이미 사용 가능한 수많은 도구 사양이 존재합니다.[4] 여기에는 Gmail, Slack, Salesforce, Shopify 등 다양한 유형의 서비스 통합이 포함됩니다.

---

[4] https://llamahub.ai/?tab=tools

LlamaHub 에이전트 도구 저장소

LlamaHub 에이전트 도구 저장소는 LlamaHub에 중요한 추가 기능으로, 에이전트가 다양한 서비스의 기능과 상호작용하고 확장할 수 있는 도구 사양 모음을 제공합니다. 이 저장소는 다양한 API에 대한 에이전트 설계 프로세스를 단순화하고, 손쉬운 통합과 사용을 위한 수많은 실용적인 예시를 노트북에 포함하고 있습니다.

예시로 LlamaHub에서 사용 가능한 `DatabaseToolSpec` 클래스를 살펴봅시다.

이 `ToolSpec` 클래스는 다음에서 찾을 수 있습니다.

https://llamahub.ai/l/tools/llama-index-tools-database?from=

먼저, 그 구조를 이해하기 위해 그림 8.7을 살펴봅시다.

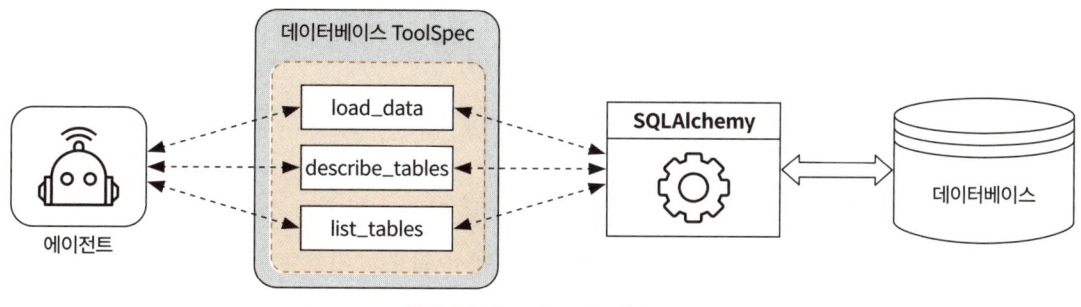

그림 8.7 **DatabaseToolSpec**

SQLAlchemy 라이브러리(https://www.sqlalchemy.org/) 위에 구축된 이 도구 모음은 세 가지 간단한 도구를 제공하면서, 다양한 유형의 데이터베이스에 접근할 수 있습니다.

- `list_tables`: 데이터베이스 스키마의 테이블을 나열하는 도구
- `describe_tables`: 테이블의 스키마를 설명하는 도구
- `load_data`: SQL 쿼리를 입력으로 받아 결과 데이터를 반환하는 도구

NOTE SQLAlchemy는 파이썬 개발자가 Microsoft SQL Server, OracleDB, MySQL 등 다양한 데이터베이스와 작업할 수 있게 하는 강력하고 다재다능한 툴킷으로, 데이터베이스 상호작용과 쿼리 구성의 많은 복잡성을 추상화하여 좀 더 파이썬다운 방식으로 작업할 수 있게 합니다.

이것은 LlamaIndex의 코어 구성 요소가 아니라 통합 패키지로 제공되므로, 먼저 환경에 설치해야 합니다.

```
pip install llama-index-tools-database
```

다음으로, 이 `ToolSpec`을 초기화하려면, 다음과 같이 임포트하면 됩니다.

```
from llama_index.tools.database import DatabaseToolSpec
```

그러고 나서 다음과 같이 데이터베이스 접근을 구성해야 합니다.

```
db_tools = DatabaseToolSpec(<db_specific_configuration>)
```

`ToolSpec` 클래스가 구축되었을 때, 에이전트로 초기화하려면 `to_tool_list()` 메서드를 사용하여 도구의 리스트로 변환해야 합니다. 이는 에이전트가 인수로 도구의 리스트를 기대하기 때문입니다.

다음과 같이 `ToolSpec` 클래스를 도구 객체의 리스트로 쉽게 변환할 수 있습니다.

```
tool_list = db_tools.to_tool_list()
```

이제, 어떤 유형의 에이전트를 초기화할 때 `tool_list`를 인수로 전달할 수 있습니다. 우리의 에이전트는 데이터베이스의 스키마를 이해하고 그 테이블에서 필요한 정보를 추출할 수 있게 될 것입니다. 이 `ToolSpec` 클래스를 사용하는 방법에 대한 전체 예시는 이 장의 후반부 8.3.3절에서 찾을 수 있습니다. 다음으로, 추론 루프가 어떻게 작동하는지 살펴봅시다.

8.3.2 추론 루프 이해하기

우리의 에이전트가 이미 많은 전문화된 도구들을 사용할 수 있다는 것은 큰 이점입니다. 하지만 불행히도, 최고 품질의 도구로 가득 찬 상자만으로는 항상 충분하지 않습니다. 우리의 에이전트는 또한 이 각각의 도구들을 언제 사용해야 하는지도 알아야 합니다.

특히 우리가 구축하는 RAG 애플리케이션은 특정 사용자 쿼리와 그들이 작업하는 데이터셋에 따라 어떤 도구를 사용할지 가능한 한 자율적으로 결정해야 합니다. 어떤 하드 코딩된 솔루션은 제한된 시나리오에서만 좋은 결과를 제공합니다. 이때 추론 루프가 필요합니다.

추론 루프는 에이전트의 근본적인 측면으로, 다양한 시나리오에서 어떤 도구를 사용할지 지능적으로 결정할 수 있습니다. 이러한 점은 복잡한 현실 세계의 애플리케이션에서 요구사항이 크게 다를 수 있고, 정적인 접근 방식은 에이전트의 효과를 제한하기 때문에 중요합니다.

그림 8.8은 추론 루프 개념의 시각적 표현을 제공합니다.

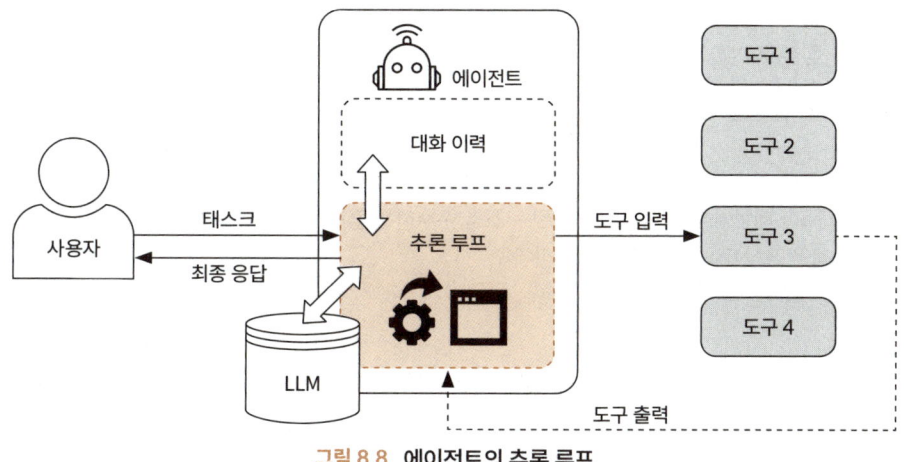

그림 8.8 에이전트의 추론 루프

추론 루프는 의사 결정 과정을 담당합니다. 콘텍스트를 평가하고, 당면한 작업의 요구사항을 이해한 다음, 그 작업을 달성하기 위해 자신의 도구 중 적절한 것을 선택합니다. 이 동적 접근 방식은 에이전트가 다양한 시나리오에 적응할 수 있게 하여, 다재다능하고 효율적으로 만들어줍니다.

LlamaIndex에서 추론 루프의 구현은 에이전트의 유형에 맞게 조정됩니다. 예를 들어 `OpenAIAgent`는 Function API를 사용하여 결정을 내리고, `ReActAgent`는 추론 과정을 위해 채팅이나 텍스트 완성 엔드포인트에 의존합니다.

이 루프는 단순히 올바른 도구를 선택하는 것뿐만 아니라, 도구들이 사용되어야 하는 순서와 적용되어야 할 특정 매개변수를 결정하는 것과도 관련됩니다. 에이전트의 두뇌로 도구들이 원활하게 함께 작동하도록 조율하는 것은, 숙련된 장인이 여러 도구를 조합하여 부분의 합보다 더 큰 무언가를 만드는 것과 같습니다.

다양한 도구와 데이터 소스와 지능적으로 상호작용하고, 데이터를 동적으로 읽고 수정하는 이러한 능력은 에이전트를 더 단순한 채팅 엔진과 구별하고, 적응성과 지능이 핵심인 비즈니스 콘텍스트에서 매우 가치 있게 만듭니다.

다음에 설명할 남은 유형의 채팅 모드는 단순한 채팅 엔진이 아니라 에이전트가 핵심입니다. 이들은 모두 도구 목록을 사용하여 작동하지만, 추론 루프를 다른 방식으로 구현합니다.

8.3.3 OpenAIAgent

이 전문화된 에이전트는 특히 Function Calling API를 지원하는 OpenAI 모델의 기능을 활용합니다. 이는 함수 호출 API를 지원하도록 설계된 OpenAI 모델과 함께 작동하며, 기능의 일부로 함수 호출을 해석하고 실행할 수 있습니다.

> **NOTE** 이러한 모델은 함수 호출이 적절한 시점을 결정하기 위해 프롬프트와 콘텍스트를 해석하도록 설계되었습니다. 그들은 학습 중 습득한 패턴에 따라 함수의 정의된 구조를 준수하는 출력을 반환합니다. 이 주제에 대한 자세한 정보와 지원되는 모델 목록은 공식 OpenAI 문서를 참조하세요.
> https://platform.openai.com/docs/guides/function-calling

이 에이전트 유형의 주요 이점은 도구 선택 로직이 모델 자체에 직접 구현된다는 것입니다. 사용자가 이전 채팅 이력과 함께 **OpenAIAgent**에 작업을 제공하면, 함수 API는 콘텍스트를 분석하고 다른 도구를 호출해야 하는지 또는 최종 응답을 반환할 수 있는지 결정합니다. 다른 도구가 필요하다고 판단되면, 함수 API는 그 도구의 이름을 출력합니다. 그러면 `OpenAIAgent`는 해당 도구를 실행하고, 도구의 응답을 채팅 이력에 다시 전달합니다. 이 사이클은 API가 최종 메시지를 반환하여 추론 루프가 완료되었음을 나타낼 때까지 계속됩니다.

그림 8.9는 이 과정을 시각적으로 설명합니다.

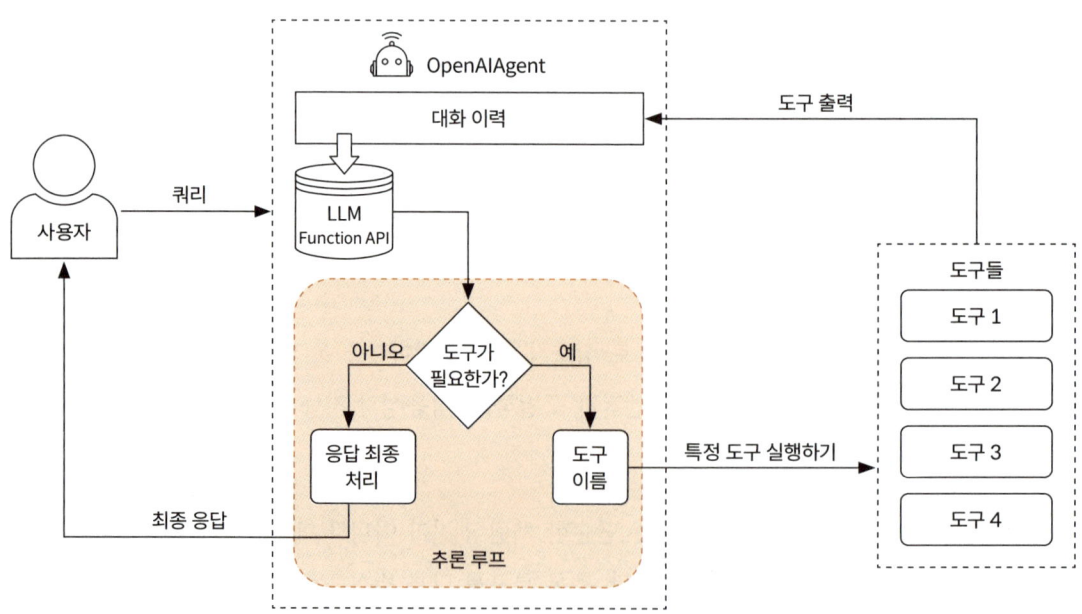

그림 8.9 OpenAIAgent의 간소화된 워크플로

모델이 도구 선택과 체이닝의 복잡한 로직을 처리하므로, `OpenAIAgent`는 도구 오케스트레이션을 위한 훌륭한 솔루션입니다. 다만 단점도 있는데, 그중 하나는 도구 선택 로직이 LLM에 하드코딩되어 있어 다른 아키텍처에 비해 유연성이 떨어진다는 것입니다.

그러나 많은 사용 사례에서 함수 API 모델의 사전 훈련된 기능은 효과적인 도구 오케스트레이션과 작업 완료를 가능하게 하기에 충분합니다.

다음 예제로 진행하기 전에 필요한 통합 패키지를 설치했는지 확인하세요.

```
pip install llama-index-agent-openai
```

`OpenAIAgent`를 구현하려면 사용 가능한 도구를 정의한 다음 원하는 다른 사용자 정의 매개변수를 추가하여 이러한 구성 요소로 에이전트를 초기화해야 합니다. 그들이 어떻게 작동하는지 가장 잘 설명하는 방법은 예제를 통해서입니다.

다음 예제에서는 **Employees**라는 단일 테이블을 포함하는 SQLite 데이터베이스를 사용합니다. 이 테이블에는 다양한 부서의 직원 10명의 임의로 선택된 급여 데이터가 포함되어 있습니다. 표 8.1은 Employees 테이블의 내용을 보여줍니다.

표 8.1 **Employees.db 파일의 샘플 Employees 테이블**

ID	이름	부서	급여	Email
1	Alice	IT	36420.77	Alice_IT@org.com
2	Karen	Finance	57705.06	Alice_Finance@org.com
3	Helen	IT	52612.51	Helen_IT@org.com
4	Jackie	Finance	61374.58	Jack_Finance@org.com
5	David	Finance	32242.72	David_Finance@org.com
6	Cora	HR	62040.53	Alice_HR@org.com
7	Ingrid	IT	70821.96	Alice_IT@org.com
8	Jack	IT	57268.89	Jack_IT@org.com
9	Bob	Finance	76868.23	Bob_Finance@org.com
10	Bill	HR	74161.45	Bob_HR@org.com

데이터베이스 파일 자체는 이 책의 GitHub 저장소의 `ch8/files/database` 하위 폴더에서 찾을 수 있습니다. 코드를 살펴봅시다.

```
from llama_index.tools.database import DatabaseToolSpec
from llama_index.core.tools import FunctionTool
from llama_index.agent.openai import OpenAIAgent
from llama_index.llms.openai import OpenAI
```

첫 부분은 필요한 모듈을 임포트합니다.

다음으로, 에이전트를 위한 사용자 정의 도구가 될 간단한 함수를 정의할 시간입니다. 이 간단한 도구는 로컬 폴더에 파일을 저장할 수 있게 해줍니다. 에이전트에게 제공하는 상세한 docstring에 주목하세요.

```
def write_text_to_file(text, filename):
    """
    Writes the text to a file with the specified filename.
    Args:
        text (str): The text to be written to the file.
        filename (str): File name to write the text into.
    Returns: None
    """
    with open(filename, 'w') as file:
        file.write(text)
```

함수가 정의되었으면, 이를 `save_tool`이라는 새로운 도구로 래핑해야 합니다.

또한, 임포트한 `DatabaseToolSpec`에서 전체 `ToolSpec` 클래스를 초기화합니다. 에이전트가 작업을 해결하기 위해 SQLite 데이터베이스에서 데이터를 읽어야 하므로 이러한 도구가 필요합니다.

```
save_tool = FunctionTool.from_defaults(fn=write_text_to_file)
db_tools = DatabaseToolSpec(uri="sqlite:///files//database//employees.db")
tools = [save_tool]+db_tools.to_tool_list()
```

`db_tools`를 생성한 후에는 `save_tool`과 결합하여 `tools`라는 하나의 리스트에 넣어야 합니다. 에이전트를 초기화할 때 이 리스트를 인수로 사용할 것입니다.

이제 에이전트를 구축해봅시다. 이 경우 기본 LLM을 사용하지 않고, 더 정확도를 높이기 위해 GPT-4를 사용하도록 에이전트를 구성하고 있습니다.

```
llm = OpenAI(model="gpt-4")
agent = OpenAIAgent.from_tools(
    tools=tools,
    llm=llm,
    verbose=True,
    max_function_calls=20
)
```

위의 코드에서 우리는 준비한 도구 목록을 사용하여 에이전트를 초기화했습니다. `verbose` 인수는 에이전트가 추론 과정의 가시성을 높이기 위해 각 실행 단계를 표시하도록 합니다. 또한, 복잡한 작업의 경우 기본값으로는 에이전트가 작업을 완료하기에 충분하지 않을 수 있으므로 `max_function_calls`를 더 큰 값으로 설정했습니다.

max_function_calls 매개변수에 대한 참고

함수 호출을 소진하지 않고 에이전트가 작업을 해결할 가능성을 높이기 위해 이 값을 매우 큰 값으로 설정하고 싶을 수 있습니다. 그러나 각 함수 호출에는 비용이 들며, 때때로 에이전트는 무한 루프에 빠지는 나쁜 습관이 있습니다. 저는 이를 **악성 에이전트**(rogue agent)라고 부릅니다. 간단한 작업을 해결하기 위해 에이전트 구현이 많은 LLM 호출을 필요로 한다면, 아마도 기본 도구를 정의하거나 설명할 때 뭔가 잘못하고 있는 것입니다.

코드를 계속해봅시다. 이제 에이전트에게 작업을 전달할 시간입니다.

```
response = agent.chat(
    "For each IT department employee with a salary lower "
    "than the average organization salary, write an email,"
    "announcing a 10% raise and then save all emails into "
    "a file called 'emails.txt'")
print(response)
```

보다시피, 우리가 제공한 작업은 비교적 복잡합니다. 이를 해결하기 위해 여러 단계가 필요합니다. 쿼리에 많은 세부 정보를 제공하지 않았기 때문에, 에이전트는 데이터베이스의 구조를 파악한 다음, 조직의 평균 급여와 평균 이하의 급여를 받는 IT 부서 직원의 목록을 추출하기 위한 SQL 쿼리를 작성해야 합니다.

`verbose` 인수가 `True`로 설정되어 있으므로, 이 샘플을 실행하면 에이전트가 수행한 전체 추론 로직과 단계를 볼 수 있습니다.

각 단계에서 에이전트가 도구의 출력을 현재의 추론 과정에 어떻게 통합하는지 주목하세요. 직원 목록을 얻은 후, 각 직원에게 이메일을 작성할 것입니다. 작업의 최종 단계는 우리가 직접 만든 도구를 사용하여 결과를 로컬 파일에 저장하는 것입니다.

이것은 단지 간단한 예시입니다. 더 복잡한 구현에서, 예를 들어 텍스트를 로컬에 저장하는 대신, LlamaHub에서 `GmailToolSpec`을 임포트하여 나중에 수동으로 검토하고 사용자가 보낼 수 있는 이메일 초안을 만들 수 있습니다. 하지만 `GmailToolSpec`은 Google API를 위한 저장된 자격 증명이 필요하기 때문에 예제가 훨씬 길어졌을 것입니다. 따라서 그 `ToolSpec` 클래스[5]와 LlamaHub에서 사용 가능한 다른 모든 도구들을 실험해보길 바랍니다.

OpenAIAgent의 사용자 정의 가능한 매개변수는 다음과 같습니다.

- `tools`: 에이전트가 채팅 세션 중에 사용할 수 있는 `BaseTool` 인스턴스의 리스트입니다. 이 도구들은 전문화된 쿼리 엔진부터 사용자 정의 처리 모듈 또는 `ToolSpec` 클래스에서 추출한 도구 모음까지 다양합니다.
- `llm`: 함수 호출 API를 지원하는 OpenAI 모델입니다. 기본적으로 사용하는 모델은 `gpt-3.5-turbo-0613`입니다.
- `memory`: 다른 채팅 엔진과 마찬가지로, 채팅 이력을 저장하고 관리하는 데 사용하는 `ChatMemoryBuffer` 인스턴스입니다.
- `prefix_messages`: 채팅 세션 시작 시 사전 구성된 메시지나 프롬프트로 사용하는 `ChatMessage` 인스턴스의 리스트입니다.
- `max_function_calls`: 단일 채팅 상호작용 동안 OpenAI 모델에 대해 호출할 수 있는 최대 함수 호출 수입니다. 기본값은 `5`입니다.
- `default_tool_choice`: 여러 도구 사용이 가능한 경우, 사용할 기본 도구 선택을 나타내는 문자열입니다. 에이전트가 특정 도구를 사용하도록 유도하는 데 유용합니다.
- `callback_manager`: 채팅 과정에서 콜백을 관리하기 위한 선택적 `CallbackManager` 인스턴스입니다. 추적 및 디버깅에 도움이 됩니다.
- `system_prompt`: 에이전트에게 콘텍스트나 지침을 제공하는 선택적 초기 시스템 프롬프트입니다.
- `verbose`: 운영 중 자세한 로깅을 활성화하기 위한 `Boolean` 플래그입니다.

---

5 https://llamahub.ai/l/tools/llama-index-tools-google

전반적으로, `OpenAIAgent`는 콘텍스트가 풍부한 대화 위에 복잡한 함수 호출을 실행할 수 있다는 점에서 다른 채팅 엔진과 차별화됩니다. 이는 외부 도구 통합이나 사용자 쿼리를 더 정교한 방식으로 처리하는 등 고급 기능이 필요한 시나리오에 특히 적합합니다. `OpenAIAgent`는 매력적이고 지능적인 채팅 경험을 창조하기 위한 다재다능하고 강력한 플랫폼을 제공합니다.

하지만 잠시만요. 다른 유형의 에이전트도 있습니다.

8.3.4 ReActAgent

`OpenAIAgent`와는 대조적으로, `ReActAgent`는 어떤 LLM으로도 구동할 수 있는 더 일반적인 텍스트 완성 엔드포인트를 사용합니다. 이는 도구 세트 위에 구축된 채팅 모드 내에서 **ReAct 루프**를 기반으로 작동합니다.

이 루프는 사용 가능한 도구를 사용할지를 결정하고, 잠재적으로 그것을 사용하고 그 출력을 관찰한 다음, 과정을 반복할지 또는 최종 응답을 제공할지를 결정하는 과정을 포함합니다. 이러한 유연성은 도구를 사용하거나 LLM에만 의존하는 것 사이에서 선택할 수 있습니다. 그러나 이는 성능이 LLM의 품질에 크게 의존한다는 것을 의미하며, 잠재적으로 부정확한 모델 생성 응답에 의존하기보다는 정확한 지식 베이스 쿼리를 보장하기 위한 더 미묘한 프롬프트가 필요합니다.

`ReActAgent`의 입력 프롬프트는 도구 선택 시 모델을 안내하도록 신중하게 설계되었으며, Yao, S. 등(2022)의 논문[6]에서 영감을 받은 형식을 사용합니다.

이는 사용 가능한 도구 목록을 제시하고, 모델에게 하나를 선택하고 필요한 매개변수를 JSON 형식으로 제공하도록 요청합니다. 이 명시적인 프롬프트는 에이전트의 의사 결정 과정에 매우 중요합니다. 도구를 선택한 후, 에이전트는 이를 실행하고 응답을 채팅 이력에 통합합니다. 이러한 프롬프트, 실행, 응답 통합의 사이클은 만족스러운 응답을 달성할 때까지 계속됩니다. 전체 워크플로의 시각적 표현을 위해서는 그림 8.9에서 제시한 `OpenAIAgent`의 다이어그램을 검토할 수 있습니다.

반면에, `OpenAIAgent`가 여러 도구를 선택하고 체이닝할 수 있는 모델과 함께 함수 호출 API를 사용하는 것과 달리, `ReActAgent` 클래스의 로직은 프롬프트를 통해 완전히 인코딩되어야 합니다.

`ReActAgent`는 최대 반복 횟수를 가진 사전 정의된 루프와 전략적 프롬프트를 사용하여 추론 루프를

---

[6] Yao, S., et al. (2022), "ReAct: Synergizing Reasoning and Acting in Language Models" https://arxiv.org/abs/2210.03629

모방합니다. 그럼에도 불구하고, 전략적인 프롬프트 엔지니어링을 통해 `ReActAgent`는 효과적인 도구 오케스트레이션과 체인 실행을 달성하여 OpenAI Function API의 출력과 유사한 결과를 얻을 수 있습니다.

핵심 차이점은 OpenAI Function API의 로직이 모델에 내장되어 있는 반면, `ReActAgent`는 프롬프트의 구조에 의존하여 원하는 도구 선택 작동을 유도한다는 것입니다. 이 접근 방식은 다양한 언어 모델 백엔드에 적응할 수 있으므로 상당한 유연성을 제공합니다.

이 경우, 우리가 OpenAIAgent에 대해 논의한 `tools`, `llm`, `memory`, `callback_manager`, `verbose` 같은 일반적인 사용자 정의 가능한 매개변수가 있습니다.

추가로, `ReActAgent`에는 몇 가지 특정 매개변수가 있습니다.

- `max_iterations`: `max_function_calls`와 유사하게, ReAct 루프가 실행될 수 있는 최대 반복 횟수를 설정합니다. 이 한계는 에이전트가 끝없는 처리 루프에 빠지지 않도록 보장합니다.
- `react_chat_formatter`: 제공된 도구, 채팅 이력, 추론 단계에 따라 채팅 이력을 사용자와 어시스턴트 역할을 번갈아 가며 구조화된 `ChatMessage` 리스트로 형식화합니다. 이는 추론 루프에서 명확성과 일관성을 유지하는 데 도움이 됩니다.
- `output_parser`: `ReActOutputParser` 클래스의 선택적 인스턴스입니다. 이 파서는 에이전트가 생성한 출력을 처리하여 적절하게 해석하고 형식화하는 데 도움이 됩니다.
- `tool_retriever`: `BaseTool`에 대한 `ObjectRetriever`의 선택적 인스턴스입니다. 이 검색기는 특정 기준에 따라 도구를 동적으로 가져오는 데 사용할 수 있습니다. 우리가 노드를 인덱싱하는 것과 유사하게, 많은 수의 도구로 작업해야 할 때 특히 유용한 도구 세트를 인덱싱하기 위해 `ObjectIndex` 인덱스를 생성하는 옵션도 있습니다. 이 기능에 대한 자세한 정보는 공식 문서에서 찾을 수 있습니다.

    https://developers.llamaindex.ai/python/examples/agent/openai_agent_retrieval/
- `context`: 에이전트에 초기 지침을 제공하는 선택적 문자열입니다.

`ReActAgent`를 초기화하고 사용하는 것은 OpenAI 에이전트와 동일하게 수행되지만, 이번에는 통합 패키지를 먼저 설치할 필요가 없습니다. 이 유형의 에이전트는 LlamaIndex의 핵심 구성 요소입니다.

```
from llama_index.agent.react import ReActAgent
agent = ReActAgent.from_tools(tools)
```

전반적으로, `ReActAgent`는 고유한 `ReAct` 루프를 구동하기 위해 어떤 LLM도 사용할 수 있으므로 그 유연성으로 돋보입니다. 이는 다양한 도구를 현명하게 선택하고 사용할 수 있게 해주어, 질문에 답변할 뿐만 아니라 외부 소스를 언제 참조할지 지능적으로 결정하여 대화를 더 콘텍스트에 맞게 만들고, 사용자 경험을 향상시킵니다.

8.3.5 에이전트와 어떻게 상호작용하나요?

에이전트와 상호작용하는 데 사용할 수 있는 두 가지 주요 방법이 있습니다. 바로 `chat()`과 `query()`입니다. 첫 번째 방법은 저장된 대화 이력을 활용하여 콘텍스트를 반영한 응답을 제공하므로, 지속적인 대화에 적합합니다.

반면에, 두 번째 방법은 상태를 유지하지 않는 stateless 모드로 작동하여, 과거의 상호작용을 참조하지 않고 각 호출을 독립적으로 처리합니다. 이는 독립적인 요청에 더 적합합니다.

8.3.6 유틸리티 도구를 사용하여 에이전트 향상하기

기존 도구의 기능을 향상하기 위해, LlamaIndex는 `OnDemandLoaderTool`과 `LoadAndSearchToolSpec`이라는 두 가지 매우 유용한 **유틸리티 도구** utility tool를 제공합니다. 이들은 범용적이며, 특정 시나리오에서 표준 도구 기능을 보강하기 위해 어떤 유형의 에이전트와도 함께 사용할 수 있습니다.

API와 상호작용할 때 흔히 발생하는 문제 중 하나는 매우 긴 응답을 받을 수 있다는 것입니다. 우리의 에이전트가 항상 이러한 큰 출력물을 처리할 수 있는 것은 아닙니다.

이는 LLM의 문맥 길이를 초과하여 오버플로가 발생하거나, 많은 양의 데이터로 인해 핵심 콘텍스트가 희석되어 에이전트의 추론 로직의 정확도가 감소할 수 있기 때문입니다.

이 문제를 이해하는 좋은 방법은 이전의 `OpenAIAgent` 예제를 보는 것입니다. 그 경우, 우리는 `DatabaseToolSpec`이라는 도구 모음을 사용하여 샘플 **Employees** 테이블에서 데이터를 가져왔습니다. 만약 `verbose` 매개변수를 `True`로 설정하여 해당 에이전트를 실행했다면, `load_data` 도구가 생성한 출력이 LlamaIndex의 문서 객체 형식이라는 것을 그림 8.10에서 볼 수 있을 것입니다.

```
=== Calling Function ===
Calling function: load_data with args: {
  "query": "SELECT AVG(Salary) as average_salary FROM Employees"
}
Got output: [Document(id_='39577a59-47fd-4129-b03e-0a8cd3853f44', embedding=None, metadata={}, excluded_embed_metada
ta_keys=[], excluded_llm_metadata_keys=[], relationships={}, hash='1a75830c8999ee5f7f10ccd140fee952f10f2b2ecb7f1dbb7
151890ffc9e3419', text='58151.67', start_char_idx=None, end_char_idx=None, text_template='{metadata_str}\n\n{content
}', metadata_template='{key}: {value}', metadata_seperator='\n')]
```

그림 8.10 OpenAIAgent 코드 예제의 샘플 출력

이는 에이전트가 `load_data` 도구를 호출하여 데이터베이스에서 SQL 쿼리를 실행할 때, 단순히 쿼리의 출력만 받는 것이 아니라 문서의 ID, 메타데이터 필드, 해시 등과 같은 추가 데이터와 함께 전체 문서를 반환받는다는 것을 의미합니다. 따라서 에이전트는 LLM을 사용하여 해당 데이터에서 실제 쿼리 결과를 추출해야 하므로, 앞서 언급한 잠재적인 문제가 발생할 수 있습니다.

그렇다면 추가 데이터 없이 쿼리의 결과만 추출하고 싶다면 어떻게 해야 할까요? 그것이 바로 `LoadAndSearchToolSpec`의 역할입니다.

❶ LoadAndSearchToolSpec 유틸리티 이해하기

이 유틸리티 도구는 에이전트가 API 엔드포인트에서 대량의 데이터를 처리하도록 돕기 위해 설계되었으며, 그림 8.11에서 설명합니다.

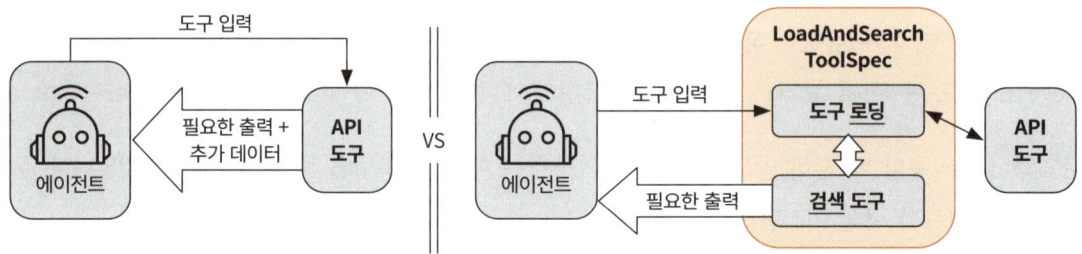

그림 8.11 직접적인 API 호출과 LoadAndSearchToolSpec을 통한 상호작용의 시각화

이 도구는 기존의 도구를 가져와 두 개의 별도 도구를 생성합니다. 하나는 데이터를 로드하고 인덱싱하는 도구(기본적으로 벡터 인덱스를 사용)이고, 다른 하나는 인덱싱된 데이터에서 검색을 수행하는 도구입니다. 이제 에이전트는 **Load** 도구를 사용하여 데이터를 수집하고, 캐싱 메커니즘과 유사하게 인덱스에 저장합니다. 다음 단계에서 에이전트는 **Search** 도구를 사용하여 내장된 쿼리 엔진을 통해 필요한 정보만 추출합니다.

이것이 코드에서 어떻게 나타나는지 살펴봅시다. 이전의 `OpenAIAgent` 예제를 `LoadAndSearch ToolSpec`을 사용하도록 수정하겠습니다.

```python
from llama_index.core.tools.tool_spec.load_and_search.base import (
    LoadAndSearchToolSpec)
from llama_index.tools.database import DatabaseToolSpec
from llama_index.agent.openai import OpenAIAgent
from llama_index.llms.openai import OpenAI
db_tools = DatabaseToolSpec(
    uri="sqlite:///files//database//employees.db")
tool_list = db_tools.to_tool_list()
tools=LoadAndSearchToolSpec.from_defaults(
tool_list[0]
).to_tool_list()
```

임포트를 완료한 후, 이전 예제와 동일한 샘플 SQLite 데이터베이스를 가리키는 `Database ToolSpec` 유틸리티를 초기화했습니다. 그러나 이번에는 단순한 쿼리만 실행할 것이기 때문에 추가적인 도구를 더하지 않았습니다. 따라서 `ToolSpec`에서 첫 번째 도구, 즉 `tool_list[0]`만 `LoadAnd SearchToolSpec`의 인수로 전달합니다. 참고로, 그것이 `load_data` 함수입니다. 이번에는 데이터베이스의 `ToolSpec`에서 제공하는 다른 두 함수는 필요하지 않습니다.

이제부터 코드는 매우 간단합니다.

```python
llm = OpenAI(model="gpt-4")
agent = OpenAIAgent.from_tools(
    tools=tools,
    llm=llm,
    verbose=True
)
response = agent.chat(
    "Who has the highest salary in the Employees table?'")
print(response)
```

출력을 보면(그림 8.12에 제시된 것처럼) 이번에는 에이전트가 처리해야 할 데이터의 양이 줄어든 것을 알 수 있습니다.

8.3 앱에 에이전트 전략 구현하기

```
Added user message to memory: Who has the highest salary in the Employees.table?'
=== Calling Function ===
Calling function: load_data with args: {
  "query": "SELECT * FROM Employees ORDER BY Salary DESC LIMIT 1"
}
Got output: Content loaded! You can now search the information using read_load_data
========================

=== Calling Function ===
Calling function: read_load_data with args: {
  "query": "Who has the highest salary?"
}
Got output: The person with the highest salary is Bob.
========================
The employee with the highest salary in the Employees table is Bob.
```

그림 8.12 **LoadAndSearchToolSpec을 사용할 때의 에이전트 출력 예시**

응답으로 전체 문서를 받는 대신, 첫 번째 호출은 데이터가 로드되고 인덱싱되었다는 확인 메시지만 반환하고, 두 번째 호출은 쿼리를 사용하여 최종 응답을 추출합니다. 다음으로 다른 유틸리티 도구에 대해 이야기하겠습니다.

❷ OnDemandLoaderTool 이해하기

또 다른 중요한 유틸리티는 `OnDemandLoaderTool`입니다. 이 유틸리티는 특히 다양한 소스로부터 대량의 데이터를 처리할 때, 에이전트의 워크플로 내에서 데이터 로딩, 인덱싱 및 쿼리 과정을 원활하고 효율적으로 만들어주도록 설계되었습니다.

이는 에이전트가 단일 도구 호출을 통해 데이터 로딩, 인덱싱, 쿼리를 트리거할 수 있게 하여 데이터 로더를 사용하는 과정을 단순화합니다.

RAG 워크플로의 일반적인 접근 방식은 애플리케이션 시작 시 모든 데이터를 수집하고, 청크로 분할하고, 인덱싱하고, 그 위에 쿼리 엔진을 구축하는 것입니다. 하지만 이것이 항상 가장 효율적인 방법은 아닐 수 있습니다.

예를 들어 우리가 많은 수의 데이터 소스를 가지고 있다고 가정해봅시다. 시작 시점에 그 모든 것을 수집하고 인덱싱하는 것은 매우 오랜 시간이 걸리며, 사용자 경험에 부정적인 영향을 미칠 수 있습니다. 그리고 만약 사용자가 에이전트가 수집된 데이터 소스만으로는 답변할 수 없는 질문을 한다면 어떻게 될까요? 이럴 때 이러한 기능이 유용해집니다.

`OnDemandLoaderTool`은 데이터 요구사항이 동적이고 예측할 수 없는 시나리오에서 특히 유용합니다. 시작 시점에 방대한 양의 데이터를 미리 로드하는 대신, 이 도구는 에이전트가 필요에 따라 데

이터를 가져오고, 인덱싱하고, 쿼리할 수 있게 합니다. 이 접근 방식은 에이전트가 즉시 필요하지 않을 수 있는 대용량 데이터셋을 처리하는 대신, 주어진 시점에 관련된 데이터에만 집중할 수 있게 하여 효율성을 크게 향상시킵니다.

그럼 어떻게 작동할까요? 기존의 데이터 로더를 가져와서 에이전트가 필요할 때 사용할 수 있는 도구로 래핑합니다. 코드를 실행하기 전에, Wikipedia 통합 패키지를 설치해야 합니다.

```
pip install llama-index-readers-wikipedia
```

다음은 샘플 코드입니다. 임포트부터 시작하겠습니다.

```python
from llama_index.agent.openai import OpenAIAgent
from llama_index.core.tools.ondemand_loader_tool import(
    OnDemandLoaderTool)
from llama_index.readers.wikipedia import WikipediaReader
```

다음으로, `WikipediaReader`를 기반으로 에이전트를 위한 온디맨드 도구를 정의해보겠습니다.

```python
tool = OnDemandLoaderTool.from_defaults(
    WikipediaReader(),
    name="WikipediaReader",
    description="args: {'pages': [<list of pages>],
        'query_str': <query>}"
)
```

제가 `description` 인수에 사용법 지침을 제공한 것에 주목하세요. 이것은 에이전트가 도구를 올바르게 사용하는 데 도움이 되어야 하지만, 여전히 몇 번의 시도가 필요할 수 있습니다. 이제 에이전트를 초기화할 시간입니다.

```python
agent = OpenAIAgent.from_tools(
    tools=[tool],
    verbose=True
)
response = agent.chat(
    "What were some famous buildings in ancient Rome?")
print(response)
```

참고사항

이 접근 방식을 사용할 때의 큰 이점 중 하나는 데이터가 인덱스에 로드되면 캐시된다는 것입니다. 따라서 동일한 주제에 대한 후속 쿼리는 더 빠르게 실행됩니다.

또한, `OnDemandLoaderTool`은 다른 일반적인 도구와 함께 체이닝될 수 있어, 에이전트가 더 복잡한 시나리오를 처리할 수 있게 합니다.

이로써 기본사항을 다루었습니다. 이제 더 고급 유형의 에이전트를 살펴보겠습니다.

8.3.7 더 고급 시나리오를 위한 LLMCompiler 에이전트 사용하기

가장 좋은 것을 마지막으로 남겨두었습니다.

OpenAI와 ReAct 에이전트 모두 많은 시나리오에서 좋은 성능을 보이는 경향이 있지만, 몇 가지 단점이 있습니다. 현재의 LLM은 장기 계획에 그다지 능숙하지 않기 때문에, 때때로 원하는 솔루션을 찾지 못하고 무한 루프에 갇힐 수 있습니다. 다른 경우에는 실행 중에 받은 특정 출력에 의해 주의가 산만해져 주어진 작업을 해결하기 전에 중지할 수 있습니다.

하지만 아마도 이러한 유형의 에이전트의 가장 큰 단점은 직렬화된 작업 방식입니다. 즉, 단계의 실행이 순차적으로 이루어집니다. 이러한 에이전트는 한 단계에서 생성된 출력이 다음 단계를 트리거할 때까지 기다리는데, 이는 많은 실제 시나리오에서 매우 비효율적인 접근 방식입니다. 종종 일련의 단계는 병렬로 실행되기도 하는데, 이러한 상황은 애플리케이션 성능과 사용자 경험을 크게 향상시킵니다. 이러한 전제에 기반하여, 이제 더 발전된 형태의 에이전트를 소개하겠습니다.

Kim, S. 등(2023)의 논문[7]에서 영감을 받은 이 에이전트 구현은 뛰어난 성능과 확장성을 제공합니다. 이 개념은 LLM이 여러 함수를 병렬로 실행할 수 있는 능력을 기반으로, 고전적인 컴파일러에서 영감을 받아 다중 함수 실행을 효율적으로 오케스트레이션합니다.

LLMCompiler 에이전트는 계획, 디스패치, 실행의 세 부분 시스템을 사용해 이러한 병렬 함수 호출을 오케스트레이션하여, 순차적 방법에 비해 더 빠르고 정확한 다중 함수 호출을 가능하게 합니다. 컴파일러가 코드를 변환하고 최적화하여 효율적으로 실행되도록 하는 것처럼, `LLMCompiler`는 자연어 쿼리를 함수 간의 종속성이 허용하는 경우 병렬로 실행할 수 있는 최적화된 함수 호출 시

---

[7] Kim, S., et al. (2023), "An LLM Compiler for Parallel Function Calling" https://arxiv.org/abs/2312.04511

퀀스로 변환합니다. 이는 LLM을 사용하여 여러 도구를 호출하는 것을 더 빠르고 저렴하며 잠재적으로 더 정확하게 만듭니다. 추가적인 이점은 오픈소스 및 폐쇄 소스 모델을 포함한 모든 종류의 LLM과 함께 작동한다는 것입니다.

`LLMCompilerAgent`는 세 가지 주요 구성 요소로 구성되어 있습니다.

- **LLM 플래너**: 사용자 입력과 예시로부터 실행 전략과 의존성을 수립합니다.
- **태스크 페칭 유닛**task-fetching unit: 의존성에 따라 함수 호출 태스크를 전송하고 업데이트합니다.
- **실행기**executor: 관련 도구를 사용하여 태스크를 병렬로 실행합니다.

그림 8.13은 LLMCompiler 에이전트의 구조를 시각적으로 설명합니다.

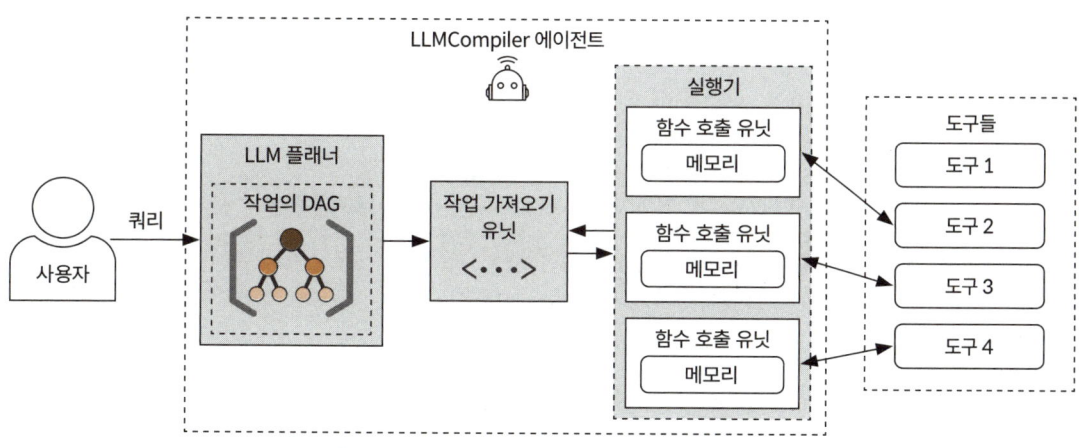

그림 8.13 LLMCompiler 에이전트의 아키텍처 개요

LLM 플래너는 사용자 입력에 따라 함수 호출의 순서와 상호 의존성을 결정합니다. 다음으로, 태스크 페칭 유닛은 이러한 함수들의 병렬 실행을 시작하며, 이전 태스크의 출력으로 변수들을 대체합니다. 그 후, 실행기가 관련 도구를 사용하여 함수 호출을 수행합니다. 이 요소들이 결합되어 LLM에서 병렬 함수 호출의 효율성을 향상시킵니다.

태스크의 **유향 비순환 그래프**directed acyclic graph, DAG 는 LLM 플래너가 사용자 입력과 예시로부터 생성하는 핵심 데이터 구조입니다. 이 계획 그래프는 태스크 간의 의존성을 포착하고 최적화된 병렬 실행을 가능하게 합니다.[8]

---

8   https://en.wikipedia.org/wiki/Directed_acyclic_graph

DAG는 서로 의존하지 않는 태스크의 동시 실행을 용이하게 합니다. 한 태스크가 다른 태스크의 완료에 의존하는 경우, 선행 태스크가 완료되어야 종속 태스크를 시작할 수 있습니다. 반면에 독립적인 태스크는 의존성 제약 없이 동시에 실행될 수 있습니다.

> **NOTE** OpenAI가 이미 그들의 API에 병렬 함수 호출을 도입했지만, `LLMCompiler`는 잘못된 LLM 결정의 경우에도 결함 허용(fault tolerance)을 구현하고, 생성된 출력에 따라 계획을 재수립할 수 있기 때문에 여전히 그 접근 방식에서 우수합니다.

`LLMCompiler`를 사용하여 에이전트를 구현하는 방법을 이해하기 위해 간단한 예를 살펴봅시다. 하지만 먼저, 예제를 실행하려면 필요한 통합 패키지를 설치해야 합니다.

```
pip install llama-index-packs-agents-llm-compiler
```

다음은 코드입니다.

```python
from llama_index.tools.database import DatabaseToolSpec
from llama_index.packs.agents_llm_compiler import LLMCompilerAgentPack
db_tools = DatabaseToolSpec(
    uri="sqlite:///files//database//employees.db")
agent = LLMCompilerAgentPack(db_tools.to_tool_list())
```

`LLMCompilerAgentPack`과 `DatabaseToolSpec`을 임포트한 후, 데이터베이스 도구를 초기화하고 도구 목록을 사용하여 에이전트를 초기화했습니다. 이제 `run()` 메서드를 사용하여 에이전트와 상호 작용할 시간입니다.

```python
response = agent.run(
    "Using only the available tools, "
    "List the HR department employee "
    "with the highest salary "
)
```

그림 8.14는 앞선 코드의 출력을 보여줍니다.

그림 8.14 LLMCompiler 에이전트의 샘플 출력

출력을 보면, 에이전트가 생성한 실행 계획과 실제로 수행한 단계를 모두 확인할 수 있습니다. 꽤 깔끔하지 않나요?

결론적으로, `LLMCompiler` 기반 에이전트는 전통적인 에이전트에서 발견되는 직렬 실행의 한계를 극복하여, 챗봇 구현과 사용자 상호작용 측면에서 가능한 것의 경계를 확장하는 큰 도약을 나타냅니다.

8.3.8 저수준 에이전트 프로토콜 API 사용하기

Agent Protocol과 여러 연구 논문에서 영감을 받아, LlamaIndex 커뮤니티는 에이전트를 더 세밀하게 제어할 수 있는 방법을 만들어냈습니다. 이는 사용자 쿼리를 실행하는 데 있어 향상된 제어와 유연성을 제공합니다. 사용자는 에이전트의 작동을 더 세밀하게 관리하여, 좀 더 정교한 에이전트 시스템의 개발을 촉진할 수 있습니다.

전체 개념은 두 가지 주요 구성 요소인 `AgentRunner`와 `AgentWorker`에 기반하며, 이는 그림 8.15에서 설명한 대로 작동합니다.

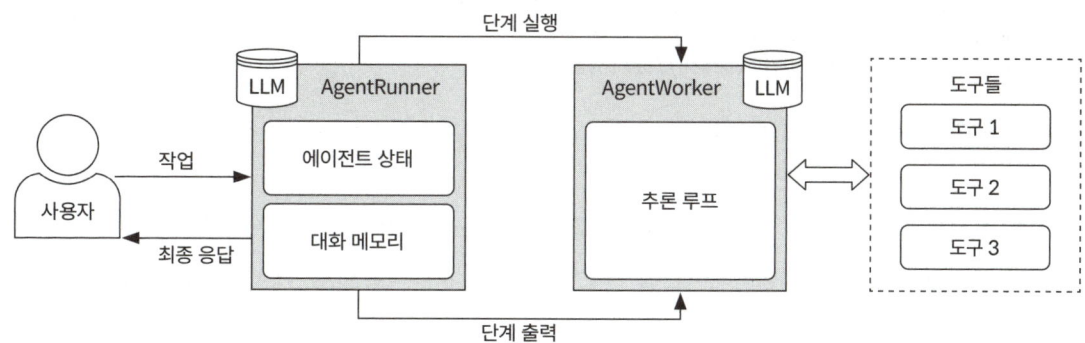

그림 8.15 AgentRunner와 AgentWorker의 오케스트레이션 모델

우리는 **에이전트 러너**agent runner를 사용하여 작업을 오케스트레이션하고 대화 메모리를 저장합니다. **에이전트 워커**agent worker는 상태를 자체적으로 저장하지 않고 각 작업의 실행을 단계별로 제어합니다. 에이전트 러너는 전체 프로세스를 관리하고 결과를 통합합니다.

이러한 에이전트를 사용하면 여러 가지 이점이 있습니다. 첫째로, 관심사의 명확한 분리를 가능하게 합니다. 에이전트 러너는 작업의 전체 오케스트레이션과 메모리를 관리하고, 에이전트 워커는 작업의 특정 단계 실행에만 집중합니다. 이러한 분할은 시스템의 유지 보수성과 확장성을 향상시킵니다.

게다가, 이 아키텍처는 에이전트의 의사 결정 과정에 대한 가시성과 제어력을 향상시킵니다. 우리는 각 단계에서 에이전트의 작동을 잘 파악하고 관찰하며 개입할 수 있습니다. 이는 특히 에이전트의 작동을 디버깅하고 개선하는 데 유용합니다.

또 다른 주요 이점은 제공되는 유연성입니다. 우리는 애플리케이션의 특정 요구사항에 따라 에이전트의 작동을 맞춤화할 수 있습니다. 에이전트 워커의 기능을 수정하거나 확장할 수 있고, 에이전트 러너 내에 사용자 정의 로직을 통합하여 시스템을 매우 적응성 있게 만들 수 있습니다. 또한 이러한 설정은 모듈식 개발을 지원하므로, 전체 시스템에 영향을 주지 않고 개별 구성 요소를 구축하거나 업데이트하여 더 쉬운 업데이트와 반복을 가능하게 합니다.

다음은 이전 예시 중 하나를 가져와서 더 세밀한 접근 방식을 적용한 샘플 구현입니다. 우리는 `OpenAIAgent`를 저수준 방식으로 구현하기 위해 `AgentRunner`와 `OpenAIAgentWorker`를 사용할 것입니다.

```
from llama_index.core.agent import AgentRunner
from llama_index.agent.openai import OpenAIAgentWorker
from llama_index.tools.database import DatabaseToolSpec
db_tools = DatabaseToolSpec(
    uri="sqlite:///files//database//employees.db"
)
tools = db_tools.to_tool_list()
```

여기서 우리는 필요한 구성 요소를 임포트하고 에이전트를 위한 도구 목록을 준비했습니다. 이전과 동일한 `employees.db` 데이터베이스를 사용하고 있습니다. 다음으로, 에이전트 워커를 정의하겠습니다.

```
step_engine = OpenAIAgentWorker.from_tools(
    tools,
    verbose=True
)
```

이제 에이전트 러너를 초기화하고 작업을 포함할 입력을 준비할 시간입니다.

```
agent = AgentRunner(step_engine)
input = (
    "Find the highest paid HR employee and write "
    "them an email announcing a bonus"
)
```

이제 우리의 에이전트와 상호작용하는 두 가지 방법이 있습니다. 살펴봅시다.

❶ 옵션 A — chat() 메서드를 사용한 엔드투엔드 상호작용

`chat()` 메서드는 각 추론 단계에서의 개입 없이도 작업을 실행하는 원활한 엔드투엔드 상호작용을 제공합니다.

```
response = agent.chat(input)
print(response)
```

매우 간단합니다. 코드 두 줄만으로 에이전트가 작업을 해결하고, 모든 단계가 완료되면 최종 응답을 제공합니다.

❷ 옵션 B — create_task() 메서드를 사용한 단계별 상호작용

더 세밀한 제어를 위해 에이전트 러너를 활용하여 태스크를 생성하고, 각 단계를 개별적으로 실행한 다음, 응답을 최종화할 수 있는 단계별 방법을 사용할 수 있습니다.

```
task = agent.create_task(input)
step_output = agent.run_step(task.task_id)
```

첫 번째 부분에서 에이전트 러너를 위한 새로운 태스크를 생성하고 태스크의 첫 단계를 실행했습니다. 이 방법은 각 단계의 실행을 수동으로 제어하므로, 코드에서 루프를 수동으로 구현해야 합니다. 출력이 모든 단계가 완료되었음을 나타낼 때까지 `run_step()`을 반복해서 호출할 것입니다.

```
while not step_output.is_last:
    step_output = agent.run_step(task.task_id)
```

위의 루프는 마지막 단계가 완료될 때까지 실행됩니다. 그런 다음, 최종 답변을 종합하고 표시할 시간입니다.

```
response = agent.finalize_response(task.task_id)
print(response)
```

이렇게 하면 각 추론 단계를 개별적으로 실행하고 관찰할 수 있습니다. `create_task()` 메서드는 새로운 태스크를 초기화하고, `run_step()`은 각 단계를 실행하여 출력을 반환하며, `finalize_response()`는 모든 단계가 완료되면 최종 응답을 생성합니다.

이 옵션은 에이전트의 결정을 면밀히 모니터링하거나, 특정 시점에서 프로세스를 안내하거나, 예외를 처리해야 할 때 특히 유용합니다.

이제 이 새로운 지식을 적용하여 PITS 프로젝트에 채팅 기능을 추가해보겠습니다.

8.4 실습 – PITS를 위한 대화 추적 구현하기

이 실용적인 절에서는 새로운 지식을 활용하여 개인 지도 프로젝트를 더욱 개선할 것입니다. 학생들을 가르치고 그들의 질문에 답변하기를 열망하는 전문 튜터처럼, PITS는 핵심에 적절한 대화 엔진을 갖추어야 합니다. 즉 주제를 이해하고, 현재 콘텍스트를 인식하며, 학생과의 전체 상호작용을 추적할 수 있어야 합니다. 학습 과정은 아마도 여러 세션에 걸쳐 이루어질 것이므로, PITS는 전체 대화를 지속하고 새로운 세션이 시작될 때 상호작용을 재개할 수 있어야 합니다. 이러한 모든 기능을 `conversation_engine.py`에 구현할 것입니다. 이 모듈은 우리의 앱 아키텍처에서 직접 사용하기 위한 것이 아닙니다. 대신, 나중에 `training_UI.py` 모듈에서 가져와 사용할 수 있는 세 가지 호출 가능한 함수를 제공합니다.

- `load_chat_store`: 이 함수는 이전 세션에서 챗봇 대화를 가져오는 역할을 합니다. 우리는 일반적인 `chat_store_key="0"` 키를 사용하고 있습니다. 다중 사용자 시나리오에서는 이 키를 사용하여 동일한 채팅 스토어에서 다른 사용자의 채팅 대화를 저장할 수 있습니다.

- `initialize_chatbot`: 이 함수는 저장소에서 학습 자료 벡터 인덱스를 로드하고, 인덱스에 대한 쿼리 엔진 도구를 정의한 다음, 이 도구를 인수로 사용하여 `OpenAIAgent`를 초기화하는 역할을 합니다. 또한 에이전트에게 에이전트의 목적, 사용자 이름 및 학습 주제, 현재 슬라이드 내용 등을 설명하는 콘텍스트 정보가 포함된 시스템 프롬프트를 제공합니다. 이 함수는 초기화된 에이전트를 반환하며, 이는 이후 `chat_interface`에서 실제 대화를 구현하는 데 사용됩니다.
- `chat_interface`: 이 함수는 사용자 입력을 받아 에이전트로부터 답변을 생성함으로써 진행 중인 대화를 구현하고, 각 상호작용 후에 대화를 지속합니다. 사용자가 현재 세션을 종료하면, 다시 시작할 때 그 지점부터 대화가 계속됩니다.

메인 학습 인터페이스에 구현되면, 이 채팅은 그림 8.16에 표시된 것과 유사하게 보일 것입니다.

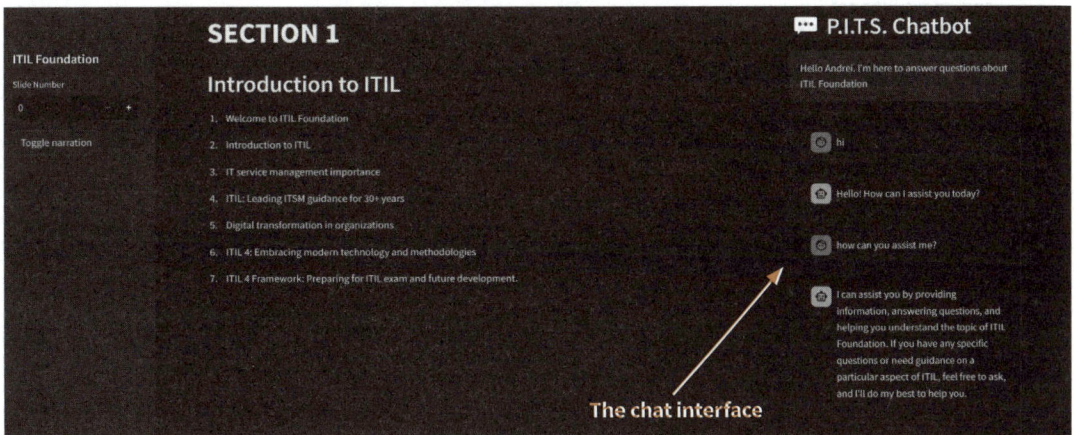

그림 8.16 PITS 교육 UI의 스크린샷

코드를 살펴봅시다. 첫 번째 부분은 필요한 모든 임포트를 포함하고 있습니다.

```
import os
import json
import streamlit as st
from openai import OpenAI
from llama_index.core import load_index_from_storage
from llama_index.core import StorageContext
from llama_index.core.memory import ChatMemoryBuffer
from llama_index.core.tools import QueryEngineTool, ToolMetadata
from llama_index.agent.openai import OpenAIAgent
from llama_index.core.storage.chat_store import SimpleChatStore
from global_settings import INDEX_STORAGE, CONVERSATION_FILE
```

코드의 첫 번째 부분에서 많은 구성 요소를 임포트한 것을 알 수 있습니다. `os`와 `json` 모듈은 채팅 지속성 기능에 사용됩니다. 특정 LlamaIndex 요소들은 에이전트를 구현하는 데 필요한 모든 구성 요소를 포함하는 데 사용됩니다.

또한 `global_settings.py` 모듈에서 `INDEX_STORAGE`와 `CONVERSATION_FILE` 위치를 임포트했습니다. 채팅 대화는 Streamlit을 사용하여 구현할 것이므로, `streamlit` 라이브러리도 임포트해야 합니다.

다음으로, `CONVERSATION_FILE`로 지정된 로컬 저장 파일에서 채팅 이력을 로드하여 이전 대화를 재개하는 역할을 하는 `load_chat_store` 함수를 살펴보겠습니다.

```python
def load_chat_store():
    try:
        chat_store = SimpleChatStore.from_persist_path(
            CONVERSATION_FILE
        )
    except FileNotFoundError:
        chat_store = SimpleChatStore()
    return chat_store
```

보다시피, `load_chat_store` 함수는 로컬 저장 파일에서 대화 이력을 가져오려고 시도합니다. 저장 파일이 존재하지 않으면, 새로운 빈 `chat_store`가 생성됩니다. 이 함수는 `chat_store`를 반환합니다.

다음 함수는 Streamlit 인터페이스에서 전체 대화 이력을 표시하는 역할을 합니다.

```python
def display_messages(chat_store, container):
    with container:
        for message in chat_store.get_messages(key="0"):
            with st.chat_message(message.role):
                st.markdown(message.content)
```

`display_messages` 함수는 `chat_store`와 Streamlit 컨테이너를 인수로 받습니다. `get_messages()`를 사용하여 `chat_store`에서 모든 메시지를 추출합니다. 이 함수는 `chat_store`의 각 메시지를 반복하여 표시하며, 각 메시지에 적절한 역할(`user` 또는 `assistant`)을 할당합니다.

메시지는 Streamlit의 `chat_message()` 메서드를 사용하여 Streamlit 컨테이너에 표시되며, 이는 각 역할에 해당하는 아이콘을 자동으로 추가한다는 장점이 있습니다.

다음 함수는 에이전트를 초기화하는 역할을 합니다. 이 함수는 다섯 개의 인수를 받습니다.

- `user_name`: 사용자 이름 – 좀 더 개인화된 경험을 가능하게 합니다.
- `study_subject`: 학습 자료에서 다루는 주제입니다.
- `chat_store`: 대화 이력을 초기화하는 데 사용됩니다.
- `container`: 채팅 대화가 표시될 Streamlit 컨테이너입니다. 이 함수 자체에서는 사용되지 않으며, `display_messages` 함수로 전달됩니다.
- `context`: 학습 인터페이스에서 현재 표시되고 있는 슬라이드의 내용입니다. 이 콘텍스트는 에이전트의 시스템 프롬프트로 전달되어, 사용자의 현재 콘텍스트에 기반한 답변을 제공합니다.

함수의 첫 부분을 살펴봅시다.

```
def initialize_chatbot(user_name, study_subject,
                       chat_store, container, context):
    memory = ChatMemoryBuffer.from_defaults(
        token_limit=3000,
        chat_store=chat_store,
        chat_store_key="0"
    )
```

여기에서 우리는 에이전트를 위한 `ChatMemoryBuffer` 객체를 정의하였으며, 대화 이력을 포함하는 `chat_store` 속성을 지정했습니다. 이전과 동일한 `chat_store_key`를 사용했는데, 이는 에이전트가 대화 이력을 올바르게 가져올 수 있도록 하는 데 중요합니다.

다음으로, 에이전트를 위한 도구를 준비하겠습니다.

```
    storage_context = StorageContext.from_defaults(
        persist_dir=INDEX_STORAGE
    )
    index = load_index_from_storage(
        storage_context, index_id="vector"
    )
    study_materials_engine = index.as_query_engine(
        similarity_top_k=3
    )
    study_materials_tool = QueryEngineTool(
        query_engine=study_materials_engine,
        metadata=ToolMetadata(
```

```
            name="study_materials",
            description=(
                f"Provides official information about "
                f"{study_subject}. Use a detailed plain "
                f"text question as input to the tool."
            ),
        )
    )
```

여기에서 우리는 `StorageContext` 객체와 `load_index_from_storage()` 메서드를 사용하여 벡터 인덱스를 먼저 가져왔습니다. 우리의 경우 저장소에 여러 개의 인덱스가 포함되어 있기 때문에, 인덱스 ID인 vector를 지정해야 했습니다.

인덱스를 로드한 후, `similarity_top_k=3`으로 구성된 간단한 쿼리 엔진을 생성하고, `QueryEngine Tool` 유틸리티를 생성하여 에이전트가 그 목적과 사용법을 이해할 수 있도록 메타데이터에 적절한 설명을 제공했습니다. `top_k` 유사도 매개변수는 인덱스에서 가장 관련성 높은 세 가지 정보를 가져오기 위해 3으로 설정했습니다.

다음 부분에서는 `OpenAIAgent`를 초기화할 것입니다.

```
    agent = OpenAIAgent.from_tools(
        tools=[study_materials_tool],
        memory=memory,
        system_prompt=(
            f"Your name is PITS, a personal tutor. Your "
            f"purpose is to help {user_name} study and "
            f"better understand the topic of: "
            f"{study_subject}. We are now discussing the "
            f"slide with the following content: {context}"
        )
    )
    display_messages(chat_store, container)
    return agent
```

위의 코드에서 우리는 `QueryEngineTool`, `memory`, `system_prompt`를 인수로 제공하여 `OpenAIAgent`를 초기화했습니다. 이 프롬프트는 LLM에게 배경 정보를 제공하여 응답을 콘텍스트화하고, 현재의 토론 주제와 사용자의 학습에 관련성이 있는지 확인합니다.

보다시피 코드를 가능한 한 간단하게 유지하려고 노력했습니다. 이 구현에서는 개선할 수 있는 부분이 많습니다. 에이전트를 초기화한 후, 기존의 대화를 표시하기 위해 `display_messages`를 호출합니다.

마지막 함수는 실제 대화를 처리하는 역할을 합니다. 이 함수는 세 개의 인수를 받습니다.

- `agent`: 채팅을 실행하는 데 사용할 에이전트 엔진
- `chat_store`: 대화를 지속하는 데 사용할 `chat_store` 인수
- `container`: 메시지가 표시될 Streamlit 컨테이너

코드를 살펴봅시다.

```
def chat_interface(agent, chat_store, container):
    prompt = st.chat_input("Type your question here:")
    if prompt:
        with container:
            with st.chat_message("user"):
                st.markdown(prompt)
            response = str(agent.chat(prompt))
            with st.chat_message("assistant"):
                st.markdown(response)
        chat_store.persist(CONVERSATION_FILE)
```

이 `chat_interface` 함수는 Streamlit의 `chat_input()` 메서드를 사용하여 채팅 입력 위젯을 표시합니다. 입력을 받으면 다음을 수행합니다.

- 지정된 컨테이너의 채팅 인터페이스에 사용자의 질문을 추가합니다.
- `OpenAIAgent`의 `chat` 메서드를 호출하여 질문을 처리하고 응답을 생성합니다.
- 지정된 컨테이너의 채팅 인터페이스에 챗봇의 응답을 추가합니다.
- 세션 간의 연속성을 보장하기 위해 `chat_store`의 `persist` 메서드를 사용하여 새로운 대화를 `CONVERSATION_FILE`에 저장합니다.

여기까지입니다. 다음 장들에서 PITS의 더 많은 기능에 대해 이야기하겠습니다.

8.5 요약

이 장에서는 LlamaIndex를 사용하여 챗봇과 에이전트를 구축하는 것에 대해 심도 있게 탐구했습니다. 대화 추적을 위한 `ChatEngine`과 `simple`, `context`, `condense question`, `condense plus context`와 같은 다양한 내장된 채팅 모드에 대해 다루었습니다.

그런 다음, `OpenAIAgent`, `ReActAgent`, 더 고급인 `LLMCompiler` 에이전트를 사용하여 다양한 에이전트 아키텍처와 전략을 탐구했습니다. 도구, 도구 오케스트레이션, 추론 루프, 병렬 실행과 같은 핵심 개념을 설명했습니다.

마지막으로, PITS 튜터링 애플리케이션을 위한 대화 추적을 실제로 구현했습니다.

이제 유용하고 매력적인 대화형 인터페이스를 만들기 위해 LlamaIndex의 기능을 활용하는 것에 대해 포괄적으로 이해할 수 있게 되었습니다.

다음 장에서는 RAG 파이프라인을 사용자 정의하고 Streamlit으로 배포하는 간단한 가이드를 제공하는 방법을 알아볼 것입니다. 또한 원활한 디버깅을 위한 고급 추적 방법과 우리의 애플리케이션을 평가하기 위한 전략을 탐구할 것입니다.

PART IV

사용자 정의, 프롬프트 엔지니어링, 그리고 결론

CHAPTER 9 **LlamaIndex 프로젝트 사용자 정의 및 배포**
CHAPTER 10 **프롬프트 엔지니어링 가이드라인 및 모범 사례**
CHAPTER 11 **결론과 추가 리소스**

이 책의 마지막 부분에서는 RAG 구성 요소를 실제 운영 환경에서도 견고하게 작동할 수 있도록 사용자 정의하는 방법을 깊이 탐구합니다. 이 과정에서는 추적 및 평가 기법, Streamlit과 같은 플랫폼을 활용한 배포 전략을 다룹니다.

이어지는 내용에서는 효과적인 프롬프트 엔지니어링 기법과 RAG 워크플로우의 성능을 향상시키기 위한 프롬프트 최적화 전략을 살펴봅니다.

마지막으로, RAG와 AI의 혁신적 잠재력에 대한 성찰로 책을 마무리하며, 지속적인 학습, 커뮤니티 참여, 윤리적 고려사항의 중요성을 강조합니다. 또한, 기술이 미래 사회에서 수행할 역할과 책임 있는 개발의 방향성에 대한 전망도 함께 제시합니다.

CHAPTER 9

LlamaIndex 프로젝트의 사용자 정의 및 배포

RAG 구성 요소를 사용자 정의하고 성능을 최적화하는 것은 LlamaIndex를 사용하여 견고한 프로덕션 수준의 애플리케이션을 구축하는 데 필수입니다. 이 장에서는 오픈소스 모델을 활용하여 **대형 언어 모델**large language model, LLM 간의 지능형 라우팅을 수행하고, 커뮤니티에서 개발한 모듈을 사용하여 유연성과 비용 효율성을 높이는 방법을 탐구합니다. 또한 고급 트레이싱, 평가 방법 및 배포 옵션을 살펴보고, 이를 통해 깊은 인사이트를 얻고 안정적인 운영을 보장하며 개발 수명 주기를 간소화합니다.

이 장에서는 다음과 같은 주요 주제를 다룰 것입니다.

- RAG 구성 요소 사용자 정의하기
- 고급 트레이싱 및 평가 기술 사용하기
- Streamlit을 활용한 배포 소개
- 실습: 단계별 배포 가이드

9.1 기술 요구사항

이 장을 위해 환경에 다음 패키지를 설치해야 합니다.

- **Arize AI Phoenix**: https://pypi.org/project/arize-phoenix/

샘플 코드를 실행하려면 세 가지 추가 통합 패키지가 필요합니다.

- **허깅 페이스 임베딩**: https://pypi.org/project/llama-index-embeddings-huggingface/
- **Zephyr 쿼리 엔진**: https://pypi.org/project/llama-index-packs-zephyr-query-engine/
- **Neutrino LLM**: https://pypi.org/project/llama-index-llms-neutrino/

이 장의 모든 코드 샘플은 책의 GitHub 저장소의 ch9 하위 폴더에서 찾을 수 있습니다.

https://bit.ly/bdda_llamaindex

9.2 RAG 구성 요소 사용자 정의하기

먼저, LlamaIndex에서 RAG 워크플로의 어떤 구성 요소를 사용자 정의할 수 있는지 이야기해봅시다. 짧게 말하면, '이전 장에서 이미 보았듯이 거의 모든 구성 요소를 사용자 정의할 수 있습니다.' 프레임워크 자체가 유연하고 모든 핵심 구성 요소의 사용자 정의를 허용한다는 것은 확실한 이점입니다. 그러나 프레임워크 자체를 떠나서, RAG 워크플로의 핵심은 실제로 LLM과 그것이 사용하는 임베딩 모델입니다. 지금까지 제공된 모든 예제에서 우리는 OpenAI 모델을 기반으로 한 LlamaIndex의 기본 구성을 사용했습니다. 그러나 이미 3장에서 간단히 논의했듯이, 다른 모델을 선택할 수 있는 충분한 옵션이 있으며, 이는 이 시장에서 확립된 회사들이 제공하는 상용 모델과 로컬에서 호스팅할 수 있는 오픈소스 모델 모두를 포함합니다. 이를 통해 프라이빗한 대안을 제공하고 대규모 구현의 비용을 상당히 줄일 수 있습니다.

하지만 먼저, 배경 지식을 좀 알아보겠습니다.

9.2.1 LLaMA와 LLaMA 2가 오픈소스 환경에 미친 영향

2023년 초, Meta AI는 연구 커뮤니티에 모델 가중치를 공개하여 LLM의 접근성에 상당한 도약을 이룬 **LLaMA**Large Language Model Meta AI 패밀리를 소개했습니다. 그 후, 2023년 7월에는 LLaMA 2가 출시되었으며, 더 많은 훈련 데이터와 확장된 모델 크기, 그리고 덜 제한적인 상업적 사용 조건 하에서 대화를 위해 미세 조정된 모델 등을 개선했습니다. Meta는 각각 70억, 130억, 700억 개의 매개변수를 가진 세 가지 버전의 LLaMA 2를 개발하고 출시했습니다. 이러한 모델의 기본 구조는 원래 LLaMA 버전과 유사하게 유지되었지만, 기본 기능을 향상시키기 위해 원래 모델 대비 40% 추가된 데이터로 훈련되었습니다.

오픈소스 상태에 대한 일부 논란에도 불구하고, 이 이니셔티브는 오픈소스 생태계에 상당한 기여를 했으며, 커뮤니티 기반의 새로운 연구와 애플리케이션 개발의 물결을 촉발했습니다. 이 모델은 다른 선도적인 LLM들과의 테스트에서 일관되게 경쟁력 있는 성능을 보여주며, 그 뛰어난 능력을 입증했습니다.

LLaMA 패밀리 출시 이후, Georgi Gerganov의 **llama.cpp**(https://github.com/ggerganov/llama.cpp)와 같은 도구의 생성으로 이어졌으며, 이를 통해 고급 모델을 더 소박한 하드웨어에서도 실행할 수 있게 되어 최첨단 AI 기술에 대한 접근을 보편화했습니다.

> **NOTE** llama.cpp는 Meta의 LLaMA 아키텍처에 대한 효율적인 C/C++ 구현체로, LLM 추론을 위해 사용됩니다. GitHub에서 4만 3천 개 이상의 스타와 930개 이상의 릴리스를 보유한 이 오픈소스 커뮤니티에서 매우 인기 있는 프레임워크는 Ollama, Local.AI 등과 같은 많은 유사한 도구와 서비스의 개발을 촉발했습니다. 이러한 업데이트와 진보는 AI 연구가 정보를 자유롭게 제공하고 AI 모델이 더 간단한 컴퓨터와 기타 첨단 디바이스에서 실행될 수 있도록 하는 방향으로 변화하고 있음을 알렸습니다. 이는 생성형 AI를 사용하는 데 더 많은 가능성을 열었고, 전반적으로 새로운 아이디어와 개선을 장려했습니다.

이미 다양한 오픈소스 모델을 로컬 시스템에서 실행할 수 있는 방법이 많으므로, 현재 사용할 수 있는 모든 로컬 LLM을 실행하기 위한 도구와 관련한 자세한 논의는 생략하겠습니다. 그리고 로컬 LLM뿐만 아니라, 자체적인 독점 AI 모델에 대한 액세스를 제공하거나 오픈소스 모델에 대한 클라우드 호스팅 액세스를 제공하는 서비스 제공업체의 수도 증가하고 있습니다. 좋은 소식은 LlamaIndex가 이미 많은 서비스를 내장 지원하고 있다는 것입니다. 지원하는 모델과 그 사용 예시에 대한 자세한 개요는 언제든 프레임워크의 공식 문서를 참조할 수 있습니다.

https://developers.llamaindex.ai/python/framework/module_guides/models/llms/modules

개인적으로 매우 편리하다고 생각하는 대안을 제시하고자 합니다. 두 가지 중요한 이유로 매우 쉽기 때문입니다. 구현하기 정말 쉽고, 기존 코드를 최소한의 변경으로 재사용할 수 있습니다. 아이디어를 빠르게 실험하거나 간단한 프로토타입을 만들고자 하는 초보 코더와 취미 개발자에게는 최고의 솔루션 중 하나일 것입니다.

9.2.2 LM Studio를 사용하여 로컬 LLM 실행하기

`llama.cpp` 라이브러리를 기반으로 구축된 **LM Studio**(https://lmstudio.ai/)는 LLM을 위한 매우 사용자 친화적인 그래픽 인터페이스를 제공합니다. 이를 통해 허깅 페이스에서 제공하는 거의 모든 오픈소스 모델을 다운로드하거나 구성 및 로컬로 실행할 수 있습니다. 특히 비기술적 사용자에게 훌륭

한 리소스인 LM Studio는 로컬 LLM과 상호작용하는 두 가지 방법을 제공합니다. 첫 번째 옵션은 OpenAI의 ChatGPT와 유사한 채팅 UI나 OpenAI 호환 로컬 서버를 통해서 상호작용하는 방법입니다. 두 번째 옵션은 특히 유용한데, 이는 기존의 OpenAI의 LLM을 사용하도록 설계된 LlamaIndex 애플리케이션을 매우 적은 수정으로 로컬 LLM에 쉽게 적용할 수 있기 때문입니다. 잠시 후에 이에 대해 자세히 알아보겠지만, 먼저 LM Studio를 사용하여 어떻게 시작할 수 있는지 알아봅시다.

이 도구를 사용하려면 먼저 운영체제에 따라 올바른 버전을 다운로드하여 설치해야 합니다. Mac, Windows, Linux용 릴리스가 제공되며, 설치 단계는 웹사이트에 잘 설명되어 있습니다.

설치 후, LM Studio GUI는 **모델 검색**model discovery 화면으로 시작되며, 여기에서 원하는 모델이나 모델 패밀리 이름을 입력하고 다운로드 가능한 일치하는 모델 빌드 목록을 얻을 수 있습니다. 우리는 예시로 인기 있는 **Zephyr-7B 모델**[1]을 사용할 것입니다. Zephyr를 선택한 이유는 컴팩트한 모델임에도 불구하고, LLM을 더 관리하기 쉬운 크기로 증류하는 효과를 보여주기 때문입니다. **Mistral-7B**에서 파생된 Zephyr–7B는 허깅 페이스 'LMSYS Chatbot Arena Leaderboard'[2]에서 **LLAMA2-CHAT-70B**의 성능을 능가하며, 70억 개의 매개변수를 가진 챗 모델의 새로운 기준을 세웠습니다. 그림 9.1은 `zephyr-7b` 키워드로 검색할 때의 일반적인 출력을 보여줍니다.

그림 9.1 LM Studio에서 검색 결과를 표시하는 스크린샷

---

1 https://huggingface.co/HuggingFaceH4/zephyr-7b-beta
2 https://huggingface.co/spaces/lmsys/chatbot-arena-leaderboard

검색 결과 화면에서는 두 개의 패널을 볼 수 있습니다.

- 왼쪽 패널에는 검색 쿼리와 일치하는 모든 모델이 포함되어 있습니다. 우리의 경우, Zephyr-7B 모델의 다양한 빌드입니다.
- 오른쪽 패널에는 다운로드 가능한 모든 **GGUF**Generative Pre-trained Transformer-Generated Unified Format 파일 버전이 나열되어 있습니다.

GGUF 파일에 대하여

GGUF는 추론을 위한 모델을 저장하는 데 사용되는 특정 파일 형식입니다. 모델 공유 및 사용 효율성을 향상시키며, 이 형식은 오픈소스 커뮤니티 전체에서 모델을 저장하고 배포하는 인기 있는 방법입니다.

대부분의 모델에 대해, 다운로드 가능한 GGUF 파일의 전체 목록을 얻을 수 있습니다. 각 파일은 고유한 특성을 가지지만, 아마도 가장 중요한 특성은 **양자화 수준**quantization level일 것입니다.

❶ LLM 양자화 이해하기

일반 소비자 하드웨어에서 오픈소스 LLM을 실행하는 것은 주로 큰 메모리 용량과 높은 계산 요구사항 때문에 도전적일 수 있습니다. 일부 소비자급 GPU가 이에 도움이 될 수 있지만, LLM의 요구사항을 처리하는 데 있어 엔터프라이즈 수준의 하드웨어만큼 효과적이지 않을 수 있습니다. 따라서 우리에게는 양자화가 필요합니다. AI 모델에 양자화를 적용하는 목적은 특히 속도와 메모리 사용 측면에서 더 나은 성능과 효율성을 위해 모델을 최적화하는 것이며, 정확도나 출력 품질을 크게 손상시키지 않으면서 이를 달성하는 것입니다.

양자화 프로세스는 일반적으로 32비트 부동소수점 숫자로 저장된 모델의 매개변수를 **16비트 부동소수점**FP16, **8비트 정수**INT8 또는 그 이하의 낮은 비트 표현으로 변환하여 이를 달성합니다. 이는 모델의 매개변수를 나타내는 데 사용되는 수치 정밀도를 줄임으로써 작동하는 일종의 근사화 과정이며, 가능한 한 정확도를 유지하기 위한 복잡한 기술과 결합됩니다. 현대의 양자화 기술은 정확도 손실을 최소화하도록 설계되어, 종종 완전한 정밀도의 모델만큼 정확한 모델을 제공합니다.

개념을 이해하기 위한 간단한 비유

정확한 측정이 필요한 레시피를 가지고 있다고 상상해보세요. 예를 들어 밀가루 1.4732컵이 필요한 경우입니다. 실제로는 이 값을 1.5컵으로 반올림할 수 있으며, 대부분의 경우 차이가 미미하고 최종 결과에 영향을 미치지 않습니다. 이는 양자화와 유사하며, 모델의 매개변수의 정밀도를 줄여 모델을 더 효율적으로 만들면서도 허용 가능한 정확도를 유지합니다. 그러나 밀가루 컵 대신, 우리는 모델의 매개변수의 수치 정밀도를 줄입니다. 매개변수를 23.7로 저장하는 데 16비트를 사용하는 대신, 8비트로 양자화하여 23으로 저장할 수 있습니다. 이는 메모리 사용량을 줄이고 처리 시간을 단축시킵니다. 그러나 모델 크기, 속도, 정확도 사이에는 균형이 있다는 것을 염두에 두어야 합니다.

허용 가능한 수준의 정확도 손실을 감수하면, 이 프로세스는 모델의 크기와 훈련 및 추론 단계에서 필요한 계산 자원을 크게 줄일 수 있으며, 이를 통해 이러한 모델을 소비자 하드웨어에서 배포하는 것이 실현 가능해집니다. 일반적으로 비트 표현 수준이 낮을수록(`INT4` 또는 이진 수준), 모델은 더 작고 빨라지지만, 정확도 손실의 위험은 높아집니다.

LM Studio는 llama.cpp를 기반으로 구축되었기 때문에, 추론 프로세스에서 사용할 수 있는 호환 GPU를 활용할 수 있습니다. 이 기능은 일반적으로 **GPU 오프로딩**offloading이라고 불리며, 이는 계산 작업을 CPU에서 GPU로 부분적으로 또는 완전히 전송할 수 있음을 의미합니다. 현대 GPU는 CPU보다 고도로 병렬화된 계산 작업을 더 효율적으로 처리할 수 있기 때문에, 이는 추론 프로세스를 크게 가속화할 수 있습니다. 또한 CPU의 부하를 줄여 전체 시스템 성능의 균형 잡힌 개선을 제공합니다. GPU 오프로딩을 시도할 때의 주요 제한사항은 GPU에서 사용할 수 있는 비디오 메모리의 양입니다. 효율적으로 실행하려면, GPU는 먼저 모델을 비디오 메모리에 로드해야 합니다.

이 때문에 양자화 수준 외에도, 오른쪽 패널의 GGUF 파일에는 세 가지 가능한 호환 시나리오를 나타내는 플래그가 있으며, 각기 다른 색상으로 표시됩니다.

- **녹색**green: GPU에 모델을 로드하고 추론을 실행하기에 충분한 비디오 메모리가 있음을 의미합니다. 대부분의 경우, 이는 이상적인 시나리오입니다.
- **파란색**blue: 이상적이지는 않지만 여전히 성능 향상을 제공합니다.
- **회색**gray: 모델 아키텍처에 따라 작동할 수도 있고 안 할 수도 있습니다.
- **빨간색**red: 불행히도 이는 이 버전을 머신에서 실행할 수 없음을 의미하며, 가장 가능성 있는 이유는 크기가 총 시스템 메모리를 초과하기 때문입니다.

전문가 팁
특정 양자화 수준을 고려할 때 특정 모델에 필요한 VRAM을 대략적으로 추정할 수 있는 매우 유용한 도구가 허깅 페이스 웹사이트에 있습니다.
https://huggingface.co/spaces/hf-accelerate/model-memory-usage

2 그렇다면 어떤 모델을 선택해야 할까요?
일반적인 경험 법칙은 양자화 수준이 낮을수록 필요한 메모리가 적어지고 추론 프로세스가 빨라진다는 것입니다. 그 대가로 정확도가 감소합니다. 예를 들어 3비트 양자화는 항상 6비트 양자화보다 정확도가 낮을 것입니다.

정확한 모델 버전에 대한 결정을 내린 후, 다음 단계는 머신에 모델을 다운로드하는 것입니다. 하지만 먼저 하드 드라이브에 필요한 공간이 있는지 확인하세요. UI 하단의 상태 표시줄을 통해 다운로드 상태를 모니터링할 수 있습니다.

다운로드가 완료되고 채팅 화면으로 이동하면, 그림 9.2와 유사한 화면이 표시됩니다.

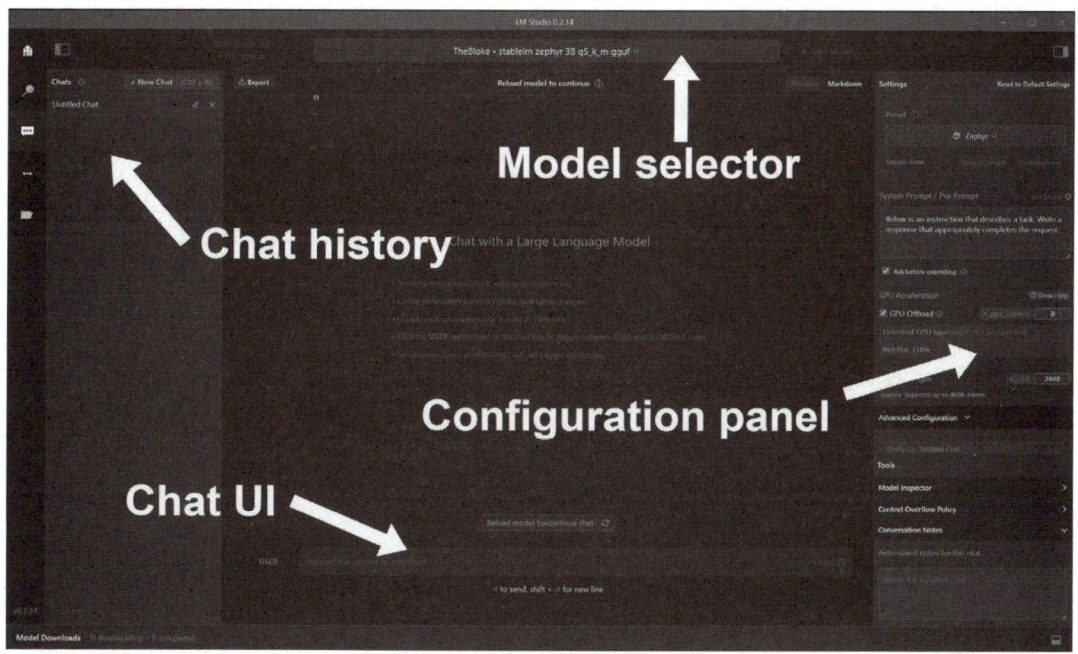

그림 9.2 LM Studio의 채팅 UI

이는 이 절의 시작 부분에서 언급한 ChatGPT 인터페이스를 닮은 상호작용 방식입니다. 이 화면에서 다음을 수행할 수 있습니다.

1. 다운로드한 모든 모델의 목록에서 원하는 AI 모델을 선택합니다. 화면 상단의 **모델 선택기**model selector를 사용하여 모델을 선택하세요. 모델이 메모리에 로드될 때까지 몇 초 기다려야 합니다.
2. 오른쪽의 **구성 패널**configuration panel을 사용하여 모델의 사용 가능한 매개변수를 구성합니다. 이에 대해 잠시 후 자세히 이야기하겠습니다.
3. 왼쪽에는 이전 채팅chat history의 목록이 표시됩니다.
4. ChatGPT에서 영감을 받은 친숙한 인터페이스를 사용하여 모델과 채팅할 수 있습니다.

구성 패널에서 조정할 수 있는 여러 매개변수가 있습니다. 가장 중요한 것은 다음과 같습니다.

- **프리셋**preset: 일부 모델에는 프리셋에서 로드할 수 있는 사전 정의된 구성이 있습니다. 쉽게 시작하려면 목록에서 모델의 특정 프리셋을 선택하는 것을 권장합니다. 예를 들어 Zephyr 기반 모델에서 사용할 수 있는 Zephyr 프리셋이 있습니다.
- **시스템 프롬프트**system prompt: 이 프롬프트는 대화의 초기 콘텍스트를 설정합니다.
- **GPU 오프로딩**GPU Offload: GPU로 오프로딩할 모델 레이어 수를 구성할 수 있습니다. 사용 중인 모델과 사용 가능한 GPU에 따라, 모델의 안정성을 확인하면서 점차적으로 값을 늘려 실험해 볼 수 있습니다. 값이 높을수록 오류가 발생할 수 있으므로, 확신한다면 -1을 사용하여 모델의 모든 레이어를 GPU로 오프로딩할 수 있습니다.
- **콘텍스트 길이**context length: 사용할 최대 문맥 길이를 정의할 수 있습니다.

이러한 매개변수 중 일부를 변경하면 모델이 다시 로드되므로 프로세스가 완료될 때까지 기다려야 합니다. 모든 것을 사용자 정의했으면 이제 여러분의 차례입니다. 로컬 LLM과의 채팅을 즐기세요.

❸ 지금까지는 좋은데, RAG 부분은 어디에 있나요?

이를 위해서는 왼쪽 메뉴의 이중 화살표 아이콘을 눌러 **로컬 추론 서버** 화면으로 이동해야 합니다. 그러면 그림 9.3과 유사한 UI가 표시됩니다.

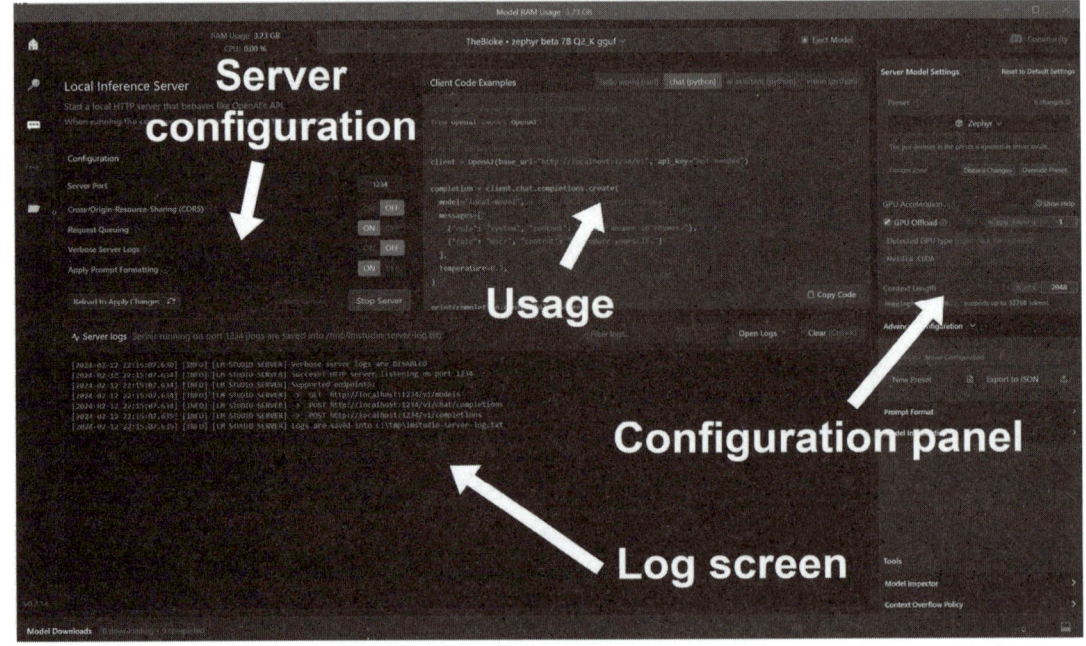

그림 9.3 LM Studio의 로컬 추론 서버 인터페이스

오른쪽 패널의 구성 옵션은 채팅 화면의 옵션과 거의 동일합니다. 초기에는 서버 구성 옵션을 기본값으로 둘 수 있습니다. 사용법 섹션에서는 API와 상호작용하는 방법을 알려줍니다. LM Studio의 큰 장점 중 하나는 OpenAI API를 에뮬레이트한다는 것입니다. 이는 이미 존재하는 코드를 매우 적은 변경으로 LM Studio를 통해 호스팅되는 로컬 LLM과 함께 사용할 수 있음을 의미합니다.

이 시점에서 해야 할 일은 [Start Server] 버튼을 클릭하는 것뿐이며, 이제 준비가 완료되었습니다.

NOTE API 서버가 실행되는 동안에는 채팅 UI가 비활성화되므로, 두 가지를 동시에 사용할 수 없다는 점에 유의하세요.

이제 이 방법을 사용하여 로컬 LLM으로 포팅하려는 경우, 코드에서 정확히 무엇을 변경해야 하는지 살펴봅시다. 사용법 섹션의 권장사항을 보면 단일 변경이 필요하다는 것을 알 수 있습니다.

```
client = OpenAI(base_url="http://localhost:1234/v1")
```

그러나 LlamaIndex는 자체 OpenAI API 클라이언트 구현을 가지고 있으므로, 우리의 경우 다음과 같이 `api_base` 매개변수를 사용해야 합니다.

```
from llama_index.llms.openai import OpenAI
llm = OpenAI(
    api_base='http://localhost:1234/v1',
    temperature=0.7
)
print(llm.complete('Who is Lionel Messi?'))
```

보다시피, 실제로 변경해야 할 것은 `llm` 인스턴스를 OpenAI 대신 로컬 서버로 지정하는 것뿐입니다. 나머지 코드는 변경되지 않습니다. 이 예제를 실행하면 코드에서 오는 실제 요청과 API의 응답을 LM Studio의 로그 화면에서 볼 수 있습니다. 코드 전체에서 LLM을 영구적으로 재구성하려면, 3장의 3.3.2절에서 살펴본 것처럼 `Settings` 객체를 정의하고 이를 사용하여 전역 설정을 구성해야 합니다.

멋지지 않나요? 이제 우리의 데이터는 완전히 프라이빗하며, 더 이상 RAG 워크플로에서 AI 모델을 사용하는 데 비용을 지불할 필요가 없습니다. 물론 여전히 비용이 있지만, 전기 요금으로 지불하는 것이지 토큰으로 지불하는 것은 아닙니다. 소박한 하드웨어에서 로컬 모델을 실행할 수 있는 기능은 단순한 텍스트 생성 이상의 수많은 가능성을 열어줍니다. 여기에는 **LLaVa**[3]와 같은 모델을 사용

---

[3] https://huggingface.co/docs/transformers/main/en/model_doc/llava

하여 완전히 멀티모달 경험을 수용하는 것도 포함되며, 더 넓은 범위의 애플리케이션을 허용합니다. 이는 빠른 프로토타이핑이나 다양한 아이디어를 탐색하는 데 훌륭한 도구입니다.

그러나 LM Studio는 개인적이고 비상업적인 목적으로 사용하도록 제한하는 라이선스 모델로 관리해야 한다는 점을 기억하세요. LM Studio를 상업적 애플리케이션에 사용하려면 개발자의 허가를 받아야 합니다.

9.2.3 Neutrino나 OpenRouter와 같은 서비스를 사용하여 LLM 간 라우팅하기

때로는 단일 LLM이 모든 상호작용에 이상적이지 않을 수 있습니다. 복잡한 RAG 시나리오에서 비용, 지연 시간, 정확도 사이의 최적 균형을 찾는 것은 단일 LLM을 선택해야 할 때 어려운 작업이 될 수 있습니다. 그러나 동일한 애플리케이션에서 여러 LLM을 혼합하고 각 상호작용마다 동적으로 어떤 것을 사용할지 선택할 수 있다면 어떨까요? 이것이 바로 **Neutrino**[4]나 **OpenRouter**[5]와 같은 제3자 서비스의 목적입니다. 이러한 서비스는 다양한 LLM 간의 쿼리에 대한 지능형 라우팅 기능을 제공하여 RAG 워크플로를 크게 향상시킬 수 있습니다.

예를 들어 Neutrino의 스마트 모델 라우터는 지능적으로 쿼리를 가장 적합한 LLM으로 라우팅하여 응답 품질과 비용 효율성을 모두 최적화합니다. 이는 다양한 유형의 쿼리가 서로 다른 LLM의 강점이나 전문 지식을 필요로 할 수 있는 RAG 워크플로에서 특히 유용합니다. 즉, 한 모델은 초기 사용자 쿼리를 이해하고 파싱하는 데 더 효과적일 수 있고, 다른 모델은 검색된 문서 기반으로 응답을 생성하는 데 더 적합할 수 있습니다. 라우터를 사용함으로써 우리는 애플리케이션에 모델 선택을 하드코딩하지 않고도 각 작업에 가장 적합한 모델을 동적으로 선택할 수 있어, 유연성을 높이고 RAG 시스템의 전체 성능을 향상시킬 수 있습니다. 그림 9.4는 Neutrino 라우터의 작동 메커니즘을 설명합니다.

좋은 소식은 Neutrino와 OpenRouter 모두 LlamaIndex의 통합 패키지로 지원된다는 것입니다. 사용자 정의된 Neutrino 라우터를 사용하여 사용자 쿼리에 따라 다른 LLM을 동적으로 선택하는 간단한 예를 살펴보겠습니다. 이 예제를 실행하려면 먼저 다음 명령을 실행하여 Neutrino 통합 패키지를 설치해야 합니다.

```
pip install llama-index-llms-neutrino
```

---

[4] https://www.neutrinoapp.com/
[5] https://openrouter.ai/

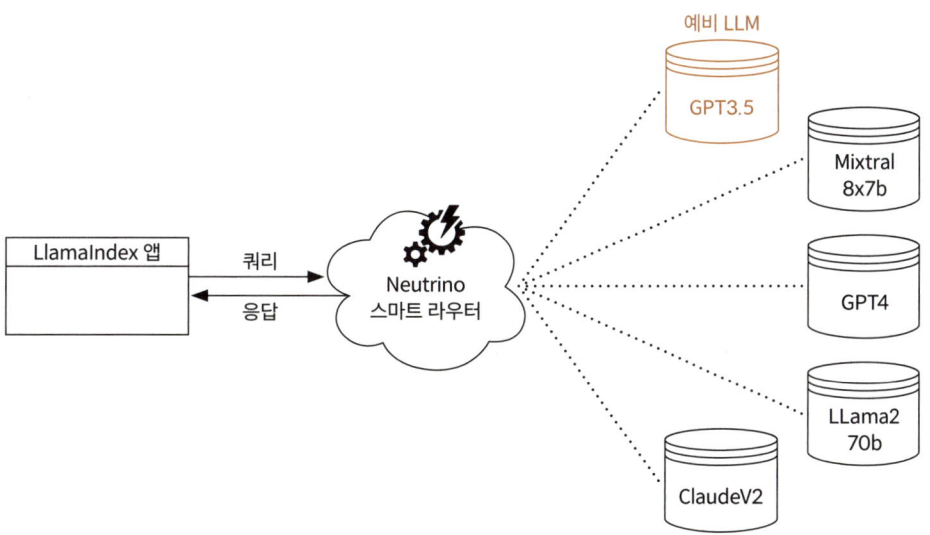

그림 9.4 Neutrino 스마트 라우팅 기능의 다이어그램

패키지가 설치되면 먼저 Neutrino 웹사이트에서 계정을 등록하고 API 키를 얻어야 합니다. 다음 단계는 원하는 LLM과 대체fallback LLM을 선택하여 LLM 라우터를 만드는 것입니다. 대체 모델은 오류가 발생했을 때나 라우터가 사용할 LLM을 결정할 수 없을 때 기본적으로 사용됩니다. 라우터 설정 중에 Neutrino를 AI 모델의 제공자로 선택하거나 각 LLM에 대한 자체 API 키를 사용할 수도 있습니다. 라우터 설정의 마지막 단계에서는 **라우터 ID**를 제공해야 합니다. 이 ID는 코드의 서비스에서 사용하는 라우터를 지정하는 데 사용됩니다.

다음은 LlamaIndex에서 Neutrino 라우터를 사용하는 방법입니다.

```
from llama_index.core.llms import ChatMessage
from llama_index.llms.neutrino import Neutrino
llm = Neutrino(
    api_key="<your-Neutrino_API_key>",
    router="<Neutrino-router_ID>"
)
```

코드는 먼저 Neutrino 라우터를 LlamaIndex의 `llm` 객체로 초기화합니다. 여기에는 Neutrino API 키와 정의한 라우터의 ID를 제공해야 합니다. 다음으로, `exit` 키워드가 입력될 때까지 사용자의 질문을 계속 받아들이는 루프를 실행합니다.

```
while True:
    user_message = input("Ask a question: ")
    if user_message.lower() == 'exit':
        print("Exiting chat...")
        break
    response = llm.complete(user_message)
    print(f"LLM answer: {response}")
    print(f"Answered by: {response.raw['model']}")
```

질문은 Neutrino 라우터에 제출되며, 스크립트는 답변뿐만 아니라 라우터가 선택한 LLM의 이름도 출력합니다. 다양한 질문 유형으로 실험해볼 수 있습니다. 라우터를 정의할 때 선택한 모델과 각 모델의 능력에 따라 라우터에 의해 다른 LLM으로 질문이 전송되는 것을 볼 수 있습니다. 이러한 라우터를 사용하는 또 다른 일반적인 접근 방식은 `Settings` 클래스를 사용하여 해당 `llm` 객체로 전역 구성을 만드는 것입니다.

```
from llama_index.core import Settings
Settings.llm = llm
```

이렇게 하면 코드의 모든 후속 LlamaIndex 구성 요소가 Neutrino 라우터를 사용하도록 설정한다는 이점이 있습니다.

전문가 팁

라우터의 결정에 완전히 만족하지 않는다면, Neutrino는 라우터를 훈련시킬 수 있는 예제 목록을 업로드하여 정의한 라우터를 미세 조정할 수 있는 기능도 제공합니다.

https://docs.neutrinoapp.com/introduction

Neutrino는 하나의 예일뿐입니다. OpenRouter도 유사한 방식으로 작동하지만, 주로 품질보다는 LLM 호출의 비용 최적화에 중점을 둡니다.

이와 유사한 서비스를 제공하는 다른 공급업체들도 있으며, 매주 수백 개의 새로운 AI 모델이 등장함에 따라 이 개념은 점점 더 인기를 끌 것입니다. LLM 라우팅 서비스를 사용할 수 있는 능력은 모델 선택 및 관리의 복잡성을 추상화하여 RAG 워크플로를 향상시킵니다. 결과적으로 우리는 기본 AI 모델을 관리하는 대신 애플리케이션을 구축하고 최적화하는 데 집중할 수 있습니다.

9.2.4 임베딩 모델을 사용자 정의하는 것은 어떨까요?

RAG 시나리오에서 사용자 정의를 고려할 수 있는 또 다른 중요한 구성 요소는 기본 임베딩 모델입니다. 벡터 스토어 인덱스를 사용하는 시나리오에서 집중적으로 사용되는데, 임베딩 모델도 비용과 프라이버시에 대한 우려의 원인이 될 수 있습니다. 따라서 RAG 워크플로에서 로컬 모델을 사용하는 것을 선호할 때도 있습니다. 좋은 소식은 LlamaIndex가 30개 이상의 임베딩 모델에 대한 즉시 사용 가능한 지원을 제공한다는 것입니다. 이 모델들은 LlamaHub 웹사이트에 문서화된 임베딩 통합 패키지를 설치하여 사용할 수 있습니다(https://llamahub.ai/?tab=embeddings).

허깅 페이스의 로컬 임베딩 모델을 사용하도록 LlamaIndex를 구성하는 간단한 예제는 5장의 5.3.2절에서 찾을 수 있습니다.

9.2.5 Llama Packs의 플러그 앤 플레이 편리성 활용하기

LlamaIndex가 RAG를 위한 저수준 요소와 메서드에 대한 풍부한 프레임워크를 제공한다는 사실은 양날의 검입니다. 한편으로는 해결해야 할 거의 모든 실용적인 문제에 사용할 수 있는 도구가 있다는 것은 매우 유용합니다. 다른 한편으로는 이러한 도구를 성공적으로 구현하려면 먼저 각 도구에 익숙해지는 데 상당한 시간을 투자해야 합니다. 그런 다음 각 구성 요소에 대한 미세 조정 및 최적화 단계가 따라옵니다. 우리는 이미 개발과 최적화 프로세스에서 상당한 노력을 기울이고 있습니다. 때로는 아이디어를 빠르게 프로토타입으로 테스트할 수 있으려면 이미 준비된 고급 모듈이 있으면 좋을 것입니다. 기능적 하위 조립품으로 이미 구조화된 지붕, 창문, 버스 정류장 등의 레고 조각들을 상상해보세요. 다행히도 우리는 그것을 가지고 있습니다.

번성하는 LlamaIndex 커뮤니티에 의해 만들어지고 지속적으로 개선되는 **Llama Packs**는 LLM 애플리케이션을 빠르게 구축할 수 있는 사전 패키지된 모듈입니다. 일부 사전 구축된 레고 구조물처럼, 이들은 RAG 파이프라인을 구축하는 다양한 사용 사례에서 함께 작동하도록 사전 구성된 LLM, 임베딩 모델, 벡터 인덱스와 같은 재사용 가능한 구성 요소를 제공합니다. 이들은 특정 목표를 달성하기 위해 다운로드하여 매개변수로 초기화할 수 있는 즉시 사용 가능한 모듈입니다.

예시

하나의 팩은 텍스트에 대한 시맨틱 검색을 가능하게 하는 전체 RAG 파이프라인이나 애플리케이션에서 즉시 호출할 수 있는 전체 에이전트 구조를 포함할 수 있습니다.

Llama Packs는 필요에 따라 검사, 사용자 정의 및 확장할 수 있는 템플릿 역할을 합니다. 각 팩의 코드는 제공되므로 개발자는 이를 수정하거나 영감을 받아 자신의 애플리케이션을 구축할 수 있습니다. 이 개념의 아름다움은 프레임워크의 핵심 코드베이스를 복잡하게 만들지 않고도 **플러그 앤 플레이**Plug and Play, PnP 솔루션을 제공한다는 것입니다. 여전히 다양한 통합 패키지를 LlamaIndex의 핵심 구성 요소와 함께 사용할 수 있으며, 필요에 따라 이러한 팩을 사용자 정의할 수 있습니다.

게시된 모든 Llama Packs의 컬렉션은 다른 모든 통합 패키지와 함께 LlamaHub[6]에서 사용할 수 있습니다. 각 팩에는 사용 방법에 대한 세부 정보를 제공하는 `README` 파일이 있으며, 대부분은 따라하고 실험해볼 수 있는 자세한 예제를 가지고 있습니다.

사용 방법은 매우 간단합니다. 이 절에서 우리는 일반적으로 사용자 정의에 대해 이야기하고 있으며, 다른 옵션 중에서 우리의 RAG 워크플로를 로컬 오픈소스 모델로 이동하는 것에 대해 이야기하고 있으므로, 같은 맥락의 예제를 살펴보겠습니다. 로컬로 호스팅된 AI 모델에 전적으로 의존하는 쿼리 엔진의 생성을 가능하게 하는 Llama Pack을 탐색해봅시다. 이 팩은 추론에 사용되는 LLM으로 `HuggingFaceH4/zephyr-7b-beta`를, 임베딩 모델로 `BAAI/bge-base-en-v1.5`를 구현합니다. 이 팩의 이름은 Zephyr Query Engine Pack이며, 다음에서 찾을 수 있습니다.

https://llamahub.ai/l/llama-packs/llama-index-packs-zephyr-query-engine

LM Studio가 작동하는 방식과 유사하게, 이 팩은 기존의 GPU를 활용하여 추론 프로세스를 가속화할 수 있습니다. 어떻게 작동하는지 알아봅시다.

어떤 Llama Pack을 사용하든 첫 번째 단계는 로컬 환경에 실제 모듈을 다운로드하는 것입니다. 이는 세 가지 다른 방법으로 수행할 수 있습니다.

- 우리의 예에서는 해당 통합 패키지를 설치하여 다음 명령으로 수행할 수 있습니다.

    ```
    pip install llama-index-packs-zephyr-query-engine
    ```

    이 방법은 간단하며 필요한 팩을 로컬 환경에 영구적으로 설치합니다. 유일한 단점은 팩 코드를 검사하거나 수정할 수 없다는 것입니다. 이 때문에 다른 두 가지 방법을 권장합니다.

- **명령줄 인터페이스**command-line interface, CLI를 사용합니다. 예시는 다음과 같습니다.

---

[6] https://llamahub.ai/?tab=llama_packs

```
llamaindex-cli download-llamapack ZephyrQueryEnginePack --download-dir ./zephyr_pack
```

다음 절에서 CLI 도구에 대해 자세히 논의하겠습니다.

- 코드 내에서 직접 `download_llama_pack()` 메서드를 사용하고 다음과 같이 다운로드 위치를 지정합니다.

```
from llama_index.llama_pack import download_llama_pack
download_llama_pack(
    "ZephyrQueryEnginePack", "./zephyr_pack"
)
```

로컬 환경에 다운로드되면, 팩의 내용은 `zephyr_pack`이라는 하위 폴더에 저장됩니다. 코드를 검사하고 수정하여 필요에 맞게 조정할 수 있습니다. 예제를 실행하기 전에 허깅 페이스 `embeddings` 통합 패키지도 설치해야 합니다.

```
pip install llama-index-embeddings-huggingface
```

다음은 다운로드 후 이 팩을 사용하는 간단한 예제입니다.

```
from zephyr_pack.base import ZephyrQueryEnginePack
from llama_index.readers import SimpleDirectoryReader
reader = SimpleDirectoryReader('files')
documents = reader.load_data()
zephyr_qe = ZephyrQueryEnginePack(documents)
response=zephyr_qe.run(
    "Enumerate famous buildings in ancient Rome"
    )
print(response)
```

여기서 우리는 `run()` 메서드를 사용하고 있으며, 이 경우 일반 쿼리 엔진에서 사용되는 `query()` 메서드의 래퍼입니다.

이것은 현재 LlamaHub에 이미 제공된 50개 이상의 팩 중 하나일 뿐입니다. 그리고 그 수는 계속 증가하고 있습니다. 좋은 소식은 이들 모두가 잘 문서화되어 있으며 거의 동일한 구현 모델을 따르고 있다는 것입니다. 따라서 저수준 구성 요소를 더 고급 요소로 결합해야 하는 상황에서, 바퀴를 다시 발명하는 대신 LlamaHub를 살펴보고 문제에 대한 준비된 솔루션이 있는지 찾아보는 것을 권장합니다. Llama Packs는 개발자가 일반적인 사용 사례에 맞춘 사전 구축된 구성 요소를 활용하여 LLM 앱 개발을 가속화합니다. 준비된 설루션과 사용자 정의 가능한 템플릿을 모두 사용하여 프로젝트를 시작할 수 있습니다.

9.2.6 Llama CLI 사용하기

LlamaIndex에서 매우 유용한 또 다른 도구는 `llamaindex-cli` 유틸리티입니다. LlamaIndex 라이브러리와 함께 설치되며, 명령줄에서 쉽게 접근할 수 있고, 다양한 목적으로 사용할 수 있습니다.

- Llama Packs 다운로드: 이전 절에서 본 것처럼, Llama Pack을 다운로드하는 구문은 다음과 같습니다.

```
llamaindex-cli download-llamapack <pack_name> --download-dir <target_location>
```

- LlamaIndex v0.10 이전 버전의 소스코드 업그레이드: 버전 `0.10`이 프레임워크의 코드 구조와 특정 모듈 사용 방식에 많은 변화를 가져왔기 때문에, LlamaIndex의 작성자는 개발자에게 이 자동 업그레이드 도구를 제공했습니다. 기본적으로 이전 버전으로 작성된 코드를 자동으로 수정하고 v0.10에서 도입된 새로운 구조로 업데이트하여 더 쉽게 전환할 수 있도록 합니다. 이 기능에 사용되는 구문은 다음과 같고, 폴더의 모든 소스를 동시에 처리할 수 있습니다.

```
llamaindex-cli upgrade <target_directory>
```

단일 파일을 업그레이드하려면 다음 명령을 실행합니다.

```
llamaindex-cli upgrade-file <target_file>
```

- 가장 흥미로운 기능은 `rag` 인수를 사용하여 활성화됩니다. 이 기능을 통해 코드를 작성하지 않고도 명령줄에서 직접 RAG 워크플로를 구축할 수 있습니다. 기본적으로 명령줄 RAG 모드는 Chroma DB 데이터베이스를 기반으로 한 임베딩의 로컬 저장소와 LLM으로 OpenAI의 GPT-3.5 Turbo 모델을 사용합니다. 프라이버시 이유로, 업로드한 모든 데이터가 기본적으로 OpenAI에 전송된다는 점을 기억하세요.

1 명령줄에서 RAG는 어떻게 작동하나요

명령줄에서 RAG 모드를 사용하기 전에, 먼저 로컬 환경에 ChromaDB 라이브러리를 설치해야 합니다.

```
pip install chromadb
```

`llamaindex-cli` 유틸리티는 사용자가 언어 모델과 상호작용하고 로컬 파일을 효율적으로 관리할 수 있는 다양한 명령줄 매개변수를 제공합니다. 가장 중요한 명령줄 매개변수의 설명은 다음과 같습니다.

- `--help`: 도움말 메시지를 표시하여 사용 가능한 명령과 사용법에 대한 개요를 제공합니다.
- `--files <FILES>`: 도구가 우리의 데이터를 수집할 파일 또는 디렉터리의 이름을 정의합니다. 내용은 수집되어 로컬 벡터 데이터베이스에 임베딩되며, 이를 통해 **RAG CLI** 도구가 지정된 파일을 인덱싱하고 나중에 쿼리 시 콘텍스트를 검색할 수 있습니다.
- `--question <QUESTION>`: 수집한 파일에 대해 묻고자 하는 질문을 지정합니다. 인덱싱된 콘텐츠를 쿼리하는 데 사용되며, LLM의 능력을 활용하여 우리의 데이터에서 정보를 추출합니다.
- `--chat`: 터미널 내에서 대화형 Q&A 세션을 위한 채팅 **REPL**을 엽니다. 이는 수집된 문서를 쿼리하기 위한 대화형 인터페이스를 제공합니다.
- `--verbose`: 실행 중에 자세한 출력을 활성화하여 도구의 작업에 대한 상세 정보를 제공합니다. 이는 문제 해결 및 도구의 내부 작동을 이해하는 데 유용할 수 있습니다.
- `--clear`: 로컬 벡터 데이터베이스에서 현재 임베딩된 모든 데이터를 지웁니다. Chroma 데이터베이스가 임베딩을 저장하는 데 사용되기 때문에, 이는 세션 간에 지속됩니다. `--clear` 명령은 재설정과 같습니다.
- `--create-llama`: 선택한 파일을 기반으로 LlamaIndex 애플리케이션의 생성을 시작합니다. 이 매개변수는 도구의 기능을 간단한 Q&A 이상으로 확장하고, 수집한 데이터를 활용하여 백엔드와 프론트엔드가 있는 풀스택 애플리케이션 개발을 가능하게 합니다. 사용 방법에 대한 완전한 예제는 다음에서 찾을 수 있습니다.

    https://www.npmjs.com/package/create-llama#example

예제를 살펴보겠습니다. CLI RAG 기능을 사용하여 파일과 대화하는 간단한 방법입니다. GitHub 저장소의 `ch9/files` 폴더의 내용을 사용할 것입니다. 따라서 샘플 파일이 포함된 해당 폴더 내에서 이 스크립트를 실행하는지 확인하세요.

```
llamaindex-cli rag --files files -q "What can you tell me about ancient Rome?" --verbose
```

또는 파일이 수집된 후, 데이터와의 대화형 채팅 세션을 위해 다음 명령을 사용할 수 있습니다.

```
llamaindex-cli rag --chat
```

CLI RAG의 작동 방식을 사용자 정의해야 하는 경우, 공식 프레임워크 문서에서 전체 예제를 찾을 수 있습니다.

https://developers.llamaindex.ai/python/framework/getting_started/starter_tools/rag_cli/#customization

다음으로, LlamaIndex 애플리케이션의 논리에 더 깊이 파고들어 봅시다.

9.3 고급 추적 및 평가 기술 사용하기

LlamaIndex와 같은 도구를 사용하여 LLM 기반 애플리케이션을 구축하는 과정은 프레임워크가 많은 기술적인 부분을 추상화하기 때문에 개발자 친화적입니다. 그러나 같은 이유로 복잡해지기도 합니다. 일이 계획대로 진행되지 않을 때, 개발자는 그 이유를 이해할 수 있는 효과적인 방법이 필요합니다. 문제의 근본 원인을 파악하기 위해 이러한 추상화 계층을 벗겨내야 합니다. 다시 말해, 코드의 내부 메커니즘을 볼 수 있고, 다양한 구성 요소가 어떻게 상호작용하는지 이해하며, 근본적인 문제를 식별해야 합니다. 여기서 추적은 매우 중요한 기능이 됩니다. 반면에, 사용할 수 있는 도구가 많고 솔루션을 구축하는 방법도 다양하기 때문에, 벤치마킹하여 도구와 조합의 최적 구성을 결정할 방법이 필요합니다. 여기서 평가가 중요한 역할을 합니다. 평가를 통해 다양한 도구와 방법 조합을 비교하여 특정 요구사항에 맞는 올바른 구성을 찾을 수 있습니다. 추적과 평가를 함께 사용하면 투명성과 최적의 성능을 모두 보장하는 성공적인 RAG 개발 프로세스의 기반을 형성합니다.

3장에서 우리는 LlamaIndex 앱의 내부 작동을 더 잘 이해하기 위해 사용할 수 있는 간단한 로깅 방법에 대해 논의했습니다. 이제 RAG 애플리케이션을 이해하고 평가할 수 있는 훨씬 더 고급 방법을 발견할 때입니다. 이 절에서는 Arize AI[7]에서 개발한 **Phoenix 프레임워크**를 사용하여 고급 추적 및 평가에 대해 설명하겠습니다. LlamaIndex를 전문 추적 및 평가 도구와 통합하면 RAG 애플리케이션을 이해하고 최적화하는 데 정교한 접근 방식을 제공합니다. Phoenix는 필요한 계측과 훌륭한 시각화 UI를 함께 제공하여 RAG 실행 워크플로를 이해하기 쉽게 만들어줍니다.

---

[7] https://phoenix.arize.com/

고급 기능을 사용하려면 먼저 환경에 필요한 라이브러리를 설치해야 합니다.

9.3.1 Phoenix를 사용하여 RAG 워크플로 추적하기

Phoenix에서의 추적은 애플리케이션의 상세한 실행 흐름을 캡처하기 위한 기본 요소인 **스팬**span과 **트레이스**trace의 개념에 기반합니다. 스팬은 애플리케이션 내에서 특정 작업이나 작업 단위를 나타내며, 작업의 시작 및 종료 시간과 해당 작업에 대한 콘텍스트를 제공하는 메타데이터를 추적합니다. 이러한 스팬은 트레이스 내에 중첩되어 여러 스팬을 집합하여 애플리케이션을 통한 요청의 전체 경로를 묘사합니다. 이러한 계층적 구조는 개발자가 특정 작업을 세부적으로 분석하여 각 구성 요소가 전체 프로세스에 어떻게 기여하는지 이해할 수 있게 도와줍니다. Phoenix의 추적 기능은 LlamaIndex와 원활하게 통합되도록 설계되어, 개발자가 최소한의 노력으로 RAG 애플리케이션에 계측instrumentation을 추가할 수 있습니다.

클라이언트–서버 아키텍처를 특징으로 하는 Phoenix는 로컬 및 원격에서 트레이스를 수집할 수 있습니다. 우리는 데이터 수집, 인덱싱, 검색, 처리 및 이후의 LLM 호출을 포함한 각 작업에 대한 원격 측정 데이터telemetry data를 자동으로 수집할 수 있습니다. 이러한 데이터는 백그라운드에서 Phoenix 서버가 수집하며, 실시간으로 시각화되고 분석할 수 있습니다.

필요한 요구사항을 설치한 후, Phoenix를 사용하는 것은 매우 간단합니다. 이 프레임워크로 탐색할 수 있는 많은 고급 기능이 있지만, 여기서는 LlamaIndex 애플리케이션의 실행을 추적하는 가장 간단하고 직접적인 방법을 살펴보겠습니다. 우리는 `set_global_handler`라는 특별한 메서드를 사용할 것입니다. 이 메서드는 모든 작업에 특정 추적 도구를 사용하도록 LlamaIndex를 편리하게 구성해주는데, 여기서는 Phoenix 프레임워크를 사용합니다.

예제를 실행하기 전에 필요한 패키지를 설치하세요.

```
pip install "arize-phoenix[llama-index]" llama-hub html2text
```

다음은 코드입니다.

```python
from llama_index.core import (
    SimpleDirectoryReader,
    VectorStoreIndex,
    set_global_handler
)
import phoenix as px
```

기본적인 RAG 기능을 제공하는 임포트 외에도, `set_global_handler`와 Phoenix 라이브러리를 임포트합니다. 다음 부분은 Phoenix 서버를 시작하고 LlamaIndex가 글로벌 콜백 핸들러로 이를 사용하도록 구성합니다.

```
px.launch_app()
set_global_handler("arize_phoenix")
```

이제부터 애플리케이션에서 수행하는 모든 작업은 Phoenix 서버가 수집하는 트레이스를 생성합니다. `VectorStoreIndex` 인덱스를 기반으로 간단한 쿼리 엔진을 구축하고 임의의 쿼리를 실행해봅시다.

```
documents = SimpleDirectoryReader('files').load_data()
index = VectorStoreIndex.from_documents(documents)
qe = index.as_query_engine()
response = qe.query("Tell me about ancient Rome")
print(response)
```

트레이스를 시각화하기 위해 서버가 실행 중이어야 하므로, 다음 코드 줄을 사용하여 스크립트를 계속 실행합니다.

```
input("Press <ENTER> to exit...")
```

이제 스크립트가 백그라운드에서 실행 중인 상태에서, 다음 URL에서 Phoenix UI에 액세스할 수 있습니다(http://localhost:6006/). 그림 9.5는 Phoenix 서버 UI에서 우리의 추적 출력을 보여줍니다.

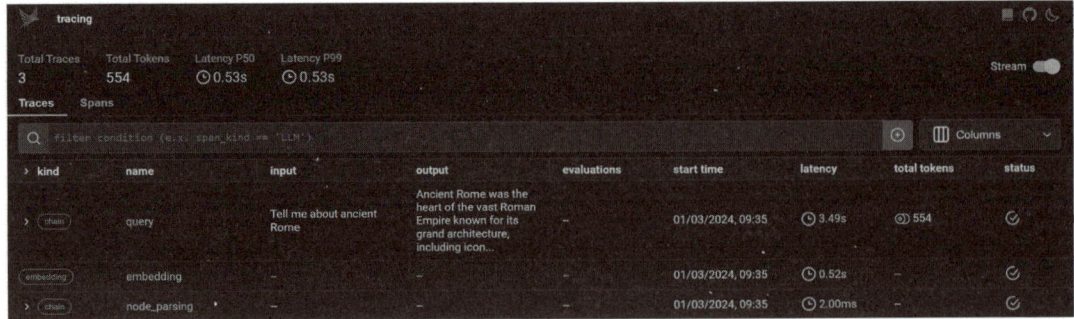

그림 9.5 Phoenix 서버 UI에서 추적 결과를 보여주는 스크린샷

이 스크린샷을 보면, Phoenix 서버 UI가 여러 스팬으로 나뉜 코드의 전체 트레이스를 시각화하는 데 도움을 준다는 것을 알 수 있습니다. 이전 샘플 코드를 성공적으로 실행했다면, 우리의 트레이스는 각각 별도의 줄에 표시되는 세 개의 다른 스팬으로 구성되어야 합니다.

스크린샷의 열에 대해 설명하겠습니다.

- **첫 번째 열**(kind): 스팬의 유형을 나타냅니다. 이는 `chain`, `retriever`, `re-ranker`, `llm`, `embedding`, `tool`, `agent`일 수 있습니다. LlamaIndex에서 이러한 개념이 무엇을 의미하는지 이미 알고 있지만, `chain`은 예외입니다. Phoenix에서 `chain`은 LLM 애플리케이션에서 작업의 시작 지점이거나 애플리케이션 워크플로우 내의 다른 단계를 연결하는 역할을 합니다. 예시에는 세 개의 스팬이 있는데, 두 개의 `chain`과 하나의 `embedding`입니다. 이들은 마지막 작업부터 역순으로 표시됩니다.
- **두 번째 열**(name): 스팬에 대한 자세한 설명을 제공합니다. 예시에서 첫 번째 스팬은 **query**를 나타내고, 두 번째는 **embedding**, 세 번째는 **Node-parsing** 작업입니다. 이제 코드의 로직이 명확해집니다. 즉 먼저 수집된 문서를 노드로 파싱하고, 그 노드를 임베딩하여 벡터 인덱스를 생성하고, 마지막으로 그 인덱스에 대해 쿼리를 실행했습니다.
- **다음 두 개의 열**(input, output): 해당 스팬에 어떤 입력이 들어갔고 어떤 출력이 생성되었는지 정확하게 보여줍니다. 우리의 예시에서는 다른 스팬에는 해당하지 않으므로 query 스팬에만 값이 있습니다.
- **evaluations**: 각 스팬에 대한 평가 결과를 표시합니다. 현재로서는 아직 평가를 실행하지 않았으므로 이 열은 비어 있습니다. 이 주제는 다음 절에서 다루겠습니다.
- **start time**: 각 스팬의 정확한 타임스탬프를 제공합니다.
- **latency**: 각 스팬의 총 실행 시간을 측정합니다. 이는 성능을 향상시키기 위해 코드를 최적화할 때 매우 유용합니다.
- **total tokens**: 해당 작업에서 사용된 토큰의 총 수를 보여줍니다.
- **마지막 열**(status): 작업이 성공적으로 완료되었는지 여부를 나타냅니다.

이제 가장 흥미로운 부분입니다. 목록에서 첫 번째인 query 스팬의 **kind** 열을 클릭하면, 그림 9.6과 유사한 자세한 시각화를 볼 수 있습니다.

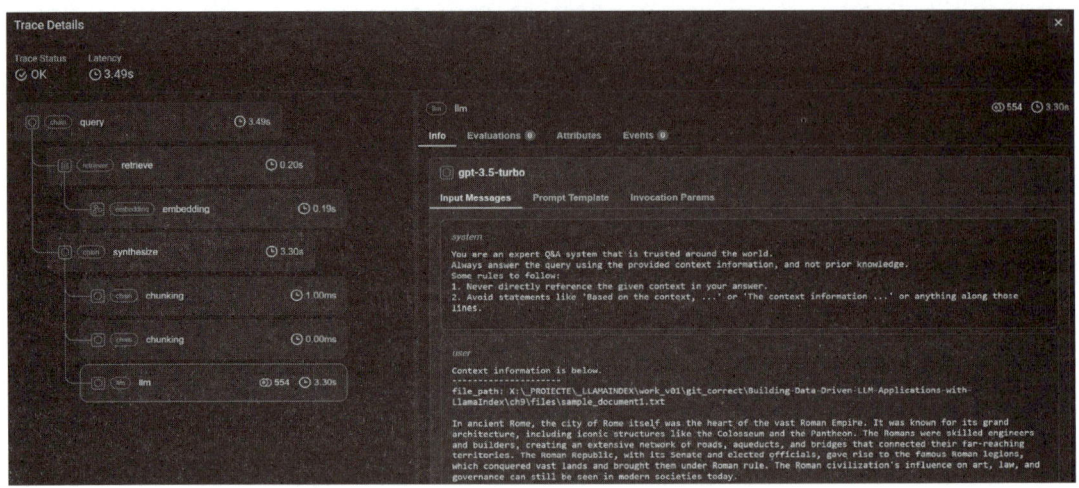

그림 9.6 Phoenix 서버 UI에서 시각화된 추적 세부 정보

보다시피, 이제 이 스팬 동안 수행된 각 단계에 대해 분명하게 이해할 수 있습니다. 이 경우, 쿼리 엔진 작업이 분해된 뷰를 볼 수 있는데, 먼저 검색 부분이 있고, 그다음 LLM을 사용한 최종 응답 생성이 있습니다. 각 단계를 클릭하여 해당 속성과 내부 메커니즘을 탐색할 수 있습니다. 또한 Phoenix가 로컬에서 실행되므로, 모든 데이터는 개인적으로 유지됩니다.

실습 과제

지금 시도해볼 수 있는 유용한 연습이 있습니다. 이전 장에서 다루었던 일부 샘플을 Phoenix 프레임워크를 사용하도록 재구성해보세요. LlamaIndex에서 다양한 구성 요소가 어떻게 작동하는지 더 잘 이해할 수 있고, 이 훌륭한 도구에 익숙해질 기회도 얻을 수 있습니다.

더 깊이 들어가 Phoenix의 고급 추적 기능을 탐색하고 싶다면, 공식 문서에서 필요한 모든 정보를 찾을 수 있습니다.

https://arize.com/docs/phoenix

다음으로, Phoenix를 사용하여 RAG 앱을 평가하고 최적화하는 방법에 대해 알아보겠습니다.

9.3.2 우리의 RAG 시스템 평가하기

LLM 기반 시스템을 개발할 때, RAG 파이프라인이 얼마나 잘 작동하는지 확인하기 위해서는 적절한 평가가 필수입니다. 일반적으로 LLM 애플리케이션은 매우 다양한 입력을 처리해야 하며, 반환해야 할 단일한 절대적인 답변이 없는 경우가 많습니다. 이는 평가를 어렵게 만들 수 있습니다.

일반적으로 RAG 파이프라인을 평가할 때 다음과 같은 주요 측면을 고려해야 합니다.

- **검색 품질**: 질의에 필요한 정보를 제공하기 위해 검색된 노드들의 관련성과 효과성을 평가합니다. 이때 주요 지표로 Recall@k와 **평균 역순위**mean reciprocal rank, MRR를 사용하여 검색 성능을 정량적으로 평가합니다.
- **생성 품질**: 최종 출력의 정확성, 일관성, 제공된 콘텍스트와의 일치성을 평가합니다.
- **정확성**: 생성된 출력이 검색된 정보에 충실하며, 허구적인 정보나 불일치가 발생하지 않는지 확인합니다.
- **효율성**: 특히 대규모 데이터셋이 있는 실제 시나리오에서 RAG 파이프라인의 계산 효율성과 확장성을 측정합니다.
- **견고성**: 다양한 쿼리, 극단적인 사례, 잠재적인 적대적 입력을 처리하는 RAG 시스템의 능력을 테스트합니다.

이러한 평가 과제를 해결하기 위해 평가 프로세스를 용이하게 하는 여러 도구와 프레임워크가 개발되었습니다. 이러한 도구는 자동화된 메트릭, 참조 기반 비교, 인간이 참여하는 평가 방법론을 제공합니다. 이와 같은 평가 프레임워크를 활용함으로써 우리는 RAG 파이프라인의 강점과 약점을 파악하고, 개선해야 할 영역을 식별하며, 전체 성능을 향상시키기 위해 디자인을 반복할 수 있습니다.

이전 절에서 Phoenix가 추적 기능으로 어떻게 도움을 줄 수 있는지 살펴보았기 때문에, 이전 예제를 바탕으로 이 프레임워크에서 제공하는 일부 평가 기능을 탐색해보겠습니다.

1 Phoenix 프레임워크의 평가 기능 사용하기

수동으로 레이블링하고 평가 데이터를 테스트하는 것은 매우 시간이 많이 걸릴 수 있으므로, Phoenix는 GPT-4를 참조로 사용하여 RAG 답변의 정확성을 판단합니다. 이 프레임워크는 배치 처리, 사용자 정의 데이터셋, 사전 테스트된 평가 템플릿에 대한 즉시 사용 가능한 지원을 제공합니다. 전통적이고 프로덕션 환경에서 엄격성이 부족한 기본적인 평가 라이브러리와 달리, Phoenix는 데이터 과학의 엄격성, 높은 처리량, 다양한 환경에서의 유연성을 보장하여 모델과 사용되는 콘텍스트 모두를 평가하는 데 있어 훨씬 빠르고 적응성이 뛰어납니다. Phoenix는 RAG 워크플로의 두 가지 중요한 측면, 즉 **검색**과 **LLM 추론**을 평가하는 데 사용할 수 있습니다.

검색과 관련하여, Phoenix는 검색된 콘텍스트의 관련성을 평가합니다. 즉, 검색된 노드가 실제로 쿼리에 대한 답변을 포함하고 있는지 확인합니다. LLM 추론을 평가할 때, 프레임워크는 세 가지 주요 속성을 검사합니다.

- **정확성**: 시스템이 질문에 정확하게 답변했는지 확인합니다.
- **환각**: LLM이 제공된 콘텍스트에 기반하지 않은 허구적인 응답을 생성했는지 확인합니다.
- **유해성**: 인종차별, 편향성, 일반적인 유해성을 포함하여 AI의 응답에 유해한 콘텐츠가 있는지 검사합니다.

복잡한 RAG 시나리오는 종종 여러 개별 스팬에 의존할 수 있기 때문에, 각 스팬을 개별적으로 평가할 수 있는 것이 필수입니다. 이를 통해 오류의 원인을 분리하고, 흐름에서 오류가 더 이상 전파되지 않도록 막을 수 있습니다. 평가를 수행하기 위해 LLM을 사용하므로, Phoenix는 테스트 결과와 함께 모델이 제공하는 설명도 반환합니다. 이는 실패한 평가의 근본 원인을 파악하고 RAG 애플리케이션에서 문제가 발생한 구성 요소를 정확히 찾아내는 데 매우 유용할 수 있습니다.

간단한 예제를 통해 Phoenix가 어떻게 평가에 사용될 수 있는지 살펴보겠습니다. 비용을 최소화하고 코드를 간단하게 유지하기 위해, 이전에 사용한 추적 예제와 동일한 접근 방식을 사용할 것입니다. `ch9/files` 폴더의 내용을 불러오고, 벡터 인덱스를 생성한 후, 그 인덱스를 대상으로 간단한 쿼리를 실행할 것입니다. 실제 시나리오에서는 가능한 한 많은 극단적인 사례를 다루고, 파이프라인에서 근본적인 문제를 찾을 가능성을 높이기 위해 훨씬 더 큰 데이터셋에 대한 평가를 수행할 것입니다. 예시는 다음과 같습니다.

```
from llama_index.core import (
    SimpleDirectoryReader,
    VectorStoreIndex,
    set_global_handler
)
import phoenix as px
px.launch_app()
set_global_handler("arize_phoenix")
documents = SimpleDirectoryReader('files').load_data()
index = VectorStoreIndex.from_documents(documents)
qe = index.as_query_engine()
response = qe.query("Tell me about ancient Rome")
print(response)
```

지금까지는 이전 예제와 동일한 흐름입니다. 이제 평가 부분을 추가해야 합니다. 필요한 Phoenix 구성 요소를 임포트하는 것부터 시작하겠습니다. `get_retrieved_documents()`와 `get_qa_with_` `reference()` 함수는 쿼리를 통해 검색한 문서와 평가를 위한 참조 답변과 함께 쿼리를 가져오는 데 사용됩니다. 또한 `HallucinationEvaluator`, `QAEvaluator`, `RelevanceEvaluator`를 임포트합니다. 이 평가자들은 각각 응답의 환각 여부, 질문-답변 쌍의 정확성, 검색된 문서의 관련성을 평가합니다. 또한 평가 작업을 수행하고 평가 결과를 포함한 데이터프레임을 반환하는 `run_evals()` 함수도 임포트해야 합니다. 마지막으로, `DocumentEvaluations`와 `SpanEvaluations` 클래스는 평가 결과를 캡슐화하고 Phoenix 서버 UI에 이 결과를 표시하는 데 사용됩니다.

```python
from phoenix.session.evaluation import (
    get_qa_with_reference,
    get_retrieved_documents
)
from phoenix.experimental.evals import (
    HallucinationEvaluator,
    RelevanceEvaluator,
    QAEvaluator,
    OpenAIModel,
    run_evals
)
from phoenix.trace import DocumentEvaluations, SpanEvaluations
```

이제 임포트를 완료했으니 평가를 준비할 차례입니다. 먼저 평가를 수행할 LLM을 선언합니다. 가능한 한 최고의 모델을 사용하는 것을 항상 권장합니다.

```python
model = OpenAIModel(model="gpt-4-turbo-preview")
```

평가 모델이 정의되면, 데이터를 준비해야 합니다. 검색된 문서와 쿼리를 별도의 데이터프레임에 불러옵니다. 이 데이터프레임은 이후 평가자 함수에 입력됩니다.

```python
retrieved_documents_df = get_retrieved_documents(px.Client())
queries_df = get_qa_with_reference(px.Client())
```

이제 데이터가 준비되었으니, 평가자 함수를 정의하고 실제 평가를 실행해야 합니다.

```python
hallucination_evaluator = HallucinationEvaluator(model)
qa_correctness_evaluator = QAEvaluator(model)
relevance_evaluator = RelevanceEvaluator(model)
```

```
hallucination_eval_df, qa_correctness_eval_df = run_evals(
    dataframe=queries_df,
    evaluators=[hallucination_evaluator, qa_correctness_evaluator],
    provide_explanation=True,
)
relevance_eval_df = run_evals(
    dataframe=retrieved_documents_df,
    evaluators=[relevance_evaluator],
    provide_explanation=True,
)[0]
```

평가를 실행할 때 `provide_explanation` 인수를 `True`로 설정한 것에 주목하세요. 이를 통해 LLM의 응답에 평가 점수에 대한 설명이 포함되도록 보장할 수 있습니다. 마지막 단계에서는 결과를 `SpanEvaluations`와 `DocumentEvaluations` 클래스에 캡슐화한 후 Phoenix 서버에 전송하여 UI에서 결과를 시각적으로 표시할 수 있습니다.

```
px.Client().log_evaluations(
    SpanEvaluations(
        eval_name="Hallucination",
        dataframe=hallucination_eval_df),
    SpanEvaluations(
        eval_name="QA Correctness",
        dataframe=qa_correctness_eval_df),
    DocumentEvaluations(
        eval_name="Relevance",
        dataframe=relevance_eval_df),
)
input("Press <ENTER> to exit...")
```

이전 예제와 마찬가지로, 마지막의 `input` 함수는 사용자가 Enter 키를 눌러 종료할 때까지 스크립트를 계속 실행합니다. 이를 통해 Phoenix 앱을 닫기 전에 결과를 보고 상호작용할 수 있습니다. 모든 것이 원활하게 진행되었다면, http://localhost:6006/에서 UI를 통해 결과를 확인할 수 있습니다. Phoenix 서버 UI에서의 평가 결과 시각화는 그림 9.7과 유사할 것입니다.

그림 9.7 Phoenix 서버 UI에서 평가 결과 시각화

보다시피, **평가자들**evaluation이 방금 실행한 값이 evaluations 열에 업데이트되었습니다. 이제 결과와 각 개별 점수에 대한 근거를 볼 수 있습니다.

RAG 앱을 평가하는 주제는 방대하며, 별도의 책 한 권의 주제가 될 수도 있습니다. 평가에 관해 고려할 수 있는 많은 미묘한 부분과 다양한 접근 방식이 있습니다. 여기서는 Phoenix라는 도구만 소개했지만, 이 목적을 위한 다른 옵션도 많으며, 여기에는 LlamaIndex 자체의 계측도 포함됩니다. 이 주제를 더 깊이 탐구하려면, LlamaIndex 공식 문서부터 읽어보기를 권장합니다.

https://developers.llamaindex.ai/python/framework/module_guides/evaluating

또한 Phoenix 프레임워크의 전체 기능을 이해하기 위한 공식 문서도 참고하세요.

https://arize.com/docs/phoenix

2 평가를 위한 다른 대안 — RAGAS

Phoenix가 RAG 파이프라인에 대한 종합적인 평가 프레임워크를 제공하지만, 다른 대안들도 존재합니다. 또 다른 주목할 만한 프레임워크는 **RAGAS**Retrieval-Augmented Generation Assessment로, Es 등 (2023)의 논문[8]에서 소개된 기술에 기반합니다. RAGAS 프레임워크는 이러한 평가 방법의 실용적인 구현과 추가 기능 및 통합을 제공합니다.

RAGAS는 RAG 시스템을 평가하고 분석하도록 특별히 설계되었습니다. 이는 검색 품질, 생성 품질,

---

[8] Es et al. (2023) in their paper, "RAGAS:Automated Evaluation of Retrieval Augmented Generation" https://doi.org/10.48550/arXiv.2309.15217

검색과 생성 구성 요소 간의 상호작용 등 RAG 파이프라인의 다양한 측면을 평가하기 위한 표준화된 접근 방식을 제공합니다.

RAGAS의 주요 기능은 다음과 같습니다.

- **검색 평가**: RAGAS는 주어진 쿼리에 대한 검색된 노드의 관련성을 평가합니다. 이는 사용자 정의 매개변수인 상위 k개의 결과 내에서 검색된 관련 노드의 비율을 나타내는 **Recall@k**와 같은 메트릭을 사용합니다. 검색 품질을 측정하는 또 다른 메트릭은 **평균 역순위**MRR로, 시스템이 첫 번째 관련 노드를 얼마나 빨리 찾는지를 측정합니다.
- **생성 평가**: RAGAS는 자동 메트릭과 인간 평가의 조합을 사용하여 생성된 텍스트의 품질을 평가합니다. 자동 메트릭에는 **BLEU**Bilingual Evaluation Understudy가 포함되며, 이 메트릭은 겹치는 단어 시퀀스를 비교하여 생성된 텍스트와 참조 텍스트 간의 유사성을 측정합니다. 또한 **ROUGE**Recall-Oriented Understudy for Gisting Evaluation는 생성된 텍스트와 참조 텍스트 간의 단어 및 단어 시퀀스의 겹침을 계산합니다. 이러한 자동 메트릭을 보완하기 위해, RAGAS는 생성된 출력의 유창성, 일관성, 관련성 등 측면을 평가하기 위해 인간의 평가도 통합하여 생성 품질에 대한 종합적인 평가를 제공합니다.
- **검색-생성 상호작용**: 프레임워크는 생성된 텍스트가 검색된 노드에 얼마나 의존하는지를 측정하여 검색과 생성 구성 요소 간의 상호작용을 분석합니다. 이는 생성된 텍스트가 검색된 노드에 얼마나 의존하는지를 정량화하는 **검색 의존성**retrieval dependency, RD과 생성된 텍스트에 대한 검색된 노드의 관련성을 측정하는 **검색 관련성**retrieval relevance, RR 같은 메트릭을 도입합니다.
- **시뮬레이션**: RAGAS는 다양한 검색 시나리오를 시뮬레이션하고 생성 품질에 대한 영향을 분석할 수 있는 시뮬레이션 기능을 포함합니다. 이는 다양한 검색 조건에서 RAG 모델의 견고성과 일반화 능력을 이해하는 데 도움이 됩니다. 검색 결과를 조작함으로써, 사용자는 무관한 데이터, 부분적으로 관련된 데이터, 노이즈가 많은 데이터를 검색하는 시나리오에서 RAG 모델이 어떻게 작동하는지 테스트할 수 있습니다. 시뮬레이션 기능은 검색과 생성 구성 요소 간의 상호작용에 대한 통찰력을 제공하여 RAG 모델의 강점과 약점을 식별하고 개선 방향을 제시합니다.
- **세분화된 분석**: RAGAS는 주의 가중치attention weight와 개별 노드의 기여도와 같은 검색-생성 프로세스를 시각화하고 해석하기 위한 도구를 제공하여 RAG 파이프라인의 세분화된 분석을 가능하게 합니다.

이 프레임워크의 주요 장점은 참조 없는 평가를 가능하게 한다는 것입니다. 즉, 진실된 정답ground truth 주석에 의존하지 않습니다. 이를 통해 더욱 효율적이고 확장 가능한 평가 사이클을 가능하게 합니다.

Phoenix와 비교할 때, RAGAS는 RAG 시스템에 특화된 더 집중된 평가 프레임워크를 제공합니다. Phoenix는 추적, 환각 감지, 관련성 평가 등 다양한 기능을 갖춘 범용 평가 플랫폼을 제공합니다. 반면, RAGAS는 검색-생성 상호작용의 세부사항을 더 깊이 분석하고 시뮬레이션 기능을 제공하여 그 복잡성을 다룹니다. 이 프레임워크는 LlamaIndex와의 원활한 통합을 통해 LlamaIndex 기반 RAG 시스템의 평가를 간소화합니다. 여기서는 코드 예제를 생략하였으나, 자세한 예제와 문서는 공식 프로젝트 페이지에서 확인할 수 있습니다.

https://docs.ragas.io/en/stable/howtos/integrations/_llamaindex/

RAGAS는 Phoenix에 비해 더 최근의 프레임워크로 큰 잠재력을 보여주지만, 연구 커뮤니티에서 동일한 수준의 채택이 이루어지기까지는 시간이 좀 걸릴 수 있습니다.

주의사항

평가에 있어 항상 염두에 두어야 할 한 가지는 모델 드리프트의 개념입니다. 이는 이미 7장에서 다루었습니다. 모델 드리프트는 LLM의 작동이 점차 의도된 목적에서 벗어나거나 생성된 출력의 품질이 저하될 때 RAG 파이프라인에 영향을 줄 수 있습니다. 정기적이거나 지속적인 평가를 통해 이러한 현상을 감지하고 완화하여 RAG 시스템이 프로덕션 환경에서 신뢰성과 효율성을 유지하도록 할 수 있습니다.

추적 및 평가 기술을 마스터함으로써, LLM 애플리케이션에서 문제를 발견하고 수정하기 위한 완전한 시스템을 구축할 수 있습니다. 평가와 추적을 함께 사용하여 어디에서 문제가 발생하는지, 왜 그런지 파악하고, 애플리케이션의 어떤 부분을 개선해야 하는지 알 수 있습니다.

이제 우리의 사이드 프로젝트인 PITS 튜터에 집중할 시간입니다. 이번 장에서 우리는 마침내 그 구성 요소들을 배포하고 독립 실행형 애플리케이션으로 실행할 수 있게 되었습니다. 하지만 먼저 **Streamlit**이 제공하는 다양한 배포 옵션에 대해 간단히 소개하겠습니다.

9.4 Streamlit을 활용한 배포 소개

2장에서 설명한 바와 같이, 저는 사이드 프로젝트의 기반으로 Streamlit을 선택했습니다. 그 이유는 그 단순함과 제공하는 다양한 배포 옵션 때문입니다. Streamlit은 애플리케이션 배포에 대한 쉬운 접근 방식을 제공하여 최소한의 노력으로 더 넓은 청중과 작업을 공유할 수 있습니다. 2장의 설치 단계를 성공적으로 따랐다면, 로컬 환경은 이미 다음 단계를 진행할 준비가 되어 있을 것입니다. 그러나 혹시 모르니, 진행하기 전에 2장에서 언급했던 필요한 설치를 완료했는지 확인하세요.

이제 설정이 완료되었으니, Streamlit 애플리케이션을 위한 배포 옵션을 탐색해봅시다. Streamlit은 로컬 머신에서 앱을 실행하는 가장 간단한 방법을 넘어, 다양한 필요와 선호도에 맞춘 여러 웹 배포 솔루션을 제공합니다.

- **Streamlit Community Cloud**: 이 사용자 친화적인 플랫폼은 Streamlit 앱을 배포하는 가장 간단한 옵션으로, 몇 번의 클릭만으로 GitHub 리포지터리에서 직접 배포할 수 있습니다. 최소한의 구성만 필요하며, 배포 후 앱은 Streamlit Community Cloud에서 고유한 URL을 통해 액세스할 수 있어 쉽게 공유할 수 있습니다.
- **맞춤형 클라우드 서비스**: 배포 환경에 대한 더 큰 제어를 원하는 경우, Streamlit 앱은 AWS Amazon Web Service, GCP Google Cloud Platform, Azure 등 다양한 클라우드 서비스에 배포할 수 있습니다. 이 플랫폼에서의 배포는 Docker로 앱을 컨테이너화하고 AWS Elastic Beanstalk, Google App Engine, Azure App Service와 같은 클라우드 전용 서비스를 구성하는 등의 추가 단계를 포함할 수 있습니다.
- **자체 호스팅**: 자체 서버가 있는 경우, Streamlit 애플리케이션을 직접 호스팅하면 배포 환경과 리소스에 대한 최대한의 제어를 제공합니다. 이 방법은 파이썬 애플리케이션 실행 환경을 설정하고, Streamlit을 설치한 후, 네트워크를 구성하여 Streamlit 앱에 접근할 수 있도록 합니다. 자체 호스팅 옵션은 클라우드 플랫폼이 충족하지 못하는 보안, 성능, 맞춤화 요구사항에 부응합니다.
- **Heroku**[9]: Heroku는 그 단순함과 소규모 프로젝트 및 프로토타입에 적합한 무료 티어로 인해 Streamlit 앱을 배포하는 또 다른 잘 알려진 플랫폼입니다.
- **Snowflake에서의 Streamlit**: 보안과 **역할 기반 액세스 제어** role-based access control, RBAC를 우선시하는 사용 사례의 경우, Snowflake와의 Streamlit 통합은 Snowflake 플랫폼 내에서 안전한 코딩 및 배포 환경을 제공합니다. Snowflake 계정을 생성하고, 앱을 위한 웨어하우스와 데이터베이스를 만들어 Streamlit 애플리케이션을 Snowflake 내에서 직접 배포할 수 있습니다.

이러한 배포 옵션 각각은 제어 수준, 확장성, 보안 요구사항, 예산 제약 측면에서 다양한 이점을 제공합니다. 그러나 저는 가장 간단한 옵션이자 아마도 우리의 PITS 애플리케이션에 가장 적합한 선택인 Streamlit Community Cloud의 배포를 보여주기로 했습니다. 다만 상용 준비 솔루션을 위해서는 다른 옵션이 더 나은 선택이 될 수도 있다는 사실을 염두에 두기 바랍니다.

---

[9] https://www.heroku.com/

9.5 실습 – 단계별 배포 가이드

이제 우리의 PITS 튜터링 애플리케이션을 세상과 공유할 시간입니다. 하지만 현재 버전은 다중 사용자와 실제 환경에서 사용하기에는 아직 준비가 되어 있지 않다는 점에 주의하기 바랍니다. 코드베이스를 최소화하고 배포 단계를 간소화하기 위해, 저는 PITS를 LlamaIndex에서의 순수 실험적인 프로젝트로 설계했습니다. 결국 이 책의 목적은 완전한 Streamlit 애플리케이션을 구축하는 복잡한 아키텍처에 대해 깊이 설명하는 것이 아니라, LlamaIndex에서 제공하는 도구와 기능을 설명하는 것이었습니다. 그래서 일부 PITS 소스 파일은 이 책에서 자세히 설명하지 않았습니다. 하지만 안심하세요. 해당 모듈에는 충분한 주석이 달려 있으며, GitHub 코드의 주석만으로 충분하지 않다면, 공식 Streamlit 문서를 참조하여 프레임워크를 더 잘 이해할 수 있습니다.

https://docs.streamlit.io/

그럼에도 Streamlit 애플리케이션이 구축되는 방식에 대해 간단히 소개하겠습니다. PITS UI 파일 중 하나를 예로 들어 코드를 살펴보면서 Streamlit 애플리케이션의 기본 원리에 대한 이해를 돕겠습니다. 다음은 PITS 구조에서 메인 프로그램인 `app.py`의 코드입니다. 이 코드는 튜터링 애플리케이션을 구성하는 다양한 구성 요소들의 실행을 조정하는 역할을 합니다. 중앙 허브로서, 사용자 온보딩 프로세스를 처리하고, 세션 관리를 담당하며, 사용자 상호작용 및 세션 데이터에 따라 퀴즈와 학습 인터페이스를 동적으로 제공합니다.

```python
from user_onboarding import user_onboarding
from session_functions import load_session, delete_session, save_session
from logging_functions import reset_log
from quiz_UI import show_quiz
from training_UI import show_training_UI
import streamlit as st
```

Streamlit을 포함하여 필요한 모듈과 구성 요소들을 임포트하는 것으로 시작합니다. 또한 다른 모듈에서 여러 사용자 정의 함수를 임포트하는데, `user_onboarding`, `load_session`, `delete_session`, `save_session`, `reset_log`, `show_quiz`, `show_training_UI` 등이 있으며, 각각 애플리케이션 흐름에서 특정 역할을 수행합니다. 임포트 후, `main()` 함수는 애플리케이션의 로직을 캡슐화합니다.

```python
def main():
    st.set_page_config(layout="wide")
```

```
st.sidebar.title('P.I.T.S.')
st.sidebar.markdown('### Your Personalized Intelligent Tutoring System')
```

처음에 `st.set_page_config`를 사용하여 웹 애플리케이션의 기본 레이아웃을 설정합니다. Streamlit은 사이드바 기능을 제공하며, 이를 사용해 UI를 간소화할 것입니다. 다음으로, 애플리케이션의 흐름은 주로 `st.session_state` 내 특정 키의 존재를 확인하는 조건문으로 제어합니다. 이 세션 상태는 동일한 브라우저 세션 내에서 앱을 재실행할 때도 데이터를 유지하는 저장소로 작동하여, 사용자가 선택한 사항이나 입력한 정보를 기억합니다.

```
if 'show_quiz' in st.session_state and
st.session_state['show_quiz']:
    show_quiz(st.session_state['study_subject'])
elif 'resume_session' in st.session_state and
st.session_state['resume_session']:
    st.session_state['show_quiz'] = False
    show_training_UI(st.session_state['user_name'],
    st.session_state['study_subject'])
elif not load_session(st.session_state):
    user_onboarding()
```

Streamlit 세션 상태에 대한 간단한 설명
웹 애플리케이션은 본질적으로 상태가 없으며(stateless), 이는 각 요청과 응답이 독립적이라는 뜻입니다. Streamlit의 세션 상태는 동일한 브라우저 세션 내에서 앱의 재실행 간에도 상태를 유지하게 하여, 사용자가 매번 데이터를 다시 입력하지 않고도 애플리케이션이 사용자의 선택, 입력, 행동을 기억합니다. 이는 대화형으로 사용자에게 사용자 친화적인 경험을 제공할 수 있게 해줍니다.

이전 코드에서 무슨 일이 일어나는지 간단히 설명하겠습니다.

- **퀴즈 표시 로직**: 사용자가 퀴즈를 보겠다고 선택한 경우(`'show_quiz' in st.session_state`), `show_quiz()`가 호출되어 퀴즈 인터페이스가 표시됩니다.
- **세션 재개**: 사용자가 기존 세션을 재개하기로 선택한 경우(`st.session_state['resume_session'] = True`), 앱은 학습 UI로 직접 이동합니다.
- **사용자 온보딩 및 세션 관리**: `load_session(st.session_state)`는 세션 데이터가 존재하는지 확인합니다. 세션이 없으면 사용자는 `user_onboarding()`을 통해 온보딩 과정을 거치게 됩니다.

다음은 기존 세션이 발견되었지만 퀴즈 표시가 `False`일 때와 사용자가 [세션 재개] 버튼을 클릭하지 않았을 때 일어나는 일입니다.

```
else:
    st.write(f"Welcome back {st.session_state['user_name']}!")
    col1, col2 = st.columns(2)
    if col1.button(f"Resume your study of
    {st.session_state['study_subject']}"):
        st.session_state['resume_session'] = True
        st.rerun()
    if col2.button('Start a new session'):
        delete_session(st.session_state)
        reset_log()
        for key in list(st.session_state.keys()):
            del st.session_state[key]
        st.rerun()
```

이 `else` 블록에서 첫 번째 작업은 환영 메시지를 표시하는 것입니다. 앱은 사용자가 두 개의 버튼을 선택할 수 있도록 표시하여, 기존 학습 세션을 재개할지 새로 시작할지를 결정하게 합니다. 새 세션을 시작하기로 선택하면 기본적으로 모든 것이 재설정되며, 애플리케이션은 처음부터 전체 코드를 재실행하여 시작합니다. 이 시점에서 세션을 재개하면, 앱은 `show_training_UI`를 실행하여 기존 학습 세션을 계속 진행합니다.

9.5.1 PITS 프로젝트를 Streamlit Community Cloud에 배포하기

Streamlit Community Cloud 환경의 내부 폴더 구조 구현 방식 때문에, PITS 폴더 구조에 몇 가지 수정을 해야 합니다. 계획은 애플리케이션을 GitHub 리포지터리에서 직접 배포하는 것입니다. 그러나 GitHub에서 Community Cloud 환경으로 배포하기 위한 요구사항 중 하나는 `main.py` 파일이 리포지터리의 `root` 폴더에 있어야 한다는 것입니다. PITS의 경우에는 폴더 구조가 약간 다르므로 해당되지 않습니다. 우리의 경우 메인 파일인 `app.py`는 현재 `Building-Data-Driven-Applications-with-LlamaIndex/PITS_APP` 폴더에 있습니다. 이를 수정하기 위해, 먼저 `PITS_APP` 하위 폴더를 복사한 다음, 새 폴더에서 새로운 GitHub 리포지터리를 시작할 것입니다. 간단하게 유지하고 최소한의 변경을 요구하기 위해, PITS 앱만 포함하는 새 리포지터리를 생성하고 이를 자신의 GitHub 계정에서 배포하는 방법을 안내하겠습니다.

1. 첫째, 로컬 `PITS_APP` 하위 폴더의 사본을 만듭니다. 명령 프롬프트를 열고 클론한 리포지터리의 `Building-Data-Driven-Applications-with-LlamaIndex` 폴더로 이동합니다. 해당 폴더에서 다음 명령을 입력하세요.

```
xcopy PITS_APP C:\PITS_APP /E /I
```

2. 이는 `C:` 드라이브에 PITS 애플리케이션의 소스 파일만 포함하는 폴더를 생성합니다. 새로 생성된 폴더로 이동하여 `dir` 명령으로 내용을 나열하면, 출력은 그림 9.8과 같아야 합니다.

```
C:\PITS_APP>dir
 Volume in drive C has no label.

 Directory of C:\PITS_APP

03/05/2024  02:38 PM    <DIR>          .
03/05/2024  02:38 PM    <DIR>          ..
03/04/2024  01:20 PM             1,889 app.py
03/05/2024  02:38 PM    <DIR>          cache
03/05/2024  11:56 AM             2,797 conversation_engine.py
02/25/2024  04:19 PM             1,540 document_uploader.py
02/25/2024  04:19 PM               362 global_settings.py
02/25/2024  04:19 PM             1,238 index_builder.py
03/05/2024  02:38 PM    <DIR>          index_storage
03/05/2024  02:38 PM    <DIR>          ingestion_storage
02/25/2024  04:19 PM               397 logging_functions.py
03/05/2024  11:55 AM             1,817 quiz_builder.py
03/05/2024  11:55 AM             1,438 quiz_UI.py
03/04/2024  09:33 PM               110 requirements.txt
03/05/2024  02:38 PM    <DIR>          session_data
11/18/2023  04:52 PM             1,028 session_functions.py
02/04/2024  09:08 AM             1,569 slides.py
03/05/2024  11:54 AM             5,731 training_material_builder.py
03/05/2024  11:55 AM             1,620 training_UI.py
03/04/2024  12:10 PM             3,998 user_onboarding.py
              14 File(s)         25,534 bytes
```

그림 9.8 C:\PITS_APP 폴더의 내용

3. 둘째, GitHub 계정에 로그인한 후 새 리포지터리를 생성합니다. 그림 9.9와 같이 이름을 `PITS_ONLINE`으로 합니다.

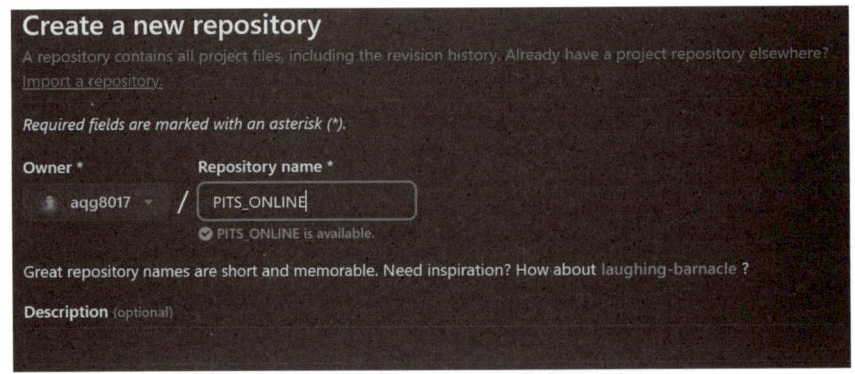

그림 9.9 PITS_ONLINE이라는 새 GitHub 리포지터리 생성

4. 생성되면, 다음 단계에서 리포지터리 URL을 기록해둡니다. 셋째, 원하는 폴더에서 새로운 로컬 리포지터리를 초기화합니다. CLI를 열고 별도의 리포지터리로 만들고자 하는 폴더(`C:\PITS_APP`)로 이동한 다음, 다음 명령을 실행합니다.

```
git init
```

5. 넷째, 다음 명령을 실행하여 기존 파일을 추가하고 커밋합니다.

```
Git add .
git commit -m "Initial commit for PITS_ONLINE repository"
```

6. 다섯째, 이제 로컬 리포지터리를 생성한 GitHub 리포지터리에 연결할 때입니다. 다음 명령에서 URL을 자신의 GitHub URL로 교체하고 끝에 `.git`을 추가하세요.

```
git remote add origin <your_repository_URL>.git
```

7. 마지막으로, 다음 명령으로 새로운 온라인 리포지터리에 내용을 푸시합니다.

```
git branch -M main
git push -u origin main
```

모든 것이 원활하게 진행되었다면, 이제 PITS 소스코드를 포함하는 새로운 GitHub 리포지터리를 갖게 될 것입니다.

다음으로 Community Cloud 배포를 처리해봅시다.

Streamlit 애플리케이션을 Community Cloud 환경에 배포하는 것은 꽤 간단하고 직관적인 프로세스입니다. 배포를 시작하려면 먼저 여기에서 무료 Streamlit 계정에 가입해야 합니다(https://share.streamlit.io/signup). 가입과 로그인에서 모두 GitHub 계정을 사용하는 것이 가장 좋습니다. 로그인하면, [New app] 버튼을 클릭하여 배포 프로세스를 시작합니다. 그러면 그림 9.10과 유사한 화면으로 이동합니다.

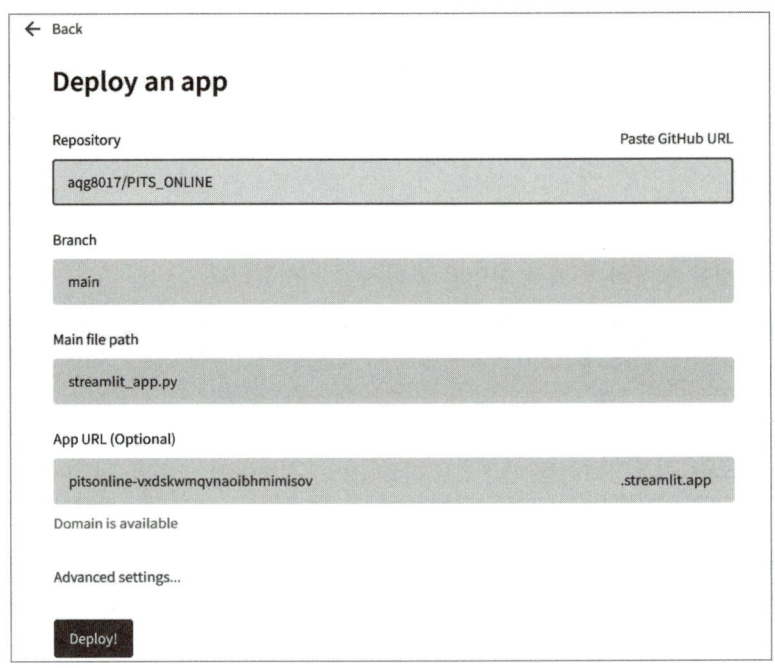

그림 9.10 Streamlit Community Cloud에 애플리케이션 배포하기

GitHub를 사용하여 Streamlit에 로그인한 경우, 이미 `PITS_ONLINE` 리포지터리가 옵션으로 나열되어 있을 것입니다. 이를 선택한 다음, **Main file path** 필드에서 기본값을 `app.py`로 변경하고 **[Deploy]**를 클릭합니다. 여기부터 Streamlit 배포 서비스가 애플리케이션에 필요한 환경을 준비합니다. 이 과정은 시간이 좀 걸릴 수 있지만, 진행 상황을 확인하고 싶다면 화면 오른쪽 하단의 **Manage app** 섹션을 확장할 수 있습니다. 모든 준비가 완료되면 애플리케이션이 자동으로 시작되어야 합니다.

이제 기존의 학습 자료를 수집하고, PITS가 원하는 학습 주제에 대한 슬라이드와 내레이션을 생성하여, 내용과 관련된 질문을 채팅봇에 물어볼 수 있습니다.

주의사항

잊지 마세요. 여러분의 API 키를 사용하고 있습니다. 비용을 통제하기 위해, 소규모의 학습 자료를 업로드하여 제한된 규모로 먼저 실험하고, 항상 OpenAI API 사용량을 주의 깊게 관찰해야 합니다. 좋은 소식은 비용의 대부분이 슬라이드와 내레이션 생성 중에 발생한다는 것입니다. 그러나 일단 완료되면, 생성된 자료는 저장되어 향후 세션에서 재사용됩니다.

간단하지 않나요? 제한된 리소스를 가진 환경을 제공하지만, Streamlit Community Cloud 서비스는 간단한 앱을 배포하고 빠른 프로토타입을 매우 쉽게 공유할 수 있도록 만듭니다. 이제 앱은 온라인 상태이며 다른 사용자와 쉽게 공유할 수 있습니다.

만약 뭔가 잘못되어 배포를 완료하지 못했다면, 공식 문서를 확인하여 설루션을 찾아보세요.

https://docs.streamlit.io/deploy/streamlit-community-cloud/deploy-your-app

Streamlit 문서에서는 향후 프로젝트에 유용할 수 있는 추가 배포 옵션 및 구성을 찾을 수 있습니다.

9.6 요약

이번 장에서는 LlamaIndex로 RAG 워크플로를 사용자 정의하고 향상시키는 방법을 탐구했습니다. LM Studio와 같은 도구를 사용하여 Zephyr와 같은 오픈소스 LLM을 활용하는 기술을 다루고, 상용 모델에 대한 효율적인 비용과 프라이버시 중심의 대안을 제공했습니다. 이 장에서는 최적의 성능을 위해 Neutrino와 OpenRouter 같은 서비스를 통해 여러 LLM 간의 지능형 라우팅을 논의했습니다. 커뮤니티에서 구축한 Llama Packs는 고급 구성 요소를 빠르게 프로토타이핑하고 구축하는 강력한 방법으로 강조하였으며, Llama CLI를 소개하여 RAG 개발 및 배포 워크플로를 간소화했습니다.

Phoenix를 사용한 고급 추적에 대해 논의하면서 애플리케이션 실행 흐름에 대한 깊은 통찰력을 얻고, 시각화를 통해 문제를 정확하게 찾아낼 수 있었습니다. RAG 시스템의 평가에서는 Phoenix의 관련성, 환각, QA 정확성 평가자를 사용하여 우리의 LlamaIndex 앱의 견고한 성능을 보장했습니다. Streamlit의 배포 옵션, 특히 쉽고 간편하게 애플리케이션을 공유할 수 있도록 지원하는 Community Cloud 서비스는 배포 프로세스를 단순화했습니다. 단계별 가이드를 통해 PITS 튜터링 애플리케이션을 클라우드에 배포하는 방법을 살펴봤습니다.

커스터마이제이션, 평가, 배포 기술에 대한 강력한 이해를 통해, 개발자는 이제 고유한 요구사항에 맞춘 프로덕션 준비가 완료된 최적의 RAG 애플리케이션을 구축할 수 있습니다.

우리의 여정은 LlamaIndex 프레임워크 내에서 GenAI의 효과를 향상시키기 위한 프롬프트 엔지니어링의 역할을 탐구하는 것으로 계속 이어집니다.

CHAPTER 10

프롬프트 엔지니어링의 가이드라인 및 모범 사례

이번 장에서는 최신 기술 발전이 디지털 도구와 애플리케이션과의 상호작용 방식을 어떻게 재구성하고 있는지 탐구합니다. 디지털 환경이 발전함에 따라, 우리가 수십 년 동안 의존해온 전통적인 인터페이스는 재구성되고 있으며, 인간과 기계 간의 좀 더 직관적이고 효율적인 소통 방식을 향해 나아가고 있습니다. 이 변혁의 중심에는 **자연어**$_{NL}$로 구동되는 대화형 인터페이스의 출현이 있습니다. 따라서 LlamaIndex 구성 요소의 작동을 맞춤화하기 위해 효과적인 프롬프트를 작성하는 방법을 이해하는 것은 RAG 애플리케이션을 구축하고 개선하는 데 중요한 기술이 됩니다.

따라서 이번 장에서는 다음 주요 주제를 다룰 것입니다.

- 프롬프트가 비밀 무기인 이유
- LlamaIndex가 프롬프트를 사용하는 방법 이해하기
- 기본 프롬프트 커스터마이징
- 프롬프트 엔지니어링의 황금률

10.1 기술 요구사항

이 장의 모든 코드 샘플은 이 책의 GitHub 리포지터리의 `ch10` 하위 폴더에서 찾을 수 있습니다.

https://bit.ly/bdda_llamaindex

10.2 프롬프트가 비밀 무기인 이유

제가 처음 코드 몇 줄을 작성하기 시작한 것은 ZX 스펙트럼 컴퓨터를 사용하던 6살 때였습니다. 1980년대 중반 당시, 컴퓨터는 세상에서 아직 새로운 것이었고, 많은 사람이 그것이 인류 사회에 가져올 엄청난 영향을 이해하지 못했습니다. 오늘날 우리는 기술에 의해 지배되고, 여러 측면에서 기술이 주도하는 현실 속에 살고 있습니다. 기술과의 관계 방식도 지난 40년 동안 많이 변했습니다. 거의 모든 인간 활동이 기술 진보에 의해 어느 정도 영향을 받게 되었습니다.

그러나 크게 변하지 않은 것은 기술과 상호작용하는 방식입니다. 몇 가지 주목할 만한 예외(터치 스크린과 음성 인터페이스의 도입 등)를 제외하면, 기술과의 상호작용은 거의 변하지 않았습니다. 우리는 40년 전처럼 컴퓨터가 우리가 필요한 기능을 수행하도록 하기 위해 '크게 발전하지 못한' 기본적인 방법을 사용합니다.

명확한 설명

제가 '크게 발전하지 못한'이라고 말할 때, 반드시 인터페이스 자체의 정교함을 지칭하는 것은 아닙니다. 물론 현대의 키보드나 마우스를 비교해보면, 여기도 엄청난 발전이 있지는 않았다는 것을 알 수 있습니다. 하지만 제가 지칭하는 것은 현재의 인터페이스가 제공하는 대역폭이 정체되어 있다는 점입니다.

우리는 기술과의 상호작용 방식을 바꿀 때가 되었습니다.

간단한 근거를 함께 살펴보겠습니다.

- IT 시스템이 제공하는 컴퓨팅 파워는 빠른 속도로 계속 증가하고 있습니다. 무어의 법칙[1](그림 10.1)이 더 이상 유효한 벤치마크로 간주되지 않는다고 하더라도, 진보는 전혀 느려지지 않습니다.
- 우리는 거의 완벽하게 애플리케이션에 의해 지배되는 세상에 살고 있습니다. 현재 애플리케이션은 사용자와 컴퓨터 사이에서 상호작용을 가능하게 하는 계층으로, 로컬 시스템에서 실행되는 앱, 모바일 장치에서 실행되는 앱, 클라우드에서 실행되는 앱 등에서 상호작용을 가능하게 합니다. 각 앱은 매우 특정한 기능 집합을 제공합니다.
- 많은 앱은 특정 플랫폼에서만 실행되도록 설계되었으며, 다른 플랫폼으로 쉽게 이식할 수 없습니다. 이는 각 플랫폼에 대한 각각 다른 앱이 필요하다는 것을 의미합니다.

---

[1] https://en.wikipedia.org/wiki/Moore's_law

- 많은 애플리케이션이 기능적으로 겹칩니다. 작업이 주어지면, 대부분의 경우 해당 작업을 수행할 수 있는 수십 개의 다른 애플리케이션이 있습니다. 따라서 중복이 많이 발생합니다.
- 우리와 기술과의 상호작용은 40년 전과 대체로 동일한 대역폭을 유지하고 있습니다. 우리는 거의 동일한 유형의 인터페이스(키보드, 마우스, 터치스크린, 제스처 또는 음성 기반)를 사용하여 애플리케이션 로직을 제어합니다.
- 거의 모든 애플리케이션은 자체 UI를 가지고 있습니다. 사용자는 각 애플리케이션을 조작하는 방법을 배우기 위해 반드시 학습 곡선을 거쳐야 합니다. 이 시간을 일반 사용자가 정기적으로 사용하는 애플리케이션 수로 곱하면, 실제로 도구를 효과적으로 사용하는 방법을 배우는 데 많은 시간을 소비하고 있으며, 이는 우리가 도구를 사용하여 생산성을 높이는 실제 시간에 영향을 미친다는 것을 알 수 있습니다.
- 소프트웨어 애플리케이션의 수(공개적으로 사용 가능한 애플리케이션과 조직에서 사적으로 사용하는 애플리케이션 모두 포함)는 이미 방대합니다. 전 세계에는 이미 10억 개 이상의 애플리케이션이 있습니다. 애플리케이션이 종종 여러 버전으로 존재한다는 사실을 감안하지 않더라도 말입니다. 그리고 그 수는 계속 증가하고 있습니다.
- 진화적 관점에서 보면, 인간의 두뇌 능력은 이 기간 동안 변하지 않았습니다. 신경가소성은 우리가 새로운 기술을 배우고 적응하는 데 놀라운 능력을 제공합니다. 그러나 불행히도 진화 자체는 기술 진보를 따라잡을 수 없습니다.

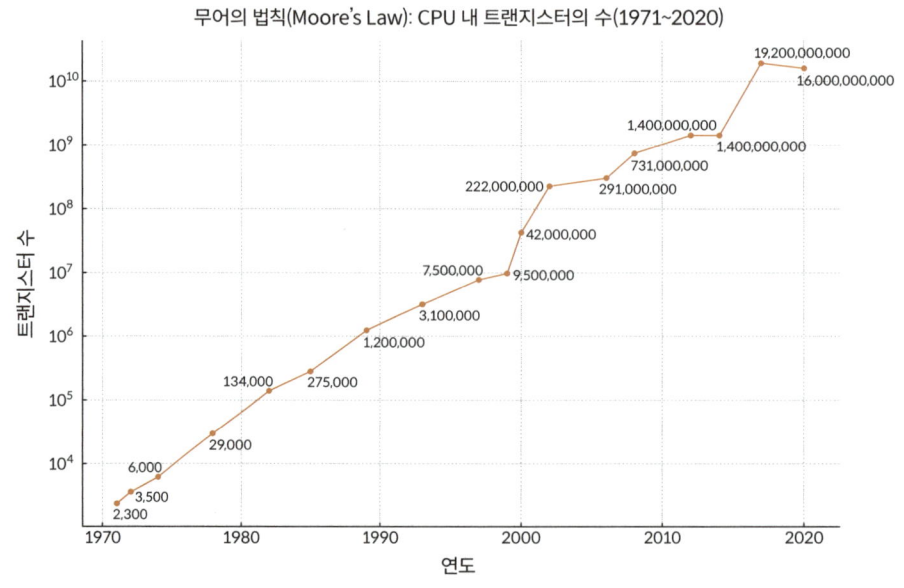

그림 10.1 무어의 법칙에 따르면, 트랜지스터의 수는 약 2년마다 두 배로 증가합니다.

제가 무엇을 지향하는지 아시겠죠? 기술과 상호작용하는 이 특화된 방식은 급속한 기술 발전과 결합하여 서서히 우리가 성공의 희생자가 되도록 만들고 있습니다. 한편으로 우리는 엄청난 수의 문제를 해결할 수 있는 전문화된 도구들을 구축했습니다. 하지만 이제 더 큰 문제가 있습니다. 너무 많은 도구로 인해 이를 효율적으로 정리하고 사용하는 것이 매우 복잡해졌습니다. 새로운 패러다임이 필요합니다.

자연어 처리에 기반한 대화형 인터페이스는 기술과 상호작용하는 현재의 방식에서 유망한 대안으로 주목받고 있습니다. 이는 우리가 장치와 소통하는 방식의 자연스러운 진화를 나타냅니다. 복잡한 시각적 인터페이스와 배우는 데 시간과 노력이 필요한 입력 방법에 의존하는 대신, 대화형 인터페이스는 인간 소통의 가장 근본적이고 직관적인 형태인 자연어를 사용할 수 있게 해줍니다.

여기서 새로운 패러다임의 핵심 역량이 등장합니다.

프롬프트 엔지니어링

인간-기계 상호작용이 점점 자연어에 의존함에 따라, AI 알고리즘이 원하는 응답이나 행동을 하도록 유도하는 효과적인 프롬프트를 작성하는 능력이 필수입니다. 이 기술은 프롬프트를 명확하게 작성하는 것뿐만 아니라, 다양한 표현이 AI가 명령을 해석하고 실행하는 방식에 어떻게 영향을 미칠 수 있는지를 예측하는 것을 포함합니다.

대화형 인터페이스는 기술과의 상호작용을 대화로 변환하며, 언어적 정밀성과 알고리즘적 미묘함에 대한 이해가 원하는 결과를 달성하는 데 핵심 요소가 됩니다. 자연어를 사용하여 컴퓨터 시스템과 직접적이고 효과적으로 상호작용할 수 있는 능력은 인간과 기술 사이의 장벽을 크게 줄일 수 있습니다. 이는 기술에 대한 접근을 보편화하여, 기술 전문 지식에 관계없이 더 넓은 범위의 사용자에게 접근할 수 있는 길을 제공합니다.

이미 일상적인 LLM과의 상호작용에서 프롬프트를 집중적으로 사용하는 것이 대인 소통 능력까지도 향상시킬 수 있다는 징후가 있습니다. 예를 들어 Liu 등(2023)의 연구 논문[2]에서 이를 잘 나타내고 있습니다.

수십 또는 수백 개의 다른 애플리케이션의 기능을 대체할 수는 있지만, 전통적인 인터페이스의 복잡성이 없는 컴퓨터 시스템을 상상해보세요. 언어 상호작용은, 즉 LLM이 RAG와 결합하여 애플리케이션과 운영체제의 자리를 차지하고, 우리에게 컴퓨팅 파워를 사용하는 보편적이고 훨씬 간단한

---

[2] Liu et al. (2023), "Improving Interpersonal Communication by Simulating Audiences with Language Models" https://doi.org/10.48550/arXiv.2311.00687

방법을 제공하는 기술의 한 형태입니다. 너무 깊게 추측의 영역으로 들어가지 않고, 중장기적인 예측을 한다면, 이것이 우리가 향하고 있는 방향이라고 생각합니다. 단기적으로는 전통적인 컴퓨팅 시스템이 계속 우세할 것입니다. 처음에는 대화형 에이전트 기반 인터페이스가 백엔드 애플리케이션 계층의 복잡성을 가리고 사용자와의 상호작용을 점차 단순화할 것입니다. 그런 다음 전용 AI 하드웨어가 상품화되면, 많은 애플리케이션이 생태계에서 사라지고 이들이 제공하던 기능은 AI 모델에 의해 대체될 것입니다.

그리고 이 모든 설명이 이 절의 제목을 선택한 이유를 정당화한다고 생각합니다. 다음으로, 프롬프트가 LlamaIndex에서 LLM 상호작용에 어떻게 사용되는지 함께 알아보겠습니다.

10.3 LlamaIndex가 프롬프트를 사용하는 방법 이해하기

메커니즘 측면에서, RAG 기반 애플리케이션은 LLM과의 채팅 세션에서 단순히 사용자가 사용하는 것과 동일한 규칙과 상호작용 원칙을 따릅니다. 차이점은 RAG가 일종의 초강력 프롬프트 엔지니어라는 점입니다. 거의 모든 인덱싱, 검색, 메타데이터 추출, 최종 응답 합성 작업에서 RAG 프레임워크는 프로그램적으로 프롬프트를 생성합니다. 이 프롬프트는 콘텍스트로 보강된 후 LLM에 전송됩니다.

LlamaIndex에는 LLM이 필요한 각 작업 유형에 템플릿으로 사용하는 기본 프롬프트가 있습니다. 그 예로 `TitleExtractor`를 살펴보겠습니다. 이는 4장에서 이미 언급한 메타데이터 추출기 중 하나입니다. `TitleExtractor`는 문서 내 텍스트 노드에서 제목을 추출하기 위해 두 개의 사전 정의된 프롬프트 템플릿을 사용합니다. 이는 두 단계로 수행됩니다.

1. `node_template` 프롬프트 템플릿을 사용하여 개별 텍스트 노드에서 적절한 제목을 생성하는 프롬프트를 만듭니다.
2. `combine_template` 프롬프트 템플릿을 사용하여 각 노드의 제목을 결합하여 하나의 포괄적인 문서 제목을 생성하는 프롬프트를 만듭니다.

`TitleExtractor`의 기본 프롬프트 템플릿은 두 개의 상수에 저장됩니다.

```
DEFAULT_TITLE_NODE_TEMPLATE = """\
Context: {context_str}. Give a title that summarizes all of \ the unique entities, titles or themes found in the context. Title: """
```

```
DEFAULT_TITLE_COMBINE_TEMPLATE = """\
{context_str}. Based on the above candidate titles and content, \ what is the comprehensive
title for this document? Title: """
```

이 두 템플릿은 '고정된' 텍스트 부분과 `{context_str}`와 같은 변수로 지정된 '동적' 부분으로 구성됩니다. 이는 LlamaIndex가 실행 중 노드의 텍스트를 삽입하는 위치입니다. 그림 10.2를 보면 이를 시각적으로 확인할 수 있습니다.

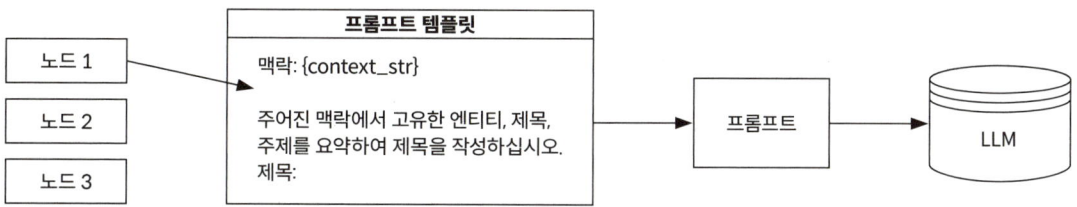

그림 10.2 프롬프트 템플릿에 변수를 주입하여 프롬프트가 구성되는 방법

`TitleExtractor`와 같은 메타데이터 추출기에 사용되는 프롬프트 템플릿은 `metadata_extractors.py` 모듈 내에서 직접 정의됩니다. 이 모듈의 LlamaIndex GitHub 리포지터리에서의 상대 경로는 `llama-index-core/llama_index/core/extractors/metadata_extractors.py`입니다. 그러나 이는 예외적인 경우이며, 기본 템플릿의 대부분은 다른 두 개의 핵심 모듈에 정의됩니다(`llama-index-core/llama_index/core/prompts/default_prompts.py`와 `llama-index-core/llama_index/core/prompts/chat_prompts.py`).

LlamaIndex에서 RAG 워크플로는 다양한 구성 요소를 포함하며, 모든 프롬프트 템플릿을 코드 베이스에서 찾기 어려울 수 있습니다. 이를 위해 프레임워크는 특정 구성 요소에서 사용된 템플릿을 식별하는 `get_prompts()` 메서드를 제공합니다. 이는 에이전트, 리트리버, 쿼리 엔진, 응답 합성기와 같은 다양한 RAG 구성 요소와 함께 사용할 수 있습니다. 다음은 `SummaryIndex` 쿼리 엔진에서 사용되는 프롬프트 템플릿을 얻는 예시입니다.

```
from llama_index.core import SummaryIndex, SimpleDirectoryReader
documents = SimpleDirectoryReader("files").load_data()
summary_index = SummaryIndex.from_documents(documents)
qe = summary_index.as_query_engine()
```

코드의 첫 번째 부분은 이 시점에서 매우 직관적이어야 합니다. 우리는 `SummaryIndex`와 `SimpleDirectoryReader`를 임포트하고, GitHub 리포지터리에서 클론한 두 개의 샘플 파일을 수집합니다. 파일이 `Document`로 수집되면, 인덱스와 그 인덱스에서 쿼리 엔진을 구축합니다. 이 예에서는 쿼리를 실행하지 않습니다. 우리는 단지 프롬프트를 보고 싶을 뿐입니다. 따라서 다음 단계는 쿼리 엔진 내에서 사용되는 기본 프롬프트를 포함하는 딕셔너리를 가져옵니다.

```
prompts = qe.get_prompts()
```

`get_prompts()` 메서드가 반환하는 딕셔너리는 쿼리 엔진에서 사용되는 다양한 프롬프트 유형을 식별하는 키와 프롬프트 템플릿과 연결된 값에 매핑됩니다. 코드의 마지막 부분은 키와 해당 템플릿을 반복하여 표시합니다.

```
for k, p in prompts.items():
    print(f"Prompt Key: {k}")
    print("Text:")
    print(p.get_template())
    print("\n")
```

그림 10.3은 이 샘플을 실행한 후의 결과를 보여줍니다.

```
Prompt Key: response_synthesizer:text_qa_template
Text:
Context information is below.
---------------------
{context_str}
---------------------
Given the context information and not prior knowledge, answer the query.
Query: {query_str}
Answer:

Prompt Key: response_synthesizer:refine_template
Text:
The original query is as follows: {query_str}
We have provided an existing answer: {existing_answer}
We have the opportunity to refine the existing answer (only if needed) with some more context below.
------------
{context_msg}
------------
Given the new context, refine the original answer to better answer the query. If the context isn't useful, return the original answer.
Refined Answer:
```

그림 10.3 SummaryIndex 쿼리 엔진에서 사용되는 두 개의 프롬프트 템플릿

출력을 살펴보면, 쿼리 엔진에서 사용하는 두 개의 템플릿인 `text_qa_template`과 `refine_template`을 볼 수 있습니다. 두 개의 키 모두 `response_synthesizer:`로 시작하는 것을 알 수 있습니다. 이는 실제로 프롬프트를 사용하는 쿼리 엔진의 정확한 구성 요소를 나타냅니다. 우리의 경우 응답 합성

기가 이에 해당됩니다. 동일한 논리에 따라, 우리는 많은 다른 유형의 RAG 구성 요소에서 `get_prompts()` 메서드를 사용하여 내부적으로 사용하는 프롬프트를 이해할 수 있습니다.

전문가 팁

기본 프롬프트를 검사하는 대안 옵션으로는 9장에서 소개한 Arize AI의 Phoenix 프레임워크를 사용하는 고급 추적 방법이 있습니다. Phoenix는 실행 흐름의 시각적 표현을 제공하여 언제, 어떻게 다른 프롬프트가 사용되는지를 쉽게 이해할 수 있게 하고, 삽입된 콘텍스트와 함께 최종 프롬프트를 표시합니다. 그러나 이 방법의 단점 중 하나는 원래의 프롬프트 템플릿 대신, 이미 콘텍스트가 삽입된 최종 프롬프트를 보게 된다는 것입니다.

이제 프롬프트를 검사하기 위한 신뢰할 수 있는 기술이 생겼으니, 다음 단계는 이를 사용자 정의하는 방법을 탐구하는 것입니다. TitleExtractor와 쿼리 엔진 예제를 기반으로, 다음 절에서는 다양한 RAG 구성 요소에서 사용하는 프롬프트를 어떻게 커스터마이징하는지 알아보겠습니다.

10.4 기본 프롬프트 커스터마이징

LlamaIndex에서 제공하는 기본 프롬프트는 대부분의 시나리오에서 잘 작동하도록 설계되었지만, 사용자 정의가 필요하거나 바람직할 수 있습니다. 예를 들어 다음과 같은 경우 프롬프트를 조정할 수 있습니다.

- 도메인별 지식이나 용어 통합하기
- 특정한 글쓰기 스타일이나 톤에 맞게 프롬프트 조정하기
- 특정 정보나 출력을 우선시하도록 프롬프트 수정하기
- 성능이나 품질을 최적화하기 위해 다양한 프롬프트 구조 실험하기

프롬프트를 커스터마이징함으로써, 우리는 RAG 구성 요소와 언어 모델 간의 상호작용을 미세 조정하여 애플리케이션의 정확성, 관련성, 전체적인 성능을 향상시킬 수 있습니다.

좋은 소식은, 우리가 자체 커스텀 프롬프트 템플릿을 제공하여 다양한 LlamaIndex 구성 요소의 작동을 수정할 수 있다는 점입니다. 그러나 기대와 달리, 좋은 프롬프트 템플릿을 작성하는 것은 쉽지 않습니다. 정확성, 관련성, 질의 작성, 프롬프트 크기, 출력 형식 등 많은 복잡한 요소를 고려해야 하기 때문입니다. 이런 복잡성으로 인해, 권장하는 접근 방식은 기본 프롬프트에서 시작해 점진적으로 변경을 가하며, 다양한 극단적인 사례를 기반으로 엄격한 평가를 수행하는 것입니다. 다음 절에서 프롬프트 작성의 일반 원칙과 모범 사례에 대해 더 자세히 논의할 것입니다. 지금은

프롬프트 커스터마이징 방법에 초점을 맞추겠습니다.

LlamaIndex에서는 `get_prompts()` 메서드를 사용하는 모든 RAG 구성 요소가 `update_prompts()` 메서드로 프롬프트 템플릿을 수정할 수 있습니다. 따라서 이는 특정 프롬프트 템플릿을 변경하는 가장 쉬운 방법입니다. 이전 절의 예제를 사용하여 이번에는 `text_qa_template`을 수정해, LLM이 답을 할 때 자체 지식도 활용하도록 하겠습니다. 기본 `text_qa_template` 템플릿은 다음과 같습니다.

```
Context information is below.
---------------------
{context_str}
---------------------
Given the context information and not prior knowledge, answer the query.
Query: {query_str}
Answer:
```

다음 예제에서는 이 템플릿에 매우 미묘한 변화를 주고, 그 변화가 쿼리 엔진의 작동에 어떻게 영향을 미치는지 살펴볼 것입니다. 코드를 살펴보겠습니다.

```
from llama_index.core import SummaryIndex, SimpleDirectoryReader
from llama_index.core import PromptTemplate
documents = SimpleDirectoryReader("files").load_data()
summary_index = SummaryIndex.from_documents(documents)
qe = summary_index.as_query_engine()
```

지금까지의 코드는 이전 예제와 동일합니다. 임포트된 항목이 추가되었지만, 이 항목은 잠시 후에 설명하겠습니다. 이번에는 기본 템플릿을 사용하여 쿼리를 실행할 것입니다. 나중에 이 응답을 참고로 사용할 것입니다.

```
print(qe.query("Who burned Rome?"))
print("-----------------------")
```

이제 `prompt_template` 템플릿을 변경해보겠습니다. 먼저 새로운 템플릿을 정의합니다.

```
new_qa_template = (
"Context information is below."
"---------------------"
"{context_str}"
```

```
"---------------------"
"Given the context information "
"and any of your prior knowledge, "
"answer the query."
"Query: {query_str}"
"Answer:")
```

새로운 버전과 원래 템플릿을 비교하면 미묘하지만 중요한 차이를 알 수 있습니다. 이번에는 모델이 검색된 콘텍스트뿐만 아니라 자체 지식도 적용하도록 지시했습니다. 추가된 임포트 항목을 사용해보겠습니다. `update_prompts()` 메서드는 프롬프트가 `BasePromptTemplate` 형식이어야 하므로, 프롬프트가 적절하게 구조화되었는지 확인합니다.

```
template = PromptTemplate(new_qa_template)
```

이제 쿼리를 다시 실행할 준비가 되었습니다.

```
qe. Update_prompts(
    {"response_synthesizer: text_qa_template": template}
)
print(qe.query("Who burned Rome?"))
```

그림 10.4에서 출력 결과를 확인해보겠습니다.

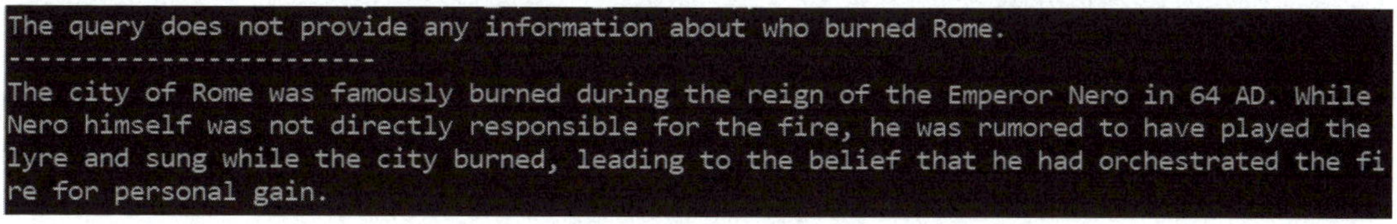

```
The query does not provide any information about who burned Rome.
---------------------
The city of Rome was famously burned during the reign of the Emperor Nero in 64 AD. While Nero himself was not directly responsible for the fire, he was rumored to have played the lyre and sung while the city burned, leading to the belief that he had orchestrated the fire for personal gain.
```

그림 10.4 프롬프트 템플릿을 업데이트하기 전후의 쿼리 출력

출력에서 볼 수 있듯이, `text_qa_template`의 작은 수정이 쿼리 엔진의 작동을 완전히 바꾸었습니다. 이와 유사하게 답변 방식 대신, LLM에게 특정 언어 스타일로 답변하게 하거나 운율을 적용할 수도 있습니다. 여기서 RAG 애플리케이션에 제공하는 이 기능의 가치가 명확히 드러납니다.

불행히도 모든 LlamaIndex 구성 요소가 `update_prompts()` 메서드를 지원하는 것은 아닙니다. 예를 들어 이전 절에서 언급한 `TitleExtractor` 메타데이터 추출기는 이를 지원하지 않습니다. 그러나

여전히 `node_template`과 `combine_template` 인수를 사용해 기본 프롬프트 템플릿을 수정할 수 있습니다. 예를 들어봅시다.

```python
from llama_index.core import SimpleDirectoryReader
from llama_index.core.node_parser import SentenceSplitter
from llama_index.core.extractors import TitleExtractor
reader = SimpleDirectoryReader('files')
documents = reader.load_data()
parser = SentenceSplitter()
nodes = parser.get_nodes_from_documents(documents)
```

첫 번째 부분에서는 샘플 파일을 `Document`로 로드한 후, 각 문서를 `Node`로 나눕니다. 먼저 기본 템플릿을 사용하여 제목을 추출해보겠습니다.

```python
title_extractor = TitleExtractor(summaries=["self"])
meta = title_extractor.extract(nodes)
print("\nFirst title: " +meta[0]['document_title'])
print("Second title: " +meta[1]['document_title'])
```

지금까지의 출력은 다음과 유사해야 합니다.

```
First title: "The Enduring Influence of Ancient Rome: Architecture, Engineering, Conquest, and Legacy"
Second title: "The Enduring Bond: Dogs as Loyal Companions - Exploring the Unbreakable Connection Between Humans and Man's Best Friend"
```

다음으로 커스텀 프롬프트 템플릿을 정의하고, 두 번째 실행을 위해 `TitleExtractor`에 인수로 전달합니다.

```python
combine_template = (
    "{context_str}. Based on the above candidate titles "
    "and content, what is the comprehensive title for "
    "this document? Keep it under 6 words. Title: "
)
title_extractor = TitleExtractor(
    summaries=["self"],
    combine_template=combine_template
)
meta = title_extractor.extract(nodes)
```

```
print("\nFirst title: "+meta[0]['document_title'])
print("Second title: "+meta[1]['document_title'])
```

이 커스텀 프롬프트에 추가 지침을 추가했기 때문에, 추출기는 이제 더 짧은 제목을 생성해야 합니다. 두 번째 실행의 결과는 다음과 유사해야 합니다.

```
First title: "Roman Legacy: Architecture, Engineering, Conquest"
Second title: "Man's Best Friend: The Enduring Bond"
```

프롬프트 커스터마이징의 기본 메커니즘을 살펴본 후, 이제 더 고급 방법으로 넘어갈 차례입니다.

10.4.1 LlamaIndex에서 고급 프롬프트 기법 사용하기

LlamaIndex는 더 맞춤화되고 표현력 있는 프롬프트를 생성하고, 기존 프롬프트를 재사용하며, 특정 작업을 더 간결하게 표현할 수 있는 여러 고급 프롬프트 기술을 제공합니다. 여기에는 부분 포맷팅, 프롬프트 템플릿 변수 매핑, 프롬프트 함수 매핑 등이 포함됩니다. 표 10.1은 각 방법의 목적과 잠재적인 사용 사례를 요약합니다.

표 10.1 **LlamaIndex가 제공하는 고급 프롬프트 기법의 개요**

방법	목적
부분 포맷팅	프롬프트의 일부 변수만 먼저 채우고 나머지는 나중에 채울 수 있게 하는 방식입니다. 이는 필요한 모든 프롬프트 변수를 끝까지 유지하지 않고, 변수가 사용 가능해짐에 따라 포맷할 수 있으므로 유용합니다. 이 방법은 다양한 사용자 입력을 수집하여 단계적으로 프롬프트를 구축하는 다단계 RAG 시나리오에서 특히 유용합니다.
프롬프트 템플릿 변수 매핑	예상하는 프롬프트 키와 실제로 템플릿에서 사용되는 키 사이의 매핑을 지정하여, 템플릿 변수를 수정하지 않고도 기존 문자열 템플릿을 재사용할 수 있습니다. 이는 템플릿 키에 대한 **별칭**(alias)을 만드는 것과 유사합니다.
프롬프트 함수 매핑	이 기능은 템플릿 변수로 고정된 값 대신 함수들을 전달하여, 쿼리 시점에 다른 값이나 조건에 따라 특정값을 동적으로 주입할 수 있습니다.

이 세 가지 방법에 대한 자세한 코드 예제는 공식 LlamaIndex 문서에서 찾을 수 있습니다.

https://developers.llamaindex.ai/python/examples/prompts/advanced_prompts

이렇게 새로운 유용한 도구를 우리의 지식 인벤토리에 추가함으로써, 우리는 이제 애플리케이션과 LLM 간의 대화를 정제하고 맞춤화하여 LlamaIndex의 거의 모든 RAG 구성 요소의 작동을 커스터마이징할 수 있습니다.

이번 장의 마지막 절에서는 RAG 설정의 잠재력을 최대화하는 중요한 측면, 즉 프롬프트 엔지니어링의 예술과 과학에 초점을 맞춥니다.

10.5 프롬프트 엔지니어링의 황금률

이 절은 프롬프트 엔지니어링에 대한 결정적인 가이드 역할을 하지 않습니다. 사실 이 분야는 계속해서 발전하고 있습니다. 많은 LLM이 초기에는 예상하지 못했던 능력을 보이고 있어, 이 언어 모델과 상호작용하는 방법 또한 시간이 지남에 따라 개선되고 있습니다. 즉, LLM이 인간의 본성을 더 잘 이해하고 모델링할수록, 우리는 그들과 상호작용하는 새로운 방법을 배우게 됩니다. 이 절에서는 프롬프트 엔지니어링에서 흔히 사용하는 기술과 기본 원칙을 소개합니다. 이전 절에서 언급했듯이, 좋은 프롬프트는 여러 매개변수를 균형 있게 조정해야 합니다. RAG 애플리케이션을 구축할 때 중요한 몇 가지 사항은 다음과 같습니다.

10.5.1 표현의 정확성과 명확성

프롬프트는 명확하고 정확해야 하며, 모호한 표현을 피해야 합니다. 필요사항을 명확히 할수록 적절한 응답을 받을 가능성이 높습니다. 모델이 메시지를 제대로 이해할 것이라고 추정해서는 안 됩니다. 이러한 가정은 편향된 결과를 낳을 수 있으며, 잘못된 응답(예: 환각)을 유발할 수 있습니다.

10.5.2 지시성

프롬프트의 지시성은 응답의 성격을 크게 좌우합니다. 지시성이 낮은 프롬프트는 창의적이고 넓은 범위의 응답을 유도할 수 있으며, 지시성이 높은 프롬프트는 매우 구체적인 답변을 요구할 수 있습니다. 지시성의 정도는 의도한 결과에 맞춰져야 합니다. 정적 부분과 동적으로 검색된 콘텐츠를 혼합하는 프롬프트 템플릿을 구축할 때는 모델이 오해할 수 있는 예외적 상황을 고려해야 합니다. 예를 들어 `Summarize`, `Analyze`, `Explain` 같은 명확한 명령어를 사용해 모델이 수행할 작업을 구체적으로 안내하는 것이 좋습니다.

10.5.3 콘텍스트 품질

RAG 시스템에서 중요한 도전 과제는 콘텍스트 품질 관리입니다. 독점 지식 베이스의 품질과 구조, 그리고 가장 관련성 있는 콘텍스트를 검색하는 능력은 필수입니다. '쓰레기가 들어가면 쓰레기가 나온다garbage in, garbage out'라는 말처럼, 데이터의 불일치, 특수문자, 중복 정보, 문법 오류 등을 제거해야 검색 및 응답 품질이 향상됩니다. 6장에서 다룬 다양한 검색 전략, 4장에서 논의한 `similarity_top_k`, `chunk_size`, `chunk_overlap` 같은 검색 매개변수 등을 활용해 최적화하세요. 또한 7장에서 설명한 리랭커re-ranker와 노드 후처리기를 사용하여 콘텍스트 품질을 개선하세요.

10.5.4 콘텍스트 양

콘텍스트는 간결하면서도 충분한 세부사항을 제공해야 합니다. 프롬프트는 집중을 유지할 만큼 짧아야 하지만, 작업이나 질문의 구체적인 요구사항을 전달할 만큼 자세해야 합니다. 콘텍스트가 너무 적으면 깊이나 관련성이 부족한 답변이 나올 수 있고, 너무 많으면 모델을 혼란스럽게 하거나 주제에서 벗어날 수 있습니다.

RAG 시나리오에서 프롬프트에 제공되는 콘텍스트의 양이 증가함에 따라, 생성된 응답의 정렬성과 정확성에 미치는 잠재적 영향을 고려하는 것이 중요합니다. 더 많은 콘텍스트를 제공하면 언어 모델이 현재 작업에 대해 더 폭넓게 이해할 수 있어 많은 경우에 유익하지만, 지나치게 긴 프롬프트와 관련된 위험도 있습니다.

예를 들어 프롬프트가 너무 길어지면 관련이 없거나 모순된 정보가 포함될 가능성이 높아집니다. 이는 의도된 작업과 모델의 이해 사이에 불일치를 초래할 수 있으며, 모델이 부차적인 세부사항에 너무 많은 주의를 기울이거나 핵심 목표에서 벗어날 수 있습니다. 하지만 명확하고 간결한 프롬프트를 유지하면 모델이 원하는 출력에 맞추도록 보장할 수 있습니다.

또한 콘텍스트가 커짐에 따라 모델은 더 많은 정보를 처리하고 고려해야 합니다. 이러한 **인지 부하**cognitive load의 증가는 정확도의 감소로 이어질 수 있습니다. 모델은 가장 관련성 있는 정보를 식별하는 데 어려움을 겪거나 덜 중요한 세부사항에 과도한 중요성을 부여할 수 있습니다. 게다가, 더 긴 프롬프트는 모호성이나 불일치를 포함할 가능성이 높아져 응답의 정확성을 더욱 떨어뜨릴 수 있습니다.

LLM의 콘텍스트에서의 인지 부하

인지 부하는 언어 모델이 제공된 콘텍스트를 처리하고 이해하여 그에 기반한 응답을 생성하기 위해 필요한 처리 노력과 자원을 의미합니다. RAG 시스템의 경우, 인지 부하는 프롬프트에 존재하는 정보의 양과 복잡성과 직접적으로 관련됩니다.

`SimilarityPostprocessor`나 `SentenceEmbeddingOptimizer`와 같은 노드 후처리기를 구현하여 관련성이 별로 없는 노드를 필터링하거나 내용을 단축함으로써 이 문제를 부분적으로 완화할 수

있습니다. 따라서 LLM에 제출되는 최종 프롬프트의 길이를 줄일 수 있습니다. 이러한 방법은 7장에서 다루었습니다. 또한 검색된 콘텍스트가 본질적으로 길다면, 더 작고 관리하기 쉬운 청크로 분할하는 것을 고려해야 합니다.

1 콘텍스트의 순서

RAG 파이프라인의 전체적인 효과는 콘텍스트의 양과 질에만 의존하지 않습니다. 특히 더 긴 콘텍스트를 다룰 때, 대부분의 LLM은 핵심 정보의 위치에 따라 해당 정보를 추출하는 성능이 달라질 수 있습니다. 효과적인 접근법은 프롬프트를 계층적으로 구조화하여 가장 중요한 정보를 시작이나 끝에 배치하는 것입니다. 이는 모델이 핵심 지침과 콘텍스트를 우선시하도록 보장합니다. 이때 노드 리랭커나 `LongContextReorder` 후처리기와 같은 도구가 유용할 수 있습니다.

참고사항

'건초 더미 속의 바늘 테스트'라는 RAG 평가 기법이 인기를 끌고 있습니다. 연구자들은 이 방법을 통해 LLM에 제공된 더 큰 콘텍스트에서 매우 특정한 정보를 인식하고 회상하는 모델의 능력을 측정합니다. 이 특정 정보는 눈에 잘 띄지 않으며, 전체 콘텍스트에 자연스럽게 섞여 있습니다. 이 방법은 인간이 특정 텍스트에 주의를 기울이고 그 핵심 정보를 회상하는 능력을 테스트하는 것과 유사합니다.

10.5.5 필요한 출력 형식

대부분의 경우 RAG 워크플로를 구축할 때, LLM이 구조화되거나 반구조화된 출력을 생성하도록 해야 합니다. 거의 모든 시나리오에서 출력은 형식, 크기, 언어 측면에서 예측 가능해야 합니다. 때때로 프롬프트에 몇 가지 예시를 제공하면 더 나은 응답을 얻을 수 있지만, 이것이 모든 경우에 만능 해결책은 아닙니다. 이러한 이유로 출력 파서와 Pydantic 프로그램을 사용하여 더 예측 가능한 출력을 얻어야 합니다. 이러한 주제는 7장에서 다루었습니다.

10.5.6 추론 비용

대부분의 경우 애플리케이션은 매우 명시적인 비용 제약 내에서 실행될 것입니다. 항상 비용을 추정하고 토큰 사용량을 추적해야 합니다. 또한 프롬프트 압축을 위해 `LongLLMLinguaPostprocessor`와 같은 도구를 사용할 수 있습니다. 이 노드 후처리기에 대해서는 7장에서 논의했습니다. 프롬프트 압축 기술은 콘텍스트에서 중복된 정보를 제거하고 핵심 정보만 유지함으로써 비용 효율성뿐만 아니라 최종 응답의 품질도 향상시킬 수 있습니다.

10.5.7 전체 시스템 지연 시간

이 매개변수는 여러 요인에 따라 달라지지만, 부풀려져 비효율적이거나 모호한 프롬프트는 시스템 지연 시간에도 부정적인 영향을 줄 수 있습니다. 이는 실제 사람과 대화하는 것과 비슷합니다. 쿼리가 길고 비효율적일수록 모델이 쿼리의 실제 의도를 이해하기 위해 더 많은 처리가 필요합니다. 더 긴 처리 시간은 전체 사용자 경험에 부정적인 영향을 미칩니다.

프롬프트 엔지니어링은 실험과 반복의 지속적인 과정입니다. 프롬프트의 성능을 정기적으로 평가하고 결과에 따라 개선해야 합니다. 기억하세요. 이것은 장기적인 게임이며, 규칙은 계속해서 재정립되고 있습니다. 프롬프트 엔지니어링의 최신 발전과 기술에 대한 지식을 최신 상태로 유지하려고 노력하세요. 이 분야는 빠르게 진화하고 있습니다.

10.5.8 작업에 적합한 LLM 선택

AI 분야에서 모든 LLM이 동일한 것은 아닙니다. 9장에서 RAG 파이프라인의 다양한 구성 요소, 특히 기본 LLM을 어떻게 쉽게 커스터마이징할 수 있는지 살펴보았습니다. 하지만 실제로는 이 많은 옵션 중에서 작업에 어떤 것을 선택해야 할까요? 특정 작업에 '잘못된' LLM을 선택하면 프롬프트를 만드는 데 투자한 많은 노력을 비효율적으로 만들 수 있습니다. 이는 잘못된 사람에게 답변을 얻으려는 것과 비슷합니다. 충분히 설득하면 결국 답변을 얻을 수 있겠지만, 그 답변이 원하는 답변이 아닐 수 있습니다.

따라서 LLM의 다양한 특성을 이해하고 주어진 작업에 어떤 것이 적합한지 아는 것이 중요합니다. 모델 선택에 도움이 되는 몇 가지 주요 특성이 있습니다. 다음에서 살펴보겠습니다.

1 모델 아키텍처

모델은 서로 다른 기본 아키텍처를 가질 수 있으며, 이는 고유한 능력을 결정할 수 있습니다. 예를 들어 인코더 전용 모델은 입력 텍스트를 인코딩하고 분류하는 데 특화되어 있어, **BERT**Bidirectional Encoder Representations from Transformer와 같은 경우 **다음 문장 예측**next sentence prediction, NSP 작업에서 뛰어납니다.[3]

인코더-디코더 모델은 입력 텍스트를 이해하고 응답을 생성할 수 있어, 번역이나 기사 요약과 같은 텍스트 생성 및 이해 작업에 이상적입니다. 이 범주에 속하는 예로는 **BART**Bidirectional and Auto-

---

3 https://en.wikipedia.org/wiki/BERT_(language_model)

Regressive Transformer가 있습니다.[4]

디코더 전용 모델은 주어진 프롬프트에서 이후 단어나 토큰을 디코딩하거나 생성할 수 있으며, 주로 텍스트 생성에 사용됩니다. **GPT**Generative Pre-trained Transformer, Mistral, Claude, LLaMa와 같은 모델은 이 분야의 슈퍼스타입니다.

또한 **MoE**mixture-of-expert와 같은 더 독특한 아키텍처도 있습니다. 이는 **희소한 MoE** 프레임워크를 활용하여 토큰별 동적 처리를 제공합니다. Shazeer 등(2017)의 논문[5]을 참조하세요. 이 접근 방식은 **Mixtral 8x7B**와 같이 수학, 코드 생성, 다국어 작업을 포함한 다양한 도메인에서 성능을 크게 향상시킬 수 있습니다.

2 모델 크기

모델 크기는 LLM을 선택할 때 고려해야 할 또 다른 중요한 요소로, 이는 잠재적인 계산 비용과 모델의 능력에 직접적인 영향을 미칩니다. LLM 내의 매개변수 수는 가중치부터 학습 중에 조정된 바이어스까지 모델의 복잡성을 이해하고 그에 따라 운영 비용을 이해하는 척도가 됩니다. GPT-4와 같이 추정 1.76조 개의 매개변수를 가진 더 큰 모델은 강력한 능력을 제공하지만, 더 높은 비용과 계산 자원을 요구합니다. 반면에 일반적으로 100억 개의 매개변수 미만인 중간 크기의 모델은 비용 대비 성능의 균형을 이루어, 다양한 애플리케이션에 적합합니다.

3 추론 속도

이는 모델이 입력을 처리하고 출력을 생성하는 속도를 결정하므로 중요한 매개변수입니다. 더 큰 모델은 출력 품질과 깊이 측면에서 향상된 성능을 제공할 수 있지만, 계산량이 많아 추론 속도가 느릴 수 있습니다. 추론 속도는 매개변수 수뿐만 아니라 모델 아키텍처의 효율성, 사용되는 계산 인프라 등 다양한 요인의 영향을 받습니다. 모델 가지치기, 양자화, 특수 하드웨어 활용과 같은 추론 시간을 줄이는 기술은 LLM의 실제 응용 가능성을 크게 향상시킬 수 있습니다.

더 복잡하게 만들기 위해, 이러한 특성 외에도 LLM은 다양한 작업이나 도메인에 특화되어 성능을 향상시킬 수 있습니다. 이러한 전문화는 모델을 미세 조정하기 위해 사용되는 데이터 유형과 학습 목표에서 발생합니다. 다음으로 몇 가지 일반적인 전문화를 살펴보겠습니다.

---

[4] https://huggingface.co/docs/transformers/en/model_doc/bart
[5] Shazeer et al. (2017), "Outrageously Large Neural Networks: Th e Sparsely-Gated Mixture-of-Experts Layer" https://doi.org/10.48550/arXiv.1701.06538

4 챗 모델

챗 모델은 대화형 상호작용에 최적화되어 있습니다. 이들은 사용자와의 대화에 참여하도록 설계되어 인간과 유사한 대화를 제공합니다. 이러한 모델은 연속된 대화 맥락을 유지할 수 있으며, 상호적인 교환에 능숙합니다.

이들은 챗봇이나 가상 비서와 같이 상호작용이 더 캐주얼하거나 대화형인 애플리케이션에서 이상적인 선택이 될 수 있습니다. 이러한 모델은 고객 서비스 봇, 엔터테인먼트 애플리케이션, 가상 동반자 등 자연스럽고 매력적인 대화를 요구하는 애플리케이션에서 사용됩니다. 특히 이들은 응답이 개방적이며, 매력적이고, 때로는 재미있기까지 한, 콘텍스트에 맞는 답변을 생성합니다.

5 인스트럭트 모델

인스트럭트Instruct 모델은 특정 지침이나 쿼리를 이해하고 실행하도록 파인 튜닝되었습니다. 이들은 대화에 참여하기보다는 주어진 지침에 따라 작업을 실행하는 것을 우선시합니다. 이는 문서를 요약하거나, 프롬프트에 기반하여 코드를 생성하거나, 자세한 설명을 제공하는 등 사용자가 모델이 특정 작업을 수행하기를 원하는 시나리오에서 적합합니다. 이러한 모델은 교육 도구, 생산성 애플리케이션, RAG 애플리케이션의 복잡한 워크플로에서 명확하고 직접적인 응답이 필요한 경우에 선호합니다.

이들은 대화 톤을 유지하기보다는 작업의 정확성과 관련성에 초점을 맞춥니다. 응답은 사용자 요청을 가능한 한 효율적이고 효과적으로 충족하는 데 맞춰져 있습니다.

6 코덱스 모델

코덱스Codex 모델은 코드를 이해하고 생성하는 데 최적화되어 있습니다. 이들은 방대한 프로그래밍 언어 코퍼스로 훈련되었으며, 코딩 작업 지원, 코드 디버깅, 코드 스니펫 설명, 설명에 기반한 전체 프로그램을 생성하는 작업도 지원할 수 있습니다. 이는 개발 환경, 코딩 교육 도구, 자동화된 코딩 지원이 필요한 모든 곳에서 최적의 선택입니다.

7 요약 모델

긴 텍스트를 핵심 정보와 맥락을 유지하면서 더 짧은 요약으로 압축하는 데 특화되어 있습니다. 요약summarization 모델은 콘텐츠의 핵심을 포착하고 간결하게 제시하는 데 집중합니다. 뉴스 집계 서비스, 연구, 콘텐츠 생성, 긴 문서에서 빠른 인사이트가 필요한 모든 시나리오에서 유용합니다.

8 번역 모델

이름에서 알 수 있듯이, 이러한 모델은 텍스트를 한 언어에서 다른 언어로 번역하도록 설계되었습니다. 이들은 대규모 다국어 데이터셋으로 훈련되어 높은 정확도로 언어 간의 이해와 번역을 수행합니다. 글로벌 통신 플랫폼, 콘텐츠 현지화, 언어 학습자를 위한 교육 도구에 가장 적합합니다.

9 질문-답변 모델

질문-답변 모델은 자연어로 제시된 질문을 이해하고, 제공된 텍스트나 방대한 학습 데이터를 참조하여 정확한 답변을 제공하도록 파인 튜닝되었습니다. 특히 이러한 모델은 지능형 검색 엔진, 교육 지원 도구, 대화형 지식 베이스 구축에서 중요한 역할을 합니다.

또한 이 모델은 특정 도메인이나 애플리케이션에 맞게 파인 튜닝된 다른 유형의 모델에도 적용될 수 있습니다. 이러한 다양한 전문화가 모델의 특정 기능을 향상시키거나 감소시키는 경향이 있기 때문에, 신중하게 제작한 프롬프트가 일관성 없는 결과를 낼 수 있다는 점을 기억해야 합니다. 한 모델에서는 프롬프트가 거의 완벽한 응답을 이끌어낼 수 있지만, 다른 모델에서는 평균 수준에 가까스로 도달할 수 있습니다.

LLM을 선택할 때는 이러한 특성과 RAG 애플리케이션의 특정 요구사항 간의 균형을 고려하는 것이 중요합니다. 이러한 측면을 이해하면 예산 내에서 성능과 속도 기대치를 충족하는 모델을 선택하는 데 도움이 됩니다. 실시간 응용 프로그램을 위해 LLM을 배포하든, 깊은 이해와 생성 능력이 필요한 복잡한 작업을 위해 배포하든, 선택한 모델은 LlamaIndex 애플리케이션의 결과에 큰 영향을 미칠 것입니다. 하지만 전체 RAG 로직에 단일 모델을 사용하는 것으로 제한되지는 않습니다. LlamaIndex는 무한한 맞춤 설정 가능성을 제공하므로, 모델들의 조합을 사용하는 것도 옵션입니다. 이상적인 조합과 각 모델의 목적을 찾을 때까지 실험하고 평가해야 합니다.

10.5.9 효과적인 프롬프트를 만드는 데 사용하는 일반적인 방법

간단한 프롬프트는 많은 작업에서 유용할 수 있지만, 더 복잡한 추론이나 다단계 프로세스에서는 종종 더 고급 기술이 필요합니다. 이 절에서는 RAG 애플리케이션에서 언어 모델의 성능을 크게 향상시킬 수 있는 몇 가지 강력한 프롬프트 기술을 다룹니다. 이미 웹에는 풍부한 학습 자료, 무료 강좌, 많은 예제가 있으므로, 이러한 방법에 아직 익숙하지 않다면 이 목록을 향후 학습 경로의 출발점으로 삼는 것을 권장합니다.

1 퓨샷 프롬프트(k-shot 프롬프트)

Brown 등(2020)의 논문[6]에서 설명된 바와 같이, LLM을 포함한 복잡한 작업에 데모와 함께 퓨샷 프롬프트Few-Shot prompt를 사용하면 콘텍스트 학습을 가능하게 하고 성능을 향상시킬 수 있습니다. 이 방법은 작업의 몇 가지 예시와 예상 출력을 제공하여 모델을 조건화하는 것에 의존합니다. 한 샷, 세 샷, 다섯 샷 등 다양한 예시 수를 실험하여 최적의 균형을 찾을 수 있습니다. 그래서 **k-샷**이라는 이름으로 불리기도 합니다.

제로샷 프롬프트에 대하여

참고로, **제로샷 프롬프트**(Zero-Shot prompt)는 모델에게 선행 콘텍스트 질문/답변 쌍 없이 질문을 제시하는 것을 포함합니다. 이는 콘텍스트의 부재로 인해 모델에게는 더 어려운 접근 방식입니다.

퓨샷 프롬프트를 사용할 때, 예시에 사용하는 형식과 입력 텍스트의 분포가 성능에 영향을 줄 수 있다는 점을 기억하세요. 퓨샷 프롬프트 방법은 더 간단한 작업에 대한 정답의 확률을 높이지만, 더 복잡한 추론 시나리오에서는 여전히 어려움을 겪을 수 있습니다. 다음은 이 기술을 사용하는 실용적인 프롬프트 예제입니다.

```
Classify the following reviews as positive or negative sentiment:
<The food was delicious and the service was excellent!> // Positive
<I waited over an hour and my meal arrived cold.> // Negative
<The ambiance was nice but the dishes were overpriced.> //
Output:
```

이 스타일로 모델에게 몇 가지 예시를 제공하면 콘텍스트 학습을 가능하게 하고, 모델을 미세 조정하지 않고도 작업의 성능을 향상시킬 수 있습니다.

2 생각의 사슬 프롬프트

Wei 등(2023)의 논문[7]에서 처음 소개된 이 방법은 추론이나 다단계 프로세스를 요구하는 LLM 작업에서 인상적인 결과를 제공합니다. 생각의 사슬chain-of-thought, CoT 프롬프트를 사용하여 모델이 문제를 세분화하고 그 생각 과정을 보여주도록 장려할 수 있습니다. 예시를 포함하여 프롬프트에서 단계별 추론 과정을 보여주는 것도 가능합니다. 다음은 실용적인 프롬프트 예제입니다.

---

[6] Brown et al. (2020), "Language Models are Few-Shot Learners" https://doi.org/10.48550/arXiv.2005.14165
[7] Wei et al. (2023), "Chain-of-Th ought Prompting Elicits Reasoning in Large Language Models" https://doi.org/10.48550/arXiv.2201.11903

```
There are 15 students in a class. 8 students have dogs as pets.
If 3 more students get a dog, how many of them would have a dog as a pet then?
Step 1) Initially there are 15 students and 8 have dogs
Step 2) 3 more students will get dogs soon
Step 3) So the final number is the initial 8 students with dogs plus the 3 new students =
8 + 3 = 11
Therefore, the number of students that would have a dog as a pet is 11.
A factory makes 100 items daily. On Tuesday, they boost production by 40% for a special
order. However, to adjust inventory, they cut Thursday's output by 20% from Tuesday's
high. Then, expecting a sales increase, Friday's output rises by 10% over the day before.
Calculate the production numbers for Tuesday, Thursday, and Friday.
```

프롬프트의 첫 번째 부분은 추론 과정을 보여줌으로써, LLM이 두 번째 부분(실제 작업)에 더 잘 답변하도록 안내합니다.

3 자기 일관성

자기 일관성은 다양한 추론 경로를 샘플링하고 가장 일관된 답변을 선택함으로써 CoT 프롬프트의 성능을 향상시키는 것을 목표로 합니다. Wang 등(2023)의 논문[8]에서 처음 소개된 자기 일관성 방법은 산술 및 상식 추론을 포함한 작업에서 성능을 높이는 데 도움이 됩니다. 이 방법은 퓨샷 CoT 예시를 제공하고, 여러 추론 경로를 생성한 다음, 이러한 경로에 기반하여 가장 일관된 답변을 선택하는 것을 포함합니다.

이 접근 방식은 언어 모델이 인간처럼 때때로 실수를 하거나 잘못된 추론 단계를 밟을 수 있음을 인정합니다. 그러나 다양한 추론 경로를 활용하고 가장 일관된 답변을 선택함으로써, 자기 일관성은 CoT 프롬프트보다 더 나은 답변을 제공할 수 있습니다.

4 생각의 나무 프롬프트

생각의 나무tree of thought, ToT는 CoT 프롬프트를 일반화하고, 언어 모델로 일반적인 문제 해결을 위한 중간 단계로서의 생각을 탐색하도록 권장하는 프레임워크입니다. 내부적으로는 생각의 나무를 유지하며, 여기서 생각은 문제 해결을 향한 중간 단계로서의 일관된 언어 시퀀스를 나타냅니다. 언어 모델의 생각을 생성하고 평가하는 능력은 전문적인 검색 알고리즘과 결합되어 생각의 체계적인 탐색을 가능하게 합니다. ToT 프롬프트는 언어 모델에게 중간 생각을 원하는 해결책에 대해 확

---

[8] Wang et al. (2023), "Self-Consistency Improves Chain of Thought Reasoning in Language Models" https://doi.org/10.48550/arXiv.2203.11171

실함/아마도/불가능함으로 평가하도록 프롬프트하고, 가장 유망한 경로를 탐색하기 위해 검색 알고리즘을 사용하는 것을 포함합니다. 이 방법은 Yao 등(2023)의 논문[9]과 Long 등(2023)의 논문[10]에서 처음 소개되었습니다.

다음은 샘플 프롬프트입니다.

```
Let's simulate a verbal conversation between three experts who tackle a complex puzzle.
Each expert outlines one step in their thought process before exchanging insights with the
others, without adding any unnecessary remarks. As they progress, any expert who identifies
a flaw in their reasoning exits the discussion. The process continues until a solution is
found or all available options have been exhausted. The problem they need to solve is:
"Using only numbers 3, 3, 7, 7 and basic arithmetic operations, is it possible to obtain the
value 25?"
```

5 프롬프트 체이닝

이 방법은 복잡한 작업을 하위 작업으로 나누고, 각 프롬프트의 출력을 다음 프롬프트의 입력으로 사용하는 방식에 의존합니다. `training_material_builder.py` 모듈에서 PITS 애플리케이션을 위해 사용한 접근 방식과 유사하게, 프롬프트 체이닝은 애플리케이션의 신뢰성, 투명성, 제어성을 향상시킬 수 있습니다. 기본적으로 RAG 애플리케이션에서는 관련 정보를 검색하고, 이를 기반으로 최종 출력을 생성하기 위해 별도의 프롬프트를 사용합니다.

이러한 핵심 원칙과 방법을 따르면, LlamaIndex를 사용하여 더 효과적이고 신뢰할 수 있는 RAG 애플리케이션을 개발하고, LLM의 전체 잠재력을 활용할 수 있습니다.

10.6 요약

이번 장에서는 LlamaIndex로 효과적인 RAG 애플리케이션을 구축하는 데 있어 프롬프트 엔지니어링의 중요성을 탐구했습니다. 우리는 다양한 구성 요소에서 사용되는 기본 프롬프트를 검사하고 커스터마이징하는 방법을 배웠습니다.

---

[9] Yao et al. (2023), "Tree of Thoughts: Deliberate Problem Solving with Large Language Models" https://doi.org/10.48550/arXiv.2305.10601
[10] Long et al. (2023), "Large Language Model Guided Tree-of-Thought" https://doi.org/10.48550/arXiv.2305.08291

이 장은 고품질 프롬프트를 작성하기 위한 핵심 원칙과 모범 사례, 그리고 고급 프롬프트 기술에 대한 개요를 제공했습니다. 또한 작업에 적합한 언어 모델을 선택하고, 그들의 다양한 아키텍처, 능력, 트레이드오프를 이해하는 것의 중요성을 강조했습니다.

마지막으로, 우리는 몇 가지 간단하지만 강력한 프롬프트 방법, 예를 들어 퓨샷 프롬프트, CoT 프롬프트, 자기 일관성, ToT, 프롬프트 체이닝 등을 논의하여 언어 모델의 추론과 문제 해결 능력을 향상시켰습니다. 프롬프트 엔지니어링을 마스터하는 것은 RAG 애플리케이션에서 LLM의 전체 잠재력을 발휘하는 데 중요합니다.

우리의 여정을 마무리할 준비를 하면서, 이 책의 마지막 장으로 초대합니다. 여기서 추가적인 학습 도구를 제공하고, 향후 학습 경로에 대한 약간의 지침을 전달하겠습니다.

CHAPTER 11

결론과 추가 리소스

이 마지막 장에서는 RAG를 탐구하면서 얻은 주요 시사점을 돌아보고, AI 분야의 혁신 잠재력에 대해 성찰합니다. 최신 개발사항을 계속 업데이트하는 것의 중요성을 논의하고, Replit 바운티 및 LlamaIndex 커뮤니티와 같은 유용한 리소스를 강조하며, 책임 있는 AI 개발의 필요성을 강조합니다.

미래를 바라보면서, 전문화된 AI 하드웨어의 영향과 진보를 이끌어가야 할 때 필요한 윤리적 고려사항에 대해서도 생각해보겠습니다. 이 장은 여러분이 계속 배우고, 기여하며, RAG와 AI의 흥미로운 세계를 형성할 수 있도록 촉구하는 역할을 하며, 항상 우리의 노력이 인류의 복지를 최우선으로 두어야 함을 강조합니다.

이번 장에서는 다음 주요 주제를 다룰 것입니다.

- 다른 프로젝트와 추가 학습
- 주요 시사점과 최종 격려의 말

11.1 다른 프로젝트와 추가 학습

이 책의 끝에 다다르면서, LlamaIndex 프레임워크를 마스터하기 위한 우리의 여정이 이제 막 시작되었음을 알게 되었습니다. 저는 이론적 지식만으로는 한계가 있다고 믿습니다. 실제 응용이 정보를 진정으로 이해하고 실제 문제에 적용하는 열쇠입니다. 그러므로 이 책에서 설명한 도구를 활용하여 연습하고 실험해보기를 강력히 권장합니다. 연습하는 가장 좋은 방법은 실제 RAG 애플리케이션을 연구하고 구축하는 것입니다.

11.1.1 LlamaIndex 예제 모음

지식을 강화하기 위한 훌륭한 시작점은 공식 LlamaIndex 문서 페이지에 제공된 다양한 예제와 쿡북cookbook입니다.[1] 이곳의 예제와 쿡북을 검토하고 실험함으로써, 프레임워크의 거의 모든 구성 요소를 사용하는 실제적인 통찰력을 얻을 수 있습니다. 또한 이러한 구성 요소를 결합하여 더 복잡한 RAG 워크플로를 구성하는 방법을 배울 수 있습니다. 이 리소스는 가치 있는 코드 스니펫과 모범 사례 및 실제 사용 사례를 제공하여 RAG 애플리케이션 구축의 복잡성을 이해하는 데 도움을 줍니다.

비록 이 책에서도 일부 예제를 다루긴 했지만 간결하게 진행해야 했으므로, 몇 가지 예제를 단축하면서 많은 코드를 단순화했습니다. 따라서 이미 주제에 익숙하더라도, 공식 문서에 있는 가장 흥미로운 것들을 살펴보는 것은 가치가 있습니다. 수백 개의 예제가 포함되어 있지만, 시작하는 데 도움이 되도록 몇 가지 매우 유용한 예제를 적어두었습니다.

1 Slack 채팅 데이터 커넥터

이 간단한 예제는 LlamaIndex의 Slack 데이터 커넥터를 사용하여 Slack 채팅 데이터를 기반으로 질문에 답변하는 방법을 보여줍니다.

https://developers.llamaindex.ai/python/examples/data_connectors/slackdemo

이 예제는 Slack API를 통합하여 채팅 기록을 가져오고 효율적인 정보 검색을 위한 인덱스를 구축하는 과정을 보여줍니다. 특히 이 기본 예제는 Slack에 크게 의존하는 조직이 채팅 데이터에서 가치 있는 인사이트를 추출하고, 챗봇을 구축하거나 ChatOps 모델을 구현하기 위한 완벽한 출발점입니다. 제공된 다른 예제들과 함께 데이터 커넥터 섹션은 매우 유용한 학습 자원을 제공합니다. RAG 워크플로에 다양한 소스로부터 데이터를 수집하는 방법에 대한 지식을 확장할 수 있습니다.

---

1 https://developers.llamaindex.ai/python/examples/

❷ Discord 스레드 관리

Slack 데이터 커넥터 예제와 유사하게, 이 Discord 스레드 관리 예제는 LlamaIndex를 사용하여 Discord 채팅 데이터를 수집, 관리, 쿼리하는 방법을 보여줍니다.

https://developers.llamaindex.ai/python/examples/discover_llamaindex/document_management/discord_thread_management/

이 예제는 Discord 스레드를 인덱싱하고 새로운 데이터가 들어올 때 인덱스를 갱신하는 프로세스를 설명합니다. 이 예제에서 제시된 접근 방식을 따르면, Discord 채팅 기록에서 정보를 효율적으로 검색하고 찾아내는 애플리케이션을 구축할 수 있습니다. 이는 챗봇과 가상 비서를 구축하거나 Discord 내에서 이루어진 중요한 논의와 결정에 빠르게 접근할 수 있는 방법을 제공합니다. Discord를 주요 커뮤니케이션 플랫폼으로 사용하는 커뮤니티와 조직의 경우, 이 예제는 더 복잡한 RAG 솔루션을 구축하기 위한 간단한 출발점이 될 수 있습니다.

❸ GPT4-V를 사용하는 멀티모달 검색 애플리케이션

이처럼 더 발전된 예제는 LlamaIndex와 GPT4-V를 사용하여 텍스트와 이미지 데이터를 모두 활용하는 멀티모달 검색 시스템을 구축하는 방법을 보여줍니다.

https://developers.llamaindex.ai/python/examples/multi_modal/gpt4v_multi_modal_retrieval/

멀티모달 RAG에 대한 참고사항

멀티모달 RAG는 텍스트와 이미지 같은 여러 모달리티에 걸친 정보 검색을 LLM의 추론 및 생성 능력과 결합합니다. 멀티모달 RAG의 잠재적인 사용 사례는 방대하며, 텍스트와 시각적 쿼리를 모두 처리할 수 있는 지식 베이스와 질문-답변 시스템 구축부터, 매력적인 멀티모달 대화형 에이전트를 구동하고, 언어와 비전을 혼합한 새로운 유형의 창의적이고 분석적인 애플리케이션을 가능하게 하는 것까지 다양합니다.

이 책에서는 멀티모달 RAG를 다루지 않았기 때문에, 이 데모를 자세히 연구해보길 강력히 권장합니다. 이 책에서는 얻은 지식과 이 예제에서 제공된 설명을 통해, 멀티모달 기능으로 앱을 확장하는 것이 큰 도전이 아니라는 것을 깨달을 것입니다.

❹ 멀티 테넌시 RAG 예제

이 예제는 벡터 데이터베이스 구성, 테넌트별 데이터 인덱싱, 사용자 쿼리 처리 등을 포함하여 다중 사용자 RAG 시스템을 설정하는 과정을 안내합니다.

https://developers.llamaindex.ai/python/examples/multi_tenancy/multi_tenancy_rag/

이는 6장의 6.4.2절에서 사용한 것과 유사하지만 더 자세한 접근 방식을 설명합니다. 각 테넌트, 그룹, 사용자별로 별도의 벡터 데이터베이스를 활용하여, 이 예제는 질문-답변 및 콘텐츠 생성과 같은 기본적인 RAG 기능을 제공하면서 데이터 격리와 프라이버시를 보장하는 방법을 보여줍니다.

이는 단일 애플리케이션 내에서 여러 테넌트를 관리하는 실행 가능한 방법을 보여주며, 다양한 클라이언트나 사용자 그룹을 수용해야 하는 프로덕션 준비된 RAG 시스템의 훌륭한 출발점이 됩니다.

이것은 어디에 유용할까요?

여러 클라이언트에게 챗봇 서비스를 제공하는 회사를 상상해보세요. 각 클라이언트는 자신의 특정 지식 베이스와 FAQ로 학습된 맞춤형 챗봇을 원합니다. 멀티 테넌시 RAG 시스템을 통해 회사는 각 클라이언트별로 별도의 인덱스를 유지할 수 있으며, 한 클라이언트의 챗봇에 대한 쿼리는 해당 클라이언트의 지식 베이스에서만 정보를 검색하도록 보장합니다. 이는 데이터 프라이버시를 보장하고 각 클라이언트에게 개인화된 경험을 제공합니다.

이 멀티 테넌시 RAG 구현을 탐구함으로써, 성능이나 사용자 경험을 손상시키지 않으면서 여러 테넌트의 요구를 충족하는 안전하고 효율적인 RAG 시스템을 설계하는 방법을 더 잘 이해할 수 있습니다.

❺ RAG를 위한 프롬프트 엔지니어링 기술

이 예제는 RAG 파이프라인에서 사용되는 프롬프트를 커스터마이징하는 주제를 기반으로 합니다. 이 주제는 10장에서 다루었습니다.

https://developers.llamaindex.ai/python/examples/prompts/advanced_prompts/

샘플 코드는 다양한 LlamaIndex RAG 구성 요소의 성능을 향상시키기 위해 프롬프트 엔지니어링 기법을 사용하는 방법을 보여줍니다. 프롬프트에 퓨샷 예시를 추가하여 다양한 작업에서 성능을 향상시키는 등의 전략을 설명합니다. 또한 변수 매핑 및 함수와 같은 기술을 보여주고, 개인 데이터 필터링과 같은 콘텍스트 변환을 처리하기 위해 프롬프트 커스터마이징을 사용하는 예를 제공합니다. 이 예제는 프롬프트 섹션에서 제공되는 다른 예제들과 결합하여, 특정 사용 사례에서 효과적인 프롬프트가 RAG의 품질과 성능을 어떻게 향상시킬 수 있는지 이해하는 데 큰 도움을 줍니다.

❻ CitationQueryEngine 구현

이 예제는 7장의 7.4.1절에서 논의한 예제와 유사합니다. 그 예제에서 사용자 질문에 대해 독점 데이터를 사용하여 답변할 뿐만 아니라, 답변을 생성하는 데 사용된 정확한 데이터 청크를 가리키는 간단한 방법을 보여주었습니다. 소스 제공은 투명성과 추적 가능성이 중요한 요구사항인 RAG 시스템에서 필수 기능입니다. 다음은 더 발전된 예제입니다.

https://developers.llamaindex.ai/python/examples/query_engine/citation_query_engine/

이 샘플은 검색된 정보의 콘텍스트와 추적 가능성을 향상시키는 더 발전된 쿼리 기술을 보여줍니다. 인용의 힘을 활용하여 사용자는 검색된 텍스트의 출처를 쉽게 추적할 수 있으며, 정보의 진위성과 신뢰성을 검증하는 명확하고 투명한 방법을 제공합니다. 이 예제는 우리의 특정 요구에 따라 엔진의 작동을 미세 조정할 수 있도록 사용자 정의 설정으로 `CitationQueryEngine`을 설정하는 방법을 보여줍니다. 또한 필요할 경우 원래 콘텍스트를 자세히 검사할 수 있도록 검색된 정보의 실제 소스를 검사하는 가이드도 제공합니다.

`CitationQueryEngine`은 특히 연구자, 기자, 감사인, 컴플라이언스 담당자나 정보 검색 과정에서 높은 수준의 투명성과 책임성이 필요한 사람들에게 유용합니다. 이 강력한 도구를 우리의 RAG 워크플로에 통합함으로써, 우리가 의존하는 정보가 잘 문서화되어 있고 그 출처를 쉽게 추적할 수 있음을 보장할 수 있습니다.

LlamaIndex 공식 문서 웹사이트에서 매우 유용한 또 다른 섹션은 **오픈소스 커뮤니티** 탭입니다.

https://developers.llamaindex.ai/python/framework/community/full_stack_projects/에서 이용할 수 있는 이 섹션은 LlamaIndex 팀이 만든 풀 스택 애플리케이션 모음을 포함합니다. 여기서 주요 이점은 포함한 모든 샘플 애플리케이션이 MIT 라이선스를 통해 오픈소스화되었으며, 이를 즉시 사용하여 프로젝트를 시작할 수 있다는 것입니다.

이러한 예제를 탐구하면 이 책에서 얻은 이론적 지식을 강화하고, 견고하고 효율적이며 혁신적인 RAG 애플리케이션을 구축할 수 있게 될 것입니다. 그러니 뛰어들어 실험하고, 지능형 검색 시스템을 사용하여 현실의 문제를 해결하는 데 창의력을 발휘해보세요.

11.1.2 앞으로 나아가기 – Replit 바운티

실제 문제를 해결하는 데 이론적 개념을 적용하는 것은 아마도 기술을 더욱 발전시키는 좋은 방법 중 하나일 것입니다. 잠재적인 다음 단계로, RAG와 LlamaIndex 기술에 자신감이 생기면 코딩 챌린지에 참여하거나 작지만 잠재적으로 수익성 있는 프로젝트를 진행하는 데 관심이 있을 수 있습니다. 온라인 코딩 플랫폼인 Replit은 이 목적을 위한 훌륭한 리소스가 될 수 있습니다. Replit은 다양한 프로그래밍 언어로 코드를 작성하고, 실행 및 공유할 수 있는 브라우저 기반 개발 환경을 제공합니다. 이는 개발자가 프로젝트를 진행하고, 서로 배우며, **Replit 바운티**를 통해 돈을 벌 수 있는 협업적이고 인터랙티브한 공간을 제공합니다.[2]

바운티 시스템의 작동 방식

Replit의 독특한 기능 중 하나는 바운티 시스템으로, 사용자가 코딩 챌린지에 참여하고 오픈소스 프로젝트에 기여하면서 그들의 노력을 보상받도록 장려합니다. 프로젝트 유지 관리자나 특정 문제를 해결하거나 새로운 기능을 구현하는 데 도움이 필요한 개인이 이러한 바운티를 만듭니다. 개발자는 이용 가능한 바운티를 탐색하고, 자신의 기술과 관심사에 맞는 것을 선택하여 작업을 시작할 수 있습니다.

Replit 바운티에 참여함으로써, 이 책에서 다룬 개념을 적용하고 RAG 솔루션 개발에 대한 실질적인 경험을 얻을 수 있습니다. 이러한 바운티는 종종 실제 시나리오와 요구사항을 제시하여, 실습 문제를 해결하고 문제 해결 능력을 향상시킬 수 있는 기회를 제공합니다.

또한 Replit 플랫폼은 지원적이고 협업적인 커뮤니티를 육성합니다. 다른 개발자와 교류하고, 그들의 접근 방식을 배우며, 코드에 대한 건설적인 피드백을 받을 수 있습니다. 커뮤니티와의 이러한 상호작용은 개발자로서의 성장에 도움을 주고, 지식을 넓히며, 해당 분야의 최신 동향과 모범 사례에 대한 정보를 유지하는 데 도움이 될 수 있습니다.

Replit에서 LlamaIndex 관련 콘텐츠를 탐색하려면 https://replit.com/search?query=llamaindex로 이동할 수 있습니다. 이 검색을 통해 관련 프로젝트, 코드 스니펫, LlamaIndex와 관련된 논의를 발견할 수 있으며, 실용적인 콘텍스트에서 RAG 기술을 적용하고 잠재적으로 수익성 있는 기회를 발견할 수 있습니다.

11.1.3 다수의 힘 – LlamaIndex 커뮤니티

LlamaIndex를 사용하는 모든 개발자에게 가장 가치 있는 리소스 중 하나는 프레임워크 주변에서 성장한 활기차고 지원적인 커뮤니티입니다. 수만 명의 개발자가 적극적으로 참여하고 있는 LlamaIndex 커뮤니티는 풍부한 지식, 경험, 영감을 제공합니다. 이 번성하는 커뮤니티에 참여하면 모든 수준의 개발자에게 수많은 이점을 제공합니다. LlamaIndex를 처음 시작하는 초보자이든, 프로젝트를 다음 단계로 끌어올리려는 경험 많은 개발자이든, 커뮤니티와의 교류는 목표 달성에 도움을 줄 수 있습니다.

---

[2] https://docs.replit.com/additional-resources/bounties/faq

LlamaIndex 커뮤니티에는 간단한 프로토타입부터 복잡한 실제 애플리케이션까지 다양한 프로젝트를 진행한 개발자들이 가득합니다. 커뮤니티와 교류함으로써 그들의 경험에서 배우고, 모범 사례를 발견하고, 프로젝트를 개선하는 데 도움이 되는 귀중한 통찰력을 얻을 수 있습니다. 질문을 하고, 프로젝트를 공유하고, 프레임워크를 기반으로 구축하는 다른 사람들의 경험에서 무언가를 분명히 배울 수 있습니다.

커뮤니티는 또한 LlamaIndex 프로젝트를 선보이고 다른 개발자들로부터 피드백을 얻을 수 있는 훌륭한 장소입니다. 작업을 공유하면 기술을 정제하고, 새로운 아이디어를 모으고, 유사한 프로젝트를 진행하는 다른 사람들에게 영감을 줄 수 있습니다. 또한 LlamaIndex 커뮤니티의 일원이 되면 프레임워크 자체의 지속적인 개발과 개선에 기여할 수 있습니다. 피드백을 제공하고, 버그를 보고하며, 코드를 기여하는 등의 방법으로 LlamaIndex의 미래를 형성하고, 전 세계 개발자들에게 영향을 주는 더욱 강력한 도구로 만들 수 있습니다.

시작하려면 프로젝트 뉴스레터에 가입하고, 공식 LlamaIndex Discord 서버에 참여하고, GitHub 리포지터리에서 토론에 참여하거나, 커뮤니티 이벤트와 웨비나에 참석할 수 있습니다. **LlamaIndex 블로그**(https://www.llamaindex.ai/blog)는 LlamaIndex 생태계의 최신 개발에 대한 정보를 제공하는 데 도움이 되는 또 다른 훌륭한 리소스입니다. 블로그는 다양한 도메인에서 LlamaIndex를 사용하여 혁신적인 애플리케이션을 구축하는 개발자를 소개하는 다양한 기사, 튜토리얼, 사례 연구를 제공합니다.

11.2 주요 시사점과 최종 격려의 말

생성형 AI의 미래는 산업을 변화시키고, 인간의 능력을 증강하며, 경제 성장을 이끌어갈 엄청난 잠재력을 가진 복잡하고 빠르게 진화하는 분야입니다. 다시 말해, 미래는 밝아보입니다. 그러나 이 미래는 이러한 강력한 기술의 책임 있는 사용을 보장하기 위해 신중하게 관리해야 할 중요한 기술적, 윤리적, 사회적 과제를 안고 있습니다. 역사에서 이미 여러 번 일어났듯이, 혁신은 진보와 개선을 촉진할 수 있지만, 사회에 의도하지 않은 결과와 혼란을 초래할 수도 있습니다. 생성형 AI의 부상도 이 패턴에서 예외는 아닙니다.

생성형 AI의 진화에 직접 기여하지는 않지만, RAG는 LLM의 발전을 가속화하는 촉매제입니다. 이는 가장 단순한 모델의 능력까지도 증폭시켜 새로운 가능성을 창출하지만 더 큰 도전과 위험도 야기합니다. 우리가 개발하는 소프트웨어는 사회에 미치는 영향이 점점 커지고 있으며, 우리의 일상생활이 소프트웨어에 더 많은 영향을 받음에 따라 더 큰 주의를 기울여야 합니다.

생성형 AI와 결합하여 RAG를 구현하는 많은 사용 사례에서, 오늘날 한 명의 숙련된 개발자가 생산할 수 있는 것은 불과 몇 년 전만 해도 회사 전체의 작품이었습니다. 그리고 이것이 우리에게 전적으로 좋은 소식은 아닙니다. 대부분의 회사는 이익과 시장 성공에 의해 움직이지만, 그들은 운영을 안내하는 더 많은 검토와 제한, 거버넌스를 가지고 있습니다. 이 거버넌스에는 종종 윤리적 고려, 규제 준수, 그리고 개인 개발자나 소규모 팀에게는 그다지 엄격하지 않거나 쉽게 시행되지 않을 수 있는 책임 수준을 포함합니다. 계산 비용이 감소하고 AI 전문 지식이 더 널리 퍼짐에 따라, 스타트업, 지방 정부, 커뮤니티 그룹과 같은 더 작은 조직이 틈새 요구사항을 해결하기 위해 자체적으로 맞춤화된 RAG가 주입된 LLM을 개발할 가능성이 높아집니다. 이러한 변화는 대형 기술 기업의 중앙 집중적인 지배력을 약화시키고 AI 혁신의 더 다양하고 역동적인 생태계를 조성할 수 있습니다. RAG와 생성형 AI와 같은 도구로 소규모 조직이 제공할 수 있는 민첩성과 혁신은 놀랍지만, 이는 잠재적인 오용과 윤리적 딜레마의 판도라 상자를 열기도 합니다.

메시지를 명확히 하자면

저는 모든 희망이 사라졌다고 말하는 것이 아닙니다. 단순히 이 위험을 강조하고 인식을 높이고자 합니다. 이러한 기술이 발전함에 따라, 개발 프로세스에 윤리적 고려를 통합하는 것의 중요성은 과소평가할 수 없습니다. AI 기술의 보편화는 그 영향에 대한 책임이 더 넓은 이해 관계자들에게 걸쳐 확산된다는 것을 의미합니다.

'우리가 만들 수 있는 것'뿐만 아니라, '우리가 만들어야 할 것'에 대해서도 생각해야 합니다. 여기에는 우리 작업의 장기적인 영향을 고려하고, 의도치 않게 해로운 목적으로 사용될 수 있는 도구를 만들지 않도록 보장하는 것을 포함합니다. 이를 위한 시작점으로 스탠퍼드 철학 백과사전의 <인공지능과 로보틱스의 윤리에 관한 지침(Guideline on the Ethics of Artificial Intelligence and Robotics)>[3]은 모든 AI 개발자가 반드시 읽어야 할 것입니다.

개발자만이 AI 기술의 윤리적 사용에 대한 책임을 져야 하는 것은 아니기 때문에, 조직을 위한 여러 지침도 발표되었습니다. 주목할 만한 예는 Holly J. Gregory와 Sidley Austin LLP가 하버드 법대 기업 거버넌스 포럼에 발표한 <AI와 이사회의 역할(AI and the Role of the Board of Directors)>[4]이라는 기사입니다. 이 특정 기사는 기업 이사회가 내부 통제를 개선하고 회사의 AI 관련 활동에 대한 감독을 강화하고자 할 때 포괄적인 거버넌스 지침을 제공합니다.

---

[3] https://plato.stanford.edu/entries/ethics-ai
[4] https://corpgov.law.harvard.edu/2023/10/07/ai-and-the-role-of-the-board-of-directors/

AI 시스템 개발을 위한 윤리적 지침을 제공하는 다른 유용한 리소스에는 IEEE가 작성한 '윤리적으로 정렬된 설계Ethically Aligned Design'[5]와 'OECD AI 원칙'[6]도 포함됩니다.

11.2.1 생성형 AI라는 더 큰 맥락에서 RAG의 미래

여러 측면에서 이 책을 쓰는 것은 시간과의 경주처럼 느껴졌습니다. 이 분야는 너무 빠르게 발전하고 있어서 최신 개발사항을 따라가고 내용의 관련성을 유지하는 것이 지속적인 도전이었습니다. 각 장이 이전 장의 '잉크가 마르기도 전'에 업데이트를 요구하는 것처럼 보였습니다. 최신 연구, 돌파구, 논쟁을 탐색하면서, 정확할 뿐만 아니라 미래의 동향도 예측해야 한다는 필요성을 절실히 느꼈습니다. 목표는 현재 상황을 묘사하는 것뿐만 아니라, 장기적으로도 관련 있고 가치 있는 아이디어를 제공하는 것이었습니다. 특히 RAG가 장기적으로 어떤 영향을 받을지 고려하게 만든 몇 가지 중요한 분야의 업데이트를 강조하고 싶습니다.

1 장문 콘텍스트 LLM의 보편화

최대 100만 토큰을 처리할 수 있는 **구글의 Gemini 1.5**와 같은 LLM의 등장으로 RAG의 미래에 대한 논쟁이 촉발되었습니다.[7] 이렇게 방대한 콘텍스트 수용 능력을 가진 모델이 등장하면서 정당한 의문이 제기되었습니다. '이러한 모델에서도 여전히 RAG가 필요한가요?'

이러한 모델의 인상적인 능력에도 불구하고, 여전히 높은 비용, 지연 시간, 큰 문맥 길이에서의 잠재적 정확도 문제와 같은 한계가 있습니다. 이에 반해, RAG는 비용 측면에서, 정보 흐름의 더 나은 제어, 그리고 더 쉬운 문제 해결 측면에서 이점을 제공하여 LLM 분야에서 강력한 경쟁자로 자리하고 있습니다. 모델이 더 많은 데이터를 수용할 수 있는 능력의 증가는 흥미롭지만, 긴 텍스트의 중간 부분에서는 정확도가 감소할 수 있기 때문에 적절한 이해를 보장하지는 않습니다. RAG의 보완적인 강점, 예를 들어 관련 없는 정보의 필터링, 빠르게 진화하는 지식 처리, 모듈식 아키텍처, 전문 기능 등은 대규모로 확장된 모델에서도 여전히 관련성을 갖게 합니다.

따라서 저의 의견으로는, LLM의 문맥 길이가 계속 커지더라도, RAG는 그들의 잠재력을 활용하면서 그 한계를 완화하는 데 중요한 역할을 계속할 것입니다.

---

[5] https://standards.ieee.org/industry-connections/activities/ieee-global-initiative/
[6] https://oecd.ai/en/ai-principles
[7] https://blog.google/technology/ai/google-gemini-next-generation-model-february-2024/

2 AI를 위한 전문적이고 고효율적인 하드웨어의 등장

극도로 낮은 지연 시간으로 AI 모델을 실행하도록 특별히 설계된 Groq의 **GroqChip™**과 같은 하드웨어 혁신은 AI의 풍경과 RAG의 역할에 상당한 영향을 미칠 수 있습니다. AI, ML, HPC 워크로드를 가속화하기 위해 처음부터 구축된 GroqChip™은 데이터 이동을 줄여 예측 가능한 저지연 성능을 제공합니다. 이는 클라우드 기반 AI를 접근 가능하고 더 강력하게 만들어 더 정교한 애플리케이션의 개발을 가능하게 할 수 있습니다. 추론 속도와 효율적인 데이터 처리에 집중하고 완전히 결정론적인 아키텍처를 갖춘 이 기술은 텍스트, 이미지, 오디오, 심지어 비디오의 실시간 생성을 가능하게 하여 로컬 AI 하드웨어의 필요성을 잠재적으로 줄일 수 있습니다.

RAG와 결합하면 Groq의 칩은 관련 정보에 더 빠르게 접근하고 광범위한 문맥 길이의 필요성을 줄임으로써 LLM의 일부 한계를 완화하는 데 도움을 줄 수 있습니다. 데이터를 빠르고 효율적으로 처리하는 능력은 빠르게 진화하는 지식 처리나 모듈식 아키텍처를 가능하게 하는 등 RAG의 강점을 강화할 수도 있습니다. 이러한 고급 하드웨어와 RAG 기술의 조합은 정보 필터링 및 증강의 이점을 유지하면서 사용자 요구를 더 잘 충족시키는 더 강력하고 효율적이며 적응 가능한 AI 시스템으로 이어질 수 있습니다. 지연 시간이 적을수록 더 나은 사용자 경험을 제공합니다. 더 나은 사용자 경험은 일반적으로 더 빠른 채택으로 이어집니다.

이 기술이 실용적이라면 NVIDIA, Intel, AMD와 같은 하드웨어 분야의 전통적인 플레이어들도 가까운 미래에 유사한 제품을 개발할 것입니다.

3 멀티모달이 새로운 표준이 되고 있다

최근 LLM 분야의 모든 주요 플레이어들은 멀티모달 기능의 채택에 합류하는 것처럼 보입니다. RAG와 멀티모달 AI의 혼합은 인간과 더 유사한 방식으로 세계를 이해하고 상호작용할 수 있는 시스템을 만드는 데 있어 도약을 의미합니다. 이 시너지 효과는 우리가 정보에 접근하고, 결정을 내리고, 소통하는 방식을 혁신하여 AI가 우리의 자연스러운 정보 처리 방식과 더 직관적으로 일치하도록 만들 수 있습니다. 텍스트와 NLP 기능을 넘어, RAG와 멀티모달 AI의 융합은 생성된 콘텐츠의 관련성과 정밀도를 향상시킬 것을 약속합니다. 예를 들어 교육 애플리케이션에서는 텍스트 설명과 그림 다이어그램, 오디오 설명, 인터랙티브 시뮬레이션을 결합한 맞춤형 학습 자료를 제공할 수 있습니다. 의료 분야에서는 의료 보고서, 환자 역사, 이미지를 함께 분석하여 진단 과정을 지원할 수 있습니다. 비디오 게임부터 가상 현실까지, 더 몰입할 수 있고 상호작용적인 엔터테인먼트 경험을 만드는 잠재력도 큽니다.

4 AI 규제 지형이 점차 형성되고 있다

최근 역사에서 자주 보이듯이, 기술의 급속한 발전은 정부와 기관을 곤경에 빠뜨립니다. 이는 기회로 가득하지만 위험도 있는 새로운 분야입니다. 가까운 미래에 법률과 규제가 이 영역을 다루고 AI의 안전하고 조화로운 사용을 보장하기 위해 업데이트될 것이 거의 확실합니다. 유럽 연합은 최근 **EU AI법**EU Artificial Intelligence Act, EU AI Act을 통과시킴으로써 이미 신호를 보냈습니다.[8]

이 획기적인 법률은 AI 애플리케이션을 위험에 따라 분류하고, 동의 없는 생체 감시나 사회적 점수 시스템과 같이 해롭다고 간주되는 것들을 엄격히 규제하거나 전면 금지합니다. 이는 고위험 애플리케이션의 투명성, 책임성, 인간의 감독 필요성을 강조하고, AI 기반 결정에 대한 이해와 도전에서 개인의 권리를 강화합니다. EU AI Act는 EU를 AI 거버넌스의 선두주자로 만들며, 전 세계 데이터 프라이버시 법에 영향을 미친 EU의 **일반 데이터 보호 규칙**General Data Protection Regulation, GDPR과 유사하게 다른 국가들이 따를 수 있는 선례를 설정할 수 있습니다.

우리 미래의 RAG 솔루션은 이러한 규제 동향을 반영하여 설계되어야 합니다. 사용되는 기본 모델 측면에서 유연성이 필요할 것입니다. 특히 새로운 규칙이 특정 LLM의 사용을 제한하거나 전면 금지할 수 있기 때문에, 이러한 시나리오에서 우리의 앱은 중복과 이식이 가능해야 합니다. 또한, 준수 및 이해관계자 가치를 극대화하기 위해, 여러 목표를 달성해야 합니다.

- **투명성**transparency: RAG 시스템은 사용자가 AI 모델이 어떻게 출력을 생성하는지 이해할 수 있도록 투명성을 염두에 두고 설계되어야 합니다. 여기에는 사용한 데이터 소스, 검색 프로세스의 논리, 출력에 대한 사용자 신뢰를 감소시킬 수 있는 잠재적 한계에 대한 명확한 정보를 제공하는 것을 포함합니다.
- **인간의 감독**human oversight: 포괄적인 평가 외에도, 고위험 RAG 애플리케이션은 인간의 감독과 통제 메커니즘을 통합해야 합니다. 이는 필요할 때 인간의 개입을 허용하고, 필요할 경우 AI 시스템의 결정에 이의를 제기하거나 무효화할 수 있도록 보장합니다.
- **데이터 프라이버시 및 보안**data privacy and security: RAG 워크플로는 강력한 데이터 프라이버시 및 보안 조치를 갖추고 개발되어야 합니다. 여기에는 데이터 보호 규정을 준수하고, 사용자 데이터의 안전한 저장과 처리를 보장하며, 무단 액세스나 남용을 방지하는 조치를 구현하는 것이 포함됩니다. 안전 장치 및 오용 사례 테스트[9]의 구현은 고가치 데이터를 처리하는 애플리케이션의 경우 필수여야 합니다.

---

8 https://artificialintelligenceact.eu/
9 https://en.wikipedia.org/wiki/Misuse_case

- **공정성과 비차별**fairness and non-discrimination: RAG 시스템은 불공정한 편향과 차별을 피하도록 설계되어야 합니다. 이는 데이터 소스를 신중하게 선별하고, 편향을 테스트하며, RAG 출력에서 식별된 편향을 완화하는 조치를 구현하는 것을 포함합니다.
- **책임성**accountability: 거버넌스 관점에서, RAG 애플리케이션은 명확한 책임 구조를 갖추어야 합니다. 여기에는 AI 시스템의 행동에 대한 책임자를 지정하고, 시스템의 성능을 감사하고 모니터링하는 프로세스를 수립하며, 사용자가 문제나 우려를 보고할 수 있는 채널을 제공하는 것이 포함됩니다.
- **지속적인 모니터링 및 개선**continuous monitoring and improvement: RAG 파이프라인은 의도한 대로 계속 작동하고 관련 규정을 준수하도록 지속적인 모니터링과 평가를 받아야 합니다. 이는 시스템의 성능을 정기적으로 평가하고, 식별된 문제를 해결하며, 정확성과 신뢰성을 향상시키기 위해 필요한 구성 요소를 업데이트하는 것을 포함합니다.
- **이해관계자와의 소통**stakeholder engagement: 이상적으로, RAG 애플리케이션의 개발자는 사용자, 규제 기관, 시민 단체를 포함한 관련 이해관계자와 교류하여 그들의 필요와 우려를 이해해야 합니다. 이러한 피드백은 시스템이 윤리적이고 법적 기준을 준수하면서 최대의 가치를 제공하도록 설계 및 개발 프로세스에 통합되어야 합니다.

RAG 애플리케이션을 만들고 사용할 때 이러한 아이디어를 염두에 둠으로써, 개발자는 그들의 솔루션이 규정을 준수하는 것과 동시에 신뢰할 수 있고 효과적이며 가치를 전달하는 솔루션을 제공할 수 있습니다.

11.2.2 고려할 만한 철학적 생각

마지막으로, NostaLab의 설립자인 John Nosta가 작성한 기사에서 추출한 아름다운 비유를 여러분과 공유하고 싶습니다. 기술, 과학, 인류의 교차점에서 미래를 관찰하는 선구적인 혁신가인 Nosta는 LLM이 인간 사회에 미치는 영향에 대해 이야기합니다. 그의 개념을 간략히 요약하면 다음과 같습니다.

> "대형 언어 모델은 우리의 사고방식을 변화시키고 있습니다. 이들은 방대한 양의 지식을 포함하고 있으며, 점점 인간과 유사한 지능, 아마도 그 이상으로 진화하고 있습니다. 크기와 복잡성이 커짐에 따라, LLM은 인지적 블랙홀과 유사해지고, 인간과 기계 지능의 경계를 흐릿하게 만들어 잠재적으로 그들의 융합으로 이어질 수 있습니다. 기사에서 '인간 탈출 속도'라는 아이디어는 AI 시대에 인간의 독립성을 유지하는 어려움을 묘사하는 멋진 은유입니다. 목표는 AI를

사용하여 우리의 인지 능력, 창의성, 윤리적 추론을 향상시키는 것입니다. LLM이 인간의 사고와 행동에 더 통합됨에 따라, 이 새로운 영역에 신중하게 접근하는 것이 중요합니다. 공유된 인지적 진화를 촉진하는 공생 관계를 형성하기 위해, AI의 능력을 수동적으로 누리기보다는 적극적으로 참여하는 것이 중요합니다. LLM의 사용은 AI에서 혁신적인 순간을 나타내며, 디지털 세계에서 지능, 의식, 인간이 된다는 것이 무엇을 의미하는지에 대한 우리의 이해에 도전하고 있다고도 볼 수 있습니다."

이러한 아이디어가 흥미롭다면, 전체 기사를 다음 링크에서 읽을 수 있습니다.

https://www.psychologytoday.com/us/blog/the-digital-self/202403/llms-and-the-specter-of-the-cognitive-black-hole

11.3 요약

이는 앞으로의 길에 대한 최종 격려입니다. 아쉽게도 이 책에서의 우리 시간은 끝났지만, 이것은 결론이 아니라 새로운 여정의 시작입니다. 이 흥미로운 길에 나서면서, 처음에는 앞길이 장애물로 가득한 것처럼 보일 수 있습니다. 그러나 뜻이 있는 곳에 길이 있다는 것을 기억하십시오. 이 책에서 얻은 지식과 통찰력은 도구 상자의 필수 품목으로써 앞으로의 복잡성을 탐색하는 데 힘을 실어줄 것입니다. 이러한 개념과 기술은 끊임없이 진화하는 AI의 풍경에서 새로운 문제와 기회를 마주할 때 구축하고, 적응하고, 혁신할 수 있는 견고한 기반을 제공할 것입니다. 이 여정을 진행하면서, 저는 여러분이 호기심 많은 사고방식을 유지하고 계속해서 길러나가기를 소망합니다.

호기심은 우리를 앞으로 나아가게 하는 연료이며, 우리가 질문하고, 답을 찾고, 미지의 영역을 탐험하도록 이끌어줍니다. 호기심을 통해 새로운 가능성을 발견하고, 숨겨진 통찰력을 밝히며, 성취 가능한 것의 경계를 넓힙니다.

무엇보다도 학습을 멈추지 마세요. 지식은 평생 추구해야 합니다.

■ 진솔한 서평을 올려주세요!

이 책 또는 이미 읽은 제이펍의 책이 있다면, 장단점을 잘 보여주는 솔직한 서평을 올려주세요.
매월 최대 5건의 우수 서평을 선별하여 원하는 제이펍 도서를 1권씩 드립니다!

- **서평 이벤트 참여 방법**
  - ❶ 제이펍 책을 읽고 자신의 블로그나 SNS, 각 인터넷 서점 리뷰란에 서평을 올린다.
  - ❷ 서평이 작성된 URL과 함께 review@jpub.kr 로 메일을 보내 응모한다.

- **서평 당선자 발표**

  매월 첫째 주 제이펍 홈페이지(www.jpub.kr)에 공지하고, 해당 당선자에게는 메일로 연락을 드립니다.
  단, 서평단에 선정되어 작성한 서평은 응모 대상에서 제외합니다.

독자 여러분의 응원과 채찍질을 받아 더 나은 책을 만들 수 있도록 도와주시기를 바랍니다.

찾아보기

숫자

16비트 부동소수점(FP16)	295
8비트 정수(INT8)	295

A, B

Agent Protocol	277
AST (abstract syntax tree)	78
BART (Bidirectional and Auto-Regressive Transformer)	343
BaseChatStore 클래스	248
BERT (Bidirectional Encoder Representations from Transformers)	343
BLEU (Bilingual Evaluation Understudy)	318

C

CallbackManager	98
chat_interface 함수	283
chat_store 속성	248
chat_store_key 매개변수	248
ChatEngine	247
ChatOps	245
chunk_overlap	83
chunk_size	83
CitationQueryEngine	232, 354
Claude-2	55
CodeSplitter	77
CohereRerank	216
ComposableGraph	48, 145
CondensePlusContextChatEngine	257
CondenseQuestionChatEngine	254
ContextChatEngine	251
CRUD (create, read, update, delete)	130
CustomTransformation	105

D

DatabaseToolSpec 클래스	261
DevOps 원칙	245
docstring	260
Document 청크화	43
DocumentSummaryIndex	48, 133, 164

E

EmbeddingRecencyPostprocessor	214
EntityExtractor	92
EU AI법	361

F, G

FixedRecencyPostprocessor	213
FunctionTool	259
GGUF (Generative Pre-trained Transformer-Generated Unified Format)	295
GmailToolSpec	268
GPT	6, 344
GPT-3.5-Turbo 모델	55
GPU 오프로딩	296
Guardrails	225

GuardrailsOutputParser	225

H

Heroku	320
HierarchicalNodeParser	82
HyDE (Hypothetical Document Embedding)	187

I

include_prev_next_rel	79, 85
index_id	153
initialize_chatbot 함수	283

J, K

JSONNodeParser	81
k-shot 프롬프트	348
KeywordExtractor	93
KeywordNodePostprocessor	205
KnowledgeGraphIndex	48, 142, 172

L

LangChain	65, 80
LangchainNodeParser	80
LangchainOutputParser	227
Large Language Model Meta AI (LLaMA)	292
LLaMA 2	292
Llama CLI	306
Llama Packs	303
llama.cpp	293
LLAMA2-CHAT-70B	294
LlamaHub	40
LlamaHub 데이터 로더	68
LlamaIndex	15, 31, 38, 332
LlamaParse	67, 73
LLaVa	299
LLM (large language model)	3, 4, 291
LLMCompiler 에이전트	276
LLMRerank	216
LM Studio	293
load_chat_store 함수	282
LoadAndSearchToolSpec	272

logging_functions.py 모듈	60
LongContextReorder	209
LongLLMLinguaPostprocessor	217
LoRA (Low-Rank Adaptation)	17

M

MarkdownNodeParser	81
MarvinMetadataExtractor	94
max_function_calls parameter	267, 268
max_token 매개변수	98
MetadataReplacementPostProcessor	210
Mistral-7B	294
Mixtral 8x7B	344
MockLLM	97
MoE (mixture-of-expert)	344
MTEB (Massive Text Embedding Benchmark)	124

N

Natural Language Toolkit (NLTK)	92
NERPIINodePostprocessor	209
Neutrino	300
NL (natural language)	5
NL2GraphQuery	176
NLP (Natural Language Processing)	12
Node 객체	43

O, P

OnDemandLoaderTool	274
OpenAIAgent	264
OpenRouter	300
Phoenix 프레임워크	308, 313
PII (personally identifiable information)	101, 209
PIINodePostprocessor	101, 209
PrevNextNodePostprocessor	208
Pydantic 모델	94
Pydantic 프로그램	225
PydanticProgramExtractor	94

Q, R

QueryEngine	52, 247

QueryEngineTool	259
QuestionsAnsweredExtractor	91
RAG (retrieval-augmented generation)	3, 12
RAG CLI	307
RAGAS (Retrieval-Augmented Generation Assessment)	317
RAIL (Reliable AI Markup Language)	226
RAKE 방법	172
RankGPTRerank	217
ReAct 루프	269
ReActAgent	269
Recall@k	318
RedisChatStore	248
REPL (read-eval-print loop)	247, 307
ROUGE (Recall-Oriented Understudy for Gisting Evaluation)	318
RouterQueryEngine	233

S

SentenceEmbeddingOptimizer	212
SentenceSplitter	77
SentenceTransformerRerank	216
SentenceWindowNodeParser	79
SimilarityPostprocessor	204
SimpleChatEngine	251
SimpleChatStore	248
SimpleDirectoryReader	71
spaCy 라이브러리	200, 206
span-marker 패키지	92
SQLAlchemy 라이브러리	261
SQLAlchemy Engine	71
StorageContext	127
Streamlit	28
Streamlit Community Cloud	320
SubQuestionQueryEngine	236
SummaryExtractor	90
SummaryIndex	48, 131, 162

T

TextNode 클래스	42
TF-IDF 점수	193
TimeWeightedPostprocessor	214
TitleExtractor	91
tokenizer	93
TokenTextSplitter	77
ToolSpec 클래스	259
top-k 유사도 검색	118
training_UI.py 모듈	282
TreeIndex	48, 137, 167

U, V

UnstructuredElementNodeParser	83
VectorStoreIndex	48, 114, 160

ㄱ

가트너 하이프 사이클	7
개인 식별 정보(PII)	101, 209
개인화된 지능형 튜터링 시스템(PITS)	21
거리 검색	118
검색 관련성(RR)	318
검색 메커니즘	158
검색 의존성(RD)	318
검색 증강 생성(RAG)	3, 12
고급 검색 메커니즘	178
고급 라우팅	233
고수준 API	230
고정 크기 청크	115
관계형 파서	82
구조화된 출력	225, 229
그래프 저장소	127
기본적인 채팅 엔진	250

ㄴ

내장 채팅 모드	248
노드 변환 후처리기	203, 201
노드 생성 모델	86
노드 재정렬 후처리기	203
노드 필터링 후처리기	202
노드 후처리기	50, 101, 201

ㄷ

다음 문장 예측(NSP)	343
대형 언어 모델(LLM)	3, 4, 291
대화 이력의 지속성	249
대화 중심의 협업	245
데이터 드리프트	219
데이터 로더	40, 67
데이터 리더	40, 67
데이터 프라이버시	99
도메인 시프트	219
도트곱	120
동기 방식	177
딥러닝(DL)	6

ㄹ

로깅	54
로컬 AI 모델	149
로컬 LLM	293

ㅁ

머신러닝(ML)	4
메타데이터	39
메타데이터 추출기	89, 96, 99
명령줄 인터페이스(CLI)	304
모델 드리프트	218
문서	38
문서 저장소	127
밀집 검색	191

ㅂ

벡터 데이터베이스	129
벡터 임베딩	116
벡터 저장소	114, 127
벤치마크 데이터셋	218
변환	88
비동기 실행	177
비동기 작업	178

ㅅ

사슬 추론(CoT)	347
사용자 정의 후처리기	220
생각의 나무(ToT)	348
생성형 AI(GenAI)	3
셀렉터	182
수동 관련성 평가	218
수집 파이프라인	88, 102
스칼라곱	120
스플리터	43
시간 감쇠 함수	214
시간 기반 후처리기	213
시간적 드리프트	220
시스템 지연 시간	343
신경망(NN)	4

ㅇ

악성 에이전트	267
양자화 수준	295
어텐션 메커니즘	5
에이전트	7
에이전트 러너	278
에이전트 워커	278
역문서 빈도(IDF)	193
역할 기반 액세스 제어(RBAC)	320
완전 동형 암호화(FHE)	100
요약 엔진	243
용어 빈도-역문서 빈도(TF-IDF)	193
용어 빈도(TF)	193
원시 데이터	40
유사도 검색	114
유클리드 거리	121
유틸리티 도구	271
유향 비순환 그래프(DAG)	277
응답 스키마	227
응답 합성기	49, 201, 220
이름 있는 엔티티 인식(NER)	92
인공지능(AI)	3
인덱스	112
인덱스 저장소	127
인지 부하	341
임베딩	58, 114

임베딩 모델 117
임상 결정 지원 시스템(CDSS) 170

ㅈ

자연어 생성(NLG) 4
자연어 처리(NLP) 12
자연어(NL) 5, 328
저수준 에이전트 프로토콜 API 279
저수준 API 230
전체 파인 튜닝 17
정보 검색(IR) 218
제로샷 프롬프트 347
지속적인 평가 218
지식 그래프(KG) 142
직렬 방식 177

ㅊ

챗봇 244
챗봇 기반 지원 시스템 244
최첨단(SOTA) 178
추론 루프 243, 259
추론 비용 342
추상 구문 트리(AST) 78
추출기 49
출력 파서 225

ㅋ

커넥터 40, 67
코사인 유사도 115
콘셉트 드리프트 219
콜백 함수 79
쿼리 메커니즘 158
쿼리 엔진 230
클러스터 검색 86

ㅌ

테이블 노드 107
텍스트 노드 107
토크나이저 98
트랜스포머 5
트리플렛 142, 172

ㅍ

평가 기술 308
평균 역순위(MRR) 313, 318
퓨샷 프롬프트 347
프롬프트 엔지니어링 16, 331, 340
플러그 앤 플레이 304
피드백 루프 219

ㅎ

허깅 페이스 122
희소 검색 191, 192